U0917664

明清江西乡绅与县域社会治理

施由明◎著

中国社会科学出版社

图书在版编目(CIP)数据

明清江西乡绅与县域社会治理／施由明著．—北京：中国社会科学出版社，2018.6

ISBN 978-7-5203-1143-4

Ⅰ．①明…　Ⅱ．①施…　Ⅲ．①社会管理—社会史—江西—明清时代
Ⅳ．①D675.6

中国版本图书馆 CIP 数据核字(2017)第 244780 号

出 版 人　赵剑英
责任编辑　冯春凤
责任校对　张爱华
责任印制　张雪娇

出　　版　中国社会科学出版社
社　　址　北京鼓楼西大街甲 158 号
邮　　编　100720
网　　址　http：//www.csspw.cn
发 行 部　010-84083685
门 市 部　010-84029450
经　　销　新华书店及其他书店

印　　刷　北京君升印刷有限公司
装　　订　廊坊市广阳区广增装订厂
版　　次　2018 年 6 月第 1 版
印　　次　2018 年 6 月第 1 次印刷

开　　本　710×1000　1/16
印　　张　23
插　　页　2
字　　数　377 千字
定　　价　99.00 元

目　录

附表目录

绪　论

明清时期，即从1368年明朝的建立至1911年清朝的终结，共544年间。这是中国封建社会的后期阶段，此前的中国早已创造了辉煌灿烂的人类文明，中国社会经济文化曾高度发展，一直走在世界的前列。明代和清代前期的中国仍然是世界的大国、强国，科学技术和经济文化仍然走在世界前列。中国的落后是在清中期以后，当西方一些国家正在进行工业革命的时候，中国仍然在封建农业国家的老路上前行，最后因为落后而导致挨打、被侵略。

在中国封建社会的稳定延续中，中国的国家形成了颇有特色的运行模式，这就是皇帝专制，封建王朝任用文人治国，封建王朝的各级行政机构由文人掌控，而这种各级行政机构中掌控权力的文人官员是经过考试选拔出来的，这就是世界文明史中独具中国特色的科举制。

在中国封建专制的社会里，找不到多少公正的制度，一切都是为封建专制服务，科举制也是为封建专制服务的，但这项制度为读书人、特别是庶民读书人提供了一条貌似比较公平的竞争之路，所谓“朝为田舍郎，暮登天子堂”，通过这种相对公平的考试竞争，文人们可以成为官府的官员。因而，在西方文艺复兴时期，西方的一些思想家们对中国选拔官员的科举制大加称赞，如欧洲文艺复兴时期著名的思想家卢梭、孟德斯鸠、伏尔泰、狄德罗等都称赞过中国的科举制度；19世纪末曾当了很久的京师同文馆和京师大学堂总教习的美国基督教新教会长的老派传教士丁韪良（1827—1916），在其所著《中国环行记》中称赞中国的科举制是“中国文明的最好方面”，“当今在英国、法国和美国正在取得进展的文官考试制度，是从中国的经验中借鉴而来的”①。可见中国的科举制度不仅对中

① 参见刘海峰：《科举制度对西方考试制度影响新探》，《中国社会科学》2001年第3期。

国的文明发展起了重要作用，而且对西方文明的发展也提供了有益的启示和借鉴。

中国的科举制引领了中国读书人的价值取向，所谓“书中自有黄金屋”“书中自有千钟粟”“书中车马多如簇”“书中有女颜如玉”①，更为绝妙的是科举制还引领了中国读书人的读书取向，即以熟读孔孟等儒家圣贤书为主；以及引导了中国两千多年的教育取向和教育发展，即围绕传授儒家思想文化的教育取向和发展方向。

明清时期是中国的科举制度最成熟的时期，想做官，就必须读好儒学去通过科举考试。洪武三年（1370）明太祖诏令：“使中外文臣皆由科举而进，非科举者毋得与官。”洪武十七年“始定科举之式”②。明清时期的科举考试是中国历史上最规范、最系统、最制度化与程式化的科举考试，各级官员的大多数都是通过科举考试选拔出来的。

正因为科举考试这种选官制度，及因为朝廷对读书人的特殊待遇，形成了明清时期中国社会的一个特殊阶层——乡绅。通过科举入仕成为官府官员，待其废闲返乡或退休返乡（明清朝廷规定致仕必须返回家乡）后，即成了享有朝廷规定的特殊待遇的乡绅；即使未通过科举出仕，只要成为了官办学校（朝廷的国子监和府州县儒学）中的学生，即监生、贡生、生员等，也能成为享有朝廷规定的特殊待遇的乡绅。因此，这个阶层还是社会中人口数量众多的一个阶层。这个阶层由于其拥有的特殊权利，成为社会中有特殊作用的一个阶层，即所谓的“官民中介”，他们联系官也联系民，将官府的要求贯彻到民，又将民间的诉求反映到官；同时，这个阶层由于是儒学塑造出来的一个阶层，他们在基层社会建设中有特殊作用，他们在基层社会践行儒家的“齐家治国平天下”的价值取向，协助州县官府开展各项政务和公共事务，积极从事地方公益事业如修桥、修路、助学、救贫济困等，这个阶层在明清时期的基层社会控制和基层社会建设中起了重要而特殊的作用。但也有一些乡绅或官员的家人，因为拥有特殊的权力或权势，在基层社会为非作歹、扰乱社会秩序，因而有些乡绅对基层

① 宋真宗：《劝学文》，转见明高拱撰《本语》卷六，《景印文渊阁四库全书》第849册，上海古籍出版社1987年版（下同），第263页。

② （清）张廷玉等：《明史》卷七〇《选举志》，上海古籍出版社、上海书店1986年版《二十五史》本（下同），第7960页。

社会有不良作用。

在明清时期的基层社会还分布有大量儒学熏陶出来的未得到基本科举功名（如生员）的文人，他们曾为科举功名而努力学习过和奋斗过，但终未得到基本的科举功名，他们虽然未得到朝廷给予的任何特殊权利，但仍在基层社会践行儒家的思想和道德理论等，成为基层社会中有威望的人物，能化解社会矛盾，积极从事各项公益事业，虽然不是真正意义上拥有科举功名的乡绅，但同样在基层社会中起着乡绅的作用，本书称之为“广义的乡绅”。

中外学者对于中国的乡绅已有许多研究成果，有宏观的，有个案或地域的研究。考虑到乡绅在明清乡村社会治理中的特殊而重要作用，又考虑到江西这个自宋至明清时期的中国国家科举盛区，产生了许多的乡绅，而中外学者对这个区域的乡绅尚缺较详细的研究，所以笔者选择了明清时期江西的乡绅作为研究对象，拟通过乡绅为切入点来研究明清时期的江西乡村社会治理，因而本书的研究时空是从1368年至1911年的江西，以这一时空的乡绅为中心进行明清乡村社会治理的历史考察。

第一章　前　言

对于明清时期的乡绅，国内外学者已有许多研究，本章对乡绅的学术研究作一简要回顾，并对明清时人的乡绅观作一介绍，对何为乡绅、何为士绅、何为绅士，提出个人的看法。同时，对研究文献作一简要综述，对研究方法也作一简要说明。

一　乡绅研究的学术回顾

20 世纪 40 年代，中国学者和日本学者就已在研究中国的乡绅。从 50 年代始，欧美一批汉学学者也开始研究中国乡绅。不过，学者们对“乡绅”这一群体的称呼并不尽相同，往往“士绅”“绅士”和“乡绅”交互使用。日本学者从开始用“绅士”到后来大多数学者习惯用“乡绅”一词，欧美的汉学者从用“绅士”到用“精英（elite）”一词，中国学者从开始用“绅士”“士绅”到后来用“绅士”“士绅”“乡绅”者皆有之，实际上三者常常指同一群人，但又不完全相同。早在明清时期，“绅士”“士绅”“乡绅”一词就在文人的笔下交互使用，往往指同一群人，但在不同的语境下又有所不同。

明清时人，对乡绅、士绅、绅士，谈不上研究，只有不同的认识，即使用这些词时有不同所指。从 20 世纪 40 年代始，中外学者以乡绅或士绅、绅士这一群体为切入点来分析中国社会，取得了大量成果。

1. 明清时人的乡绅观

“乡绅”一词出现于宋代[①]，在明清时期乡绅与绅士、士绅较为频繁地交换使用。何为乡绅？何为绅士？何为士绅？明清时人在使用这三个概念时没有严格定义，经常交替混用，经常是指同一群人，但又常常各有内涵差异。

（1）关于绅士

“绅士”一词最早出现在明人的著作中，通过电子检索版文渊阁四库全书检索宋元时人的著作，宋元时人比较频繁、经常使用的词是“搢绅士大夫”“缙绅士大夫”“荐绅士大夫”，有时还用“缙绅士人”“缙绅士庶”“缙绅士”，未见单独使用“绅士”一词。

对于“搢绅”“缙绅”“荐绅”三词，现代的学者都有大体相同的看法，就是其含义是相同的，“搢”和“荐”，与“缙”是通假字。搢绅、缙绅、荐绅都是指在职的中上层官员，或指做过官的人。但是如何走向通假，学者们往往忽略。

搢，是“插”的意思，这是学者们都认可的。汉代许慎撰、宋代徐铉等校定的《说文解字》中说：“插也，从手，晋声。前史皆作荐绅，即刃切。”[②]

缙，清代吴玉搢撰《别雅》中说：“搢，插也……缙，帛赤色也。皆无插笏义，但以形声相近，辄假借用之耳。”[③]

这本是两个词意相差甚远的字，但在和“绅”字组合以后，却成了两个语音和词意完全相同的词，泛指官员。之所以会成为官员的泛称，主要是由于古代的官员“插笏于绅”。所以清代吴玉搢撰《别雅》中说：“荐绅、缙绅、侟绅，搢绅也。”[④]

---

① 日本学者寺田隆信在1981年的“明清史国际学术讨论会”上的论文《关于“乡绅”》中谈道：“‘乡绅’一词，在宋代的文献即已出现，然而，作为固定史料用语则是明代，特别是明代中期以后的事。”对于“乡绅”一词出现在宋代何种文献，该作者未提及。见《明清史国际学术讨论会论文集》，天津人民出版社1981年版。

② （汉）许慎撰：《说文解字》，中华书局影印本1963年版，第258页。

③ （清）吴玉搢：《别雅》卷四，《景印文渊阁四库全书》第222册，第725页。

④ （清）吴玉搢：《别雅》卷四，《景印文渊阁四库全书》第222册，第725页。

绅，是束在衣服外面的大带子，汉代郑玄注、唐孔颖达疏《礼记注疏》中说：“绅，大带也。”①

笏，是古代君臣朝见时手里拿的、作为指画和记事用的狭长的板子，《说文解字》中说：“公及士所搢也。”② 所以，“搢绅”也就是“插笏于绅”，从而成为官员的泛称。

当“搢”和“缙”与“绅”组合后，“搢”与“缙”成了通假字，因而，在古代的文献中，时而写作“搢绅”，或又写作“缙绅”，有时还写成“荐绅”，只随个人的写作爱好而已。黄晓伟先生在《从“搢绅”和“缙绅”看形符类化动力》一文中说：“通假字出现的情况是，古人在著述或传抄时有意或无意地临时使用一个音同或音近的字来替代本字，结果使得文字与所记录的词的关系发生错位，妨碍了语义的理解。但通假字在古代书面语中是客观存在的，而且一旦某个字的通假用例被固定下来，便会形成一种默许的行文习惯，具有了社会合法性，在不同时代不同作者的作品中混合通用。”③ 这种解释似乎让我们可以明白在古文献中“搢绅”“缙绅”“荐绅”的含义之所以相同的原因。

在宋人的文献中，“搢绅士大夫”和“缙绅士大夫”“荐绅士大夫”都是泛指官员：在位或曾经在位。“搢绅士”或“缙绅士”或“荐绅士”则指两类人：官员，读书人。“搢绅士庶”或“缙绅士庶”或“荐绅士庶”则指三类人：官员（或曾为官），读书人，平民百姓。

到明代，上述词汇仍然在明人的著作中使用，其含义也基本相同。但明人的著作（特别是明末人的著作）中已频繁地单独使用“绅士”一词。在清代，“绅士”一词则更广泛地单独使用，“搢绅”或“缙绅”或“荐绅”的使用则少得多了。明清时人关于“绅士”大体有如下两类含义。

一是指两类人，即绅与士。其中的绅，有时特指在位的官员，即缙绅；有时专指不在位即致仕、废闲居家的乡绅。士与衿同义，指读书人，或曰知识分子。

《明史》卷二七四《史可法传》：“大变之初，黔黎洒泣，绅士悲哀，

① （汉）郑玄注、（唐）孔颖达疏：《礼记注疏》卷四三《杂记下》，《景印文渊阁四库全书》第115册，第196页。

② （汉）许慎：《说文解字》，中华书局影印本1963年版，第99页。

③ 载《牡丹江大学学报》2009年第11期。

犹有朝气，今则兵骄饷绌，文恬武嬉，顿成暮气矣!”① 此处的“绅士”就是绅与士的合称，是指平民（黔黎）之上的阶层，包括在位与不在位的官员及享有一些特权的读书人。

清代大学士傅恒等奉敕编撰的《御批历代通鉴辑览》卷一一四《明》：“颍州……致仕尚书张鹤鸣及其弟副使鹤腾、子大同一门皆死，其他官绅士庶死难者共一百三人。”② 此处的“绅士”便是官与民之外的两个阶层：“绅”指乡绅，非在位官员及其他有功名者；“士”指多少享有一些特权的读书人。清代的皇帝与官员们常常用“官绅士庶”或“官民绅士”来划分社会人群，或用“绅士庶民”特指在位官员之外的社会人群，如：

乾隆帝亲自编的《世宗宪皇帝圣训》卷二《圣德二》：“丙辰，河东总督田文镜奏：豫省士民感戴皇仁，恭建万寿碑亭。上谕：……该省官民绅士感激朕恩。”③ “官民绅士”概括了除皇室以外的社会所有阶层与人群。

《世宗宪皇帝圣训》卷二九《蠲赈二》：“雍正七年己酉二月辛丑，上谕内阁：浙省为财赋重地，民力输将朕所轸念……今据性桂摺奏：浙省绅士庶民咸能知朕教养之殷，怀感朕训诲之至意。……三月丙午，上谕：……该省（豫）绅士庶民向来醇朴，又能遵封疆大臣之教。……雍正九年二月戊午上谕内阁：……三秦绅士庶民……陕甘二省绅士庶民……”④此处的“绅士”便是指两类人，即乡绅和士子。

绅士指两类人，还可从“绅士”与“绅衿”的互换使用得到说明。清代雍正年间亲王和硕等人汇编的《世宗宪皇帝上谕内阁》卷四三《雍正四年四月》：“上谕二十道……二十六日户部议驳署四川巡抚罗殷泰《奏请禁革绅衿优免差徭》：奉上谕：向来征收钱粮每月地方私立儒户、宦户名色，偏累小民，已经降旨严禁，而丁粮差徭或借绅衿贡监之名包免巧脱，情弊多端，罗殷泰所奏禁革绅士优免之处，固属太刻，而部议但就

① （清）张廷玉等：《明史》卷二七四《史可法传》，第8573页。

② 《景印文渊阁四库全书》第335册，第661页。

③ 《景印文渊阁四库全书》第412册，第24页。

④ 《景印文渊阁四库全书》第412册，第383页。

其错处指驳，其余未曾详议，亦属朦混，著九卿详议，具奏。”[①] 文中的“绅衿”和“绅士”互用，“绅”是一类人，指乡绅；“士”等同于“衿”，是另一类人，主要指儒学生员。

《世宗宪皇帝上谕内阁》卷八二《雍正七年六月》：“上谕三十六道……初十日……又奉上谕，据广西学政卫昌绩……强横之绅士始粤处边陲，民愚而陋，井蛙夏虫，识见不广，畏乡绅如虎，畏士子如狼，故俗有‘举人阁老、秀才尚书’之语，其畏官长也，不如畏绅士，故俗有‘官如河水流，绅衿石头在’之语……绅士乃庶民之倡，故欲化民成俗，使闾阎共敦仁让之风，必赖本乡之绅衿领袖，身体力行。”[②] 文中“绅士”与“绅衿”等同，又与“乡绅”互换，实际上，文中所指绅士、绅衿就是乡绅，不包括在位的官员。

二是指一类人，即指一个群体，就是“乡绅”，包括致仕居家或其他原因不在位的官员及地方上有影响力的文化人。

雍正帝下令编辑的《圣祖仁皇帝圣训》卷三〇《重农桑》：“康熙四十六年丁亥四月癸巳。上谕福建浙江总督……等曰：‘朕顷因视河，驻跸淮上，江浙两省官及地方绅士军民皆环道远迎，恳请临幸……’”[③] 文中的“绅士”即已很明确地表明乃非官非军非民的阶层，这个阶层便是曾经为官已居家的官员及举贡生监等享有些特权者所组成的乡绅阶层。

乾隆帝亲编的《世宗宪皇帝圣训》卷一三《用人》：“雍正五年闰三月乙丑。上谕：……绅士居乡倘有违理肆行之处，令有司约束劝导之者，无非欲其同归于善，并非令地方官有意摧折之也。尔等莅任后于绅士之品端方者，则当加意敬礼，以树四民之坊表；其小有过愆者则劝戒之，令其悛改；其不可觉悟者、不可宽宥者则置之于法，以警其余。”[④] 此段话中，明确指明“绅士居乡”，即指乡绅，同时指明绅士是四民之坊表，也是指乡绅。

《世宗宪皇帝圣训》卷二六《厚风俗》：“雍正四年丙午十月辛未。上谕户部：朕览所奏，恩诏内赏给老人一项……其仕宦、绅士、商贾、僧道

① 《景印文渊阁四库全书》第414册，第385页。
② 《景印文渊阁四库全书》第414册，第259页。
③ 《景印文渊阁四库全书》第412册，第502页。
④ 《景印文渊阁四库全书》第412册，第194页。

皆不入此数内。"① 文中明确指出，绅士非仕宦之人，也非普通之民（商贾、僧道），实际上指的就是乡绅。

在清代的地方志中，有许多方都用"绅士"一词，特别是在谈到地方教育的兴办、地方公益事业的兴举等，用得较多，仅以乾隆《江南通志》为例：

卷二七《舆地志·关津三》："鱼梁：歙县……康熙二十六年郡绅士输金万余两，甃筑坚致河西桥。"

卷四四《舆地志·寺观二》："崇福寺……国朝康熙五十九年绅士重建澹台书院。"

卷四七《舆地志·寺观五》："宁国府……国朝康熙五年郡守龚鲲同绅士及僧元隐捐资买河，禁绝渔钓，永为放生池。"

卷八八《学校》："镇江府……金坛县儒学在县治东……雍正四年邑绅士募修，教谕卢翀董其事。"

"桃源县儒学在县治南……大成殿明伦堂两庑，雍正七年知县眭文焕率绅士重建。"②

上述引文中所说的"绅士"，都不是在位的官员，而是地方上的乡绅。这类记载在清代所修的各省府县志中有大量相同的内容。即在清代的府县志中，普遍称"乡绅"为"绅士"。

（2）关于士绅

"士绅"一词在宋代时已单独使用，其含义与"缙绅"同，即指在位的官员。

北宋李觏《盱江集》卷二三《记·建昌军仪门记》："民知其君之贵，然后知王室之尊……唯中门立戟，非出入不开。东西两夹门，趋走之士绅笏，磬折于其外，非召呼不敢前。"③ 文中的"士绅"便是在位的官员，即"缙绅"。

北宋张方平《乐全集》卷一二《刍荛论·吏为奸赃》中说："今风俗流溢，共务奢汰，闾巷无守志之士，绅行乏循道之人，不严官制，何以立

① 《景印文渊阁四库全书》第414册，第319页。

② 《景印文渊阁四库全书》第508册，第412、492页；第509册，第479页。

③ 《景印文渊阁四库全书》第1095册，第198页。

法?"[①] 文中"士绅"，其含义很明确，即是在位的官员。

元代陈基《夷百斋稿》卷三三《墓志铭·陈隐君志铭》:"隐君讳谦，字子平，姓陈氏，吴人也……归即弃举子业，屏除世好，潜心六艺，旁搜百家而守之，以为约。尝从兄北客扬润，南寓杭，累数岁，不与人事接，日从士绅高世之品，扬确论议；为文章，出入古今，尤善词赋。"[②] 此文中的"士绅"虽非明确指在位官员，指德行高洁的文人士大夫是可以肯定的。

在宋元时人的文集中，"士绅"一词虽有使用，但出现的频率不高，主要是偶尔取代"缙绅"一词而出现。

到明代特别是明后期，"士绅"一词使用已较多，而到清代已是个很通用、出现频率高的名词。明清时期的"士绅"的内涵大体有三。

一是指一个大的群体，即"士"与"绅"。

"士"在先秦时期指的是有一定才能的人才，他们可能出身于贫寒之家，也可能出身于没落的贵族，他们凭一技之长为贵族们所用。特别是春秋战国时期，群雄并起，弱肉强食，各种人才各展才华，为诸侯贵族们争雄服务，谋士们为诸侯贵族出谋划策，武士们为诸侯贵族献身沙场，有荆轲这样气概豪迈之士，有孙膑这样军事才华出众的谋士等，群星灿烂，在上古的历史上留下了耀眼的光辉。从而，有了孔子对"士"的定义："行己有耻，使于四方不辱君命，可谓士矣。"(《论语·子路》) 即士的人格标准应当是严以律己、忠君爱国。

汉武帝"罢黜百家，独尊儒术"之后，"士"主要用指儒士，从而"士"成为读书人及文化人的代名词，特别是唐宋元明清科举取士，"士"的主要内涵更是指读书人及文化人。

当"士绅"指士与绅这个大群体时，"绅"包括缙绅即在位官员，也包括乡绅即致仕等原因而不在位官员，以及地方上其他一些有影响的文化人。因而，当士绅指一个大的群体时，所包括的范围很广，既泛指读书人及文化人，也泛指在位与不在位的官员，还包括有社会影响的一些人物。其内涵比较模糊，不是那么确定。且以下面的实例为例。

---

① 《景印文渊阁四库全书》第1104册，第110页。

② 《景印文渊阁四库全书》第1222册，第347页。

明代逯中立的《两垣奏议·论修史用人疏》写道："且今天下多故，需人甚急，废谪诸臣无赐环之日，中外士绅，日夜望辅臣补牍力诤。今未能进一君子而先进一邪臣，辅臣又将何词以谢天下？"① 文中的"士绅"所指便是包括士与绅在内的含义不确定、包括范围很广的一个大的群体。

清代乾隆年间纪昀等奉敕撰《钦定平定台湾纪略》卷一二："恩旨蠲免台湾府全属本年地丁钱粮，誊黄遍谕各处，复传唤士绅商民当面晓谕，各绅士义勇人等莫不感激踊跃，现在府城内外街市贸易照常。"② 文中与"商民"并列的"士绅"指士与绅，但绅不包括在位的官员，即绅仅指乡绅。

明代黄宗羲《明儒学案》卷三五《泰州学案四·恭简耿定向》中说："胡清虚浙之义乌人，初为陈大恭门子，以恶疮逐出，倚一道人，率之游匡庐、终南，遂有所得，浙中士绅翕然宗之。"③ 文中的"士绅"便是内涵很广大的一个群体，即包括"士"，也包括"绅"。

乾隆《江南通志》卷九〇《学校志·书院》记载："明道书院，在宜兴县城东隅，周孝侯墓左，明万历间太仆史孟麟讲学其地，知县喻致知倡建书院，为士绅讲习之所，巡抚周孔教题曰'明道'，名贤学士云集，与东林相辉映，后圮。"④ 文中的"士绅"也是一个含义很广泛的概念，包括士，也包括绅。

二是明确地指缙绅，即在职官员。

乾隆《御选明臣奏议》卷三一中的逯中立《请容直臣以劝百僚疏》："以今圣明在上，公议在下，一时臣工非至愚不肖，谁敢罔上行私，自速罪戾？而郎中顾宪成者，砥行好修，往以直言获谴陛下；起自谪籍而用之矣，司铨未久复遭摈斥。士绅相顾咨嗟，咸谓顾宪成以直道被黜而陛下有不容直之名，将何以劝任事之心，鼓豪杰之气乎？"⑤ 文中的"士绅"便是指在职官员，即缙绅。

明代陈鼎《东林列传》卷一八《明·钱龙锡传》："陛下欲威柄独运，

---

① 《景印文渊阁四库全书》第430册，第255页。

② 《景印文渊阁四库全书》第363册，第181页。

③ 《景印文渊阁四库全书》第457册，第580页。

④ 《景印文渊阁四库全书》第509册，第528页。

⑤ 《景印文渊阁四库全书》第445册，第494页。

操纵海宇，何必图圄愤盈，孤卿骈首，令四方传者咸谓天朝狱吏甚贵，士绅甚贱乎?"[①] 文中的"士绅"，便是指在位的官绅。

清孙承泽《春明梦余录》卷二三《内阁一》:"以至于孟养浩之廷杖一百则更惨矣，雷霆横击，风日凄阴，凡举朝士绅、远方选吏，见者无不丧气，闻者无不摧心。"[②] 文中的"士绅"便是很明确地指在职的官员。

清代姚之骃撰《元明事类钞》卷三七《飞鸟门》:"大小鸡：明诗话：京师市语呼江西人为鸡。相嵩当国，江西士绅贺生辰，长身耸立，诸公俯躬趋谒，高拱旁睨而笑，嵩问之，曰：偶思昌黎斗鸡诗，大鸡昂然来，小鸡竦而待，是以失笑耳!"[③] 文中的"士绅"便是明确地指在职官员。

三是指乡绅。所谓乡绅，主要指不在位的官员，如致仕、废闲居乡等的官员，以及拥有科举功名的举贡生监。这些人都是在基层社会有一定影响力的人物。明清时人的著作有时将这些人称为"乡绅"，有时又称之为"绅士"，有时又称为"士绅"。

明后期周起元的《周忠愍奏疏》卷下《抚吴奏疏》:"自有辽事以来，……臣伏见太仓告讲，绝不敢宽假催科，凡士绅来谒，皆劝以勉强赔纳，让所折之数于小民，而此邦士大夫贤而好义者亦自不乏。"[④] 文中的"士绅"便是指地方上的乡绅。

雍正《江西通志》卷一三五《艺文记十四·国朝》中的张景苍《重建新喻县学宫记》:"仰体圣天子乐育人才之意，亟图更新，谋之司铎，咨之士绅，莫不踊跃愿勷。"文中的"士绅"便是当地的乡绅而已。

雍正《江西通志》卷一四一《艺文论辨说考疏引·明》中的李元明《契真寺莫建瑞经图阁疏》:"僧众乞余为疏……因备述之以告夫临斯土，下至士绅、编氓，宜各各种善因，自求多福焉。"[⑤] 文中的"士绅"便是当地的乡绅。

乾隆《福建通志》卷六六《杂记二·丛谈·福州府》:"闽中乡先生素重清议，永乐乙未，会元洪公英以御史还家，官橐有十抬，士绅疑为辎

① 《景印文渊阁四库全书》第458册，第410页。
② 《景印文渊阁四库全书》第868册，第302页。
③ 《景印文渊阁四库全书》第884册，第599页。
④ 《景印文渊阁四库全书》第430册，第321页。
⑤ 《景印文渊阁四库全书》第518册，第190页。

重也，相戒不与通。”[1] 文中的士绅也就是闽中的乡绅们。

明代范景文《文忠集》卷二《奏疏 · 直陈除害安民诸欵疏》：“而四方之安危亦莫不与中州相关，地称重焉。臣延问长吏、士绅及乡之长老，大约不越兴利除害四字。”[2] 文中“士绅”之内涵实为地方乡绅。

由上可知，明清时人在使用绅士、士绅两词时，虽没有严格的、比较一致的共识，但其指士与绅、士或绅还是明确的。

（3）关于乡绅

“乡绅”这一名词较为频繁地使用是在明代中后期以后，这是日本学者早已认识到了的一个历史事实。早在20世纪70年代，日本学者重田德在《乡绅支配的成立与结构》一文中说：“所谓‘乡绅’的称呼，包括缙绅、绅士、乡官、邑绅等各式各样的称呼，虽自宋代起已看到，但普遍使用则是明代中期以来。”[3] 1981年明清史国际学术讨论会的论文中，日本学者寺田隆信的《关于“乡绅”》一文中说：“‘乡绅’一词，在宋代文献中即已出现，然而作为固定史料用语使用则是明代，特别是明代中期以后事。这一事实反映了乡绅的存在当时已开始在政治上、社会上引起注意。”[4]

关于明清史料中“乡绅”一词的含义，即明清史料中乡绅指的是哪些人，中国学者常建华等曾进行过专门研究。常建华先生在其著作《清代的国家与社会研究》一书的第六章“乡绅及其他”中，对清代“乡绅”一词的含义进行了至目前为止最有深度的考察。

常建华先生认为：“清代关于乡绅的文献记载，常同缙绅一词联系在一起。”根据《缙绅录》《清文献通考》卷三《田赋考》、梁章钜《归田琐记》卷八、陈鸿等著《清初莆变小乘》、段光清《镜湖自撰年谱》等史料分析，常建华先生认为，“清代缙绅有狭义和广义两种解释，前者是‘家居’的官员，后者包括现任未‘家居’的本籍官员。”[5]

对于清代乡绅的含义，常建华先生根据《福惠全书》卷四《待绅

---

① 《景印文渊阁四库全书》第530册，第374页。

② 《景印文渊阁四库全书》第1295册，第467页。

③ 转引自《日本学者研究中国史论著选译》第2卷，中华书局1993年版，第214页。

④ 《明清史国际学术讨论会论文集》，天津人民出版社1982年版，第112页。

⑤ 常建华：《清代的国家与社会研究》，人民出版社2006年版，第416页。

士》、卷二一《保甲之制》，陈宏谋的《咨询地方利弊谕》《饬取州县舆图檄》《咨询民情土俗三十条谕》，佚名撰《吴城日记》，叶梦珠《阅世编》卷四《士风》，姚廷遴《历年记》等的有关记述，认为"'乡绅'是本籍现任或原任的官僚"①。常建华先生还根据对史料的分析认为，清代文献中"缙绅"与"乡绅"的含义基本相同，"乡绅"与"乡宦"含义也是基本相同，都是指具有官僚身份的人，举贡生监称不上"乡宦"，乡绅不包括他们。常建华先生还认为，"清代'乡绅'之"绅"含有三个层次：一是指现任或原具有官僚身份者；二是指现任或原任具有官僚身份和具有进士、举人身份候选官僚者；三是指现任或原任具有官僚身份和候选官僚者。而前两个层次，尤其是第一个层次，是清代社会普遍的乡绅认识。清人文献中，还未发现乡绅包括生员的记载。"②

常建华先生的分析是很深入、令人信服的，但本人认为有些方面值得补充。

乡绅之所以成为乡绅，最主要的是其官僚的身份：出仕在外或致仕居乡，这是目前学术界的共识，但仕宦者的后人，即簪缨之族者也可拥有乡绅身份，清代的一些史料反映了这一点。

清代于敏中等撰《钦定剿捕临清逆匪纪略》卷七《（乾隆三十九年秋九月）丙子》："其大宅汪姓自即前日杜安邦所供汪乡绅者，其人为谁？是否出仕在外？抑安住在家？或其先世有仕宦者相沿称之？舒赫德等即速查明具奏。"③ 这是乾隆帝对乡绅的定义，即出仕为官者的家人、已居乡的仕宦、仕宦者的后人都是乡绅。

在乾隆帝之前，雍正帝也同样是这样定义乡绅的。《世宗宪皇帝圣训》卷六《圣治二·雍正六年戊申壬子》："上谕曰：县令乃亲民之官最为紧要……向来地方官多有借乡绅之游扬，则交结乡绅而欺凌百姓，或欲借百姓之称誉，则袒庇百姓而摧折乡绅，不知百姓为国家之赤子，岂可徇巨室之私交而肆其凌虐。至于乡绅，或其祖、父为国家宣劳，或其己身为国家效力，又岂可簪缨之族转贱于编氓，而故为摧抑乎？是乡绅、百姓皆

① 常建华：《清代的国家与社会研究》，人民出版社 2006 年版，第 419 页。

② 常建华：《清代的国家与社会研究》，人民出版社 2006 年版，第 423 页。

③ 《景印文渊阁四库全书》第 362 册，第 105 页。

不可存成见以待之!”[①] 雍正帝所指：在职或致仕官员是乡绅，祖、父为国家官员者也是乡绅。

《世宗宪皇帝圣训》卷二七《雍正七年己酉三月戊申》：“上谕内阁：直省各处富户，其为士民殷实者，或由于祖父之积累，或由于己身之经营、操持俭约，然后能致此饶裕，此乃国家之良民也。其为乡绅而有余者，非由于先世之遗留，即由于己身之俸禄制节谨度，始能成其家计，此国家之良吏也。是以绅衿士庶中家道殷实者实为国家之所爱养保护……各省督抚将朕此旨通行该属之乡绅士民人等共知之。”[②] 谕旨中所指的乡绅与上段谕旨的乡绅内含相同。

不仅出仕者对本籍而言是乡绅，致仕居乡者是乡绅，祖、父为官者己身为乡绅，甚至连世家大族的亲戚故旧也被看作是乡绅。《世宗宪皇帝硃批谕旨》卷一七四之十《硃批李卫奏折》：“更有破落乡绅子弟无事可为，日与下流往来，呼兄唤弟，情好益密，每窝盗在家，分肥入己，因其世家大族亲戚故旧，体面犹存，地方官不免稍存姑息。”[③] 这应当是广义概念的乡绅，即将世家大族的亲戚故旧也看成乡绅。

常建华先生曾根据清代黄六鸿《福惠全书》的有关记载分析说：“乡绅与举、贡、监、衿（文武生员）相区别，举、贡、监、衿只是获得功名，而乡绅是获得功名后的出仕者，所以乡绅不包括举、贡、监、衿。黄六鸿的乡绅概念指任官在外、请假回家以及闲废在籍的现任、原任官员。”[④]

常建华先生的分析，毫无疑问是对的。但我认为需要补充的是，不仅仅是黄六鸿等人这样认为，康、雍、乾三帝同样是这样认为的，检索四库全书可知，在这三帝的谕诣中，绅衿及乡绅衿监（或衿监乡绅）连用较多，这说明在这三帝的概念中，乡绅与衿、监是不同的，即乡绅不包括衿、监，如《世宗宪皇帝圣训》卷二六《厚风俗·雍正四年丙午十月己巳》：“上谕大学士九卿等……在籍之乡绅补衿监党有不安本分，陵虐百

① 《景印文渊阁四库全书》第 412 册，第 91 页。

② 《景印文渊阁四库全书》第 412 册，第 349 页。

③ 《景印文渊阁四库全书》第 423 册，第 271 页。

④ 常建华：《清代的国家与社会研究》，人民出版社 2006 年版，第 416 页。

姓……”[①] 不仅如此，乡绅与进士、举、贡、生、监也是明确区分的，即乡绅不包括这几类人，如《世宗宪皇帝朱批谕旨》卷一四〇《朱批王朝恩奏折》：“臣愚以为应令州县官于每年奏销时查有绅衿拖欠钱粮者，不得混入民欠数内，即将绅衿所欠粮银数目无论多寡，另造一册，开明一户某乡绅或某进士、举、贡、生、监名下额征地丁银粮若干，拖欠若干，计未完几分，逐户开出，造册详报知府司院。”[②] 这虽是当时大臣的看法，实也代表了皇帝的看法。再如康熙《万寿盛典初集》卷四《圣德二·谦德一》载：“圣主万寿无疆，兆姓建亭恭祝……事据福州等九府一州乡绅余正健等，贡生、监生、生员力子侨等，耆民王万龄等呈称……”[③] 乡绅与贡生、监生、生员是不同身份的人。

乡绅虽包括在位官员，但在位官员只是相对其在籍而言是乡绅，大多数的情况下，乡绅主要指居乡之绅，即致仕、废闲等官员。在清代的文献中，乡绅除常与衿监或举贡生监等并提，还与富户、士民、土豪等并提，这说明清时人不过是把乡绅看作是跟乡间富户相类似的一类人。

在明代文献中已有一些使用“乡绅”一词，其主要含义可以确定的是：乡绅是绅，有官员身份，如明代万历年间曾官至兵部尚书的孙传庭《白谷集》卷四《派就壮丁晓示阖城告白》中记：“派定之后，乡绅责余曰‘我辈叨在仕宦，奈何反视平民？’”[④] 乡绅虽是仕宦，但大多居乡邑中，所以乡绅大多是致仕、废闲等居乡之官员。明万历戊戌进士李之藻《类宫礼乐疏》卷九《僎诂》所述：“僎诂……故僎必致仕乡绅有齿德可遵法者。”[⑤] 致仕官员是乡绅这是肯定的。

明代对于乡绅的划分还没有清代那么复杂、详细，主要就是指由于种种原因已居乡不在位的官员。

从上可知，明清时人的绅士、士绅、乡绅概念，其含义有共同之处，即致仕等原因居乡官员，在不同人的笔下或不同语境下，分别可能使用其中之一个词表述，但其所指都是一样的，然而，三者在很多状态下所指又

---

① 《景印文渊阁四库全书》第 412 册，第 349 页。
② 《景印文渊阁四库全书》第 416 册，第 385 页。
③ 《景印文渊阁四库全书》第 653 册，第 44 页。
④ 《景印文渊阁四库全书》第 1296 册，第 320 页。
⑤ 《景印文渊阁四库全书》第 651 册，第 360 页。

有很多如上所述的不同。

2. 国外学者对中国乡绅的研究

国外学者对中国乡绅的研究，主要有两部分人，一是日本史学界的学者，二是欧美汉学界的学者，此外，还有少数韩国学者等。

（1）日本学者对中国乡绅的研究

日本学者在20世纪40年代开始以绅士为切入点、为视角来解读中国社会。① 如日本学者本村正一、根岸佶、佐野学、松本善海等人，研究绅士的组成、绅士的社会功能等。日本学者的研究一直持续到现在，20世纪50年代以后，转入了乡绅与中国地域社会的研究。

对于从20世纪40年代以来，日本学者本村正一、根岸佶、佐野学、松本善海、仁田井陞、佐伯有、安野省三、田中正俊、滨岛敦俊、川胜守、西村元照、小山正明、重田德、酒井忠夫、沟口雄三、奥崎裕司、高桥孝助、山根幸夫等对中国古代的士绅、绅士、乡绅的研究成果和主要观点，中国学者巴根在《明清绅士研究综述》②、郝秉键在《日本史学界的明清“绅士”论》③ 文章中已有详细概述，常建华《日本八十年代以来的明清地域社会研究述评》④ 一文，也对日本学者自20世纪80年代以来，以乡绅为切入点研究明清时期中国的地域社会作了概括。徐茂明在《明清以来的士绅、乡绅、绅士诸概念辨析》⑤，及衷海燕在《士绅、乡绅与地方精英—关于精英群体研究的回顾》⑥ 也涉及日本学者对中国乡绅的研究。

---

① 1940年日本学者本村正一在《史渊》第24号上发表了《关于清代社会绅士的存在》一文，率先以绅士为切入点，通过分析绅士的构成、政治立场、经济地位等，来解读中国地方社会，从此，日本学术界出现“绅士研究热”。根岸佶、佐野学等一些学者随后或出版专著或发表论文，以绅士为切入点分析中国社会；到20世纪50年代，日本学术界由绅士的解读过渡到了乡绅的解读，对中国社会中乡绅这一群体及其与中国社会的关系展开了很多的论述。参见巴根《明清绅士研究综述》，《清史研究》1996年第3期。

② 载《清史研究》1996年第3期。

③ 载《清史研究》2004年第4期。

④ 载《中国社会经济史研究》1998年第2期。

⑤ 载《苏州大学学报》2003年第1期。

⑥ 载《华南农业大学学报》2005年第2期。

综合起来，日本学者对于乡绅的研究，主要集中在：什么是绅士、绅士与绅衿及乡绅的区别，绅士的组成、绅士的功能、绅士的社会性格及绅士与社会、国家的关系，乡绅的属性、乡绅的产生，乡绅与土地、赋役，乡绅与明末清初的社会变革，水利惯例与乡绅土地所有制，乡绅与胥吏、幕友，乡绅地主与佃户，明清乡绅与宋代的“形势户”及“官户”的区别，明清“乡绅统治”的形成，绅士和乡绅与地方民众的关系，绅民关系与地方秩序，绅士、乡绅的社会性格与存在形态，绅士、乡绅与地方公共事业，乡绅与赋役征收，乡绅与各社会组织和社会群体之关系，乡绅与宗族之关系，绅士的思想状况等①，以及明清乡绅与地域社会②。巴根先生认为：“日本学者对明清绅士的研究经历了‘国家社会论’‘乡绅土地所有论’和‘乡绅统治论’三个阶段，考察范围从宏观走向微观。”③

（2）欧美学者对乡绅的研究

欧美汉学界的学者，在20世纪50年代开始，比较有深度地研究了中国的绅士阶层，他们习惯使用“精英”一词来指代绅士、士绅与乡绅，著名学者张仲礼、瞿同祖、何炳棣、费正清、周荣德、张仲礼、瞿同祖、罗伯特·马斯、何炳棣、艾森斯塔特、巴林顿·摩尔、贝蒂、孔斐力、兰钦、周锡瑞、杜赞奇等，都推出了力作，通过以绅士或“精英”为视角，对中国的政治、经济、文化、社会等进行了深入研究。对于他们的研究成果和主要观点，巴根在《明清绅士研究综述》和郝秉键在《西方史学界的明清“绅士论”》④ 曾作过概述，徐茂明和衷海燕的综述中也作过叙述，综合起来欧美学者主要研究的问题在于：科举制与中国绅士的产生，家族组织和绅士阶层在社会中的地位，“士”的构成及其社会作用，绅士的社会性格及其与政治、财富、农民之间的关系，绅士的构成及其社会特质，19世纪绅士的构成与特征及其收入，绅士的社会角色与社会功能，地方

① 对于这些问题的具体研究，可参见郝秉键《日本史学界的明清“绅士”论》，《清史研究》2004年第4期。

② 主要研究成果可参见常建华《日本八十年代以来明清地域社会研究述评》，《中国社会经济史研究》1998年第2期。

③ 巴根：《明清绅士研究综述》，《清史研究》1996年第3期。

④ 载《清史研究》2007年第2期。

精英的构成与功能及其变化，绅士的社会流动，“地方精英”的构成，绅士与家族组织、国家政权的关系，“精英”（Elite）角色地位、价值取向、行为方式的变化和绅权的消长趋势与社会变迁，绅士权力的文化网络，绅士与“同治中兴”、辛亥革命及义和团运动，绅士与家族的互动关系，绅士的社会特质、角色功能与宗教思想文化，理学、朴学与“精英”人物等。[①]

除日本和欧美学者对中国的乡绅的研究之外，少数韩国学者也对中国乡绅展开过研究，如韩国学者吴金成曾撰写过《明代江西社会的变化与绅士》[②] 及《入关初清朝权力的渗透与地域社会》[③] 等论文，对明后期里甲制的衰弱与乡绅的关系，及闽粤赣三省交界地区的乡绅阶层与人口流动等问题进行了探讨。

3. 中国现当代学者对乡绅的研究

中国学者对乡绅的研究分两个阶段，一是20世纪40年代，二是20世纪80年代以后至今。

（1）20世纪40年代的研究

中国学者在20世纪40年代就考虑到了官民之间的阶层，在中国的社会经济文化发展中有着独特的地位和作用，费孝通、吴晗等学者在20世纪40年代就对这一阶层展开了研究，以“绅士”来统称这一阶层。对何为绅士，费孝通认为“绅士是退任的官僚或者是官僚的亲亲戚戚。他们在野，可是朝廷内有人。他们没有政权，可是有势力，势力就是政治免疫性。”[④] 吴晗则认为：“官僚、士大夫、绅士，是异名同体的政治动物，士大夫是综合名词，包括官僚、绅士两专名……官僚是士大夫在官时候的称呼，而绅士则是官僚的离职、退休、居乡（当然居城也可以），以至未任官以前的称呼。”[⑤]

---

① 具体的观点见郝秉键《西方史学界的明清“绅士”论》，《清史研究》2007年第5期；及巴根《明清绅士研究综述》。

② 《第二届国际汉学会议论文集（明清与近代史组）》，台北：“中研院”1989年版。

③ 载日本版《明代史研究》第27号。

④ 费孝通：《皇权与绅权》，天津人民出版社1988年版，第8页。

⑤ 费孝通：《皇权与绅权》，天津人民出版社1988年版，第49页。

吴晗、费孝通、潘光旦等人着重研究了绅士的流动、绅权与皇权的关系等。

(2) 20世纪80年代后的研究

费孝通、吴晗等人的研究在此后的几十年里中国史学界没有传续下去，直到20世纪80年代在日本汉学界和欧美汉学界对中国的乡绅、绅士（或称“精英”）已有许多研究成果的背景下，中国的学者们才试着将费孝通、吴晗等人的研究延续下去，1983年伍丹戈发表了《明代绅衿地主的形成》[①]一文，论述了明清绅衿地主的兴衰过程，认为明代身份性地主的主体就是由官僚、举贡、生监构成的绅衿集团，在清代逐渐走向衰落。

伍丹戈的研究开启了20世纪80年代后中国学界对于绅士、士绅和乡绅的研究，此后的中国学术界不断有论文发表，或论绅士，或论乡绅，或论士绅，主要所指都是官民之间的这一阶层，对其不同的称呼，各随不同的学术爱好而已。

对绅士的论述，代表作品有王先明《中国近代绅士述论》《近代中国绅士的分化》《中国近代绅士阶层的社会流动》[②]，吴晗先生的遗作《明代的新仕宦阶级，社会的政治的文化的关系及其生活》[③]，刘泱泱《近代湖南绅士与教案》[④]等等，20世纪90年代和21世纪的最初10年，涌现了相当数量的有关绅士的研究成果，其中一大特点是区域化深入，如刘泱泱、许顺富、阳信生等人对湖南绅士的研究，贺跃夫对近代广东士绅的研究，兰钦、徐茂明对江浙绅士的研究，王笛对长江上下游绅士的研究等，但对于绅士的认定，大多认同张仲礼或王先明的论述。也有的学者吸收、综合了许多学者的观点之后，提出了自己观点。综合起来，有下列观点：

第一，根据功名职衔获得途径的不同，我们可以将绅士分为正途绅士和异途绅士。通过严格的封建科举考试，即院试、乡试、会试、殿试而获得秀才、举人、进士等功名者为正途绅士；通过科举考试之外的渠道，如军功、捐纳、荫庇等获得监生等功名或一定职衔者为异途绅士。

---

① 历史研究编辑部编：《中国封建地主阶级研究》，中国社会出版社1987年版。

② 分别载《求索》1989年第1期，《社会科学战线》1987年第3期，《历史研究》1993年第2期。

③ 载《明史研究论丛》第五辑，江苏古籍出版社1991年版。

④ 载《求索》1992年第3期。

第二，根据功名的大小和职衔的高低，绅士可分为上层绅士和下层绅士。一般说来，获得贡生举人以上功名或相应职衔者为上层绅士，只获秀才一级功名者（秀才、监生等）为下层绅士。

第三，根据绅士的主要居所所在地，可将绅士分为城绅和乡绅。城绅是指居住于城市的绅士，它可分为省绅、府绅、县绅等。而乡绅则是指一直居住在乡里的绅士和一部分退职居乡的官员。

第四，根据绅士籍贯的不同，我们可以将绅士分为本地绅士与外来绅士。以省为单位，可将绅士分为本省绅士与外省绅士，以府、厅、州、县为单位，可分为本府绅士与外府绅士、本厅绅士与外厅绅士、本州绅士与外州绅士、本县绅士与外县绅士，等等。

第五，根据绅士所从事的主要活动或职业的不同，绅士又可分为绅商、学绅、军绅、职绅等等，从事商业活动的为绅商，在新旧学堂中任教或求学者为学绅，从事军事活动为军绅，在地方公共管理机构（如教育会、劝学所、自治公所等）任职的绅士为职绅。

第六，根据绅士所获功名或职衔的类别及绅士实际从事的主要活动，绅士可分为文绅和武绅。文绅是指获得文秀才、文举人、文进士、文状元但未为官且主要从事文职者；武绅则是指获得武秀才、武进士、武状元但未为官且主要从事武职者。

第七，根据绅士的政治态度，绅士可分为传统绅士和新式绅士（亦可称之为“新绅士”和“旧绅士”）。传统绅士又可分为顽固派绅士和洋务派绅士，新式绅士又可分为维新派绅士和立宪派绅士。新、旧绅士的最大区别在于是否赞同在政治制度方面进行改革。新绅士支持实行政治制度上的改革，而旧绅士则反对任何政治上的改革。

第八，根据绅士品行的优秀与否，绅士可分为正绅和劣绅。品行端正、热心公益、具有良好的社会评价者为正绅，而依持其特权而独霸一方鱼肉乡里、声名狼藉者为劣绅。

以上观点是中国学者对中国绅士认识的主要理论内容①。

对士绅的研究，代表作主要有贺跃夫《晚清士绅与近代社会的变

① 参见吴佳佳《绅士的内含》，《安徽文学》2006 年第 8 期。

迁——兼与日本士族比较》[①]，马敏《官商之间——社会剧变中的近代绅商》[②]，徐茂明《江南士绅与江南社会（1368—1911）》，其次在有的论文中作者谈到对士绅的看法，如秦文《传统视角下士绅群体的法律人角色与民间自治——以浙江士绅为例》[③]，张璇《浅论明代中后期士绅权力的扩张》[④] 等。

对于何为“士绅”，实际上，很多作者所指与“绅士”无异，只是字眼使用上的个人爱好，内涵都是指那么一个阶层，甚至在同一篇文章中忽而使用“绅士”，忽而使用“士绅”，对于为何要使用“绅士”或“士绅”一词并没有特别的说明。目前还没有看到有何论著或论文中对“绅士”和“士绅”二词进行辨析。对于何为士绅，主要的代表观点有以下几种。

贺跃夫以“传统内变迁”和“近代化变迁”交织互动为视角，并以日本幕末和明治时代的武士为参照系，考察了近代士绅与团练、精英教育、绅商、民权宪政运动、共和革命的关系，认为从“传统内变迁”的角度看，士绅只是一种身份，并非一种可以带来稳定收入的职业，因而其社会是一种历史形成的框架中变化。在“近代化变迁”的过程中，由于西方势力的渗入及清政府政策的转变，士绅逐步超越“传统内变迁”的范围，其角色地位相应发生转型。[⑤]“传统社会中的士绅在经济上是封建剥削者，政治上是现存封建统治秩序的维护者，文化上是传统儒家思想的代表者。……中国的封建专制统治者正是‘依靠地主士绅作为全部封建统治的基础’。”[⑥]

徐茂明认为：“所谓‘士绅’正是通过对知识的占有以及与政治特权的结合从而形成的一个特殊的知识阶层，在明清两代充当着社会权威、文化规范的角色，对于传统社会秩序的稳定和延续发挥了重要作用。”[⑦]

秦文在《传统视角下士绅群体的法律人角色与民间自治——以浙江

① 广东人民出版社 1994 年版。

② 天津人民出版社 1994 年版。

③ 载《湖北社会科学》2010 年第 8 期。

④ 载《大庆师范学院学报》2010 年第 5 期。

⑤ 贺跃夫：《晚清士绅与近代社会的变迁——兼与日本士族比较》，广东人民出版社 1994 年版。

⑥ 贺跃夫：《清末广东士绅与辛亥革命》，载《辛亥革命史丛刊》第九辑，中华书局 1997 年版。

⑦ 徐茂明：《江南士绅与江南社会（1368—1911）》，商务印书馆 2006 年版，第 23 页。

士绅为例》一文中认为："中国社会进入明清以后，商品经济有了长足的发展，伴随而来的是，社会文化由理想的浪漫主义主导，演变为重商的现实主义占优。受此影响，在这一时期，作为折射社会价值观侧面的'士'的概念发生了很大的变化。从名称上看，'士'逐渐被'士绅'或'绅士'的称呼取代，内容上来看，'士'强调的是学识、知识和价值上的追求，而'士绅'强调对知识的占有的同时，重视对财富和权力的占有。"①

张璇《浅论明代中后期士绅权力的扩张》一文中认为："士绅主要是指在野的并享有一定政治和经济特权的知识群体，它包括科举功名之士和退居乡里的官员。他们是随着科举制的确立而逐步形成的一个特殊的社会群体，在过去一千多年中，尤其在明清两代充当着社会权威、文化规范的角色，对于传统社会秩序的稳定和延续发挥了重要作用，以至一些社会学家称中国为'士绅之国'。事实也正是如此，无论是历史遗留的文献资料，抑或是士绅与社会各阶层之间的关系及其所扮演的社会角色，都决定'士绅'是深入探究中国传统社会结构与社会变迁转型的重要切入点。"②

对于近代士绅构成的变化，以王先明先生的研究为主要代表："按周荣德的调查研究，民国时期的士绅阶层较之传统的士绅阶层（晚清），其变化主要在于其构成的成分，传统士绅阶层多为传统学绅和官绅，而民国时期的士绅则更多地包括了商绅、军绅、新式学绅以及部分以非法方式（土匪、寇首）进入这一阶层的人物。不可否认，民国士绅的来源更为广阔，因为科举制度弱化了对绅士功名的追求。"③

对于乡绅的研究，代表作有傅衣凌《中国传统社会：多元的社会结构》，任昉《明代乡绅》④，柯可《建设社会主义新农村红乡绅论》⑤，王玉山《中国传统乡村社会中乡绅的历史地位探悉》⑥，岑大利《论明清乡

① 秦文：《传统视角下士绅群体的法律人角色与民间自治——以浙江士绅为例》，《湖北社会科学》2010年第8期。

② 《大庆师范学院学报》2009年第1期。

③ 王先明：《乡绅权势消退的历史轨迹》，《南开学报》2009年第1期。

④ 载《文史知识》1993年第2期。

⑤ 载《山西农业大学学报》2010年第9期。

⑥ 载《研究生法学》2009年第10期。

绅生活习俗的变迁》[①]，王先明《乡绅权势消退的历史轨迹》[②]，王善飞《明代江南乡绅与政治运动》[③]，徐祖澜《乡绅之治与国家权力》[④]，等等。

对于何为“乡绅”，也有以下几种观点。

傅衣凌先生认为：“‘乡绅’已大大超过了这两个语义学含义，既包括在乡的缙绅，也包括在外当官但仍对故乡基层社会产生影响的官僚，既包括有功名的人，也包括在地方有权有势的无功名者。并认为国家利用察举、荐举、科举、捐纳和捐输等社会流动动渠道，将之纳入政权体系之中，授予官职、功名和各种荣誉。”[⑤]

任昉认为：“明代的乡绅可分为两类：一类主要是包括卸任，致仕甚至坐废的居乡官员，以及现任官员的居乡恩荫子弟，可称为正式官员类。一类是主要包括府府州县学的生员，以及最高学府国子监的监生。”[⑥] 此类乡绅，均可通过进一步的科举考试，取得做官的资格，可称后补官员类。……举人、进士均有做官资格，明代正式官员也多是举人、进士出身。因此，由正式官员类构成的乡绅，在明代属于上层乡绅。生员俗称秀才，……生员地位不如举人、进士，不能直接出仕；监生虽包括举监，但毕竟只是后补官员。因此，由后补官员类构成的乡绅，在明代属于下层乡绅。上层乡绅队伍并不十分庞大，而下层乡绅，数目却相当惊人。

从 20 世纪 90 年代以来，中国的学者们对乡绅的认识大多以上述两种观点为认同，特别是认同任昉的观点的更多，认为乡绅阶层大体包含两种人：“一种是未任但具有准官僚资格的生员、监生、举人；一种是通过科举途径的做官而致仕的官僚。两者都有过学校读书和科举考试的经历，所被赋予的特权也基本相同。”[⑦] 更详细的划分也无非以有功名、学品、学衔为基础，以有无出仕为分类，如“乡绅的组成可以官僚系统为参照物来划定，分为三类：第一类，处于官僚系统内部，即现任的休假居乡的官

① 载《文化学刊》2007 年第 5 期。

② 载《南开学报（哲学社会科学版）》2009 年第 1 期。

③ 载《辽宁师范大学学报（社会科学版）》2000 年第 11 期。

④ 载《法学家》2010 年第 6 期。

⑤ 傅衣凌：《中国传统社会：多元的结构》，《中国社会经济史研究》1988 年第 3 期。

⑥ 任昉：《明代的乡绅》，《文史知识》1993 年第 2 期。

⑦ 王善飞：《明代江南乡绅与政治运动》，《辽宁师范大学学报（社会科学版）》2000 年第 11 期。

僚；第二类，曾经处于官僚系统内部，但现已离开，即离职、退休、居乡的前官僚；第三类，尚未进入官僚系统的士人，即居乡的持有功名、学品、学衔的未入仕的官僚候选人。不难发现，这三类组成人员都与国家权力存在交集。”①

从上述可知，无论是明清时人，还是现当代国内外学者称呼的“绅士”“士绅”“乡绅”，无非就是指官与民之间的这一阶层的人员，这一阶层在中国的历史发展中起了不同于官与民这两个阶层的独特作用。

二　士绅、绅士与乡绅之我见

绅士、士绅与乡绅这三个词，从明清以来其所指一直具有不很确定性，退职或闲居的官员以及进士、举人有做官资格但未出仕，监生、贡生与生员有一定的学衔，这些人在古人与现当代学者的笔下被称为绅士或士绅或乡绅，都随各人爱好不同而称之，古人与今人都认可这些人可称之为绅士、士绅或乡绅，这是没有疑问的；但对于在职的官员，无论今人还是古人，只是有时在某些人的理解中也被称为绅士或士绅或乡绅，在大多数情况下还是不被称为绅士、士绅或乡绅，因为绅士、士绅或乡绅主要是用来指非军非民非官这一阶层，这一阶层在明清时代乃至现当代对乡村社会的治理有着独特而重要的作用，扮演着重要的社会角色。

对于官民之间的这一阶层，到底是该称之为绅士、士绅还是乡绅？本人认为这只能随各人不同的爱好而使用罢了。本人认为，乡绅是一个比绅士、士绅更狭义的概念，主要指居乡之绅，即居住或活动在包括县城及县城之内乡村的那些致仕或退职闲居的官员，以及拥有进士、举人功名但未仕或等待出仕，及监生、贡生、生员等拥有一定学衔的人，明清时代的大多数县城与乡村联系紧密，县城城市化程度低，活动在县城的也是乡绅，但生活与活动在县级以上城市（如府城与省城）的这个群体，就不能称之为乡绅了，就应当称之为绅士或士绅了，但活动在县域社会中的乡绅可称为绅士或士绅（在明清时期的府县志中，乡绅这群人往往被称作绅士），即绅士或士绅涵盖乡绅在内，而乡绅不包括居城之绅，所以乡绅一

① 徐祖澜：《乡绅之治与国家权力》，《法学家》2010 年第 6 期。

词比绅士或士绅更狭义。

绅士更多是强调其社会地位时使用，“绅士”一词本来是由“缙绅士大夫”一词演化而来，主要指的是一种官员身份，但后来演化成特指曾经为官或候补官员乃至有低级科举功名的举、贡、生、监这一群体，因这一群体在政治、经济上有一定的特权，有不同于一般庶民的社会地位，故明清以来（主要是明后期以来）以“绅士”称呼这群人，突出其社会地位。

士绅主要是强调其社会身份，指士与绅这一大的社会群体，或属于士（有文化学养的那群人），或属于绅（在位官员或曾经在位的官员），在强调这一大群体时往往用“士绅”一词概称之。

乡绅，无论是明清时人还是现代当代国内外学者，不把在位的官员包括在内，这是共识，主要指致仕或退职闲居的官员，或等待出仕的进士、举人，以及监生、贡生、生员这些被学术界称之为“下层乡绅”的群体，这也是现当代学术界乃至明清时人的共识。但本人认为，这是狭义的乡绅观，广义的乡绅观应当是傅衣凌先生曾论述的那样：“既包括在乡的缙绅，也包括在外当官但仍对故乡基层社会产生影响的官僚，既包括有功名的人，也包括在地方有权有势的无功名者。”

本人赞同傅衣凌先生的观点，本书所指的乡绅主要指居住在县域社会内的致仕或退职废闲的官员，或进士、举人未出仕或等待出仕者，以及拥有一定功名的监生、贡生、生员，及在乡间众多无功名但有文化学养、有影响力的人物。

需要特别说明的是，为什么把乡间有影响力但无功名者也列入乡绅？20 世纪 80 年代傅衣凌先生遗作中的论述是：“国家利用察举、荐举、科举、捐纳和捐输等社会流动渠道，把地方上的精英分子和有钱有势之人吸收到政权体系之中，授予官职、功名和各种荣誉，允许他享有优免特权和一定的司法豁免权，这是‘乡绅’阶层产生和长期存在的直接原因。同时，高度集权的中央政权实际上无法完成其名义上承担的各种社会责任，其对基层社会的控制只能由一个双重身份的社会阶层来完成，而基层社会也期待着这样一个阶层代表它与高高在上的国家政权打交道，这就是乡族利益的代表或代言人与政府抗衡，并协调、组织乡族的各项活动。因此，我们所说的‘乡绅’已大大超过了这两个字的语义学含义，既包括在乡的缙绅，也包括在外当官但仍对基层社会产生影响的官僚；既包括有功名的人，也包括在地方政权有权有势的无功名者，政府可以授予或褫夺某些乡绅统治地方基层社会的权力，可以剥夺他们的财产，但归根结底它对基层社会的控制仍然不得不通过乡绅阶层来实现，它实际上只能在不同乡绅或乡绅集团之间进行选择。反之亦然。虽然乡绅作为一个阶层一直掌握着直接统治乡族社会的权力，但哪些人可以进入这一阶层和这阶层中哪些人可以合法地履行这些权力，却取决于政府的授权和承认。"[①]

从傅衣凌先生的论述可知，傅衣凌先生判断乡绅的标准是看其对乡村社会的控制力，无功名者只要对乡村社会有控制力，能成为乡族利益的代表或代言人，能协调、组织乡族的各项活动，能完成中央政权对基层社会的控制，就可以称之为“乡绅”。

对于傅衣凌先生的观点，本人深表赞同，本人补充认为，在乡间大量无功名的乡绅也往往是有文化学养（很多是科举落弟者），他们在基层社会践行着儒家伦理，引领着社会风气，在基层特定的区域社会中起着重要作用。以明代的吉安府为例[②]，杨士奇在《东里续集》中记载了这样两个人物：

> （族弟）字仲穆，事父母甚孝，养生葬祭一致其诚，谨持其身，不敢有所逾越，教其子必曰“毋忝先世”，抚孤侄有恩意。处乡，人恭而能下；有言，人皆信服。平素力于善行，所不乐为者，浮图、老子之法。[③]
>
> （止斋）先生讳泰先，字仲亨。止斋者，其讲授之居所名也。陈自五季繇金陵徙泰和，历宋元至今，贵显相望而以科第进者不可胜数……（兄）仲述充博士弟子，先生独留，供养、综理其家；凡家之内外、长幼，寒暑旦暮之需未尝乏也。仲述举进士，为御史，先生居乡，恂恂谦恭，足迹未尝及县门，县令、丞如不知有陈御史家。……仲述卒于官，（仲亨）抚育其子。（止斋）先生以德望重乡

① 傅衣凌：《中国传统社会：多元的结构》，《中国社会经济史研究》1988 年第 3 期。

② 可参见施由明：《论乡绅与地域社会秩序——以明代吉安府为中心的考察》，《农业考古》2012 年第 2 期。

③ （明）杨士奇：《东里续集》卷三〇《墓表·族弟仲穆墓表》，《景印文渊阁四库全书》第 1239 册，第 54 页。

里：里有竞争，必趋先生求直；故家大族凡宴会。必得先生正尊席为荣；县举乡饮礼宾及有所咨政，必于先生。先生貌古而气清，色温而词正，仪度雍容，恒俯接下，无间贵贱，老稚皆喜亲之。①

王直《抑庵文集》中也记载了这样两个人物：

公姓郭氏，讳肃，字子齐，吉水之富口人也。幼聪敏喜学而端重简默，宽厚平恕，自念世为簪缨家，欲有所立于世，从前进士欧阳师尹受《诗》《经》，习举子业，业成以教于乡，未暇仕也。会弟子淳卒，而老母在堂，凡诸荐辟皆不就，惟以养亲为事，极其爱敬而亲之，心乐焉。抚弟之女如己女，备赀装嫁之。尝一出游，历吴楚巴蜀，览其山川之胜，而见之歌咏。既归，益自得，势利纷华不以动其心，理田园、创室庐、课僮奴、事耕稼、延明师以教子孙；宾客至者则相与觞咏终日，言动威仪皆中礼节，蔼然有古君子之风。县大夫敦迫为耆老，每有所访问，公必具利害之实，尽诚以告之，事多听从而民阴受其赐。人有不平质于公，公决之以理，莫不意满而去……平生重义轻财，洪武中有姓陈姓毛者举贷于公，往中盐约倍偿公，后二人得罪没入之，公曰吾不用索也，即焚其券。里有刘洞二客，四川不归，妻亡遗一子在襁褓，公收养之，刘归即遣还。②

（胡有初）自幼喜学，屹然如成人。受业于解先生……早失二亲，痛不得致养，岁时祭祀必诚必敬。兄秉初亦早丧，长育其孤女而嫁之，一不异己女。事从兄重初，极爱敬。教诸子弟必勉以经术、取科第。里人有不平者质于公，公为辨别是非不曲随苟止。见有违于义者，必陈义面折之，虽始不堪，终皆愧服。家多积谷，有称贷者，视他人减息之半，凶年则免偿。岁甲寅，大饥，饥民至操兵为盗，柯暹理县事以为忧，公曰："勿忧也，此但求食耳，赈之当自定。"首出谷一千石佐县官，柯喜，称公为大丈夫，作诗美之，诸富民稍稍皆出

① （明）杨士奇：《东里续集》卷三九《墓表·止斋陈先生墓志铭》，《景印文渊阁四库全书》第1239册，第179页。

② （明）王直：《抑庵文集》后集卷二七《墓表·郭公子齐墓表》，《景印文渊阁四库全书》第1242册，第96页。

谷以助赈施，吏部侍郎赵公巡抚至县，又于公劝分，公又出五百石，赵公大悦，上其事，天子嘉之，降敕旌为义民，劳以羊酒，复其家。于是公之义声闻天下，天下富民皆化公所为，争出谷以济饥，而义民之旌亦满天下。晚年营别业以佚老，名曰“贫庄”，谓其子若孙曰：“吾非贫者，虑尔曹为富而害义，此所以训也。”①

这样一些人物虽都是芸芸众生中非常普通的人，但在乡村社会中却正是许多这样世代相传，在最基层社会践行与传承着儒家的伦理道德信念，维系着家族的稳定，也维系着特定区域乡村社会的稳定，以个人的人格魅力和典范品格引导着族人、乡人，这些人虽非严格意义的乡绅，因为他们没有任何科举功名，但却是乡村社会中有影响力的人物，是广义的乡绅，即无功名的乡绅，是品格优良的良绅，这类人在基层社会中人数多，对地域社会秩序的稳定起了重要作用。

三　研究文献综述与研究方法说明

1. 研究文献综述

研究乡绅所将涉及的文献较多，有正史类、政书类、笔记小说类、明清地方志、文人文集、民间文书如族谱等。

正史类即以二十五史为主，这是研究历史的基本文献，每个朝代的政治经济文化大背景都在这二十五史中。对于本课题而言，《明史》和《清史稿》是特别所倚重的材料，明清时期的基本史况在这两部正史中。

政书类基本的史书是《明实录》和《清实录》，其中既有国家的社会经济文化史料，也有一些全国各地的具体的状况。此外，还有地方政书，如康熙年间的文书汇编《西江政要》（江西省图书馆藏）、道光三、四、五年的文书汇编《西江政要》（江西省图书馆藏），其中记载了诸多地方施政措施和当时社会状况，有许多涉及宗族和乡绅，是研究明清宗族和乡绅的重要史料。

---

① （明）王直：《抑庵文集》后集卷二七《墓表·义民胡有初墓表》，《景印文渊阁四库全书》第1242册，第99页。

明清时期有许多文人所写的笔记小说，其中反映了明清时期的社会状况，但笔记小说主要作品多为长三角的江南一带文人所写，多为反映江南一带的社会状况，其中也有涉及江西的状况，所以也是研究明清乡绅所倚重的史料。

地方志是必不可少的文献，在明清时期的地方志中记载有当时的社会经济文化状况，比如科举名录，是研究乡绅产生的重要文献；人物传，是研究乡绅事迹的重要文献；艺文志的文章，记载了县域内方方面面的情况；学校志，记载了官办学校教学情况及学校的兴办与乡绅之关系；书院志，反映了乡绅办书院的情况；几乎地方志的方方面面的内容都牵涉到乡绅，所以，地方志是研究乡绅最重要的资料。目前，国内所存明代江西方志主要是天一阁藏本。天一阁现存明代江西 11 部县志，9 部修于嘉靖，1 部修于正德，1 部修于隆庆；存有 14 部府志，7 部修于嘉靖，5 部修于正德，1 部修于隆庆，1 部修于弘治。已从天一阁散出的 7 部县志和两部府志中，也是除两部县志分别修于永乐和嘉靖年间外，其他 5 部县志和两部府志都修于嘉靖年间。另外，林庭棉所撰《江西通志》（已散出，见四库存目丛书）及王宗沐所撰《江西大志》也都是撰修于嘉靖时期。此外，还有书目文献出版社 1991 年版《日本藏罕见方志丛刊》中有万历年间刊本《吉安府志》和万历年间刊本《南昌府志》。现存清代江西的地方志较多，有 300 多种，汇聚在台湾成文出版社版《中国地方志丛书》中；也有未收入此“丛书”者，如光绪二十五年刊本的《江西通志》（后收入凤凰出版社《中国方志集成》），道光三年《宜春县志》，藏江西省图书馆。此外，还有 1982 年江西省博物馆整理印刷的、民国年间江西学者吴宗慈修纂的《江西通志稿》。这些都是研究明清乡绅必不可少的文献。

文人文集中的文章中，有大量记载人物事迹的“墓志铭”“行状”等，既讲述了个人事迹，还往往会讲述到其祖上迁徙情况，所以，既是研究乡绅的重要史料，还是研究移民和宗族形成的重要史料。在元明清文人文集中还有大量的族谱序，对研究宗族的形成和乡绅的宗族背景有重要史料价值。现存宋元明清江西文人文集主要保存在文渊阁四库全书、四库存目丛书和续修四库全书中，为研究乡绅重要的依据资料。

民间文书，主要是族谱，记载了一个宗族的世系即人口传续状况，同时，记载宗族这一群体的状况。明清时期，宗族是社会的基本结构单位，所以，族谱对于研究社会史具有重要意义，社会是如何运转的，反映在族谱中；而宗族的运转又与乡绅分不开，所以，通过族谱资料可以研究乡绅与社会的关系、宗族与乡绅的关系，乡绅的产生等。江西在明清时期是一个宗族兴盛之区，各宗族都修有族谱，但经20世纪六七十年代的“文化大革命”之后，许多族谱被毁，但在江西民间仍然存有大量老谱；20世纪90年代曾兴起过一股修谱热潮，又纂修了许多族谱，这些新谱中存有许多老谱资料。在江西省图书馆存有300多部清代江西的族谱，以赣西萍乡、宜春地区的居多。在上海图书馆存有500多部清代江西的族谱。在江西各市县档案馆和图书馆都保存有一些清代的族谱。这些以族谱为代表的民间文书，是研究明清乡绅的重要资料。

2. 研究方法说明

史论结合法。本课题将主要依据史论结合的方法来展开研究，将展开爬梳二十五史、明清政书、明清笔记小说、明清江西地方志、清代族谱等，将与明清江西相关的资料，尽可能多地找出来，进行分析论述明清江西乡绅的各种相关问题，进行理论上的总结。此方法也可称为实证法或文献研究法。

田野调查法。为收集民间文献，如民间所存族谱，及为了寻找宗族个案进行分析，本课题将进行一些田野调查，到民间去搜集有关宗族与乡绅的相关材料，特别是选取一些有代表的宗族和村庄进行田野调查，如安义千年古村、“千古一村”乐安流坑、万载县辛氏宗族等。

计量分析法。本课题将对明清江西的各区域的进士、举人、贡生、监生等进行一些计量分析，以说明乡绅的产生与地区间的分布。本课题还将选取宗族个案（如万载县辛氏宗族）在明清时期所产生乡绅进行有代表性的分析，既比较明清两代乡绅的产生，也比较乡绅的种类等。

比较研究法。本课题将对明清江西的乡绅和国内其他一些地区的乡绅的特点进行比较，以更好地说明明清江西乡绅之特点。对江西区域内明清两代乡绅也将进行一些比较研究。

第二章　明清江西乡绅产生的途径

明清时期的乡绅是如何产生的？这是每个研究乡绅的学者都要探究的问题。从前面所述学者们对绅士、乡绅与士绅的理解可知，乡绅主要产生于科举功名与学衔，但也有通过“捐纳”的形式获得乡绅或绅士地位；若将对乡绅的定义放大为“把乡间有影响力但无功名者也列入乡绅”，那乡绅的产生就不仅仅是科举功名与学衔了；在乡间影响力的产生，有着多方面的原因：可能是因为他有科举功名，有着官府给予的一些特殊待遇和特权；也可能是由于他的文化学养使他在乡间获得威望；还可能是有经济实力的大族的领袖人物在基层有家族势力；乡间的威望还往往是由于有善举而使众服。

一　产生于科举功名

乡绅主要产生于科举功名和学衔，这已是学术界的基本共识。乡绅之所以成为乡绅，是由于他们在政治、经济、社会待遇等方面享有不同于一般平民的特权，而这种特权正是来源于科举功名和学衔。现任官员，无论是由进士、举人还是由贡生、监生出仕，他们都能享受作为官员队伍中的一员在政治、经济、社会待遇等方面的特权，相对于家乡而言，他们是乡绅，而且是上层乡绅，他们的诸多特权和社会待遇，都产生于科举功名（官荫、捐纳者除外）。

“居乡之绅”，即未出仕的进士、举人、贡生、监生、生员或居官废闲或致仕的官员，他们之所以能成为“居乡之绅”，这是因为朝廷在法律或其他规定方面给予了他们特权或特殊的社会待遇。

首先，是朝廷对于致仕而居乡的官员，用法令的形式规定他们在社会上的地位，这就是洪武五年明太祖朱元璋的诏令："凡乡党序齿，民间士农工商人等平居相见及岁时宴会谒拜之礼，幼者先施坐次之列，长者居上。（洪武）十二年令：外官致仕居乡，惟于宗族及外祖、妻家序尊卑，如家人礼；若筵宴，则设别席，不许坐于无官者之下；与同致仕官会，则序爵，爵同序齿；其与异姓无官者相见，不须答礼；庶民则以官礼谒见。敢有凌侮者，论如律。"[①] 这条诏令以法律的形式规定了官员致仕居乡后的社会地位，他们不是一般的平民，而是享有一定的社会地位。尽管这只是有关社会礼仪方面的规定，但也充分证明，这便是社会地位上的特权！

乡饮酒礼是历代统治者都重视的一项基层社会活动，其目的是用礼仪教化基层乡民，《明史·礼十》中说："乡饮酒之礼废，则争斗之狱繁矣。故《仪礼》所记惟乡饮之礼达于庶民，自周迄明损益代殊而礼不废。"明代对于乡饮酒礼这种基层社会活动同样非常重视，明太祖朱元璋规定了乡绅在这种社会活动的特殊待遇，洪武五年诏礼部奏定乡饮礼仪，"命有司与学官率士大夫之老者行于学校，民间、里社亦行之。十六年诏班乡饮酒礼图式与天下，每岁正月十五日、十月初一日于儒学行之，其仪以府州县长吏为主，以乡之致仕官有德行者一为宾，择年高有德行者为僎宾，其次为介，又其次为三宾，又其次为众宾……"[②] 对于致仕的官员，还是给予了较高的社会地位。

同样，清代也很重视用乡饮酒礼来教化基层百姓，并且在这种基层活动中很重视突出乡绅在基层的地位，让乡居显宦观礼，让乡绅担任乡饮宾、介之职。《清史稿》卷八四《礼志八·嘉礼二·乡饮酒礼》条："雍正初元，谕：'乡饮酒礼，所以敬老尊贤，厥制甚古，顺天府行礼日，礼部长官监视，以为常。'乾隆八年，以各省乡饮制不画一，或频年阙略不行。旧仪载图有大宾、介宾、一宾、二宾、三宾，与一僎、二僎、三僎，名号纷歧。按古《仪礼》：'宾若有遵者，诸公大夫。'……嗣后乡饮宾、介，有司当料简耆绅硕德者任之，或乡居显宦有来观礼者，依古礼坐东

① （清）张廷玉等：《明史》卷五六《礼十·庶人相见礼》。《明太祖实录》卷一一一，"洪武十二年八月辛巳"条有相同的记载。正德《明会典》卷五六《礼部十五·庶人常见礼仪·事例》也有相同的记载。

② （清）张廷玉等：《明史》卷五六《礼十·乡饮酒礼》，上海古籍出版社与上海书店 1986 年版，第 7928 页。

北，无则宁阙，而不立僎名。五十年，命岁时举乡饮毋旷。每行礼，奏御制《补笙诗》六章。其制：献宾，宾酢主人；后，酒数行。工升，鼓瑟，歌《鹿鸣》。宾主以下，酒三行。司馔供羹，笙磬作，奏《南陔》，闲歌《鱼丽》，笙《由庚》。司爵以次酌酒。司馔供羹者三，乃合乐，歌《关雎》。工告'乐备'，彻馔。宾主咸起立，再拜。宾、介出，主人送门外，如初迓仪。"[①] 由这段话可知，清代的乡饮酒礼的仪式比明代更为简化。

其次是乡绅在司法方面享有特权。对于有科举功名或学衔的士子，明清时期的朝廷规定了其在司法方面可享有一些特权。清代的规定是，对于举、贡、生、监犯罪，府县级官府官员无权直接判罪，而是先由学政黜革其获得乡绅身份的科举功名或学衔。清乾隆三十八年理藩院尚书署礼部尚书索尔纳等奉旨纂修的《钦定学政全书》卷二四《约束生监》，有详细的约束生、监的规定，同时又体现了对生、监的优待，如：

> 顺治十年题准：生员犯小事者，府、州、县行教官责惩。犯大事者，申学政黜革，然后定罪。如地方官擅责生员，该学政纠参。
>
> 雍正五年议准：捐纳贡、监，咨部褫革后，始行审理。文书往来，动经旬月。嗣后有应行褫革者，令地方申报督、抚、学臣，其事属督、抚者，督抚移咨学臣；其事属学臣者，学臣移咨督、抚，即褫革发审，再具文报部。至年终，仍将审明缘由，造册送部，以便查核。
>
> （乾隆元年）又议准：生员所犯，有应戒饬者，地方官会同教官，将事由具详学臣，不会同教官而任意呵叱，擅自饬责者，听学臣查参，以违例处分。学臣亦不得袒庇生员，违公批断。[②]

对于乡绅犯罪，清代的法律规定可以纳赎抵罪，清乾隆五年徐本奉敕编纂的《大清律例》卷四《名例律上》规定："凡军民诸色人役，审有力者，与举人、监生、生员、冠带官，不分笞、杖、徒、流、杂犯死罪，应

---

① 赵尔巽等：《清史稿》卷八四《礼志八》，中华书局1978年版，第10册第2655页。

② 陈文新主编：《历代科举文献整理与研究丛刊》，霍有明、郭海文校注，素尔讷等纂修《钦定学政全书》，武汉大学出版社2009年版，第88—89页。

准纳赎者，与军民人等罪应赎而审无力者，笞、杖、徒、流、杂犯死罪，俱照律的决发落。”[①] 即规定了举人、监生、生员、官员是可以纳赎抵罪。

再次是对于官员家人免除徭役的规定，给予了官员家属特定的社会地位。洪武十三年二月丁卯，“上谓省臣曰：‘食禄之家与庶民，贵贱有等，趋事执役以奉上者，庶民之事。若贤人君子既贵其身而后役其家，则君子、野人无所分别，非劝士待贤之道。今百司见任官员之家有田土者，输租税外，悉免其徭役著为令。’”[②] 这条诏令规定了官员的家人也不同于一般的平民百姓，有着特定的社会待遇。

清代对于基层乡绅有优免丁粮、徭役的明确规定。《钦定学政全书》卷二四《优恤士子》记载：

> 顺治十二年奉上谕：各省提学，将各廪、增、附名数细查，在学若干，黜退若干，照数册报。出示各该府、州、县、卫张挂。俾通知的确姓名，然后优免丁粮。
>
> 乾隆元年奉上谕：任土作贡，国有常经。无论士民，均应输纳。至于一切杂色差徭，则绅衿例应优免。乃各省奉行不善，竟有令生员充当总甲、图差之类者，殊非国家优恤士子之意。嗣后举、贡、生员等，著概免杂差，俾得专心肆业。倘于本户外，别将族人借名滥充，仍将本生按律治罪。[③]

《钦定学政全书》卷三一《区别流品》记载：

> 乾隆三十一年议准：定制，生、监不许充当杂役。今浙江宁波等县保长有以监生滥充者……嗣后，浙省庄首、乡长，除生员及应试贡、监生不许勒派充当外，其不应试之贡、监，准与殷实愿谨农民一体选充。

---

① 《大清律例》卷四《名例律上》，《景印文渊阁四库全书》第672册，第438页。

② 《明太祖实录》卷一一一，“洪武十一年二月丁卯”条，台北：“中研院史言所”1962年校勘本，第1847页。

③ 《钦定学政全书》，武汉大学出版社2009年版，第92页。

清代中期的嘉庆皇帝在嘉庆十六年又重申：文武生员是齐民之秀，不应指派他们服官徭或各种杂役。

另外，明清朝廷不仅对于官员有服饰规定，对有学衔的士子也有服饰规定，以使他们区别于一般平民。

从上述可知，乡绅之所以成为乡绅，是由于他们有了科举功名或学衔后，有了一些重要的特权和社会待遇。

从宋代开始，江西就是一个文化名区、科举盛区，产生了许多进士、举人，学者们依据光绪《江西通志》卷二一《选举表》的统计，两宋江西共产生进士 5142 人。对于明清时代江西的进士数的统计，学者们除依据光绪《江西通志》之外，还依据《明清历科进士题名碑录》《明清进士题名碑录索引》《大清会典》《清文献通考》等进行统计，得出的结果就有些差异：许怀林、陈剑安的统计结果是，明清全国文科进士总数为 51624 人，其中明代江西约 3181 人，清代江西约 1807 人。缪进鸿统计明清两代江西共产生进士 5057 人。美国学者何炳棣统计清代全国进士总数为 26747 人，其中江西 1895 人，占全国第九位。沈登苗统计，明代全国进士 24814 人，其中明代江西进士 3114 人；清代全国进士 26747 人，其中江西 1919 人。谢宏维统计，明代全国进士 24898 人，其中江西 2728 人；清代全国进士 26846 人，其中江西 1855 人①。明代江西共产生举人 10525 人②，清代江西自顺治开国到光绪五年共取举人数 9457 人③。

进士一般都会被授予官职，举人则是取得了出仕资格，但不是所有举人都能出仕，有的能得到官职，如被任命为县级学官、知县等，有的则得不到官职（如官府职数已满，无法安排）。出仕的进士、举人是朝廷官员，他们只是相对于家乡而言是“乡绅”，而不是社会公认的“居乡之绅”意义上的“乡绅”；当出仕的官员致仕居乡，或废闲居乡，他们是社会公认的乡绅；未出仕的举人因拥有科举功名而是社会公认的乡绅。明代江西的进士与举人共约 13250 人左右，清代江西进士与举人共约 11370 人左右，不管他们是因为致仕或废闲居乡，还是因为他们未出仕居乡，他们

① 转引自《江西考试史（上卷）》，高等教育出版社 2008 年版，第 260—261 页。

② 转引自《江西考试史（上卷）》，高等教育出版社 2008 年版，第 182 页。

③ 转引自《江西考试史（上卷）》，高等教育出版社 2008 年版，第 243 页。

或迟或早都会成为那个时代的“居乡之绅”。

乡绅，除了产生于进士、举人这样的科举功名之外，还产生于拥有“生员”学衔的“秀才”。学术界一般公认产生于前两者的乡绅是“上层乡绅”，而产生于“生员”学衔的乡绅则是下层乡绅。曾经出仕和未曾出仕，在社会地位和社会待遇方面是有很大差别的。

关于明清时期江西生员的数额，没有确切的记载，只能根据明清朝廷的规定作些推断。

洪武二年（1369），“（明太祖）令郡县皆立学校，延师儒授生徒，讲论圣道，使人日渐月化，以复先王之旧，于是大建学校，府设教授，州设学正，县设教谕各一；俱设训导，府四、州三、县二。生员之数：府学四十人，州县以次减十，师生月廪食米人六斗，有司给以鱼肉，学官月俸有差。生员专治一经，以礼、乐、射、御、书、数设科分教，务求实才，顽不率者黜之。”① 此即规定各省府学 40 人、州学 30 人、县学 20 人。明代江西 13 府 1 州 77 县，明初录取人数应为 2090 人。这是常年的在校人数。宣德三年（1428）又增加生员人数，称“增广生”，“在京，府学六十人；在外，府学四十人，州学三十人，县学二十人，照例优免差徭”②。这样，生员总数就增加了一倍。后来，由于“增广既多，于是初设食廪者谓之廪膳生员，增广者谓之增广生员；及其既久，人才愈多，又于额外增取附于诸生之末，谓之附学生员。凡初入学者，止谓之附学。”③明代大学问家顾炎武在《日知录》卷一七《生员额数》中说：“久之乃号曰‘附学’，无常额而学校自此滥矣！”④

明代的生员采取递补的办法，有缺额则递补。缺额的来源主要有：

一是“岁考”中的第六等被黜革。在校生员有月考、季考和岁考。岁考并非一年一考，“或一年一至，或半年一至”⑤，乃至有“三年二岁一

---

① （清）张廷玉等：《明史》卷六九《选举一》，第 183 页。

② 《明会典》卷七五《礼部·府州县儒学·选补生员》，《景印文渊阁四库全书》第 617 册，第 730 页。

③ （清）张廷玉等：《明史》卷六九《选举一》，第 184 页。

④ （明）顾炎武：《日知录》，《四部丛刊》电子检索版，北京书同文数字技术化有限公司 2001 年版。

⑤ （清）张廷玉等：《明史》卷六九《选举一》，第 184 页。

遍者"①。岁考成绩分六等行赏罚："一等前列者，视廪膳生，有缺依次充补；其次补增广生。一二等皆给赏。三等如常；四等挞责；五等则廪、增递降一等，附生降为青衣，六等黜革。"②

二是生员充吏。对于在校久的生员，往往充吏。《明史》卷六九《选举》记载明初的规定："生员入学十年，学无所成者及有大过者，俱送部充吏，追夺廪粮。至正统十四年申明其制而稍更之：受赃、奸盗、冒籍、宿娼、居丧娶妻妾。所犯事理重者，直隶发充国子监膳夫，各省发充附近儒学膳夫、斋夫。满日为民，俱追廪米。犯轻充吏者不追廪米。其待诸生之严又如此。"③

据《明神宗实录》记载，万历三十二年（1604）江西地方学校达 91 所，在校生员数万。

清代沿明旧制，其不同的是岁科两试各三年一届，各取文生员 1354 名，年均考取 903 人，武生三年一岁试取 1191 名，年均取 903 名④。

取得了最基本的学衔——秀才（生员），即成为了最基本的乡绅，不管以后是否能通过乡试、会试出仕，或通过成为贡生、监生出仕。此外，还有荐辟、封荫、钦赐等，也是产生乡绅的渠道。

在明清时期，通过乡试、会试而取得举人、进士出仕，及通过岁贡、拔贡、副贡、优贡、恩贡出仕被称为"正途"；而例贡（通过捐纳成为监生）、荐辟（地方推荐和朝廷征召）、封荫（父祖官爵达到一定级别而得荫官）、钦赐（皇帝特别给恩）等出仕，被称为"杂途"。不管正途还是杂途，出仕后致仕或出仕后闲居，都是乡绅，所以，"杂途"也是产生乡绅的渠道之一。但是能通过"杂途"出仕的人较少，以清代江西的一些府志记载为例：抚州府 6 县，在明代和清代得荐辟出仕者分别为 367、22 人⑤。且不论与进士、举人数量相比少多了，就是与贡生数量相比也已少多了。抚州府 6 县，明清两代贡生分别为 1568 人、1822 人，明清两代选

---

① 《明宪宗实录》卷四〇"成化三年三月"，台北："中研院史语所"校本，第 818 页。

② （清）张廷玉等：《明史》卷六九《选举一》，第 185 页。

③ 同上。

④ 转引自《江西考试史（上卷）》，高等教育出版社 2008 年版，第 199 页。

⑤ 光绪《抚州府志》卷四一《选举志·荐辟》，《中国方志丛书·华中地方·第 253 号》，第 672—677 页。

取入监共 478 人[①]。

吉安府明代 8 县和清代 8 县 1 厅，贡生分别为 2661 人、2345 人，而得荐辟者分别为 1513 人、104 人[②]。之所以明代吉安府得荐别者多，是因为吉安府在宋元明时期是人才之渊薮，有学识的文人多，即使如此，与贡生相比还是在数量上少许多。

南安府 4 县，明清两代贡生分别为 761、935 人[③]，而得荐别者明代共 74 人、清代共 9 人；得封荫者明代 35 人、清代 200 人；清代得钦赐进士、举人、副贡各 2、4、2 人[④]。即明代通过杂途出仕者共 109 人、清代共 217 人。

从上述可知，明清时期江西从科举功名的拥有中产生了大量乡绅，通过荐辟、封荫等杂途也产生了一些乡绅。那些出仕后致仕或废闲居乡的乡绅往往享有较多的特权，可以列为上层乡绅；而那些人数众多又无法出仕的生员，及通过捐纳而来的监生等，相比于出仕后回乡的乡绅享有较少的特权，这些人是下层乡绅；此外，还有众多非朝廷规定意义上的或法制规定意义上的乡绅，本书称之为“无功名的乡绅”，主要因个人的文化学养和优良品行，在乡里享有口碑，受官民的尊重，成为乡绅。

二　产生于个人的文化学养与优良品行

在大多数中外学者的界定中，乡绅之所以成为乡绅，是因为其在拥有科举功名之后，拥有了法律规定的一些特权，如前面所述的免役、免征粮等。但许多基层乡绅尽管其拥有了一些法律上的特权，但他不一定在基层社会具有影响力、号召力等，相反，在基层社会中，许多未获科举功名但由于其文化学养而产生的优良品行，使其在一定范围内的乡村社会中具有

---

① 光绪《抚州府志》卷四五《选举志・五贡监生附》，《中国方志丛书・华中地方・第 253 号》，第 746—776 页。

② 光绪《吉安府志》卷二四《选举志・贡生》，《中国方志丛书・华中地方・第 251 号》，第 710—775 页。

③ 光绪《南安府志》卷一四《选举・乡贡》，《中国方志丛书・华中地方・第 251 号》，第 973—1294 页。

④ 光绪《南安府志》卷一三《诸科・荐辟・钦赐・恩赏・各贡生》，《中国方志丛书・华中地方・第 251 号》，第 937—972 页。

影响力与号召力，这种无科举功名但却在基层社会中具有威望、影响力与号召力者，可以说是广义的乡绅（无科举功名）。只不过这种乡绅概念，已不是以科举功名与学衔为标准了，而是以其对基层社会的影响力和控制力为标准了。这种乡绅可能只是个名不见经传的小人物，但他在特定的地域范围内却是个有影响力乃至有威望的人物，对基层社会的治理与控制有着重要的作用。中国封建社会之所以能稳定传续两千多年，不仅仅是因为有大量有儒学学养并取得科举功名的官员前后相继地努力以儒家思想治理基层社会并传播和弘扬儒家思想理念，也不仅仅因为大量拥有科举功名与学衔的乡绅协助官员们治理与控制基层社会并传播、弘扬与践行中国的儒家思想、儒家伦理道德等，还有大量未获科举功名和学衔，但由于其儒学的文化学养而产生的优良品行，使其在特定的乡村社会内具有影响力、号召力、控制力，对特定范围内的基层社会的稳定起着作用，并以他们个人的人格典范引导着、示范着儒家的伦理道德观念和规范，对乡村社会的稳定起了重要作用。

在明清时期的文人文集及族谱（或家谱、家乘）中记载有许多这样名不见经传的人物，在明清时期府县志的人物传记中，也记载有这样的一些人物，从文人们的记述中，我们可以看到这些人物在基层社会中的重要作用。

明杨士奇《东里续集》卷三九《墓表·止斋陈先生墓志铭》[①] 记载了其家乡的一位民间人物：

> 先生讳泰先，字仲亨，"止斋"者，其讲授之居所名也。陈自五季繇金陵徙泰和，历宋元至今，贵显相望而以科第进者不可胜数。……先生以德望重乡里：里有竞争，必趋先生求直；故家大族凡宴会，必得先生正尊席为荣；县举乡饮礼宾及有所咨政，必于先生。先生貌古而气清，色温而词正，仪度雍容，恒俯接下，无间贵贱，老穉皆喜亲之。尝有甘露降其庭竹上，识者以为养老之祥，凡受朝廷赐帛、牛酒者再。年八十余，康健不衰，饮食步履如常。一日得末疾，遂不起，正统戊午八月二十九日也，春秋八十有五。

---

① 《景印文渊阁四库全书》第1239册，第179页。

这位止斋先生虽无科举功名，“县大夫举仲述（止斋兄）充博士弟子，先生独留供养，综理其家”，不过是个乡间人物，但他有文化学养，“尽力养母而勤于学，兄弟治家少间，辄挟册往从乡先生刘尚书崧，归，则兄弟自相讲论”。由其学养而产生的优良品行，在乡里拥有很高的威望，能调解乡间的纠纷，而且乡间有纠纷也乐于找止斋先生调解，从而有名望的“故家大族”宴会时以能请他坐正席为荣，县里的乡饮酒礼请他为礼宾，县官们还向他咨询政务事宜，也许有科举功名的乡绅也未必能在乡间有如此威望。

王直《抑庵文集》卷八《墓表·王处士墓表》[①] 记载了泰和王氏这样一位民间人士：

> 泰和多故家，南富王氏其一也……处士讳天迪，字功迪，少读书，有大志，……欲有立于世，其言必依于孝弟忠信，而行亦如之。值元季，不果出，时所在多盗起，处士乃倾赀结客以保障乡里，人赖之。皇明混一，可以行其志而处士老矣。会诏下覈民田，或诬处士失实，尽没入其赀产，处士不能自白，则叹曰：“命也！”而未尝有怨；尤惟训其子以德义治身，以勤俭治家而已。久之，家复裕。国初征税，一邑择一人有才行者总征以输于府，众尽推处士。任数年，税以时入，无纤毫过差，贵贱贤良皆誉之。其治己严重，而临事宽平，从容进退，表然为乡之望，其奉祭祀、待宾客必以礼。人有未善，则容而教之。尝与诬者相接，不少见色辞，人尤服其雅量。洪武甲子闰十二月二十二日以疾卒，距其生元大德癸卯之岁，享年八十一。

没有科举功名，但有良好的学养和优秀的儒家品德，并体现在行为中；乐于公事又敬业，建立起了在乡里的威望，可算是一乡之绅。

明王直撰《抑菴文集·后集》卷二六《墓表·墨冈阡表》记载了这样一个民间人物：

> 公讳用字，以才世居吉水之田心，为名族。高祖九峰先生讳层，

① 《景印文渊阁四库全书》第1241册，第167页。

博学宏才，以经术为人师；祖贵昌，父思懋，皆以德谊重乡里。公早孤，季父思敬教育之，公亦善事焉。既长，卓然自立，田园居第，有加于昔时。内外戚疏，食者常千余人，长幼秩然相敬爱，小大之事指麾号令，井井有条理，当时皆推公为能。元季盗起，相攻剽贼杀，公倡义保一乡，部分整齐，声振远近，群盗闻之不敢涉其地，一乡之人皆赖焉。国朝受命，海宇宁一，屡下诏求贤，县大夫屡欲荐之，则屡以疾辞免。闲居无事，阅经史自娱。缙绅君子相往来，则乐与款洽，非其人不接也。延名师教子孙以学，暇则躬课励之。以长孙宽端重警敏，最钟爱，其课励尤笃。于诸子孙，皆勉以孝弟忠信礼义廉耻。见人有善，则乐道而奖进之；有过，则规之不少恕，既复欢然如初。宗族有贫者，赒给之；孤女无依者，备资装嫁之；姻戚或有急难，赴之惟恐后；有丧弗能举，则具棺衾葬焉。里中讼者不之有司，惟求决于公，公据理折之，无不悦服，尝曰："宁人负我，无我负人，此吾自处之道也。"士大夫迹公所为，无不如其言，尤以公为长者。公生于元　丁丑十月八日，终于今永乐乙酉三月十一日，年六十有九。①

这样一个民间人物，虽没有科举功名，但凭借个人的学识、胆识和对家人、亲戚、朋友、乡亲的友爱，成为了一个在乡间能公断是非且乡亲们乐于请他公断纷争的人，这样一位在乡间有影响力的人物，在乡间的作用也许胜过有科举功名的乡绅。

王直《抑庵文集·后集》卷三三《墓志铭·袁处士仲彬墓志铭》记载泰和袁氏这样一位普通人物：

处士讳斌，字仲彬，自幼端重，喜读书，尝从学于萧尚仁先生，博览广记，迥出侪辈，上先生甚嘉奖之；笃于事亲，先意承志，必尽其道，生致其乐，死致其哀；于兄弟极恭顺，内外之间，无彼此言者；宗族姻属亦以礼相亲爱；交朋友重然诺。其行于家及教乡人子弟，必以孝弟忠信、礼义廉耻；待臧获下人尤有恩，其是非好恶，必以公，不以情；见人有为不善，必面斥其非；改之，乃喜。事有不平

① 《景印文渊阁四库全书》第1242册，第69页。

而质于处士，一言折其中，无不服；每遇凶岁，周人之急，不少吝。虽居城市，足迹未尝至公门，县大夫雅敬之，乡饮以大宾礼焉。其性澹然，以俭薄自足，时俗所好，无一动其心，不肯苟取妄求。尝作堂，以待宾客，凡堂中服食器用，皆质素，曰："此吾性之所宜也!"因以质素自号，且以名其堂，宾客皆欢乐之。其宾怀雅度，有过人者。景泰乙亥八月初七日卒。[①]

处士袁仲彬以其个人的优良品行，在乡间建立了威望，能调节乡间的是非，在基层社会有影响力，又受到县官们的敬重，乡饮酒礼中能享受大宾礼，比之有功名的乡绅，毫不逊色。

乾隆四十五年（1780）《万载辛氏族谱》[②] 卷末《传・直养公传》记载：

舅氏（本文作者为万载上呙江学训、壬戌进士）辛公讳刚，字浩然，号直养，……弟兄七人，公居长，性和稚，貌庄肃，幼而岐嶷，有成人概。……公披经书子史六朝百家，靡有宁日。岁丁卯，以书受知于督学使何公，补博士弟子员。两试棘围，数奇不售，遂绝意仕进，恒以积德行仁为竟。……生平能忍让，喜施予，如邑修文庙，族建神寝，以及桥梁、道路、施茶、建亭，力所能致者无不乐应；遇贫乏，则解衣推食，毫无德色；有外府胡世爵文虎兄弟，无本生理，公见其忠良，出银二十两助之。……晚年创祭田以隆先人祀事之典，置义田以为子孙膏火之资，其贻谋远大如此。岁辛亥，都人士举应三老大典，以为士林矜式，咸心服之。时制台赵公，邑侯汪、许二公俱赠言以表其门，则虽未遇于场屋，而欺剑气珠光不且照耀奕世乎！公享年七十有九。……曾孙锦图等十余人俱业儒，一门昌炽。

族谱的记载也许有过誉之词，但总体还是可信的。上文中栩栩如生地描述了一位有广博文化学养，在基层"积德行仁"、豁达仗义的民间人

---

① 《景印文渊阁四库全书》第1242册，第288页。

② （清）辛聚等修、辛廷芝等纂，乾隆四十五年木活字本，江西省图书馆藏本，存六册。

士，这样一位民间人士靠的不是科举功名所获得的特权，而完全靠的是个人的文化学养所产生的优良品行，在乡间建立了个人名望，以至于不仅乡人服之，士林服之，两任县官都旌表其门，并得到县域人士的推举，“应三老大典”。作为一个没有科举功名的民间人士，能得到如此荣誉，可能胜似许多有科举功名的乡绅。

佚名纂《万载南田王氏族谱》[①] 卷一三《传·圣臣公传》：

> 圣臣公讳国忠，号石樵，行二。谨厚宽和，深沉有度，如娄师德之为人；而乐善轻财，周恤贫乏，似薛孟尝之好义焉。幼时恪遵庭训、笃志进取，屡因数奇未遇，乃徙业为贻燕计。中年置产创屋，起竖高楼，其规制壮丽为今人所难及。且厚资隆师，延邑之名儒定斋先生以课子侄；尤笃信地理，广结堪舆，务得牛眠吉壤，风水关阴之所，若范塘之鱼形，石版段之犬形，本里老鸦窠之人形，皆不惜重资以求之。至人有称贷而负偿者，辙焚其券曰：“吾但知种阴德以遗子孙，何暇金玉乎哉?”嘉靖壬子举乡饮，邑侯周霆制匾以旌曰“德重璠玙”。黄州孝廉王公彦常匾曰“华阳高隐”。

一个普通乡民，因为其有良好的学养，从而有优秀的品格：谨厚宽和、乐善轻财、周恤贫乏、延儒课子、焚贫者券免偿等，这些优良的品德，得到了乡人的认可，建立了其在乡间的名望，从而得到了被举为乡饮宾的荣誉，还得了县官的制匾旌表，还得到一定地域有知名度的文人的称赞。从地域的影响和知名度来看，将其列入乡绅应当是没有问题的。

《万载南田王氏族谱》卷一三《传·德公尊翁传》：

> 公讳贤，字德中，行三。昆玉三人，公居幼。少失怙恃，比稍长，食贫茹淡，辄慨然有志成立，克俭克勤，力自完配；鸡鸣昧旦，黾勉有成，而业遂起；连举丈夫子四，教读、婚配、庭训周至；人有接之者，其容粥然，其气温然，其言讷讷然，咸以宽仁长者目之；岁戊午，倡族众竖，立狮源庵，崇祀神像，以诚以敬；晚年为族长，素

① 民国七年三槐堂木活字本，藏江西省图书馆，存六册。

行忠厚纯良，久为子姓所矜式；公接物愈和，言规行矩，让而后登，拜而后馈；邻里戚友稍涉不睦，谆谆劝谕不倦；沐其教者相戒为非，惴惴然，恐为公之所短云。贤嗣遵公法度，悉恂谨自守，孙枝济楚亦卓然自立，友爱无间。其食报殆未有艾者！吁！是可传也已。（湖上后学张鳌顿首拜撰）

从其文字可知，这种民间人士在特定的乡间社会有着很强的影响力，以个人的品行、个人的人格典范影响着乡人，引导着乡人，调节着乡间的矛盾，对乡村的和谐稳定起着一定的作用。这种乡间人士没有科举功名，但在最基层社会的作用，也许胜过有科举功名的乡绅。

清杨式坫、杨能济等纂修《清江杨氏五修族谱》卷首《传·杨毅庵先生暨元配黄孺人合传》① 记载清代清江（今樟树市）这样一位民间人士：

公讳之陟，字序明，姓杨氏，毅庵其别号也。……事二人（父母）能以志养；与兄弟处，友爱诚敬，每以不忍析爨为念。且学博寡营，显扬是切，词坛中称健将焉。维时司刑源深刘公、亨升张公两先生，试辄首拔，皆大器期之。施愚先生相与讲学鹿洞，共探先贤奥旨，喜其悉中肯要，镌文于《采风录》中，读者莫不奉为典型。为人义直果敢，临大事无所疑；其智捷、其神闲，皆平日读书养气之故。癸卯岁，有以莫须有诬公太翁者，人皆咋舌不敢前；公独侃侃，公度庭，无所忌讳，当事为之动色，不能屈也，事竟得白。邑侯屈公服其才识，雅重之，下车课士，拔公为文字交。有公事，必先谋之于公，盖信之深也。后屈侯超擢行人司，去犹恋恋于公，曰："行当以木天兰省待子矣！"惜屡战棘闱，厄于数不获大展厥用，退而课诸子侄，均策以远大；由是沐公之庭训，济美一堂，或声振儒林，或名登仕籍，猗欤盛哉！公明乎理而豁于度，公乎物而不私己；恩爱所加，不求人誉；时有鬻妻者即为购还，负贷不偿者毁契不问，此人所难而公易之，宜其庆余后昆，身登上寿。庚午荐乡饮宾，享年七十有二。

① 清光绪二十三年木活字本，江西省图书馆藏，存六册。

（康熙丙戌岁季冬月谷旦，御前侍卫、壬午中试乡进士、钦授内阁中书、典试云南乙酉乡闱、三韩年家眷侄博尔多顿首拜撰）

此乡间人士以其广博的学养，以其文学才华，以其智识，以其仁厚仗义的行为，赢得了文人们的称赞，赢得了县官的倚重，赢得了乡间的威望，被荐举为乡饮宾，尽管没有科举功名，但其在乡间的声望与影响力也许超过许多有科举功名的乡绅。

在最基层的乡间社会，分布着众多如上述这种在特定地域社会中无功名但有学养、有优良品行而成为有影响力的人物，对基层社会的稳定起着一定的作用，他们不是有科举功名的乡绅，但其在基层社会的作用也许超过有科举功名的乡绅，称之为广义的乡绅（实即无功名的乡绅）也应当是成立的。

即使拥有低层功名如曾是生员，尽管有文化学养，但还是要有优良品行或善举，才能建立在基层社会的威信，如光绪三十二年《宜春北关五甲杨氏支谱》卷七《艺文》中的《邑庠杨公柱石先生墓志铭》中载："先生姓杨氏，讳锡铖，字镇邦，柱石其号也。……未冠，读书数行下，颖悟绝伦；后以手颤不能作字，因废举业，援例补国学生。居乡……常读陶渊明诗，旷怀高寄，往往执蒲葵、戴接罱，遨游于阡陌间，虽盛暑弗惮；归而茗一碗，即把卷哦吟，穆然见古人于泉石烟霞之外，常以为此中人语：'不可为外人道也'。为人慷慨敢言，无嫌疑芥蒂。乡里有争，就先生质焉，人咸服之，弗终讼。……嘉庆七年十月十七日亥时没。"[①] 此杨柱石先生，虽补国学生，也算是取得了基本的科举功名，但其在乡间的影响力，还是来自于其个人优良品行。

三　产生于有善举而使众服

善举，就是做慈善事业，如捐谷赈灾、捐钱建仓、个人出资兴修水利、出钱掩埋贫困死者、建育婴堂、捐资助学等。

---

① （清）杨淑田修、杨树声纂：《宜春北关五甲杨氏支谱》卷七《艺文》，光绪三十二年道南堂木活字本，江西省图书馆藏，存六册。

有科举功名和学衔，在法律上和社会地位上是成为了乡绅，但若有善举则更能获得在乡里的威望与认可。特别是那些仅有学衔而未出仕的低层乡绅，如生员等，要在基层社会得到认可和建立威望，善举是非常重要的。在族谱、文集和地方志中的许多实例说明了这一点。

朱照萱、朱照舆等纂修《萍北朱氏族谱》[①] 卷首《家传》记载了清代的这样几位人物：

> 国彦公，字相朝，监生，孝友和平，廉隅自励。家富厚，乡邻有相争者，常出赀为之排解。卒之日，里人莫不伤之。
>
> 国华公，字显朝，号酺廷，例贡生。年十五，失怙，经理家政，广置田庄。为人慷慨自许，诸凡义举，常输数十百金，不吝。邑中创立兴贤局，知公乐善不倦，延为经理首士。公捐田五百把，钱数百缗，其子孙轮流值年，称老籍焉。又况殷勤课子，广请名师，不惜俸金，不衰礼貌，子若孙多游庠食饩，领乡为荐。其贻谋之远，乡里戚党莫不称之。
>
> 文飏公，字向晖，号献墀。积学未售，援例贡成均，处素封，无骄矜气。性慷慨乐善，克承父志，兄弟以端品力学相勖。善财，出入虽大，布置裕如也。人有贫乏不能自存，求无不应，族中尤格外有怜悯心。喜读书，隆师重道，殷殷不倦。更精拳勇，能敌多人。年七十八乃终。孙游泮水，犹及见之。

从上述文字可知，这几位都是未出仕的低层乡绅，或是监生，或是贡生，他们得到乡里人的认可与建立名望，不是因为他们有低层功名，而是因为他们有善举：或捐资为人排难，或赈济贫者，或捐资创兴贤局及乐善不倦。如果不是有善举而仅仅有低层功名，不可能“乡里戚党莫不称之”或“（卒后）里人莫不伤之”。

佚名纂《万载南田王氏族谱》[②] 卷一三《传·涵辉公传》记载了这样一位人物：

---

① 光绪二十年沛堂木活字本，江西省图书馆藏，存四册。

② 民国七年三槐堂木活字本，江西省图书馆藏，存六册。

公讳瓒，字玉明，涵辉其号。少孤苦，十三即失所怙，寡母清操，和九课读。弱冠补弟子员，食饩宫墙，以文学显。生平挥霍有才，雅多豪举，凡乡邑利害，皆公首倡兴除。宏治己酉，修葺本房家谱，族之源流赖以永其传。初，南田基址甚隘，古名羊子坑，公相厥地利，恢扩创建，所竖中厅楼屋，栋宇巍然，子孙代享其阴。又因催呼不便，宜析八甲之里，递而为十甲，王泰至今仍之。成化间捐粟赈饥，活人甚众。邑耆荐举宾饮，公固辞不就。尝著《劝善篇》以示后人。

此王氏族人王瓒，虽为有学衔（生员）、有文学才华的基层乡绅，但他得到乡里的认可（“邑耆荐举宾饮”）和名望的建立，靠的是他的“雅多豪举”和兴利除害、“捐粟赈饥”等行善活动及倡导行善（著《劝善篇》）。

乾隆四十五年（1780）《万载辛氏族谱》卷末《传》载《逊斋公传》[①]：

公讳膺爵，字恩及，号逊斋，林上公之子，抑畏公元孙也。公兄弟凡五，公居长，性孝友，正直有智略，为时所称许。少读书，能文，游博士弟子员。当甲寅变乱，吴寇猖獗……友爱兄弟，怡怡一堂；生平乐善好施，言正行方，与人矜然诺。或有屈抑相投，代为伸理，遇公事身任不惧。康熙三十年，呈请旱灾，忤当事，致公罪，卒无怨言，曰：“吾为通邑累屈，何害？”远近闻者皆推服之。雍正七年，南浦桥毁，公继祖志，率诸弟侄，捐金重修。计家食指共五十余口，令各勤所职，未尝分析，内外肃然。年八十，邑侯汪、严二公，廉其齿德，上公名于朝，恩受冠带荣身。至八十有六，无疾而终。

此公乐善好施、为乡人打抱不平，带领家族做公益，得到县官称许并上报朝廷，得到朝廷的表彰，完全靠的是他的善举和优良的个人品行，而不是他曾经“游博士弟子员”。

① 江西省图书馆藏本，存六册。

许多没有科举功名和学衔即在法律上不是乡绅的普通人，通过其种种善举和优良品行，获得乡里的威望和认可，在特定地域内其声名和地位堪称乡绅，如下列族谱中的一些人物记载：

朱照萱、朱照與等纂修《萍北朱氏族谱》[①] 卷首《家传》：

> 树鸿公，字梦古，号羽仪。公正豁达，有胆识，无理者面斥其非，出钱解事无德色，全节全耆，种种美举无不乐为。庙会、祠会，以微资领至数百金，皆置产；成公祠、锦公祠、显公饷堂以及灵塔，其创建悉出经画；尤喜族人发达，每临榜，引领望捷音，至老无异。生平曲全人情，不执己见，不畏强，不凌弱，故人皆钦服。卒之日，戚党宗族无不垂涕伤之。

此公最大特点是行善，加之公正有胆识、扶助族人等优良品质，建立了在乡间的名望。

《重桂堂易氏宗谱》中的《家传·始迁易祖志仁府君家传》[②]：

> 公讳荣甫，字志仁，唐大理评事之后裔……生而器宇端凝，性质聪颖，里父老异之。稍长，从塾师学应举文，非其所好也，从之补织染使，旋弃去。曾宗人有应乡试者为言桑梓之胜，随偕弟华甫挈家归焉。去乡数世，又屡经兵灾，旧无从复理。随卜宅于迁乔乡之兴仁里，见其峰峦耸立，池沼环绕，又有清流映带，故名之曰赤溪塘下。公善治生而疏财尚义，好行其德于乡里，数罄所蓄为人缓祸脱急，乡里翕然以长者称之。生平礼法自律，未尝脱略防检；其训子姓，惟以砥行立名为言，其亦服其教……（明成化二十一年岁次乙巳夏五月宗侄孙县学生魁文顿首拜撰）。

尚义疏财，是此公在乡里被以“长者”称之的重要原因。

---

① 光绪二十年沛堂木活字本，江西省图书馆藏，存四册。

② 清光绪元年重桂堂木活字本，江西省图书馆藏，存一册。

佚名纂《万载南田王氏族谱》[①] 卷一三《传·成山公传》：

> 成山公讳事，字惟勤，行学五，绍公三子。其先家世清素，颇善干营，渐次置产。既而慨然叹曰："有财而不义举，真守虏耳！"顺治丁亥，时值奇荒，不惜羡赀煮粥济饥；石亭桥圮，购木重建；路拾遗金，坐以待还；庄房毁，不责佃者；助税田十把为三元殿基；种种乐善不倦，有足多者。尝构书舍于大和观，延师以教子侄。人文蔚起，后先辉映：长嗣文翕先生应康熙丙辰贡次，予爷姑立翁先生游邑庠，孙三重、三德、三宠等承舍饴者十数。邑侯高公鹏起屡举乡饮，养高不赴，赐其匾曰"世德堂"；后邑侯常公辑《志》，采公高义，详载邑乘。年八十六，无疾而卒，足征义厚之报云。邑东郡廪姻晚生龙学乾拜撰。

此公没有科举功名，但在县域内却建立了较高的名望，靠的是个人善举和优良品德。

在明清时期的文人文集中也记载了许多没有科举功名与学衔，而是靠个人善举取得地域名望的人物，这些人物同样堪称乡绅（广义的乡绅也即无功名的乡绅）。

最具代表性的人物是明代吉安文人杨士奇、王直笔下的吉安义民胡有初：宣德五年（1430），江西饥荒，"掌吉水县事知州"柯暹劝富户们出谷赈饥，胡有初首先响应，捐谷千石给官府赈饥；但没后继者，胡有初又出五百石，给官府赈饥，"众始胥效出谷，县人赖焉。巡抚、侍郎赵新上其事，上嘉之，赐玺书，赐褒有初'义民'，遣行人赍劳之，仍命有司复其家。"[②] 即皇上赐书、派地方官员到家慰问，获得了重大荣誉。户部还将胡有初的事迹作为典型事迹进行宣传，"户部既敷告其事于四方，将史册亦有记载"[③]。胡有初正是靠他的义举建立了他的地域名望，他是一个

---

① 民国七年三槐堂木活字本，江西省图书馆藏本，存六册。

② 杨士奇：《东里文集》续集卷二《记·敕书阁记》，《景印文渊阁四库全书》第1238册，第387页。

③ 杨士奇：《东里文集》续集卷二《记·敕书阁记》，《景印文渊阁四库全书》第1238册，第387页。

无科举功名和学衔之人，但他的地域名望可能远超他同时代许多有科举功名或学衔之人。

再看明代王直《抑庵文集》卷三二中的《处士罗公墓碣铭》，记载了一位普通的人物：

常长其乡粮赋，未尝妄取人一钱。细民有不能输者，则为之尽其方，必使公赋足而下不告病。凶年饥岁，常发廪赈人。急桥梁道路，有当治者必出赀以倡。其成人或为不善，则委曲劝戒，使复于善邻。……有不平，不质之官，但求质于处士。平生言行，必谨于礼度，名所居堂曰“尊礼”，人亦以此尊之。县大夫举行乡饮，必宾礼处士；朝廷下诏养老，必受酒肉绵薄之赐。生于元至正丙戌十月初五日，卒于今宣德丙午七月二十七日。①

这位民间的普通人物，在乡间威望的建立并得到县官的尊敬与推崇，靠的是他的优良品行和善举。

明清方志中也记载了很多这样的人物，如万历《吉安府志》卷三六《人物志·笃行》中记载：

何文祥，万安人。貌古少文，与人不语叹乡曲，里有不平，祥出一二语正之；喜修桥梁道路，且身执其役。一切左道求募、藉口福德者，辄拒勿纳。顺治九年宾乡饮。(1151 页)

刘周，字继卿，万安人。生平好善，凡赈殍掩胔，设浆、治桥梁道路，不遗余力……贷金不能偿者，焚其券。后从诸先辈问学，建梅陂书舍，岁时讲会，族里愈向慕之。

刘希昱，字振宇，万安人。性喜读书，私淑王守仁。遭父母丧，皆庐墓终制；建义仓，立义塾，分田租以济人；甲子大饥，龙泉民变，里人将效之，希昱出谷以赈，乃息；县令上闻，表其居曰“今

① （明）王直：《抑庵文集》卷三〇《墓铭·处士罗公墓碣铭》，《景印文渊阁四库全书》第 1242 册，第 233 页。

之更老”。及卒，会葬者千余人。[①]

从上可知，善举可以成就一个有科举功名或学衔的基层乡绅的地域名望，使之真正成为地域社会中受尊敬的绅士；同样，善举也可以使一个无科举功名或学衔的普通人物，成为有地域名望乃至受到县域基层官府尊敬与依重的人物，其在基层社会中的威望和作用或许超过具有科举功名或学衔的乡绅，称之为广义的无功名的乡绅应当是可以的。

然而，应当看到，善举或义举等行为不仅仅是乡绅的行为，并不是说有善举就能称之为广义的无功名的乡绅，大量的基层群众同样也常有善举，如捐谷赈灾、捐款助学、捐款修桥等，但作为乡绅（或可称之为无功名的乡绅）的善举或义举，常常是比之一般群众量更大或款数额更大，效果显著，同时，其善举还伴随着其个人有优良的品行和品格，并在乡间已有很好的影响力，如上述的这些人物，不仅仅是因为其善举而得到了县官的旌表，除善举外，还有其在乡间的多方面的影响力，这是一个普通人之所以成为不普通人的重要原因，即普通人能成为基层社会有影响力的人物的原因。

四　产生于有经济实力的大族

乡绅，无论是有科举功名或无科举功名，有许多产生于普通家庭乃至起于贫寒之家，但确有许多乡绅产生于有经济实力的大族或著姓望族，这是不争的事实。因为有经济实力的大族或著姓望族更有实力培养族人科举仕进，取得科举功名者当然会更多，产生有科举功名的乡绅也必然会更多，相应地，培养有学养、有良好品行的无科举功名的乡绅也会更多，所以许多乡绅产生于有经济实力的大族。下面，且以几个典型的家族个案为例。

1. 万载辛氏

前述万载县的辛氏，是明清时期的科举盛族，产生了大量的乡绅。其原因就是辛氏还是万载的人口大族，同时又是有经济实力的大族。

① 《日本藏中国罕见方志丛刊》，书目文献出版社 1991 年版，第 1173 页。

万载辛氏宗族的开基祖，是辛弃疾（祖籍山东历城）的孙子辛竭，其父辛主敬是辛弃疾的次子，曾任福建漳州教授，任满后迁居到隆兴郡（今南昌市新建县）。辛竭自幼饱读诗书，为人豁达，喜读程朱理学。南昌郡守爱其才，聘为西山（今南昌市新建县西山）书院山长，后于隆兴遇见同属一脉（七世前同祖）的辛元感，谈起籍别，得知同为一脉，并得知十世前的伯祖开宣公于唐长兴年间曾任万载场（那时万载还未设县）令，卒后葬在龙山（原县衙后）。竭遂同元感一道到万载，祭奠开宣公坟茔。辛竭对万载山清水秀、宁静怡人的环境很是陶醉，随后全家迁居到了万载，成为万载辛氏始祖。开宣公则被尊为万载辛氏仕万远祖。

辛竭生子三：长子和幼子在万载传衍；长房传至十世后，派生了延、顺、觐、达、昌、孚六个支房；幼房传至十世后派生了敬存、敬让两大公派；次房的后裔后迁南昌、丰城等地，又从丰城分支到乐安，从乐安分支到宁都。江西的辛氏就这样扩衍开来①。迄今为止，辛氏族人分布于万载11乡、4镇共63村及县城内、三镇街上，共计有数万人，还有些迁居到了萍乡、新余、高安、宜春等市的一些乡镇村传承、繁衍。

据万载县图书馆藏《辛氏大祠产业册》记载，清代的辛氏大宗祠的产业如下表：

表1　　清代辛氏大宗祠产业表

产业名	店	屋	田	土	宅基地	山	助　约
数　量	9栋	25栋 共100间	828.28亩	4块	2片	八夹	田78.8亩 庄屋6栋 竹山65亩 钱24千文

① 有关万载辛氏宗族的资料，主要依据江西省图书馆所藏的辛氏族谱，主要有：1995年辛发庚主修的《万载辛氏族谱》（铅印本），乾隆四十五年（1780）辛金寿等主修的《万载辛氏族谱》（木活字本），咸丰十年（1860）辛廷杰主修的《万载辛氏觐房谱》（木活字本），咸丰十一年（1861）辛树仁和辛子敬主修的《万载辛氏顺房谱》（木活字本），嘉庆二十年（1815）辛其章主修的《辛幼房祭先事件册》（木活字本），道光十六年（1836）辛汝莹主修的《万载辛氏幼房谱》（木活字本），光绪元年（1875）辛守质主修的《万载辛氏幼房谱》（木活字本），民国三年（1914）辛怀之与辛际唐等十二人主修的《万载辛氏幼房谱》（木活字本），光绪三十年（1904）辛景舒与辛庆光主修的《万载辛氏六房谱》（木活字本）。

续表 1

产业名	店	屋	田	土	宅基地	山	助 约
买 价	银 163 两 565 千文	银 1699 两 4397 千文	银 3289 两 16162 千文 银元 2520 元	银 42 两 4 千文	银 89 千文	银 10 两 104 千文	

（资料来源：万载县图书馆藏《辛氏大祠产业册》）

此外，长房（觐房）、达房、幼房都有相当数量的店、田、屋、山等族产①。

这样一个经济实力强、人口多的县域大族，会产生许多科举人才和科举仕宦也就是必然的了。

2. 乐安董氏

乐安县是江西中东部的山区小县，所谓“环境皆山，舟车不通，故商贾绝少，士之外惟农焉，土瘠民劳，习尚质朴”②。此县创建于宋绍兴十九年（1149），县中的大姓有曾、詹、何、董。

乐安县董氏是宋明时期县内乃至江西东部著名的宗族。其著名在于宋代时科举盛、仕宦者多，宋仁宗时曾出现叔侄七人同举乡荐，兄弟五人同中进士（时号“五桂”）及“六子联科”和“七子联科”的盛况，元代大儒吴澄在《吴文正集》卷三二《序·云盖乡董氏族谱序》中称赞宋代乐安董氏“仕宦之众，莫之与伦”③。据清同治年间编纂的《乐安县志》载，从宋初到乐安建县前（绍兴十八年即 1148 年），乐安境内共出进士 52 人，其中流坑董氏有 21 人，占 40.38%；解试举人 72 人，流坑董氏族人 47 人，占 65.24%④。可见吴澄并未虚言。建县后至南宋末，登进士和中举人的人数占全县的比例虽大为下降，但仍然还是占有一定的比例，从绍兴十八年建县后至南宋末，流坑董氏仍然有 5 人中进士，24 人中举人，

① 见 1995 年辛发庚主修的《万载辛氏族谱》总卷一三《祖产》，江西省图书馆藏本。

② 康熙二十三年刊本《乐安县志》旧序，台北成文出版有限公司 1989 年版《中国方志丛书·华中地方·931 号》，第 114 页。

③ 《景印文渊阁四库全书》第 1197 册，第 347 页。

④ 转见周銮书主编《千古一村》，江西人民出版社 2003 年版，第 31 页。

乐安县历史上唯一的状元且也是乐安历史上官位最高者，正是乐安县流坑董氏宗族的董德元。因此，早在宋代，乐安县的流坑董氏就已是著名的仕宦之族。

明代乐安县流坑村的董氏与宋代有所不同，不是以科举出仕而著名，而是以社会经济的发展和文化的兴盛而著名。社会的发展表现在：从元末的劫难、一片丘墟，到明初开始繁荣昌盛，再到明代中后期弘治年间（1488—1505）“聚族数万指”[①] 的大宗族形成。经济的发展表现在：从传统的耕读传家，到明代中后期已开始利用处于乌江上游的地理优势经营竹木贸易，从而使流坑成为乐安南部地区的区域小市场，流坑董氏找到了新的生存方式。文化的昌盛表现在虽然科举正途出仕者少，但由贡士等途出仕者却不少（40余人），更主要的是一些董氏族人致力于王门心学，成为王门弟子，那些王学大家如邹守益、欧阳德、罗洪先、罗汝芳、王畿、陈九川、吴与弼等名人，不仅与流坑董氏族人有交往，且先后为董氏族谱、宗祠、书院等赠序、作记、作书等，增强了流坑董氏的文化底蕴。明代流坑董氏族人虽科举成绩不佳，但致力于儒学的流坑董氏族人们却勤于著述，或释经阐儒，或诗词骚赋，或论医，或说堪舆等，留下了一批著作。[②]

清代的乐安县流坑村董氏仍然保持着科举仕进的价值追求，一些族中子弟在科举的路上坚持不懈、苦苦追求成功的光环；但宋明时代的科举盛况不但不复重现，且大为衰微、江河日下，整个清代，出了一位进士，中举者也只有二人，入贡者有10人左右（明代有30多人）。然而，历史的哲学总是山不转水转，科举不行，经商行。在商品经济日益发展的背景下，清代的流坑董氏族人大量投身商业贸易，利用其村庄地处赣江支流乌江上游的特殊地理优势，控制了乌江上游的竹木贸易，使得清代流坑董氏出了一批商人、许多董氏族人走向了富裕。

像乐安县流坑村董氏这样有经济实力、有文化追求的大族，会产生许多乡绅，这肯定是毫无疑问的。

---

① 转见周銮书主编《千古一村》引明代董时望《新谱例跋》，江西人民出版社2003年版，第41页。

② 可参见周銮书主编《千古一村》，江西人民出版社2003年版，第45—51页。

科举出仕会产生许多上层乡绅，因为明清时代的出仕者致仕后或废闲后往往都是要回到家乡定居，他们在家乡就属于上层乡绅。明代流坑董氏虽以进士出仕者少（有2人），以乡举出仕者也不多（3人），但以军功、岁贡、例贡、封赠、袭职等出仕者也达68人[①]。这些出仕者回到家乡就属于乡绅。有的乡绅回到家乡后对家乡建设起了重要引领作用，如嘉靖年间的董燧由举人出仕，历官湖北枝江县令、福建建阳府同知、南京刑部郎中，61岁时致仕还乡，居乡20多年，对宗族和社区建设起了重要作用。他倡集与带领族人新建大宗祠、修族谱、制定族规和祠规，以及族长和族正制，并对村落进行规划和建设等。

流坑董氏致力于培养宗族子弟科举出仕，及宗族子弟在明与清的五六百年间保持科举仕进的价值追求和文化传承，会培养出许多有学衔的下层乡绅，具体数量已难统计，但数量不少是肯定的，如仅文晁公房清代就产生生员22人。

明清时期虽然流坑董氏科举成绩不佳，但这个宗族一直保持着浓厚的学习与践行儒学文化的传统，这就使得这个宗族会产生较多的有文化学养和品行优良的无科举功名的乡绅。加之，许多人有经济实力从事公益事业，如修桥铺路、助学助困等，更成就了无科举功名乡绅的地域名望。

明清时期在商品经济的大潮中，董氏族人有许多经商致富，许多人致富后可通过捐纳获得虚衔，进入乡绅行列。据周銮书、邵洪、梁洪生等人在流坑田野调查后所著《千古一村》中写道：清代流坑的商人普遍纳财于官府，捐得儒林郎、登仕郎、奉政大夫等散秩，或是同知、千总之类的官职或监生、贡生的身份，最多的是以捐银百两而取得监生身份，由商人而成了冠冕堂皇的乡绅。整个清代流坑董氏由捐纳而成乡绅的总数难以统计，但数量较多是肯定的，据其族谱记载，文晁公房共计捐监生41人，捐散秩29人；坦然公房捐监生12人。[②]

① 周銮书主编：《千古一村》，江西人民出版社2003年版，第232—246页。

② 参见周銮书主编《千古一村·流坑历代科举仕宦简表》，江西人民出版社2003年版，第56—57页。

3. 泰和萧氏

泰和县萧氏，是泰和县的著姓望族，民国年间吴宗慈在《江西通志稿》中的《氏族略·泰和》，将萧氏列为泰和第一大姓。据吴宗慈的研究，泰和萧氏："宋代登进士者有萧良肱等十三人，登乡举者有萧良献等五十三人；明代进士有萧子韶等二十三人，乡举有萧执等七十八人；清代登乡举有萧如愚者十六人；宋明清三朝科甲兴盛，称望族。"[①] 实际上，还不仅于此，明清时代的萧氏还有一大批通过征荐、贡士出仕者，如明代通过征荐出仕者有 43 人，通过贡士（如岁贡、例贡、恩贡等）出仕者有 115 人；清初至道光六年止，通过贡士途出仕的共有 33 人。此外，明代泰和萧氏得到封赠者 29 人，清初至道光六年得到封赠者 5 人[②]。

关于泰和萧氏，明代泰和的一些著名文人曾有过叙述。明代前期著名文人士大夫杨士奇曾写过一篇《凰冈萧氏族谱序》[③]，文中写道："吾邑之南一舍外曰'凰冈'，壤地肥沃，宜耕稼，去城邑既远又限大江，冈峦涧谷，盘回而幽邃，叔季之世，兵戈寇盗之祸常不及，故其人愿悫，勤生自足。无慕外之意而为望于乡者，萧氏也。萧自宋南渡始居于此，至今十有一世，率业诗书，履忠厚，虽世未尝有显者，而素与往还及相为婚媾，皆时之显人。吾先世与之有连，吾犹及闻诸父兄言元末兵乱之际，举室出避，依萧氏，其家尊卑内外，其行慈孝恭俭，其所务，诗书礼法，其敬爱宾客如子弟之于父兄，而宾客之寓于萧氏者，安之如家焉。夫世之所谓显者，率视其外焉耳，德行本诸内者也。苟无诸内而徒烜赫乎外，君子不贵也。萧氏，其可谓有诸内者欤?"从杨士奇的叙述可知，萧氏有很好的生存环境，耕读传家，有很好的文化传统和文化积淀。

泰和萧氏这种出仕者众、宗族经济实力强、文化传承好的宗族，必会产生许多有科举功名和学衔的乡绅及无科举功名或学衔的乡绅，也就在情理之中了。

---

① 吴宗慈：《江西通志稿》第 34 册，第 62 页，江西省博物馆整理本。

② 据道光六年刊本《泰和县志》卷一七《征荐》、卷一八《贡掾》统计，《中国方志丛书·华中地方·第 839 号》，台北成文出版有限公司 1989 年版。

③ （明）杨士奇：《东里集》续集卷一三，《景印文渊阁四库全书》1238 册，第 534 页。

从县志的记载可知，萧氏宗族乡绅们积极参与县域社会建设，如：

学宫泮池……乾隆三十八年邑孝子萧治其捐修櫺星门，知县郑参记。嘉庆二年邑增生萧魁继修櫺星门，邑举人、思南府知府袁纯德记。①

育婴、普济二堂：乾隆元年知县王猷奉文建；劝捐，赡养，绅士郭有瑞、罗载琚，耆民曾光锦、萧右宋等捐租有差，共三百九十石零，暨捐银名数，具载房册，以备二堂公用。②

萃和书院……嘉庆二十年湖溪州同萧赢，附贡萧日寅兄弟，将吉郡竹排巷送入书院，以资膏火，合邑绅士呈请印契立案。③

仓储：信实乡甘竹寺，实贮谷四百七十六石八斗七合……一在仙槎乡王村萧家宗祠内，实贮谷一千四百八十三石六升七合，萧思凤、萧瑞麟等捐。按乾隆七年主簿萧思凤等捐谷一千一百十四石。④

乾隆六年仙槎湾溪监生萧罗忠拨田租五十硕充名宦、乡贤两祠修理，又拨田租一百硕充忠孝节义两祠祭资，田在十三都中堡。⑤

在清代的泰和县志中还有许多这类记载。乡绅产生于有经济实力的大族，泰和萧氏是一个很好的说明。

4. 安义黄氏和杨氏

安义县是赣北的小县，前面曾谈到，这个县有两大姓氏，也即有两个大的宗族，这两个大宗族的始迁祖是俩表兄弟：黄光远、杨振德。晚唐广

---

① 道光六年刊本《泰和县志》卷一五《学校·学制》，《中国方志丛书·华中地方·第839号》，第391页。

② 道光六年刊本《泰和县志》卷八《公署》，《中国方志丛书·华中地方·第839号》，第534页。

③ 道光六年刊本《泰和县志》卷八《公署·书院》，《中国方志丛书·华中地方·第839号》，第525页。

④ 道光六年刊本《泰和县志》卷一一《食货志·储备》，《中国方志丛书·华中地方·第839号》，第618页。

⑤ 道光六年刊本《泰和县志》卷一一《食货志·公产》，《中国方志丛书·华中地方·第839号》，第639页。

明元年（880），这俩表兄弟为避战乱，从湖北蕲州罗田村迁入安义境内生存，一以打猎为生，出没山林；一以捕鱼为业，漂泊水上。由此两人在安义境内繁衍生存，形成了黄、杨两大宗族，其宗族分支遍布安义境内许多地方。这两大宗族并不是以科举兴盛而著名，正宗的科举（进士和乡举）人才并不多，据同治十年编撰的《安义县志》卷七《选举上》的记载统计，明代安义全县共产生进士18人，黄氏有3人（占全县六分之一），杨氏没有一个；清代安义全县产生进士18人，其中黄氏1人、杨氏2人，分别占十八分之一和九分之一。从明清两代的进士数看，黄杨两宗族都不多。再如举人：明代安义共产生举人61人，其中黄氏6人、杨氏2人，分别占9.8%和3.2%；清代安义共产生举人92人，其中黄氏13人、杨氏8人，分别占14.1%、8.6%。明清两代黄杨两宗族举人所占比例虽不算太少，但也不算太多，其中黄氏多些。所以，明清两代黄杨两宗产生的上层乡绅不多。但由于其族大，又由于这两大宗族在明清时期都从事商业活动，经济状况较好，有经济实力培养子弟读书，所以进入县内官办学习即考入县学为生员者较多，表现在产生于生员的诸贡生（如恩贡、拔贡、副贡、岁贡等）较多：明代安义诸贡共165人，其中黄氏29人、杨氏14人，分别占有17.5%和8.4%；清代安义全县诸贡共229人，其中黄氏47人、杨氏27人，分别占20.5%和11.7%，这就意味着黄杨两族在明清时期产生的下层乡绅较多，或有生员学衔，或由生员通过贡途出任低层官员致仕。

另一数字也说明，明清时代，特别是清代黄杨两姓产生了不少乡绅，这就是乡饮宾，能被选为乡饮宾者，不管是否有科举功名或学衔，都可算是乡绅，因为即使是没有学衔或科举功名，也是有地域名望，因此乡饮宾都是县域的乡绅。明代安义有记载的乡饮宾共有165人，其中黄氏5人、杨氏9人，分别占3%和13.7%；而清代所占比例则更多，清代有记载（止于同治十年）的乡饮宾全县共有460人，其中黄氏70人、杨氏61人，分别占15.2%和13.2%①，这两个数字表明清代黄杨两姓在安义分布有较多的下层乡绅。

① 据同治十年刊本《安义县志》卷七《选举上》，《中国方志丛书·华中地方·第260号》，台北成文出版有限公司1975年版，第671—756页。

以上虽以江西的历史事实考察乡绅产生的路径，但明清江西乡绅的产生路径有普遍意义，明清时期的乡绅，产生于科举功名，产生于有个人文化学养和优良品行，产生于有善举而使众服，产生于有经济实力的大族，这是明清时期中国乡绅产生的普遍路径。

第三章　明清江西乡绅的特点

明清时期，江西是一个读书风气浓厚的区域，所谓弦诵之声，虽穷乡僻壤也常闻见。读书风气的浓厚与科举兴盛是相连的。从宋代始，江西就是中国的科举名区，直至清代不变。读书风气的浓厚与科举的兴盛，其必然结果就是产生许多有科举功名和学衔的乡绅，同时也产生许多有文化学养和品行优良的无功名的广义上的乡绅。这些乡绅的特点是热衷于地方教化和协助地方政权治理地方社会。

一　有科举功名与无科举功名

在上一章分析江西乡绅的产生时，已指出明清时期的乡绅存在有科举功名或学衔的乡绅，和无科举功名但在特定区域内有地域名望的广义的无功名的乡绅。两种乡绅都对基层社会起重要作用，但这两种乡绅所占比例和在县域社会中的作用如何？我们通过对一些县为个案进行分析。

首先，我们以赣西北的万载县为例进行分析①。

作为江西西部的一个山区小县，万载县建县于南唐时期。这个县的地理与长时间的社会状况是："其室庐田亩半在山涧中，且地居上游，溪流濛窄，陂滩鳞次，致巨舰不得入，而富商大贾亦少经其地，鱼盐贾值往往甚于他邑，所贸迁者惟二三小贩耳。俗从朴素，敦诗礼，勤稼穑，市鲜游侠，乡无惰民，崇尚释老，好兴淫祀。"②

---

① 关于万载县，可参见施由明：《清代江西的乡绅与县域社会建设》，《宜春学院学报》2008 年第 10 期。

② （清）常维桢等修、姚因校等纂，康熙二十二年刊本《万载县志》卷之三《风俗》，《中国方志丛书·华中地方·第 869 号》，台北成文出版有限公司 1989 年版，第 163—164 页。

之所以选择山区小县万载为个案进行分析，是因为在明末清初的战乱中万载县城几乎被毁，万载县的社会经济文化被严重破坏，战乱之后乡绅在县域社会建设中起了重要作用。县志中的“艺文卷”有许多文章记载了乡绅们的身份及其事迹，我们可以透过这些记载来分析那些活跃于县域内的乡绅们的构成。据同治十一年刊本《万载县志》记载的尚属不完全的统计，我们可以大致了解清代万载县乡绅（少数为明代）的构成：

表2　　明清万载县乡绅实例统计表

姓　名	年　代	身　份	事　　迹	史料出处
辛图猷	明万历己酉	邑孝廉	出资修南浦桥	程元度《重修南浦桥记》
汪映极	康熙十九年	生员	清初万载义学首位教师	辛从益《建义学记》
何士杰	康熙十九年	生员	清代万载义学首批生员	辛从益《建义学记》
郭邦泰	康熙十九年	生员	清代万载义学首批生员	辛从益《建义学记》
辛勤学	康熙十九年	生员	清代万载义学首批生员	辛从益《建义学记》
宋启连	康熙十九年	生员	清代万载义学首批生员	辛从益《建义学记》
辛受道	康熙十九年	生员	清代万载义学首批生员	辛从益《建义学记》
辛如璟	康熙十九年	生员	清代万载义学首批生员	辛从益《建义学记》
郭钟耀	康熙十九年	生员	清代万载义学首批生员	辛从益《建义学记》
辛受位	康熙十九年	生员	清代万载义学首批生员	辛从益《建义学记》
宋廷御	康熙十九年	生员	清代万载义学首批生员	辛从益《建义学记》
易受乾	康熙十九年	生员	清代万载义学首批生员	辛从益《建义学记》
辛邦荣	康熙十九年	生员	清代万载义学首批生员	辛从益《建义学记》
邓　上	康熙十九年	生员	清代万载义学首批生员	辛从益《建义学记》
朱文光	康熙十九年	生员	清代万载义学首批生员	辛从益《建义学记》
宋希雯	康熙十九年	生员	清代万载义学首批生员	辛从益《建义学记》
汪有耀	康熙十九年	生员	清代万载义学首批生员	辛从益《建义学记》
汪廷猷	康熙己亥	生员	与郭邦泰负责重建县学	施昭庭《重修县学记》
高应谦	雍正六年	贡生	与诸生龙言各出五百金倡重修康乐桥	谢旻《重修康乐桥碑记》

续表 2

姓　名	年　代	身　份	事　　迹	史料出处
龙　言	雍正六年	生员	与高应谦各出五百金为倡重修康乐桥	谢旻《重修康乐桥碑记》
邓君宏	乾隆三十八年		捐修并与十余同志负责重建吴公讲堂	卢崧《重建吴公讲堂记》
辛琗、辛衢	乾隆辛未		父子俩出巨资易渡建龙江桥	李允性《龙江桥记》
郭大经	道光丙戌	致仕家居	捐资号召疏浚护城河	陈文衡《疏河建闸记》
辛朝俊	道光丙戌	致仕家居	捐资号召疏浚护城河	陈文衡《疏河建闸记》
潘贵麟、荣麟、华麟、佩麟			兄弟四人捐资逾千金修南山高村桥	李恩长《重修南山高村桥记》
彭南垣	嘉庆壬戌		花巨资建西江桥	辛受业《西江桥记》
彭馨宗、彭受业	嘉庆年间		父子俩费白金一万余建万福桥	彭梦彰《万福桥记》
宋谟策	道光年间		与其子孙捐谷建义丰仓，万余石谷子首捐三分之二为倡	卢义《义丰仓记》
辛基琇	道光戊戌	生员	首出资应命建安泰仓	吴朝凤《安泰义仓记》
闻锡荣	道光戊戌	生员	首出资应命建安泰仓	吴朝凤《安泰义仓记》
汤誉光	道光戊戌		捐钱建安泰仓	吴朝凤《安泰义仓记》
曹世植	道光戊戌		捐钱千二百缗建安泰仓	吴朝凤《安泰义仓记》

续表 2

姓名	年代	身份	事迹	史料出处
潘于频、萧世即	道光六年		捐建并经营育婴堂	卷八《公署》
袁瑞揆、唐淦、卢贵显、	道光二十年		捐建并经营育婴堂	卷八《公署》
刘湘夫、辛雁发	道光壬午		捐建存心堂	辛辰云《存心堂记》
汪起堂、郭海门	道光壬午	明经	捐建存心堂	辛辰云《存心堂记》
易朝宣	道光壬午	茂才	捐建存心堂	辛辰云《存心堂记》
欧阳春协	道光九年		捐建皆有堂	卷八《公署》
欧阳精、欧阳鹤、甘起凰	道光九年	监生	捐建皆有堂	卷八《公署》
汪朝祖、汪发楫、郭治清、闻鸣鹤	乾隆丙子		捐建龙河书院	辛廷芝《龙河书院记》
龙德彰、张之球	乾隆丙子	乡耆	捐建龙河书院	辛廷芝《龙河书院记》
喻显达、曹梦珑	乾隆三十一年	生员	捐建龙河书院	辛廷芝《龙河书院记》
曹茂芳、曹挺高、辛芝萱、喻显灿、曹廷珍、喻圣言	乾隆三十一年	太学生	捐建龙河书院	辛廷芝《龙河书院记》

续表 2

姓　名	年　代	身　份	事　　迹	史料出处
喻鸿高、林发云、王熙化、王熙孔	乾隆壬子	业儒者	捐龙河书院	辛廷芝《龙河书院记》
高彦	乾隆二十二年	贡生	首捐六百金迁建文庙	汪朝祖《迁建文庙记》
王家塾	乾隆二十二年	监生	捐四百金迁建文庙	汪朝祖《迁建文庙记》
易生琼	乾隆二十一年		首捐七百金为倡建文明塔	鲁鸿《文明塔记》
辛衢	乾隆二十一年		捐金建文明塔	鲁鸿《文明塔记》

（资料来源：同治十一年刊本《万载县志》卷二九《艺文》等，台北成文出版有限公司 1976 年版《中国方志丛书·华中地方·第 871 号》）

从上表可以看出，清代活跃在县域内为公益事业建设和文化事业建设捐资出力乃至捐资首倡或“董其事”者，大多数是有低层功名或学衔如生员、贡生、监生、太学生等乡绅，也有些无功名但有一定地域名望的广义上的乡绅。即从县域内乡绅的构成看，既有许多有低层功名如生员、贡生、监生、太学生等，也有少数已出仕为官但致仕家居者，还有许多无功名但也热衷于县域公益事业建设、可称之为广义的乡绅者，这些乡绅都对县域社会建设起一定作用。

其次，我们选取赣中的泰和县为个案来进行统计分析。

之所以选取泰和县，是因为此县乃是一个自宋代以来，在宋元明清时代科举非常兴盛的时期，不仅产生了大量的科举仕宦，而且产生了较多著名的文人士大夫的一个县份。明代泰和著名文人尹直，在为弘治十年编撰的《泰和县志》所作《序》中自豪地说：“吾泰和素称文献巨邦。”明代文人孟伯元在万历年间所修《泰和县志》的《序》中则说：“泰和者，天下之望县也。邦称都会，代产名人。”① 在这样一个文风兴盛、出仕者众

① 道光六年刊本《泰和县志》卷首《原序》，《中国方志丛书·华中地方·第 838 号》，第 62 页。

的县域，产生许多有功名或学衔和无功名的乡绅也就是肯定的事了。我们且从清道光六年纂修的《泰和县志》的有关记载，来看县域内乡绅的构成：

表3 明清泰和县乡绅构成表

姓名	年代	身份	事迹	史料出处
郭瓒	成化年间		捐田租修复（怀仁渡）大船；捐资打造（冠朝渡）渡船；又捐田以备修船之费	卷三《舆地志·津梁》
周学圣	乾隆十六年	例贡生	捐资重修望仙桥	卷三《舆地志·津梁》
陈庆洙 陈善权等	乾隆十六年	乡耆	捐资重修望仙桥	卷三《舆地志·津梁》
杨孟常	永乐十五年		捐资与僧永忠募众架石创建迎恩桥	卷三《舆地志·津梁》
王民望 欧阳广睿 僧霁霄	明景泰间		捐资、募众重建武溪桥	卷三《舆地志·津梁》
欧阳时熙 欧阳时颚 僧法辉	明弘治间		捐资、募众重建武溪桥	卷三《舆地志·津梁》
胡颚	明正德间		重修枫树桥	卷三《舆地志·津梁》
郭一先	明弘治初		重清塘桥	卷三《舆地志·津梁》
康仲矩 康季望	明洪武二十六年		重修绅溪石桥	卷三《舆地志·津梁》
萧本康 萧本丰	天顺二年		修建葛陂桥，横阔九尺、长一丈	卷三《舆地志·津梁》
郭奇耀	明	义官	捐资买石瓦砌行者便之	卷三《舆地志·津梁》

续表 3

姓　名	年　代	身　份	事　　迹	史料出处
张临清	明成化		架石重修永嘉桥	卷三《舆地志·津梁》
康道 王宣鑑 僧茂彰	明弘治三年		修建水坑桥	卷三《舆地志·津梁》
严官隍	明		建严公桥	卷三《舆地志·津梁》
严节妇	明		建清节桥	卷三《舆地志·津梁》
萧承恩	明		倡建同人桥	卷三《舆地志·津梁》
欧阳大忠	明		建大通桥	卷三《舆地志·津梁》
胡修分	明		建蛟腾桥	卷三《舆地志·津梁》
李曾氏	明		建飞锡桥	卷三《舆地志·津梁》
萧经世	明		建芦洲桥	卷三《舆地志·津梁》
曾孔孺	明		建龙溪桥	卷三《舆地志·津梁》
萧师仁	明		建相芩桥	卷三《舆地志·津梁》
张宗弼	明		建义桥	卷三《舆地志·津梁》
谢天卫	明		回龙桥	卷三《舆地志·津梁》

续表 3

姓　名	年　代	身　份	事　　迹	史料出处
萧慕尧 萧慕武	明		建会桥	卷三《舆地志·津梁》
郭元鸿	明万历二十八年		捐金市田募工疏道	卷三《舆地志·陂塘》
张名扬	清雍正七年		捐建槎溪桥	卷三《舆地志·津梁》
蒋士柱	清		捐修上蒋桥	卷三《舆地志·津梁》
蒋立纪	清		捐修新冈桥	卷三《舆地志·津梁》
蒋时挺	清		捐修聚龙桥	卷三《舆地志·津梁》
孙发秀	道光三年	监生	捐资重建戟门	卷五《学校·学制》
罗佩 罗美睿	乾隆三十四年		捐修道义之门两庑	卷五《学校·学制》
康珠	乾隆三十五年	监生赠登仕郎	捐银壹仟两修理学宫泮池	卷五《学校·学制》
李凤仪	清		捐修大成坊	卷五《学校·学制》
罗廷桂	清		捐银叁佰两修复露台	卷五《学校·学制》
萧彦魁	嘉庆二年	增生	继修櫺星门	卷五《学校·学制》
萧治其	乾隆三十八年	孝子	捐建櫺星门	卷五《学校·学制》
萧日寅	嘉庆二十年	贡生	葺修忠义祠	卷五《学校·学制》
孙发秀	乾隆四十六年	监生	捐资重祀通邑历朝旌表节妇	卷五《学校·学制》
严正 刘适 杨嘉严	康熙五十五年	贡生 贡生 生员	倡捐重修圣庙	卷五《学校·学制》

续表 3

姓　名	年　代	身　份	事　　迹	史料出处
梁标 刘士逑	雍正十一年	生员	倡修圣庙	卷五《学校·学制》
袁祖仲 王元坤 梁标	乾隆八年	贡生 贡生 生员	重建戟门两庑及外槛、翼门、屏、墙等	卷五《学校·学制》

（资料来源：清道光六年《泰和县志》）

从上表可知，在明清时期的泰和县域内，存在大量无科举功名或学衔但可能在小区域内具有一定名望的乡绅，他们自发地积极从事公益事业如建桥、修桥、捐修学校等；同时，也存在一定数量有功名如贡生、增生、监生、生员等的下层乡绅，他们或主动从事公益事业，或积极配合县官的倡导从事县域内建设，对县域社会建设共同起了重要作用。在清道光六年纂修的《泰和县志》卷一一《食货志·公产》及卷二六《人物·敦行》记载捐献田租给学校、书院，捐谷、捐钱或捐谷建社仓、义仓及救灾等的公益行为中，同样是大量无科举功名者，同时有相当一部分为有贡生、增生、监生、生员等科举功名的下层乡绅，他们共同建设了县域社会并维护了县域社会稳定。

再次，以赣北的奉新县为例。

奉新县是一个建县时间长、文化底蕴深厚的县，在赣北有代表性。同治十年刊本《奉新县志》卷首《旧序·永乐奉新县志序》是这样记载的："奉新，古海昏之地，而晋更曰新吴焉。在西山之西，越岭之东，山川秀丽，风俗淳美，便工商之业，通物产之利，庠校之士勤经业而登科第者簪绂辉联，故为豫章望县也。"《旧序·嘉靖奉新县志序》载："奉新，古名邑也，在汉为海昏之地，及典午平吴，迁孙氏其上，更曰新吴；石晋天福二年，徐知诰代吴称唐，恶新吴之名，若相并峙，始改曰奉新，亦后世去忌喜谶之意。山川之秀丽，风俗之淳朴，人物之俊良，户口之蕃衍，财赋之充实，与夫儒林梵宇之森立，仙源圣迹之灵异，南昌之属邑有八，而奉新不多让焉。"①

① 《中国方志丛书·华中地方·第 785 号》，台北成文出版有限公司 1989 年版，第 153 页。

在这样一个县，将会产生许多有科举功名和学衔的乡绅，是肯定的；同样，在这样一个有文化底蕴的县域，将会产生许多无科举功名的乡绅，也是肯定的。从同治十年的《奉新县志》的记载可知，那些有科举功名或学衔的乡绅特别热衷于教育事业，学校与书院的建设和维持经费主要来源于这些拥有低层科举功名或学衔的乡绅，如贡生、监生、生员等捐献的田租或现金。同治十年刊本《奉新县志》卷二《学校·学宫》记载：

雍正十二年邑生员陈坦，捐墁大成殿，置香案，增修明伦堂，又于殿左改建魁楼，殿左故有文昌阁。

雍正五年邑吏员彭仕，捐拓儒学头门，建三楹，葺崇圣祠，立下马牌于櫺星门外，疏泮池淤塞，又重修青云楼，伐石庀材，高固峙立，屹然巨观。

明嘉靖九年遵制建启圣祠于文庙之西南；十一年邑生员蔡熠，捐资增创启圣祠及神厨牲房具。

乾隆十年邑举人蔡尚才偕弟贡生鸿才，于明伦堂东合资捐创崇圣殿，后为尊经阁……嘉庆十八年尚才侄孙、廪贡蔡象颐重修。①

再看同治十年刊本《奉新县志》卷二《学校·书院》对书院田租的记载，对书院捐助田租的乡绅很多，且看乡绅们对冯川书院的捐助：

乾隆六年邑绅乐助，至十二年复置冯川书院田租一百四十三石七斗，乐助姓名：

罗兴锦（监生）、张庭阑（乡耆），俱助银三十两；罗克晨、罗克纬、罗盛旭、刘侃（以上俱监生），彭仕（吏员），俱助银二十两；徐应廷、蔡鸿才（以上贡生），蔡济才（生员），罗克政、罗夏集、罗集、罗虞集（以上俱监生），严克相（介宾）、王奕传（乡耆）、胡仲藩支，俱助银十两；徐应延（贡生）、曾逢（监生），俱助银八两；蔡用（贡生），助银八两；甘禾（主事）、彭涵（府同知）、赵

① 《中国方志丛书·华中地方·第785号》，台北成文出版有限公司1989年版，第188、190、205、216页。

开元（知府）、蔡尚才（举人）、陈坦（贡生）、罗克聪（生员）、罗洪谟、刘秉楷、蔡秉宝（以上俱监生），宋七智（乡饮），俱助银五两。

从上述可知，捐献书院田租者大都为县域社会的低层乡绅，有监生、贡生、生员、乡饮酒礼中的介宾、乡耆、低层官员（如府同知乃至吏员），也有少数稍高层一些的乡绅如举人、知府。这些人都列入了"邑绅"即乡绅的范围。即在明清时人的概念中这些人就是乡绅。然而，正如前所说，在县域社会的基层还有许多有一定名望、在特定地域有影响力的广义的乡绅，实际上，在明清时人的概念中也确实把这些人看作了"邑绅"。该书接着上一段另有记载：

乾隆四十三年邑绅又添置冯川书院田租一百八十八石五斗，乐助姓名：

胡昆，助银五十两；张懋诚，助银四十两；徐曰是，助银二十四两；邓氏祠、熊才、甘遐龄，俱助银二十两；俞元达、廖廉，俱助银十五两；邹玉藻、邹玉泰、熊家光、熊东海、余有仁、喻元漳、喻林璋、徐曰晨、徐曰昶、熊汝诚、邹岐昌、甘学詠、严遇洪、彭作梅、陈宏轩、廖绳庵支、廖桀、王熏、徐氏祠、廖学梁，俱助银十两；金光斗、邹文略、邹华、刘学煋、甘定廷、陈达可、阴五绚，俱助银八两；汪清、邹锦、涂锡盛、熊镇定，俱助银六两；熊三坦、洪达、汪瀚、汪公祥、胡拔元、涂锡禧、蔡溉、蔡奏功、蔡奏功、蔡建章、蔡承基、蔡以文、严廷詠、严亮、廖淡庵支、陈凤游、邓从、严秉衡、严毓德、严秩、严调燮、熊荣恩、陈凤国、王克治、严钦、廖世俊，俱助银五两；归德乡，助银五十八两。①

上述这些人物都没有科举功名和学衔，但都列入了"邑绅"的行列。从万载、泰和、奉新的个案分析可知，明清时期江西县域社会中的乡

① 《中国方志丛书·华中地方·第785号》，台北成文出版有限公司1989年版，第303、305—306页。

绅既包括有科举功名或学衔的乡绅，也存在许多只是在特定地域内有名望或影响力的广义的乡绅。那些没有科举功名但有文化学养的文人们，也会努力建立在地域社会中的威信，成为特定地域中有威信的人，也即成为广义的乡绅。如道光二十九年《（万载）张氏族谱》卷一《赞》中所说："人未得奋迹科名，畎亩终老，亦必树重望于里巷，使乡曲亲朋津津称颂弗衰者，究与列庠序而垂显名有同归焉。……吾姻台家启公，其聪明颖悟，超越群伦。童年鼓荚家塾，师称之，友畏之；颂读诗书，功倍同堂，服习一过，初无遗忘。惜未卒业儒林。其居井里也，解纷排难，劝争息讼，比邻姻戚，深嘉赖之；兼能旁通枝艺，卜筮驰声，其与寂寞无闻者，盖不侔矣。(徐光基书赠)"[①] 即是说，无科举功名同样可以建立地域内的名望。

在上一章分析乡绅产生于个人的文化学养与优良品行，及产生于有善举而使众服，以及本节在分析万载、泰和、奉新三县乡绅的构成时，都一再通过实例指出，所谓"无功名的乡绅"是指没有任何科举功名，无论低层还是高层，无论正途还是杂途，都没有任何称号，即其社会身份只是普通人，没有国家所给予的任何特权。但他们却通过个人的文化学养、个人优良品行和品格、个人服务于社会的自觉责任和行为，取得了在特定地域社会名望，在解决特定地域社会矛盾的过程中，能起很好的作用，对基层社会的治理有重要作用，在基层社会的名望和作用，有时还实际超出了那些具有低层科举功名（如生员、监生等）的作用。

二 热衷于地方教化与协助地方政权治理地方社会

明清时期江西乡绅的一大特点是热衷于地方教化与协助地方政权治理地方社会。

教化即教育感化。中国古代有才识的统治者往往都非常重视"教化"这一统治手段，让老百姓懂礼义、知廉耻、循儒家道德规范，以达到风俗正、社会和谐有序。中国的文人也主张对百姓进行儒家伦理道德规范的教

① （清）张家启等纂修：《张氏族谱》，清道光二十九年留候堂木活字本，江西省图书馆藏，存二册。

化，以达到社会的进步，所以《礼记·经解》中说："故礼之教化也微，其止邪也于未形。"① 西汉著名的思想家和文学家董仲舒则认为教化是阻止洪水的堤防："夫万民之从利也，如水之走下，不以教化堤防之，不能止也。是故教化立而奸邪皆止者，其堤防完也；教化废而奸邪并出，刑罚不能胜者，其堤防坏也。古之王者明于此，是故南面而治天下，莫不以教化为大务。立太学以教于国，设庠序以化于邑，渐民以仁，摩民以谊，节民以礼，故其刑罚甚轻而禁不犯者，教化行而习俗美也。"②

明清时代的统治者继承了汉代以来儒学文人的治国理念，非常重视教化，尤其是明前期和清中前期的皇帝，都深知让百姓懂得和遵循儒家伦理道德规范对社会稳定和谐的重要性。

1. 明前期朝廷重教化

明代开国皇帝朱元璋，是一个出身于底层，对民间社会状况有着深入了解，同时又是一个勤于阅读史书、有着很深的史学修养的皇帝。他深知对百姓必须进行教化才能达到对基层社会的治理③。《明太祖实录》记载，在建国不久，洪武二年八月戊子，监察御史睢稼建议明太祖在民间举行读法："睢稼言：《周官》有悬法象魏之文，《礼经》载乡饮读法之说，皆导民之礼法而远刑辟也。今新律颁布天下，乡井细民犹有不通其说者，宜仿古人月吉读法之典，命府州县长吏凡遇月朔，会乡之老少，令儒生读律，解析其义，使之通晓，则人皆知畏法而犯者寡矣。"而明太祖朱元璋的回答是："威人以法，不若感人以心。敦信义而励廉耻，此化民之本也，故羞恶之心生，则非僻之私，格外防之。法密则苟免之行，兴乡言读律固可

① （汉）郑玄注、（唐）孔颖达疏：《礼记注疏》卷五〇，《景印文渊阁四库全书》第116册，第315页。

② （汉）班固：《前汉书》卷五六《董仲舒列传》，《景印文渊阁四库全书》第250册，第346页。

③ 关于明代的教化，已有许多研究成果，如秦海滢：《论明代乡村教化的发展历程》，载《北方论丛》2004年第2期；许燕婵：《试论明代教化》，载《广州广播电视大学学报》2004年第3期；文伟：《明初里老人在基层社会中的职责》，载《哈尔滨学院学报》2007年第10期；刘亚中、李康月：《"乡饮酒礼"在明清的变化》，载《孔子研究》2009年第5期；张佳：《彰善瘅恶，树之风声——明代前期基层教化系统中的申明亭和旌善亭》，载《中华文史论丛》2010年第4期，等等。

禁民为非，若谓使民无犯，要当深求其本也。”[①] 显然，朱元璋比手下官员更懂治世之道，他这种对百姓教化的治国理念一直坚持着，两年之后的洪武四年六月丁未，“上退朝，御东阁，从容与群臣论及礼乐之事，谓廷臣曰：‘世之治乱本乎人情风俗，故忠信行则民俗淳朴，佻巧作则习尚诈伪……’礼部尚书陶凯对曰：‘仲尼有云：道之以政，齐之以刑。今欲整齐风俗，使佻巧不得作，必以政刑先之，然后教化可行。’上曰：‘教化必本诸礼仪，政刑岂宜先之？苟徒急于近效而严其禁令，是俗澄波而反汩之也。’”[②] 四年之后的洪武八年，明太祖朱元璋仍然在重申教化的礼念：“（三月）戊辰，命御史台官选国子生分教北方。上谕之曰：‘致治在于善俗，善俗本于教化。教化行，虽闾阎可为君子；教化废，虽中材或坠于小人。’”[③]

朱元璋先后采取了一系列的办法，来将教化贯彻到中国最基层的乡村社会。

首先是兴学。

洪武二年（1369）朱元璋决定：“宜令郡县皆立学，礼延师儒，教授生徒，讲论圣道，使人日渐月化，以复先王之旧，以革污染之习。此最急务，当急行之。”[④] 于是，从中央到地方（直至一些落后地区如贵州及天下各宣慰司）都建立了学校，且为历代最完备。洪武八年（1375）又令各地基层官员在乡村建立社学，“谕中书省臣曰：‘昔成周之世家有塾、党有庠，故民无不知学，是以教化行而风俗美。今京师及郡县皆有学，而乡社未睹教化，宜令有司更置社学，延师儒以教民间子弟，庶可导民善俗也。’”[⑤] 学生们在官办的府州县学和社学都主要是学习儒家经典，如四书

---

① 《明太祖实录》卷四四，洪武二年八月戊子，台北：“中研院史语所”校勘本，第0873页。

② 《明太祖实录》卷六六，洪武四年六月丁未，台北：“中研院史语所”校勘本，第1248页。

③ 《明太祖实录》卷九八，洪武八年三月戊辰，台北：“中研院史语所”校勘本，第1672页。

④ 张德信、毛佩奇主编：《洪武御制全书·明太祖宝训》，黄山出版社1995年版，第440页。

⑤ （明）夏良胜：《中庸衍义》卷三《修道之教之义》，《景印文渊阁四库全书》第715册，第348页。

五经及法律条文；还由学校所设的先师庙、乡贤祠、名宦祠、明伦堂等对学生进行榜样与典范教育；以及在学校内行乡饮酒礼等。由天下各地官办学校培养了大量的儒学人才，各基层社会的社学也培养了大量儒学生童，从而为国家各级政权培养了大量人才，也为基层教化培养了大量人才。这些出自官办学校的生员，若没有科举出仕，他们便是基层社会的精英（乡绅），他们在基层社会传播与践行儒家文化，并培养子弟学习与践行儒家文化，对朱元璋的“教化”理念贯彻到基层起了很好的作用。那些出自社学的生童，即使没有成为童生（县儒学中的生员），也得到了儒学的启蒙教育。而那些通过科举出仕了的官员致仕回乡后，也往往致力于家乡的文化教育。

其次是在基层设置惩恶劝善机制，这就是木铎老人、里老人、旌善亭、申明亭、乡饮酒礼的设置。

明代学者顾炎武在《日知录》卷八《州县税赋》中记载：“洪熙元年七月丙申，巡按四川监察御史何文渊言：太祖高皇帝令天下州县设立老人：必选年高有德、众所信服者，使劝民为善；乡闾争讼，亦使理断。下有益于民事，上有助于官司。”① 所设置的老人有“木铎老人、里老人”。

关于木铎老人，据明代文人曾维城《帝乡纪略》中记载：木铎老人“每月朔望昧爽以木铎巡于道路，高唱圣谕以设众，月给以粮”②。另据明泰昌元年（1620）官修、明俞汝楫编《礼部志稿》卷四五《奏疏·覆十四事疏》记载：“《圣训六言》劝化民俗而设木铎徇于道路，则所以提撕警觉之也。近年以来，此举久废，合无行，令各掌印官查复旧制，于城市、坊厢、乡村、集店，量设木铎老人，免其差役，使朝暮宣谕，伏乞圣裁。”③ 明代正德进士、官至太常少卿的夏良胜在《中庸衍义》卷三《修道之教之义》记载：“木铎老人词曰：‘孝顺父母，尊敬长上，和睦乡里，教训子孙，各安生理，毋作非为。’”④ 由此三条记载可知，木铎老人是基层教化的机制之一，每月初一、十五早晚敲着木铎高唱圣谕，行于道路而已，且可能只行明前期，明中后期可能早已久不行了。这种教化机制可能

① 《四部丛刊》电子检索版，北京书同文数字技术有限公司2001年版。

② 《中国方志丛书·华中地方·698号》，台北：成文出版社1986年版，第108页。

③ 《景印文渊阁四库丛书》第597册，第856页。

④ 《景印文渊阁四库丛书》第715册，第348页。

作用并不大。

关于里老人，这是明洪武年间太祖朱元璋设计的一项重要的乡村治理制度，这项制度创设于何年，没有明确记载。清代张廷玉等在《明史》中也只是说道："里设老人，选年高为众所服者，导民善，平乡里争讼。"[①] 即没有说到创制于何年。学者们依据《明太祖实录》洪武二十七年的记载："（明太祖）命民间高年老人理其乡之词讼"[②]，认为这是明代设立里老人制度的开始。

从有关的记载可知，朱元璋赋予了里老人治理乡间的重要职责：

（1）督促农民发展农业生产和兴修水利

前述弘治十五年撰成、正德四年重校刊的《明会典》卷一九《户部四·诸司职掌·教民榜文》中记载："凡遇农种时月，五更，老人擂鼓，众人闻鼓下田，该管老人点闸，若有懒惰不下田者，许老人责决，务要严切督并，见丁着业，毋容惰夫游食。若是老人不肯勤督农，民穷窘为非，犯法到官，本乡老人有罪。"[③] 此条记载表明，明太祖朱元璋赋予了老人督促发展农业生产的重要职责。同此书此类目另一条还记载："如今天下太平，百姓除本分纳粮当差之外，别无差遣，各宜用心生理，以足衣食。每户务要照依号令，如法栽种桑株枣柿绵花。每岁养蚕所得丝棉，可以衣服；枣柿，丰年可以卖钞使用，遇俭年可以当粮食，此事有益尔民。里甲老人如常提督点视，敢有违者，家迁化外。"另据明代张卤《皇明制书》记载明太祖朱元璋对里老人的另一项要求："凡民间，或有某水可以灌溉，曰某苗水为害可以提防，某河壅塞可以疏通，其当里老人会集踏看，丈量见数，计较合用人工，并如何修筑、如何疏通，定夺计策，画图贴说，赴京来奏，以凭为民兴利除害。"[④]

（2）平乡里争讼

让里老人平乡里争讼，这是明太祖朱元璋设置里老人的一个主要目的。明代张卤《皇明制书》记载明太祖朱元璋的规定："凡天下民间户

---

① （清）张廷玉等：《明史》卷七七《食货一》，第7980页。

② 《明太祖实录》卷二三二，洪武二十七年，台北："中研院史语所"1962年校本，第3396页。

③ 《景印文渊阁四库全书》第617册，第235页。

④ 《续修四库全书》第788册，上海古籍出版社2002年版，第350页。

婚、田土、斗殴、失火、争占、骂詈、钱债、赌博、年幼私擅用家财、亵渎神明，子孙违反教令等一切小事，不许辄告官府，须经里甲老人断决。若不经里甲者，不问虚实先告，杖断六十，仍发回里老人理断。”① 对于这种设置，在里老人有断事能力且有道德修养的前提下，有助于乡村社会治理，在明前期确实对基层社会治理起了一定作用。但若里老人道德修养不行，以权谋私，徇私舞弊，侵犯乡邻，那就与明太祖的初愿相违背，这种情况也是有的。顾炎武在《日知录》卷八《乡亭之职》中引述洪熙元年四川监察御史何文渊关于太祖设立里老人时还说道：“比年所用，多非其人，或出自隶仆，规避差科，县官不究年德如何，辄令充应，使得：凭藉官府，妄张威福，肆虐闾阎；或遇上司官按临，巧进谗言，变乱黑白，挟制官吏。比有犯者，谨已按问如律。”② 实际上，明太祖朱元璋最初也想到了如何约束、限制里老人的问题，因为里老人有司法权，免不了会有行为不良者，所以，朱元璋规定：如果里老人犯罪，“不行正事，依法为奸，不依众论，搅扰坏事者”，其他老人可以“会同公议，审察所犯真实：轻者便宜剖决，再不许此老人‘同列理讼’；若犯重者，亦须会审明白，具由送所在有司解送来京，不许有司擅自拿问”，或者“许众老人拿赴京来”③。

（3）在乡间行教化

在乡间教化乡民，这是明太祖设置里老人的又一主要目的。这也是明前期儒家伦理道德教化能贯彻到基层社会的一大主要手段。明太祖让里老人行教化的方法有：

一是在乡间行乡饮酒礼。

乡饮酒礼是我国很古老的一种饮宴活动，记载周代士大夫各种礼仪的《仪礼》、编定于汉代的记载中国古代各种典章制度的《礼记》，及传说为周公旦所著和记载西周政治制度的《周礼》，都记述了“乡饮酒礼”，这

① （明）张卤：《皇明制书》，《续修四库全书》第788册，上海古籍出版社2002年版，第352页。

② 《景印文渊阁四库全书》第868册，第569页。

③ （明）张卤：《皇明制书》，《续修四库全书》第788册，上海古籍出版社2002年版，第354页。

是一种兴贤敬老、习礼让仪规、选举人才、教育后进、教化民人的一种活动。[①] 而明清时期的乡饮酒礼仍然有敬老、敬贤、崇礼让的意图和作用，但作为统治者推行此种活动的一个更主要的目的是进行儒家伦理道德和尊卑等级教化，如明太祖朱元璋所颁布的《大诰》中规定："乡饮酒礼，叙长幼，论贤良，别奸顽，异罪人。其坐席间，高年有德者居于上，高年淳笃者并之，以次叙齿而列。其曾有违条犯法之人，列于外坐，同类者成席，不许干于善良之席。主者若不分别，致使贵贱混淆，察知或坐中人发觉，罪以违制；奸顽不由其主，紊乱正席，全家移出化外。"[②] 由此可见，明太祖朱元璋对乡饮酒礼的执行是很坚决的，期望通过乡饮酒礼来达到教化臣民的作用："洪武初，诏中书省详定乡饮酒礼条式，使民岁时燕会，习礼读律，期于申明朝廷之法，敦序长幼之节。"[③]

但对于如何来进行乡饮酒礼，到洪武五年（1372）才有一个初步的模式：一在儒学内举行，教化那些生员们；一在民间举行，教化乡民们。正德《明会典》的记载："（洪武）五年奏，定乡饮酒礼仪：在内，应天府及直隶府州县，每岁孟春正月、孟冬十月，有司与学官率士大夫之老者行于学校；在外，行省所属州县，亦取法于京师。其民间里社以百家为一会，粮长或里长主之；百人内以年最长者为正宾，余以齿叙坐，每季行之于里中；若读律令，则以刑部所编《申明戒谕书》兼读之；其武职衙门，在内各卫、亲军指挥使司及指挥使司凡镇守官，每月朔日亦以大都督府所编《戒谕书》率僚佐读之。"到了洪武十六年（1383）制定了非常详细的乡饮酒礼程式：一在儒学内举行的程式，一在乡间里社举行的程式；对哪些人参加，怎么坐，怎么站，说什么话等，非常详细："十六年颁行乡饮酒礼图式一：各处府州县，每岁正月十五日、十月初一日于儒学行乡饮酒礼，酒肴于官钱约量支办，务要丰俭得宜……里社每岁春秋社祭，会饮毕，行乡饮酒礼。所用酒肴于一百家内供办，毋致奢靡；百家内除乞丐外，其余但系年，老者虽至贫亦须上坐，少者虽至富必序齿下坐，不许搀

---

① 参见刘亚中、李康月：《"乡饮酒礼"在明清的变化》，《孔子研究》2009 年第 9 期。

② 正德《明会典》卷七八《乡饮酒礼·大诰》，《景印文渊阁四库全书》第 617 册，第 748 页。

③ 正德《明会典》卷七八《乡饮酒礼·事例》，《景印文渊阁四库全书》第 617 册，第 749 页。

越。违者以违制论。其有过犯之人，虽年长、财富，须坐于众宾席末，听读律、受戒谕，供饮酒毕，同退，不许在众宾上坐。如有过犯之人，不行赴饮及强坐众宾之上者，即系顽民，主席及诸人首告，迁徙边远住。坐其主席者及众宾推让，有犯人在上坐，同罪。其各里社以百家为一会，百家之内以里长主席，其余百人选年最高有德、人所推服者一人为宾，其次一人为介，其余各依年齿序坐，如有乡人为官致仕者，主席请以为僎，择通文学者一人为扬觯，一人为读律，二人为赞礼……”①

二是劝民为善、旌表道德楷模。

明太祖朱元璋设置里老人，让他们行教化，乡饮酒礼是其中的手段之一，此外，还要求他们要劝民为善，其办法是让他们通过旌表乡间道德楷模来教化与劝导乡民，正德十年重校刊本《明会典》卷七八《乡饮酒礼》中的《教民榜》记载明朝廷的要求：“本乡本里有孝子顺孙、义夫节妇及但有一善可称者，里老人等以其所善实迹一闻朝廷，一申有司转闻于朝。若里老人等已奏，有司不奏者罪及有司；此等善者每遇监察御史及按察司分巡到来，里老人等亦要报知，以凭核实入奏。”② 终明一朝，明代朝廷对旌表基层道德楷模如孝子顺孙、义夫节妇或愿捐粮的义士等都非常重视。

据学者们研究③，大约从明代成化开始，里老人正式由专司乡村教化转为兼理赋税，后渐渐沦为“催办钱量，勾摄公事”的乡里贱役，到明代中后期，里老人已失去了基层司教化的职能，变得职责猥杂、地位卑下，年高者不能为，有德者不愿为。

再次是关于申明亭和旌善亭。旌表善的，惩戒恶的，这是中国自周代以来已有的传统，所谓“彰善瘅恶”。

洪武五年二月，明太祖诏令建申明亭：“上以野之民不知禁令，往往误犯刑宪，乃命有司于内、外府州县及其乡之里社皆立申明亭。凡境内人

① 正德《明会典》卷七八《乡饮酒礼·事例》，《景印文渊阁四库全书》第617册，第748—749页。

② 《景印文渊阁四库全书》第617册，第753页。

③ 参见张佳：《彰善瘅恶，树之风声——明代前期基层教化系统中的申明亭和旌善亭》，《中华文史论丛》2010年第4期。

民有犯，书其过、名，榜于亭上，使人有所惩戒。”[①] 由此可知，申明亭之建有普法的性质，有通过案例警示民众的目的。

旌善亭创立的时间在正史中无明确记载，有学者根据嘉靖《兰阳县志》卷四的记载，旌善亭的创立当在洪武十六年[②]。其创立的目的是为了旌表孝子顺孙、义夫节妇，树立基层道德典范。

旌善亭与申明亭之设置是一高一低、一东一西、一前一后，表明崇善抑恶之意。

洪武二十七年里老人制建立后，里老人制和申明亭、旌善亭制结合起来了。明太祖命里老人在申明亭轮流值日理事，“理乡之词讼”；又在旌善亭设置板榜，将经过查实并经地方官批准的孝子顺孙、节妇义妇、善民义民书于榜上。如此，形成了既有负面惩戒，又有正面奖劝的基层教化机制，将儒家的伦理道德理念和国家的意志贯彻到了基层。在明前期特别是洪武时期，由于国家的权威强势，申明亭、旌善亭和里老人制得到了较好的贯彻。但洪武之后，随着国家权威的下降，里老职能的变化，及地方官员的怠惰，到明代中期的正德、嘉靖时期，申明亭、旌善亭和里老人制废了，乡间的两亭也多倾圮了，只在府州县城也许还存有。

明初太祖朱元璋还很重视祭祀对基层社会教化的作用。

洪武元年至三年，制定了家庙祭礼制度，规范了士庶祭祖。洪武十七年将庶民祭祀两代祖先改为祭祀三代祖先。此外，朱元璋还规定了乡村里社祭社、祭厉等礼节仪式。

明太祖朱元璋对祭祀的规定，其目的是为了培养民众敦厚亲族、和睦乡里。

为了使基层教化有实在的内容，明前期朱元璋还颁布了亲自制定的一些教材，如法律文书《大明律》《大诰三编》《教民榜文》等，还有许多礼仪方面的著作：“（太祖）所著书可考见者，曰孝慈录，曰洪武礼制，曰礼仪定式，曰诸司职掌，曰稽古定制，曰国朝制作，曰大礼要议，曰皇朝礼制，曰大明礼制，曰洪武礼法，曰礼制集要，曰礼制节文，曰太常集

① 《明太祖实录》卷七二，洪武五年二月，台北：“中研院史语所”1962 年校印本，第 1332—1333 页。

② 张佳：《彰善瘅恶，树之风声——明代前期基层教化系统中的申明亭和旌善亭》，《中华文史论丛》2010 年第 4 期。

礼，曰礼书。”[①]

明礼导律，这是朱元璋展开基层教化的方针。

2. 明前期江西地方政府和乡绅对朝廷教化要求的执行

明前期由于朝廷的集权强势，全国各地对朝廷政令的执行是比较有力的，以对基层的教化为例，全国各地方都较好地执行了朝廷的要求，不仅府州县学的儒学教育很快得到恢复和建设，还普及了社学教育，恢复了乡饮酒礼，创设了基层教化的申明亭、旌善亭、里老人制度，还创设了融洽基层人际关系和协和人神的里社、乡厉祭祀制度。就江西的状况而言，关于明前期基层教化虽尚未发现很详细的记载，只有一些零碎的记载，但从现存不多的资料可以推断，当时江西的地方官员比较努力地执行了朝廷的要求，江西的乡绅努力地配合了地方官员对基层教化系统的建设。

（1）兴学

教育为中国的历朝历代从中央到地方的统治者和官员们所重视，所谓“学校所以敦风化、育贤才，所关甚重也”[②]；所谓“世须才以治，才须养以成，此学校之所由设也。国家建学养士，督之以宪臣，责之以师儒，非孔孟程朱之道不以教习，可谓至矣！尽矣！”[③] 又所谓“夫使民餐和染醇、渐仁摩义，莫良于学哉！古者庠序、学校自国都至于乡党，各聚其所而教之，其物备矣！今诸州县皆有学，社学所以翼之也，书院又所以翼之也。”[④] 曾在东乡县为官的姑苏人张益，正统年间在东乡扩建县学校时曾写下《敦教堂记》，可算是代表了从儒学出身的官员们的看法：“善为政者必知首务教化，所系莫先学校。盖教化明则民易治，学校兴则英材辈出，古之循良称者率是道焉。”[⑤]

---

① （清）张廷玉：《明史》卷四七《礼一》，中华书书局 1997 年版，第 1224 页。

② 正德《南康府志》卷之四《学校》，1963 年 6 月上海古籍书店据宁波天一阁藏明正德刻本影印。

③ 正德《袁州府志》卷六《公署・学校》，1963 年 10 月上海古籍书店据宁波天一阁藏明正德刻本影印。

④ 万历《吉安府志》卷之一五《学校志》，《日本藏罕见地方志丛刊》本，书目文献出版社 1991 年版。

⑤ 嘉靖《东乡县志》卷之一四《艺文》，1963 年 6 月上海古籍书店据宁波天一阁藏明嘉靖刻本影印。

明初朝廷对地方官员的首先要求是兴学，尽管明太祖朱元璋并非正规科班出身，但他深知学校教育的重要，所以，天下刚定，他就要求地方官员们恢复府州县级儒学教育。从现存明代的一些地方志来看，江西各府县的儒学在明初就很快恢复了，有的是在旧址上重建，有的在新址上新建，有的是利用原有的设施。以南昌府、九江府、南康府、临江府、吉安府、赣州府为例：

表4　明朝初年江西官办儒学表

名　称	创始时间	明代恢复学校	资料来源
南昌府儒学	晋太康豫章太守胡渊始建	洪武三年	万历《南昌府志》卷一〇《学校》
南昌县儒学	宋嘉定四年	洪武五年	同上
新建县儒学	宋淳熙二年	洪武五年	同上
进贤县儒学	宋熙宁初年	洪武初年	同上
奉新县儒学	宋咸平间	洪武初年	同上
靖安县儒学	宋绍兴年间	洪武戊申（初年）	同上
武宁县儒学	宋绍兴年间	洪武初年	同上
宁州长儒学	宋元祐八年	洪武庚戌（三年）	同上
南康府儒学	宋绍兴年间	洪武二年	正德《南康府志》卷之四《学校》
星子县儒学	宋绍兴间	洪武四年	同上
都昌县儒学	唐咸通间	洪武间	同上
建昌县儒学	宋崇宁间	洪武五年	同上
安义县儒学		正德十二年奉命分县时鼎新	同上
九江府儒学	宋开禧年间	洪武元年	嘉靖《九江府志》卷之一〇《学校》
德化县儒学	宋庆历间置	洪武初年	同上

续表 4

名　称	创始时间	明代恢复学校	资料来源
德安县儒学	宋治平年间	洪武七年	同上
瑞昌县儒学	宋庆历间	洪武四年	同上
湖口县儒学	宋	洪武初	同上
彭泽县儒学	宋庆历间	洪武初	同上
清江府儒学	宋淳化三年	洪武初	隆庆《临江府志》卷四《学校》
清江县儒学	宋初	洪武四年	隆庆《临江府志》卷四《学校》
新淦县儒学	唐贞观十四年肇建	洪武二年	同上
新喻县儒学	唐大历八年	洪武初	同上
峡江县儒学	嘉靖五年建县时置		同上
建昌府儒学	宋庆历中创	洪武初	正德《建昌府志》卷七《学校》
南城县儒学	宋绍兴间	洪武甲寅（七年）	同上
南丰县儒学	宋庆历间	洪武甲寅（七年）	同上
新城县儒学	宋绍兴八年析县时置	洪武元年	同上
广昌县儒学	宋绍兴八年析县时置	洪武元年	同上
袁州府儒学	唐天宝五年	洪武六年	正德《袁州府志》卷四《学校》
宜春县儒学	宋淳熙间	洪武七年	同上
分宜县儒学	宋初	洪武丙午	同上
萍乡县儒学	唐武德间	洪武初	同上
万载县儒学	宋庆历间	洪武三年	同上
吉安府儒学	宋庆历四年	洪武初	万历《吉安府志》卷一五《学校志》

续表 4

名　称	创始时间	明代恢复学校	资料来源
泰和县儒学	宋咸平间	洪武初	同上
吉水县儒学	宋天圣四年	洪武初	同上
永丰县儒学	宋绍兴年间	洪武初	同上
安福县儒学	宋元丰四年	洪武元年	同上
龙泉县儒学	宋绍兴间	洪武初	同上
万安县儒学	宋庆元五年	洪武三年	同上
永新县儒学	宋庆历初	宣德二年	同上
赣州府儒学	宋庆历中创建	洪武三年	嘉靖《赣州府志》卷六《学校》
赣县儒学	宋皇祐初	洪武初	同上
信丰县儒学	宋景德中	洪武初	同上
兴国县儒学	宋治平中	洪武初	同上
会昌县儒学		洪武戊申（元年）	同上
安远县儒学	宋庆历甲申	洪武丙辰（九年）	同上
宁都州学	宋崇宁中	洪武丙寅（十九年）	同上
瑞金县学	宋崇宁中	洪武初	同上
龙南县学		洪武庚戌（三年）	同上
石城县学	后唐长兴辛卯	洪武丙辰（九年）	同上

（资料来源：天一阁存明代江西府县志）

从以上表 4 可知，明代初年，江西的府州县级官员有力地执行了朝廷的兴学要求，基本上在洪武初年就恢复了府州县的儒学教育，进入了儒学人才培养的良性循环。隆庆《瑞昌县志》卷之五《学校志》说：“学校所以明人伦、育俊彦、崇宫墙、隆祀典，阐明圣道，报功德于无穷也。我明最吏治者，率以兴学校为首务。”① 即是说，明前期的吏治严明，首先是学校教育起了重要作用。

府州县的学校儒学教育是展开基层教化的主体教育，然而，在府州县还有书院、社学，作为辅助教育，如上述万历《吉安府志》卷一五《学校志》所说：“今诸州县皆有学，社学所以翼之也，书院又所以翼之也。”② 洪武八年，明太祖朱元璋下诏要天下府州县建立社学，嘉靖《东乡县志·公署第十五》是这样记载的：“洪武八年圣旨谕恁台省大官人用心提调教：各州县在城并乡村，但有三五十家，便请个秀才开学，教军民之家子弟入学读书，不妨他本业，务要成效。洪武二十一年教民榜内一条：元朝天下乡村人家子弟读书者多，洪武初年命各处乡村建立社学，教诲子弟，使为善良。”③

洪武八年明太祖朱元璋下诏之后，江西的府州县官员肯定尽力地去执行了朝廷的要求，而且强力地去推行了朝廷的要求，上述嘉靖《东乡县志·公署第十五》接着上面的记述说：“其不才有司、里甲人等，倚此作弊：将有丁子弟、本有暇读书者受钱卖放，无丁子弟却逼令入学，以致民人受害。所以革去社学。今后民间子弟，许令有德之余不拘所在、亦不拘子弟名数，每年十月初开学至腊月终罢。如丁多有暇之家，常教者，听其自便。有司官吏、里甲人等敢有干预搅扰者，治以重罪。天顺间专设宪臣一员提调学校，亦兼领社学。”④ 从这段记述可知，社学在推行过程中产生了一些弊端，后来不得不采取不强求推行，让民间有德之人去从事这方面的工作；但到天顺年间朝廷又重视府州县的社学建设，设置了官员去负责这方面的工作。《南康府新建社学记》记载：“（社学）景泰中渐弛，天顺六年乃复其制，又敕天下郡邑每乡每里建社学，选择儒硕以教民间子弟，甚盛典也。……皇上犹“惓惓”特立社学，以为大学之张本，使天下之人，自童稚之时无不受学，以养其心；既成童，拔其秀而实者，育之

① 1963 年 10 月上海古籍书店据宁波天一阁藏明隆庆刻本影印。

② 《日本藏中国罕见方志丛刊》，书目文献出版社 1991 年版，第 208 页。

③ 1963 年 6 月上海古籍书店据宁波天一阁藏明嘉靖刻本影印。

④ 《天一阁藏明代方志选刊》，上海古籍书店 1963 年影印。

大学，以造就之。”①

明代社学在乡村的兴衰变化详细历程，已无较详细的记载，但从现存的明代地方志可知，社学作为县域内一项基本设施，或者说基本建设，或者说是基础教育，一直到明代中后期仍然坚持着，但主要是在县城内。县城外的乡村里社，已没有多少社学的记载，以江西的一些府州县为例：

> 隆庆《瑞昌县志》卷二《建置志》：“（社学）在县东二百步五间，嘉靖癸亥知县骆秉韶旧址鼎建。”②
>
> 嘉靖《东乡县志·公署第十五》：“社学一所，在长林市。”③
>
> 正德《建昌府志》卷七《学校》：“建昌府……社学十四。”“南丰县、新城县、广昌县，社学各六，按礼乐射御书数六字命名。”④
>
> 嘉靖《赣州府志》卷六《学校》：“赣县社学二，信丰社学二，兴国社学二（正德年间建），安远社学五（正德年间建），宁都社学二（嘉靖年间建），石城，社学原有，今为邮亭。会昌、瑞金、龙南，无记载。”⑤
>
> 正德《袁州府志》卷四《公署》：“宜春县社学，一在府治东，一在萍实门外，一在府治南，一在袁山门外，一在府城东二十里下浦。分宜县社学，一在邑东门起运仓，一在邑治西，正德七年萧时实立。萍乡县社学，在邑治中明亭后。”⑥
>
> 隆庆《临江府志》卷四《建置》：“新喻县社学二。”⑦
>
> 万历《新修南昌府志》卷一〇《典制类·学校》：南昌县社学九所。新建县社学五所（在县城内外），书院十四所，义塾一所。丰城县社学二，书院十一，义塾一。进贤县，社学一，书院二。奉新县，社学，旧在学门左，正德间在学官后，嘉靖复创于崇玄观内，今废，

① 正德《南康府志》卷一〇《艺文》，1963年6月上海古籍书店据宁波天一阁藏明正德刻本影印。

② 1963年10月上海古籍书店据宁波天一阁藏明隆庆刻本影印。

③ 1963年6月上海古籍书店据宁波天一阁藏明嘉靖刻本影印。

④ 1964年9月上海古籍书店据宁波天一阁藏明正德刻本影印。

⑤ 1962年11月上海古籍书店据宁波天一阁藏明嘉靖刻本影印。

⑥ 1963年10月上海古籍书店据宁波天一阁藏明正德刻本影印。

⑦ 1962年4月上海古籍书店据宁波天一阁藏明隆庆刻本影印。

书院四。靖安县社学四所，书院一。宁州，社学在州治西二十步，嘉靖十二年知州蒋芒立。①

从上述记载可知，社学作为基层社会的基础教育及作为县儒学辅助教育机构，直到明代中后期仍然在坚持办，但早已不是明初朱元璋所要求的三五十家便办一所，而是作为县城内的一项必要的建设在坚持着。

(2) 申明亭和旌善亭建设

从现存不多的记载可知，在明太祖朱元璋要求基层社会建立申明亭和旌善亭之后，江西各府州县很快按要求在县城和乡村进行了设置，在乡间设立了大量的申明亭和旌善亭。

万历《新修南昌府志》卷四《城池》记载了南昌府各县的情况：

南昌县：嘉靖六年知县陈世甫，因火灾复创门堂幕厅六，房、库、狱、谯楼、戒石亭、申明亭俱如式……申明亭八十座俱废、旌善亭八十座俱废。

新建县：县丞厅，左右为旌善、申明亭，前为屏。……申明亭五十六座俱废，旌善亭五十六座俱废。

丰城县：县丞厅、前典史厅、西主簿门外，列旌善、申明二亭……旧申明、旌善亭共八十九所。

进贤县：申明亭四十所今废，旌善亭四十所今废。

奉新县：万历七年……今知县沈天启增修为迟孺馆，堂曰“景陈”，外修旌善、申明亭……旧申明亭四十所今废，旌善亭四十所今废。

靖安县……嘉靖三十九年主簿黄应征重修（县署），焕然一新，知县赵公辅扁后堂曰“慎思”，有记；中为门堂六房，谯楼、戒石亭、库狱，俱如式。知县丞簿、典史官厅，附于后堂之北；吏舍，在公堂右；仪门，左为土地祠，外为屏，前左为旌善、申明亭……旧申明亭十九所今废，旌善亭十九所。

① 《日本藏中国罕见方志丛刊》本，书目文献出版社 1991 年版，第 175—180 页。

宁州，旧申明亭六十一座，旌善亭六十一座。①

这些记载说明，明初南昌府乡村建设了大量的申明亭和旌善亭，但明代中后期只在县城还保留了申明、旌善二亭。嘉请《宁州志》卷七《职役》的记载：

申明亭，六十所，俱洪武四年县丞谢宗文奉颁降成式，督民创立，以乡耆掌之，所以劝善惩恶而厚风俗也。凡民有过，恶者录之于亭，使知有所治而不敢为恶；其制：厅屋一间，中虚四柱，门屋一间俱南向，环以周垣；旧址在州治西二十步，久废；弘治十七年知州叶天爵重建，于谯楼之南偏右东向，余五十九所，散布各乡，亦俱久废，姑存其址，不没其名类。②

正德《建昌府志》卷六《公署》引旧志（明前期所修志书）记载了建昌府明前期申明亭和旌善亭的建设情况：

建昌府治，在城东南隅、旧南城县治南，唐升建武军……申明亭，在郡治门外之东。旌善亭，在郡治门外之西。

南城县治，在郡治西……申明亭，在县治门外之东，乡都建七十八所。旌善亭，在县治门外之西，乡都建七十八所。

南丰县……申明亭，在治门外之东，乡都建五十八所。

新城县……申明亭在门外之东，乡都建五十四所。旌善亭，在县治门之外之西，乡都建五十四所。

广昌县……申明亭，在县治前，乡都建二十四所。旌善亭，在县治前，乡都建二十四所。③

这些记载表明，小小的建昌府四县，在明前期设置了为数不少的申明

① 《日本藏中国罕见方志丛刊》本，书目文献出版社1991年版，第83—89页。

② 《天一阁藏明代方志选刊续编四三》，上海书店版1990年版，第354页。

③ 1964年9月上海古籍书店据宁波天一阁藏明正德刻本影印。

亭和旌善亭。但到隆庆年间，也只有在县城还保留着。

万历《吉安府志》卷一四《建置志》记载赣中的吉安：

> 府署……弘治癸亥张淳重修，有尹直记其制……旌善亭、阴阳学，在大门东。医学、申明亭，在大门西。
>
> 庐陵县，正德庚午庐陵县治圯，知县王守仁葺而新之……九月拓大门之外为东西垣而屏其南，遂希戒石亭，亭申明、旌善。十月乙酉工毕，志戒石之阴告来者。先是，各乡皆列申明亭、旌善亭，共九十八所。洪武十六年奉朝廷颁降成式，令知县督民建立。凡民之善者，则识之旌善亭；有过恶者，录之申明亭，使民知所劝耻。其制，则二亭并列，而旌善亭居东，基址高申明二尺。今各县都废，不复载其处。①

这则记载表明，吉安的情况和前述南昌、建昌的情况大体相似，即明前期在乡村里社建设了大量的申明亭和旌善亭，但到明代中后期乡村的申明亭大多已不存在了，但县城仍然还保持着，仍然作为县城一项必要的建置维护着。现存明代其他一些江西方志的记载也说明了这一点，如瑞昌县、永丰县、东乡县、临江府、南康府、赣州府、南康县等地的志书。但在明代中期也还可能在少数乡村中仍有申明亭或旌善亭。据万历《吉安府志》卷一七《贤侯传》记载："王守仁，余姚人，正德中由龙场驿丞迁庐陵令，下车访乡耆老、坐申明亭，令讼者至，出温言和劝之，多罢去；不听者始于县片言折之，不加刑罚，令自悔过。顷之入觐，为文谕父老子弟。民诵之，多感化，录其稿以传。旋拔主事，去。"② 王阳明刚到庐陵县时，仍然在乡间申明亭断讼，说明明代中期赣中乡间仍然还存在申明亭或旌善亭建筑，只是可能由于里老人已不坐亭，亭也就早已不用了。

从申明、旌善二亭在明代前期的建设数量来看，明前期江西的基层官员努力地开展了朝廷对基层百姓的教化要求。至于具体的开展情况，已找不到相关的记述，但可以肯定的是，在这个过程中，江西的乡绅们给予了

① 《日本藏中国罕见方志丛刊》，书目文献出版社 1991 年版，第 199、200 页。

② 《日本藏中国罕见方志丛刊》，书目文献出版社 1991 年版，第 227 页。

积极的配合，有这么多的申明、旌善亭，就肯定有这么多的里老人。这些里老在基层有一定的名望和影响力，大多都是基层的乡绅。没有这些基层乡绅的配合，这些申明亭、旌善亭的断讼与劝善工作也就无法开展。

(3) 里老人制

里老人制和申明亭、旌善亭制是连在一起的，里老人是应当坐在申明亭里断讼或利用旌善亭劝善的，嘉靖《东乡县志·户口第十》记载说："（教民榜意）老人须本里众推平日公直、人所敬服者，民间户婚、田土、斗殴、相争、一切小事，不许辄便告官，务要经由理断，昼则会问，晚则放回，不许置立牢狱。里甲老人不但与民果决是非，务要劝民为善，令民见丁着业，有出入互相周知，有孝子顺孙义夫节妇及有一善可称者，里老人等达之有司，使之转闻于朝。民间些小词讼，本人自能含忍不愿告诉，不许里甲老人闻风寻趁，勾引生事。"①

从明前期江西有关州县设置的申明亭、旌善亭数量可知，明前期江西各州县设置了为数不少的里老人，在天一阁存明代江西方志中，有确切里老人数记载的，只有嘉靖《永丰县志》，其卷三《建置》中的记载是："县固居山谷中，建置犹若也，分里六十有七。附县曰隅，在野曰乡。管摄有里长（在隅五人，在乡六十人，凡六十七人）。其分里民事，坐亭有老人（每里一人，凡六十七人）。管理粮税有粮长（分为永平、周安、新成凡三区，每区正、副各一人或三人无定额）。"② 永丰县是个山区小县，但城乡共设置了67个里老人，可以说是切实执行了朝廷对基层教化的要求。

到明代中期的嘉靖年间，里老制已不是明初的里老了，已完全变味了。嘉靖三年饶文壁等在修《东乡县志》时是这样记载的："窃观今各处老人，非素武断乡曲即素出入衙门者。盖其源：由官府待以奴隶，故稍知自保者，耻为此也；耻且畏者既远，则奸宄无赖者至矣。夫以待之薄，故民之不良者至，不良者则官府待之愈薄。如果而望老人之得人，可乎？盍亦反其矣！"③ 即是说，到明代中期的嘉靖年间，里老人不过是成了官府

---

① 1963年6月上海古籍书店据宁波天一阁藏明嘉靖刻本影印。

② 1964年3月上海古籍书店据宁波天一阁藏明嘉靖刻本影印。

③ 1963年10月上海古籍书店据宁波天一阁藏明嘉靖刻本影印。

的奴隶而已，不再是乡间断讼与劝善之人，而是些无德之人在乡间为非作歹了！明太祖朱元璋完全想不到他所设计的里老制会变成与其本意相反的制度。

（4）乡饮酒礼

乡饮酒礼，是明前期朝廷非常重视的一项基层教化活动。这项活动在江西的执行情况如何，在府县中没有记载，估计如兴学、如申明亭和旌善亭及里老制一样，得到了强力的推行。可以作为依据的只有明代文人叶盛在《水东日记》卷二一谈到明初江西余干县每逢正月望、十月朔乡饮之日“每都以大户率士民于申明亭上读律戒谕，饮酒致礼”①。这反映了明前期余干县的情况，至于江西其他府州县是否这样做了，有待于发掘史料。另据嘉靖《南康府志》卷四《礼制》记载儒学内的乡饮酒礼：“乡饮酒礼，每年正月望、十月朔举行如制：知县为主（缺则佐贰署印者为之），佐为僎（旧礼以致仕官为之），教谕为司正（缺则训导为之），宾介以下礼请致仕乡宦耆老齿德服众者为之。先期，主诣宾门，戒宾至期行礼明伦堂，读法，乐宾皆如令典。”② 这说明乡饮酒礼到明中期仍在举行。

（5）祭祀

明代江西的庶民宗族，从南宋以来走到了很成熟的状态，已有很完备的体制，如有祠堂、有族长、有宗族的活动等。祭祀祖先已成为宗族的一项定期活动。

嘉靖《南康县志》卷一《风俗》记载：“岁时所尚：正月元旦，族长率族人择方与时之吉日出行，插烛焚香合拜神祇，谒先祖，既而卑幼尊长退而往亲邻相贺，则长幼宴饮曰年酒；上元前数日各家及城市悬灯为乐，灯或剪纸及竹丝为之。元夕尤盛，是日同里巷之人祀土神为社……清明日，祭先于祠，复以醴馔拜于墓，标以纸钱曰醮墓……中元，以楮为衣冠，拜献于先祖，焚之。仍合族祭于祠，亦有用浮屠氏为追荐者。冬至，祭先于祠，醮墓如清明。”③ 由此可知，对祖先的祭祀主要是清明、中元（农历七月十五）、冬至。

---

① （明）叶盛：《水东日记》卷二一，中华书局1980年版，第209页。转见张佳：《彰善瘅恶，树之风声——明代前期基层教化系统中的申明亭和旌善亭》，《中华文史论丛》2010年4期。

② 《天一阁藏明代方志选刊四四》，上海书店1990年影印，第845—846页。

③ 《天一阁藏明代方志选刊四四》，上海书店1990年影印，第738—739页。

万历《吉安府志》卷一一《风土志》记载："故家世胄，族必有谱，家有祠，岁时祭祀必以礼。"①

宗族祭祀祖先、尊祖敬宗，这是基层国民践行儒家的伦理道德观念，但这是基层国民自发的行为，还不属于朝廷的教化要求。

明初朝廷所要求的是府州县必须建立坛壝祭祀城隍、社稷、邑厉、风雨山川雷神等，及在儒学内设立名宦、乡贤祠等，这是政府主导下的祭祀教化。从天一阁等所存明代江西方志可知，明代前期江西的府州县都建立了很完备的祭祀设施。如正德《袁州府志》卷五《坛壝》记载：

> 本府社稷坛，洪武初立，每岁春秋仲月上戊日本府官率僚属致祭。风云雷雨山川坛，洪武初颁式建立，合为一坛，岁用春秋二仲月上丁日后致祭。弘治间朱华复民侵地重修，制度如式。郡厉坛，北门外二里，洪武初立，制度如式，岁以三月清明、七月望日，十月朔日致祭。宜春县社稷、风云雷雨山川厉坛、五谷坛，计一百三十六所，在各里，俱洪武初立，其制度则周缭以垣，中立土坛；乡厉坛，一百三十六所，制度与五谷坛同。分宜县社稷坛，邑治西，南宋邑令程式迈立，洪武七年知县戴备讷重立；风云雷雨山川坛，东门外；邑厉坛，北门外；五谷坛，三十五所，在各乡都；乡厉坛，三十五所，在各乡都。萍乡县社稷坛，邑治西；风云雷雨山川坛，邑治南；邑厉坛，邑治北；五谷坛，一百二十七所，在各里；乡厉坛，一百二十七所，在各里，俱洪武初知县李顺英立。万载县社稷坛，邑西二里；风云雷雨山川坛，邑治南一里月台山；邑厉坛，邑治北一里杨桐冈；五谷坛，二十四所，在各里；乡厉坛，二十四所，在各里。②。

此外，在明前期各县城还建设了城隍庙，儒学内建有名宦祠和乡贤祠等。

再看嘉靖《东乡县志·祀典第十六》的记载：

① 《日本藏中国罕见方志丛刊》，书目文献出版社1991年版，第171页。

② 1963年10月上海古籍书店据宁波天一阁藏明正德刻本影印。

风云雷雨山川坛：在广信门外，宋元惟京都有之。洪武元年诏郡县皆得祀，八年始定春秋二仲共坛合祭之礼。坛制：东西二丈五尺，南北称之；坛高三尺，四出，陛各三级；坛下，前计九丈五尺，东西南北各五丈，缭以周垣，四门红油，由南门入。神牌二，一曰风云雷雨之神，二曰东乡县境内山川之神；祭之日，奉迁城隍神合祭，风云雷雨居中，山川左，城隍右，卓案用高，祭毕藏主。祭器……

城隍庙：在城内、县治东北。洪武元年，封监察司民城隍显佑伯；三年，钦奉圣旨，止称某县城隍之神。每月朔望，知县率僚属行香祭邑厉；前三日，主祭官斋沐更衣，备香烛酒果诣城隍庙发告文。

邑厉坛：在进贤门外东北隅。国朝定制：坛高一尺五寸，东西二丈，南北称之。坛前有亭，立颁降祭厉碑文，缭以周垣。外设一门，南面。春以清明，秋以七月十五，冬以十月初一日祭，祭日设城隍牌位于坛上，设无祀鬼神坛于左右牌，题曰本县境内外内无祀鬼神(郡志分注云“邑厉、乡厉其制并同”)。祭物……

乡厉坛：府志载，临川地方原有六百所，今不详其地。窃观东乡各坛，未能如式，岂以草创未遑而俟于知敬鬼神、出鬼没乎！①

之所以要祭祀，正德《南康府志》卷七《坛壝祠庙附》说：“幽明感通，人、鬼之道一也，故郡邑之设坛庙，春祈秋报。”②隆庆《临江府志》卷八《秩祀》开篇说：“祀先圣，以教民也；祀神祇，以庇民也。敬礼尊经，而后圣人之道明；圣人之道明，而后贤才出、国家理、百姓宁。孔子曰‘且豆之事，吾尝闻之矣’，言为国莫先礼也。”③万历《吉安府志》卷一六《祠祀志》：“国之大事在祀与戎，楚俗尚巫鬼，非不重祀，顾祀者淫祠耳！是故社稷有祀，厉有祀，风云雷雨山川之神有祀，忠烈士以死勤事者祀，有功德于民者祀，崇正黜邪，民志乃定，作祠祀志。”④ 嘉靖《南康县志》卷四《礼制》在记述了庆贺礼、朝觐礼、开读礼、祀先圣礼、祀启圣公礼、祀社稷礼、祀阳明王公礼、祀韩公都宪礼、民祀名宦乡

① 1963年6月上海古籍书店据宁波天一阁藏明嘉靖刻本影印。

② 1964年6月上海古籍书店据宁波天一阁藏明正德刻本影印。

③ 1962年4月上海古籍书店据宁波天一阁藏明正德刻本影印。

④ 《日本藏中国罕见方志丛刊》，书目文献出版社1991年版，第215页。

贤礼、祀厉坛礼、祭旗纛礼、乡饮礼、乡射礼、救获礼、新官上任礼、鞭春礼、行香礼、祀里社礼、祀乡厉礼之后说："诸祀典仪式具见《仪注》，惟里社乡厉久废，故备录焉文，于是而益知国家之所以联属其民者，有道路也。是故合众致祭，所以教民敬也；会饮读誓，所以教民和也。充之而讲信修睦，可以类举。今其制荡然无余，稍有里社，不过为醵饮浮靡之习，而厉祭则莫之见矣。君子欲明礼教以善其里人，亦何以处之？愚（此志编者）谓非保伍无以聚涣，非乡约无以正俗，此阳明先生所以行之于昔，谨录其说于后，盖有深长思乎。"① 在记述了冠礼、婚礼、丧礼、祭礼之后说："昔记者述夫子之言曰：'礼之教化也，微其止邪于未形，使人日徙善远罪而不自知。'又曰：'制度在礼，文为在礼，行之其在人乎？是故夫礼发于朝廷，严于觐贺，协于神人，序于饮射，始于冠，本于婚，重于丧祭，而行之皆由于性情，故曰：忠信，礼之本也；义理，礼之文也，本立而后可以考其文。不然，实德既微，文具徒饬，非失之烦，则失之简矣。'"②

行祭祀等是为了教民懂礼、知礼，聚民读誓读法是为了营造和睦、使民遵礼遵法。

从上述可知，明前期江西各府州县切实地执行了朝廷的基层教化设想，从恢复地方学校到建社学，从建申明亭、旌善亭到里老人制的设立，从乡饮酒礼到地方官府主导下的各种祭祀，基层官员按明太祖朱元璋的要求，努力地开展了各种教化。在基层官员开展基层教化的过程中，毫无疑问，地方乡绅给予了积极配合，否则，整个基层教化系统的工作必难以开展。

关于明前期江西的基层乡绅是如何配合地方政府开展各种教化活动，如兴学校，建社学，建申明亭、旌善亭，当里老人，应乡饮酒礼和开展祭祀等，已很难找到这方面的直接资料。在现存的地方志中，记载较多一点是地方乡绅积极配合地方官府兴学，开展学校教化，或捐资，或捐田，或亲自担当组织工程建设重任。

---

① 《天一阁藏明代方志选刊四四》，上海书店1990年影印，第850页。

② 《天一阁藏明代方志选刊四四》，上海书店1990年影印，第853—854页。

3. 明代中后期江西乡绅热衷于用乡约教化乡民与建设乡村社会

明前期朱元璋所建立的整个教化系统到明代中期早已衰落了，里老人即使在一些地方设置着，也不是从事教化乡民的工作了，而是起着催征钱粮的胥吏的作用了。申明亭、旌善亭大多在乡间已倒了，即使还在乡间存在，可能也没有里老人坐亭了。县城内都保留与维护乃至重建申明亭和旌善亭，但也只是作为县域内的必要设施而已，早已没有里老人坐亭了。县域社会内的各种祭坛可能都还存在，但官府组织的各种祭祀可能早已停了。基层似乎已成了教化的真空地带。然而，中国儒学培养出来的文人们总是有着以天下为己任的责任感，在一些地方的一些文人或闲居在家的文人士大夫们，他们探索建立乡约来教化与管理基层社会。其中，明代中后期江西的一批文人或闲居的文人士大夫们表现得尤其突出，他们受明代大儒王阳明的影响，积极探索用乡约的方式教化乡民与管理基层社会。

(1) 关于乡约

乡约[①]是指基层民众自发订立的乡规民约，其目的是美风俗与弭盗安里，最早源自于宋神宗熙宁九年（1076）陕西蓝田人吕大防撰《吕氏乡约》定下四条规约（每条之下又有细则）：德业相劝，过失相规，礼俗相交，患难相恤。其实质是中国儒家文人（吕大均和其兄吕大防都是理学家张载与程颐的学生）以治理社会为己任，构建并倡行了一套基层社会治理的方案，其总特点是提倡并相约践行儒家的社会伦理道德。到南宋时，大理学家朱熹看到了《吕氏乡约》对治理基层社会的价值，对《吕氏乡约》进行了调整，并加入了自己的构想，如朱熹构想："推齿德一人为都约正，有学行者二人副之，月轮一人为直月。置三籍：凡愿入约者，书于一籍；德业可劝者，书于一籍；过失可规者，书于籍。"[②] 朱熹撰写了对中国封建社会后期影响很大的《家礼》，其目的是要将儒家的伦理道德理念进一步贯彻到人们生活的方方面面，让人们的一切行为都合乎儒家的伦理道德要求，所以其书分五卷：通礼、冠礼、婚礼、丧礼、祭礼，从

---

① 关于中国古代的乡约已有诸多的研究，可参见秦富平《明清乡约研究述评》，《山西大学学报（哲社版）》2006 年第 5 期。

② （宋）朱熹：《御纂朱子全书》卷四〇《礼四·杂仪》，《景印文渊阁四库全书》第 721 册，第 213 页。

家族内日常礼仪到成年、结婚、丧、祭祀，具有很强的实用性和可操作性。明清时代的统治者和文人士大夫们吸收了朱熹的思想，并用政权的强制力推行从《吕氏乡约》以来的乡约理论，明太祖朱元璋组织了三十多名儒士撰写了《大明集礼》颁行天下，又颁行了《大诰》三编和《大诰续编》及《教民榜文》；明成祖朱棣还刊行了《性理大全》。明初帝王们将儒家的思想伦理道德理念灌输到了最基层。

除了政权的强力推行儒家伦理道德思想与理念教化外，一些文人也看到了乡约对基层社会建设的作用。明前期大明才子解缙就曾建议明太祖朱元璋要建设“党庠乡学之规”，解缙说：“臣欲求古人治家之礼，睦邻之法，若古蓝田吕氏之《乡约》，今义门郑氏之《家范》，布之天下，世家大族率先以劝，旌之复之，为民表帅，将见作新于变，至于比屋可封不难矣!”[①] 解缙的建议也许对明太祖朱元璋有所影响。还有些地方官员也深知乡约对地方社会的作用，在所辖地行乡约，如正统初年任广东潮州知府的王源，成化十年（1474）及弘治十一年（1498）任永嘉知县和温州知府的文林，都在辖地推广乡约[②]。此外，还有些地方乡绅在基层社会倡行乡约，如正统年间的浙江李伦、正德五年山西潞安仇氏兄弟、宣德年间龙岩人蒋辅等。

对乡约在明代中后期践行起最大推动作用的是明代中期的王阳明。他在正德十一年（1516）至正德十六年（1521）为官赣南及在平定赣南山区农民起义的过程中，先后行“十家牌法”、兴社学、颁行《南赣乡约》；其“十家牌法”主要功能在“弭盗”，兼有“教化”功能；而《南赣乡约》主要功能是“教化”，兼有“弭盗”功能。据有的学者研究[③]，乡约由于仪式繁琐，维持时间甚短，但在赣南却形成了直至清代仍然沿用的“保甲加乡约”的基层社会治理模式。王阳明在赣南行保甲与乡约，对明代中后期的中国基层社会治理影响很大：一些地方官纷纷在辖区行乡约，一些地方乡绅也在基层社会倡行乡约，嘉靖、隆庆、万历时期朝廷也要求

① （明）张廷玉等：《明史》卷一四七《传·解缙》，上海书店与上海古籍出版社 1986 年版，第 8202—8203 页。

② 可参见常建华：《明代宗族研究》，上海人民出版社 2005 年版，第 201—202 页。

③ 参见黄志繁：《乡约与保甲：以明代赣南为中心的分析》，《中国社会经济史研究》2002 年第 2 期。

地方行乡约法。明代中后期的江西，由于王阳明的影响，一批王门弟子积极在基层社会倡行与践行乡约。

（2）江西乡绅的乡约教化实践

宋明时代的江西是一个科举盛区，科举人才多，所产生的文化乡绅也就较多，正如前所说，中国的文人总是有着“修身齐家治国平天下”的情怀，他们即使闲居乡间，也同样热衷于协助地方政权进行基层社会建设。

在明代，嘉靖年间以前，江西的个别文化乡绅也如全国其他一些地方的文化乡绅一样，在家乡试行乡约。

刘观，吉水人，据万历《吉安府志》卷二五《儒行传》记载，这是一个天生聪明颖异、年少即有大志的非一般人，其学习成绩也非同一般，能贯通经史子传，“下笔辞气逸发”，正统戊午（1438）江西乡试第一，第二年登进士第，但不久即由于疾病回到家乡，“寻丁内艰；服除，遂卧不起，杜门谢客，以读书养性为己事。四方来学者众，随才造就，县尹刘晟为筑书院于虎丘山，题曰‘养中’，取刘子受天地之中以生能养之以福之义，因箴以见志。所居四壁书儒人德造道、修己治人之事，以备观省；复列责志、恒心二图置座左右；又大书‘诚明敬义’四字，各为箴，以示教。尝语诸学者曰‘《小学》是教人、做人样子，到老终须以此立脚’；又曰‘吴文正公尝云：一举作状元，便谓事业了当者，鄙人也。斯诚确论。’又曰‘吾幼见青紫赫奕，知进士之贵，辄慕为科举之学；既卧病京师，读先儒诸性理书，乃知科举上更有此学，又辄慕为之，今殊觉进士非贵也。’或请著述，曰‘朱子、吴文正之言，尊信足矣！何复言?’间取‘勤俭恭恕’作四箴，教其家。”① 这样一个儒家文人乡绅，不仅终身学习与践行儒家要义，并以儒家思想教其家人，他还以儒家思想教化其乡人，“取《吕氏乡约》表著之，以教其乡，冠婚丧祭悉如朱氏礼”。由此可知，刘观曾在其乡倡行乡约。

罗伦（1430—1478），吉安永丰人，成化二年（1466）状元，曾任翰林修撰、福建市舶司副提举，这是一个真正的儒学文人，年少时“挟书诵不辍，及为诸生，志圣贤学”。成化二年，“廷试对策万余言，直斥时

① 《日本藏中国罕见方志丛刊》，书目文献出版社1991年版，第374页。

弊，名震都下，擢进士第一”。因他“为人刚正，严于律己，义所在毅然必为，于富贵名利泊如也”在他翰林修撰任上，抗疏，论李贤起复职，被谪泉州市舶司；成化四年复官南京翰林修撰。成化六年以疾归里，“以金牛山人迹不至，筑室，著书其中，四方从学者甚众”[①]。这样一个文人乡绅，有着治理社会的情怀，也就在情理之中的了。据张廷玉等撰《明史》记载，“里居倡行乡约，相率无敢犯”。至于罗伦在家乡是如何具体地倡行乡约，则已无法了解。

另据常建华先生考证[②]，正统与景泰年间，吉水泥田周氏乡绅周雪坡、周叙相继在致力于宗族建设的同时在家乡行乡约。周雪坡（1389—1445）作为无功名的乡绅，其弟周叙在《亡兄雪坡墓志铭》中写道：“族有祠，协力助成之。里有乡约，为之长，是非不平者，得片言服去。”[③]周叙原为翰林侍讲学士，闲居在家乡时，如其兄，在致力于宗族建设时“修乡约”[④]。至于这两兄弟是如何地行乡约，则已无法考证了。

嘉靖以后，乡约在全国各地推开，全国许多地域的文化乡绅们在各自的家乡自发地推行乡约，一些地方官员在所辖地方推行乡约建设。江西这个文化乡绅较多的地域，一些乡绅本着对社会的责任感，本着教化乡民，本着协助地方政权治理社会，在家乡自发地组织乡约建设，如泰和人罗钦顺（1465—1574）、胡直（1517—1585）、萧子峰、张玉屏，永丰人聂豹（1487—1563），安福人邹守益（1491—1526），吉水人邹元标（1551—1624），庐陵人杨储（1502—1578），乐安人曾维伦等[⑤]，这些人都是科举出仕后致仕或闲居家乡时，本着一个儒家文人对社会、对朝廷的责任情怀，自觉地担当起社会教化、建设、治理者的角色。如罗钦顺，嘉靖六年七月致仕后，居乡20年，除了每天读书写作之外，就是热衷于宗族建设，完善了其宗族的大小宗祠和族谱编撰；同时热衷于在家乡倡行乡约，“嘉

① （清）张廷玉等：《明史》卷一七九《传·罗伦》，第8272页。

② 参见常建华《明代宗族研究》，第203页。

③ （明）周叙：《石溪文集》卷八《墓志铭》，《四库存目丛书》集部第31册，齐鲁书社1997年版（下同），第645页。

④ （明）萧镃：《尚约文钞》卷一一《翰林侍讲学士周公墓志铭》，《四库存目丛书》集部第33册，第15页。

⑤ 参见常建华《明代宗族研究》，第235—244页。

靖十年四月甲子，吾乡大夫士会于龙福寺中者，凡十有七人，议乡约也。众志素协议，即时以成。……乡约之议，其诸大学之所谓机也。一人倡之，众人辄从而和之；一家行之，一乡辄从而效之，俗之变而归于厚也。”① 可见罗钦顺在家乡倡行乡约的目的就是要美风俗，通过倡行儒家的伦理道德理念，使家乡的风俗变得醇厚。再如泰和人胡直，嘉靖三十五年（1556）进士，官至福建按察使，曾师从理学家欧阳德、罗洪先，他在四川、湖北为官时曾倡行乡约，所以他致仕回乡后，“会乡寇夜獗，先生属乡耆订乡约以行”，其目的在于“厚风俗、弭盗贼为务”②。这是作为一儒学乡绅自觉的社会建设情怀。

明代中后期，还有些地方官利用地方乡绅来推广与倡行乡约，如王门学者程文德（1497—1559）嘉靖十五至嘉靖十九年（1536—1540）在安福知县任上，召集当地父老，“人授乡约一帙，使归而章善纠过，以和其乡”③。可见，程文德是利用当地乡绅在推行乡约。安福人王时槐在万历年间修纂的《吉安府志》卷一七《贤侯传》中说：“程文德，永康人，嘉靖间以编修谪海南典史，量移知安福，政先教化，民以事至庭，谆谆开导……行修乡约，选邑父老之贤者为之长而降尊礼之，人人思自奋，莫不奉宣德意以训警其众，盖三月而民俗丕变。”④

明代中后期的乡绅热衷于用乡约教化乡民，还表现在许多乡绅热衷于用乡约建设宗族，这就是常建华先生所说“宗族乡约化”，常建华先生在《明代宗族研究》一书中，曾引用江西学者梁洪生所著《江右王门学者的乡族建设——以流坑村为例》⑤ 一文的研究成果，讲述了江西流坑村董氏乡绅们将宗族进行乡约化的事例。

实际上，明代家族或宗族中，进行乡约化的事例远不止这一个，如隆庆《临江府志》卷一二《人物》记载：“聂璜，字鸣卿，清江人，正德间

① （明）罗钦顺：《整庵存稿》卷七《序·云亭乡约序》，《景印文渊阁四库全书》第1261册，第102页。

② （明）郭子章：《蠙衣生粤草》卷六《先师胡庐山先生行状》，《四库存目从书》集部第154册，第554页。

③ （明）邹守益：《东郭邹先生文集》卷八《叙永丰乡约》，《四库存目丛书》集部第66册，第112页。

④ 《日本藏中国罕见方志丛书》，书目文献出版社1991年版，第233页。

⑤ 载《新史学》第8卷1997年第1期。

乡贡。平生笃志力行，不徇时好，授常德通判。监司爱其材，事有大且难者檄使治焉；再补黄州平，平寇罗田，有奇功，升顺德同知。三月，即引疾致仕，家居十余年。周贫有义田，联族有家约，冠婚丧祭悉遵古礼，恭谦敦朴，郡中称长者，年七十。”① 即聂璜致仕后在家乡用乡约团结家族，稳定社会。

聂璜是有功名的致仕乡绅。实际上，明代中后期在民间还有大量的无功名但有地域名望的乡绅，他们致力于家族或宗族建设，修族谱、建宗祠、订家训族规，自觉地将儒家伦理道德要求贯彻于人们的日常行为中，是一种自觉地对族人的教化。②

乡约如何教化乡民？王阳明在《乡约告谕》中要求乡民：“今特为乡约，以协和尔民：自今凡尔同约之民，皆宜孝尔父母，敬尔兄长，教训尔子孙，和顺尔邻里，死丧相助，患难相恤，善相劝勉，恶相告戒，息讼罢争，讲信修睦，务为良善之民，共成仁厚之俗。”③ 这实际上就是要求普通乡民们在日常生活中要遵守儒家的思想道德观念。明代乡约的核心思想大体如此。

4. 清代朝廷对基层的教化与治理政策

清朝廷吸取了以前中国历代统治者（特别是明代统治者）治理基层社会的经验，大力推行乡约加保甲的办法来治理与控制乡村社会。

据乾隆十二年《皇朝文献通考》卷二一《职役考一》记载：“先是，顺治九年颁行《六谕》文曰：孝顺父母，恭敬长上，和睦乡里，教训子孙，各安生理，无作非为。”即朝廷在顺治九年（1652）将这《六谕》颁行给了八旗和各直省，并诏令镌刻于碑。顺治十六年（1659）“令直省举行乡约之法宣讲上谕”，即清朝廷吸取了明代行乡约教化乡民的办法，将顺治帝的“六谕”贯彻到乡村；其法是“令五城设立公所讲解开谕以广教化，直省府州县亦皆举行乡约，各地方官责成乡约人等每月朔望聚集公

① 1962 年 4 月上海古籍书店据宁波天一阁藏明隆庆刻本影印。

② 可参见本书第二章《明清江西乡绅产生的途径》。

③ 载嘉靖《赣州府志》卷一一《艺文》，1962 年 11 月上海古籍书店据宁波天一阁藏明嘉靖刻本影印。

所宣讲”[1]，并规定：“其乡约正副不应以仆隶、奸胥、蠹没充数，应会合乡人，公举六十岁以上、业经告给衣领、行履无过、德业素著之生员统摄。若无生员，即以素有德望、六七十岁以上之平民统摄。每遇朔望，申明诫谕，并旌别善恶实行，登记簿册，使之共相鼓舞。”[2] 从此，清朝开始了行乡约治理基层社会的历程。

康熙皇帝进一步推进和加深了乡约在基层社会的推行，在康熙九年庚戌十月癸巳诏令中说：“朕惟至治之世，不以法令为亟，而以教化为先，其时人心醇良，风俗朴厚，刑措不用，比户可封，长治久安，茂登上理。盖法令禁于一时，而教化维于可久。若徒恃法令而教化不先，是舍本而务末也。近见风俗日敝，人心不古，嚣凌狝成习，僭滥多端，狙诈之术日工，狱讼之兴靡已，或豪富凌孤寒，或劣绅武断乡曲，或恶衿出入衙署，或蠹棍诈害善良，萑苻之劫掠时闻，仇忿之杀伤叠见……朕今欲法古帝王尚德缓刑、化民成俗，举凡敦孝弟以重人伦，笃宗族以昭雍睦，和乡党以息争讼，重农桑以足衣食，尚节俭以惜财用，隆学校以端士习，黜异端以崇正学，讲法律以儆愚顽，明礼让以厚风俗，务本业以定民志，训子弟以禁非为，息诬告以全良善，诫窝逃以免株连，完钱粮以省催科，联保甲以弭盗贼，解仇忿以重身命。以上诸条，著通行晓谕八旗并直隶、各省府州县乡村人等，切实遵行。”[3] 这也就是康熙著名的《圣谕十六条》。

到雍正二年（1724），雍正帝将康熙的《圣谕十六条》演绎成了洋洋万言的《圣谕广训》，并在雍正七年（1729）下令：“直省各州县大乡村人口稠密之处，俱设立进约之所，于举贡生员内拣选老成者一人，以为约正；再选朴实谨守者三四人，以为直月。每月朔望，齐集乡之耆老，里正及读书之人，宣读《圣谕广训》，详示开导，务使乡曲愚夫共知，鼓舞向善。”[4]

从乾隆到嘉庆、道光、咸丰、同治、光绪诸帝，都一直坚持着推行乡

① 《景印文渊阁四库全书》第 632 册，第 451—452 页。

② 《钦定大清会典事例》卷三九七《礼部·风教·讲约一》，《续修四库全书》第 804 册，第 314 页。

③ 《圣祖仁皇帝圣训》卷六《圣治一》，《景印文渊阁四库全书》第 411 册，第 215 页。

④ 《世宗宪皇帝硃批谕旨》卷一二六之“二十《硃批田文镜奏折》”，《景印文渊阁四库全书》第 424 册，第 619 页。

约加保甲教化与治理基层社会的办法。如乾隆元年（1736），乾隆帝刚即位就下诏令："应严饬各地方官于各乡里居民中，择其素行醇谨通晓文义者，举为约正，不拘名数，令各就所近村镇，恭将《圣谕广训》勤为宣讲，诚心开导，并摘所犯律条，刊布晓谕。"① 咸丰和同治年间各地还根据朝廷要求建立了乡约局。直到光绪二年（1876），当时的中国已是面临严重的内忧外患，但光绪皇帝仍然在要求各地行乡约之法："宣讲《圣谕广训》，巨典昭重，自应认真举办，乃近来各地方官往往视为具文，实属不成事体！著顺天府、五城实力奉行，并著各直省督抚学政，督饬地方暨教职各官随时宣讲，毋得有名无实。"②

清代以政权的力量推行乡约，实际上与明前期太祖朱元璋推行的宣谕一样，其目的就是要将儒家的伦理道德理念贯彻到基层民众，不过，清代的行乡约不单纯是教化，它还与保甲结合在一起，承应着官府的稽查奸宄、催征钱粮和调处纠纷等事务，也是治理与控制基层社会的一种办法。

5. 清代江西乡绅们积极配合地方政府的教化与基层社会建设

清顺治二年（1645）清军进兵江西，至顺治六年（1649）江西境内的大规模战事基本平息，此时的江西满目疮痍，社会经济凋敝，人口锐减。清朝廷任命的江西地方官员着手招徕流民、开垦荒地、恢复社会经济，此时的地方官员还无暇顾及执行朝廷的教化与基层社会建设政策，忙于招民垦荒。康熙十二年（1673）爆发"三藩之乱"，江西是主战场之一，直到康熙十七年（1678）战乱基本平息，社会经济已被严重破坏。

康熙年间江西的地方官员是如何执行朝廷的教化与基层社会治理政策，已难找到详细资料。可以确信的是，在雍正、乾隆年间江西的地方官员已进入到了切实致力基层社会建设与控制的状态。

从雍、乾年间江西按察使凌燽所辑录其任内草拟的行政文件汇编

① 《钦定大清会典事例》卷三九八《礼部·风教·讲约二》，《续修四库全书》第804册，第331页。

② 《钦定大清会典事例》卷三九八《礼部·风教》，《续修四库全书》第804册，第340页。

《西江视臬纪事》[1]中的《棚民编保及禁缉私盐议详》可知，早在雍正三年（1725）南昌府即将棚户[2]编为保甲："查雍正三年六月内户部议复前督宪安辑棚民一案，疏称：南昌等府，现在棚户照编保甲之例稽查，并令棚户五家互结，责成山地主并保甲长造册具结，汇送该州县据册稽查等语。遵奉在案。"实际上此件本为批准饶州府德兴县令请求编棚民为保甲的要求："是棚民原应照编保甲。今该州县既称棚民七百余户，散处各都，相隔远近不等，仅一棚长，实难稽查。应令将山场附近棚民，无论几户联为一甲，添设甲长，责令稽查举首，仍照保甲之例，编造门牌悬挂，则保伍相联而稽察自易矣。"[3]

从《西江视臬纪事》卷二中的《设牌劝缴罗经详》一文中可知，早在雍正八年江西已在全省推行了乡约，凌燽在雍正十一年担任江西按察使后又大力在全省推行乡约："至外来异言异服之人，所在多有。设立保甲，本以稽查匪类，相应一并责令保甲严查。凡庵堂、寺院、歇店等处，如有容留来历不明之人，保甲一并惩处。至星象艺卜，律所不禁，苟非行踪诡秘，不得概事混拿，则奸宄可惩，而地方不扰矣。至本地居民作何化导改邪归正之处，查各乡设立约长，值日宣传《圣谕广训》，原以化导愚顽无知，各县视为具文，其实心奉行者究为无几。应饬各州县遵照雍正八年奉行条议，实力遵行，勤于宣布，庶几渐仁摩义，不难易俗移风矣。"[4]

从上述这段话我们可知，保甲与乡约的区别及在江西的执行情况：保甲主要是稽查匪类，对社区内来历不明之人进行稽查；乡约主要是化导或者说是教化社区内的居民；在雍正八年的时候江西已推行了乡约，设立了乡约长、值日，宣讲《圣谕广训》，但是各县执行不力，效果不好，凌燽要求各州县继续致力切实推行乡约。同样，凌燽还要求州县致力于推行保

① 对于此文献中有关江西行乡约、保甲、族正等的材料，常建华先生早在2006年已作了详细的研究，见常建华《乡约·保甲·族正与清代乡村治理——以凌燽〈西江视臬纪事〉为中心》，《华中师范大学学报（人文社会科学版）》2006年1期；及其专著《明代宗族研究》。

② "棚户"指的是明清时期大量闽粤人口迁往江西山区开垦，搭棚而住，被称为"棚户"。

③ 中国社会科学院历史研究所清史研究室编：《清史资料》第三辑，中华书局1982年版，第202页。

④ 中国社会科学院历史研究所清史研究室编：《清史资料》第三辑，中华书局1982年版，第199页。

甲，在《议建昌府条陈保甲详》一文中提出了具体办法：

据详“建属五邑，每里惟设立乡保一人，另设各项头役、杂办诸务。凡分发滚单，理处词讼，无不责之乡保。牌甲无暇顾问，请佥诚实公正之人，充应保正、甲长；其余地方一切细务，查处查复，具令向设之乡保改为乡长承值”等语。查十户为甲，设一甲长；十甲为保，设一保正，原以责成约束稽查奸匪。今建郡各属既止乡保一人，并无所谓保正、甲长，则其编立保甲，亦止户给一牌而已，显属有名无实。至所称“各项头役、杂办”诸差，既非令典，尤为滥设，应行该府严饬各属，编次保甲，务遵定例。每甲每保佥诚实公正之人充应甲长、保正，专司稽查地方逃盗、人命、赌具、私铸、开窑、窝匪等事。此外一切，不得干预。……至该府所称该设乡长审查事件之处，查地方词讼，剖断曲直，贵在长吏，批发乡保，原属地方陋习。……但乡长一役，即属耆老，应饬地方官佥择安分醇谨之人照旧设立，专司讲约劝导之事。词讼内果系口角细故及田债不明细事，发令调处。如有不服处息者，即令乡长唤同原被当堂回缴，地方官立时剖断省释，以免差扰。其余一切，概不得因循陋习，混行批查。如此，则保甲之实效可收，而地方之陋习可除矣。

从上述这段话可知，清代雍、乾年间江西的地方官员已在强力推行朝廷所设计的地方社会严密的治理办法：既行保甲制，让甲长、保正严查盗匪等，又行乡约，让乡约长去宣讲《圣谕广训》，化导乡民，调处乡民间的纠纷。尤其着力推行保甲制，对保甲的内容及对保正、甲长的奖惩，江西地方官已作了明确的规定：

据详“保甲、牌头，责司稽查，请饬各属将逃盗、私铸、邪党、骗拐、赌具、赌博、窝圈、开窑，凡律应连坐牌邻、保甲者，俱开列应问罪名及应行奖赏各款，刊印颁挂，俾甲内之人触目提撕”等语。查保甲人等，率属乡民。一切事犯，若不将赌隐失察应得罪名、擒拿举首应得奖赏预行晓告，则劝惩之道，茫乎不知，何以责其实力稽查，急公首报？应如该府所议，通行各属，将保甲、牌邻，例应稽查

> 各项事件，遵照律例逐一开载。徇隐失察应得何罪，擒拿举首应得何赏，何者应坐邻佑，何者并及保甲，条分缕晰，刊刷小示，颁给保正、甲长，于门首张挂。俾一甲居民咸知警惕，而保甲、牌邻晓然，于责守所在，亦将实心承办，自不敢复仍隐蔽之习矣。①

然而，清代江西的社会还有其独特之处，这就是前面第三章已论述过的：清代江西社会已全面宗族化，从聚居形式到基层社会活动都全面宗族化，江西地方官从而能采取一种比较切实地控制与治理基层社会的办法，这就是前述第三章论述过的族正、族约制，这样在雍正四年以后的江西就逐渐形成了对乡村控制、治理、教化的多层次体系，常建华先生曾总结这种状况："大乡村社会主要的手段是保甲与乡约，而在宗族实行保甲、乡约，遂产生了族正与族约，这就是所谓的特殊性。正是由于在乡村推行保甲、乡约、族正与族约，加上原有的赋役征收组织，导致乡村基层社会组织呈现出这些制度互相交叉融合，形成复杂的乡村社会组织体系，出现了约保、乡保、地保、族保等名称。清廷正是依据这套乡村组织体系，维护社会秩序。"②

需要补充的是，前面主要讲述了雍正十一年至乾隆八年（1733—1743）春，任江西按察使的凌燽在江西大力推行保甲、乡约、族正制；在雍、乾年间江西推行族正制的过程中，还有一个起了重要作用的人物，这就是在乾隆六至八年任江西巡抚的陈宏谋，他在江西为官期间大力推行族正制，针对江西地方聚族而居，而且族各有祠，本为尊祖敬宗，但却"日久弊生，户多人杂，或以强凌弱，以众暴寡，或自相残贼，同室操戈，凡不公不法之事往往有之"，又针对当时江西通省大半人户皆有祠堂，每族祠堂都有族长、房长管理一族之事，干脆利用族长、房长来化导与约束乡民，

> 谕令各属，莫若官给牌照，假以事权，专司化导、约束之事，将

① 中国社会科学院历史研究所清史研究室编：《清史资料》第三辑，中华书局 1982 年版，第 200 页。

② 常建华：《乡约·保甲·族正与清代乡村治理——以凌燽〈西江视臬纪事〉为中心》，《华中师范大学学报（人文社会科学版）》2006 年第 1 期。

> 应管之事一一列入。如族众某房有不孝不弟、刁匪打降等事，房长当即化导；化导不遵，告知族长，于祠中当众劝戒；如有逞强不率，许其报官惩处。至于口角争斗、买卖田坟，族长房长秉公处断，即为劝释；如与外姓争斗者，两房族长、房长秉公会议，应劝释者劝释；如经官司，两造族长、房长秉公当堂公言，偏袒者分别罚戒；族内有孝悌节义之善事，亦报官请奖；族长、房长事，故公举报官承替，如薄恶子弟因公言而欺凌族长、房长，寻衅报复者，报官加倍治罪。至于地方承辑逃盗，拘拏案犯，承应官府，原系乡地保甲之事，概不责之族长。以族、房之长奉有官法，以纠察族内之子弟，名分既有一定，休戚原自相联，比之异姓之乡约保甲，自然便于觉察，易于约……或于族、房长之外另选族正，或选族约，如何责成，如何选举，如何赏罚，或官给牌照，务使事权不必过重，约束可无阻难，悉心妥议，酌定条规，并将应管事宜胪列条规，拟定牌式，会详核夺，以便批饬，通行遵照。①

从上述这段文字可知，作为省级大员的陈宏谋，利用了乡村中乡绅阶层来治理乡村社会，以官方的名誉给予族长、房长管理族人的权力，这就加大了乡绅在地方上的权力，同时，通过奖惩制度来约束族、房长，并以官方的名誉保护族、房长，同时还在族、房长之外，又设族正或族约，强化了对乡民的化导与对基层社会的管理。

从有关资料看，江西的地方官员直到道光年间仍在强力推行族正制，江西省图书馆藏有道光三、四、五年的《西江政要》抄本，其中有《摘录律例刊成小本须发各属分给各乡族正与衿耆人等随时讲读》（道光三年八月二十三日）一文，要求各地族正与耆衿宣讲好所摘录并汇成一册的"民间易犯各条"，"讲解劝导"，以"渐磨消衅"，"有地方广阔、户族殷繁、不敷散给者，许其呈请补给。俾各族正等得以一体劝诫，见法知惧，观律惧刑，自必然默化潜移，共相警省，雍雍穆穆，家庭有和蔼之风……

① （清）贺长龄辑：《皇朝经世文编》卷五八《礼政·宗法上》，陈宏谋《寄杨朴园景素书》，《中国近代史料丛刊第一编 0731 号》，台北：文海出版社 1966 年版，第 2150 页。

里党无乖戾之事，比户可封，跻登仁寿，园扉鞠草，共享升平”①。其方法是令族正对族人朝夕讲读，“俾愚民知律例森严，互相告诫，于人心风俗实有裨益”②。此则资料说明在道光年间江西的官员仍在着力通过族正化导基层乡民与控制基层社会。

实际上，从雍、乾直到道光年间，江西地方官员们都在下功夫推行族正制。然而，并非全省所有的地方都持续不断地推行了族正制，所以，从凌燽、陈宏谋到道光年间的江西官员们，都总在下文强调：对于江西这样一个民间多聚族而居的省份，选立族正非常重要。因为族必有祠，祠必有公费，本来主要是用于族中祭祖、修祠、恤孤寡贫困等项之用，有尊祖敬宗之美意；但公费却常常被族人用于诉讼，这就助长了争讼之风。雍、乾年间的凌燽曾谈到江西的这种情况：“一切盘费食用，皆取给于公祠。狡黠之徒借以为利，甚至凭空唆讼，托称打点名色，咨为诓骗，以饱私囊，刁讼之风所由不息也。”③ 而道光年间这种情况依然如故，道光三、四、五年的《西江政要》中一篇这样的公文：《详议选立族正，给予委牌，族中大小事治以家法，祠内公项止许祭祀修祠之用，如有盈余，将族中鳏寡孤独残废穷苦之人量为周恤，不准将祠内公项取作讼费章程》，文中谈道：

> 因习染渐漓，每有族中讼事，均取给于公费，出告者恃有公费可以挥霍，妄兴雀蹋之争，扛帮者恃有公费可以侵渔，故作拖延之计，甚至有恃众械斗以欺弱，或因公项侵用过多不能消，所告之案属结属翻，不顺完结，以致狱讼日多。不特被告之人受其拖累失业废时，即本人族中亦致身受刑责，公费荡然而后已。

对这种社会问题，地方官员们认为还是只有雍、乾以来的族正制才能

---

① 《西江政要》（道光三四五），江西省图书馆藏抄本，第16—15页。

② 《西江政要》（道光三四五），江西省图书馆藏抄本，第28页。

③ 中国社会科学院历史研究所清史研究室编：《清史资料》第三辑，中华书局1982年版，第208页。

起控制作用，只有族正（也称祠正）[①] 才能约束与化导族人。然而，族正制在各地时兴时废，上文就说到族正本可在耕桑作息之间“责成诲化，其法甚美，迨今（道光三年九月）日久废弛”，所以从雍、乾至道光年间，江西地方官总是在要求各地要设立族正制，上文中就要求：“自当仿照遗法，饬令各州县查明境内各祠数目，令各族绅耆人等公同呈报，不论辈分之尊、房分之长，总以平日为人正直端方、才优法厚、素为通族敬服之人，由州县查验核实，立为族正，给予委牌。”

在朝廷和江西地方官员们强力推行乡约、保甲和族正制的过程中，江西的乡绅给予了积极配合和参与，主要表现在两个方面。

（1）积极设立族正制

许多宗族都按朝廷和地方官的要求设置了族正，族正与族长等宗族内乡绅处理宗族事务、约束与化导族人。这是清代江西乡绅对地方政权的支持。

以前述万载县辛氏宗族为例。前面已述，这是清代江西的一个大宗族，这个宗族的乡绅们曾在康熙四十五年和乾隆三十八年两次恳请县衙立石碑，禁止乡民在其位于县衙后面的宗族祖坟附近挖土、取土，在辛氏宗族十修族谱抄录老谱中的《龙山祖茔奉官历禁侵犯案略》中写道：“乾隆三十八年合族公禀族长职监辛金寿、族正生员金紫、房长贡生汝岐等七人，绅士举人廷芝等九人，抱告受华、禁首长冬等六人。”而在康熙四十五年尚无族正这一设置：“（康熙四十五年）四月十二日，合族公呈贡生辛金衔、监生受圻等六人，生员映岳等六十八人，房长联泰等八人，禁首联添等七人为吁恩勒石严禁，以安官舍，以固祖茔。”[②]

从上述可知，乾隆年间的辛氏宗族内主要人物有族长、族正、房长、绅士、抱告、禁首等，宗族已明显组织化。

宜春易氏是宜春大族，据佚名修纂《（宜春赤溪塘）易氏宗谱》记载：“宜邑之有易氏，自汉征南将洸，自武帝命洸领兵宜春，卒遂焉葬，

---

① 陈宏谋在《寄杨朴园景素书》一文中称“族正”为“祠正”，所以在江西，族正也称祠正。

② 《万载辛氏族谱》总卷《龙山案略》，1995 年岁次乙亥十修，江西省图书馆藏。

子孙因之。"① 自汉代传衍到清代，易氏早已为宜春大族，形成一些分支。其中民国《（宜春霖田）易氏宗谱》卷一《原序》中写道："岁在癸卯，易公阑谷延余主席致礼……阑谷公时为族正，欲以谱系之修，承先绪、裕后昆而一纾其仁人孝子之心也。"②

由上述《易氏宗谱》可知，在道光年间江西的乡绅们仍在积极按地方官员的要求在施行族正制，并且族正作为族中重要人物对族中事务有一定的权力，化导族人。

万载安仁坊《李大祠神主册》（同治十年以后陇西堂木活字本）③载，万载安仁坊李氏在同治年仍设有族正，其《通饬文式》云："李祠族长、族正同示为严饬祀事。窃惟家庙首重祀典，行礼须尚恪诚，子孙之精神萃而祖考之精神亦萃。"

（2）积极主动将康熙帝的《上谕十六条》、雍正帝的《圣谕广训》的核心思想具体化为家训、族规等的具体条规，以约束、化导、塑造族人

江西宗族修谱始于北宋欧阳修，兴于南宋，到清代已是族必有祠，祠必有谱。乾隆二十九年江西巡抚辅德曾"毁祠追谱"④，反映了清代江西宗族建祠、修谱之盛。族谱中的族规、家训、家规等的核心思想和具体要求正是以康熙《上谕十六条》、雍正《圣谕广训》的思想具体化。且以一些宗族的家规、家训、族规为例。

袁氏是赣中一带的大族⑤。其族源自于唐前期官吉州刺史的袁郜为官留居，到清代时已在江西形成了众多分支。其中丰城县袁氏是丰城一大族。咸丰十年修纂的《（丰城）袁氏重修宗谱》载有"家训八条"：父子之训、兄弟之训、夫妇之训、朋友之训、妯娌之训、安分之训、务本之

---

① （清）佚名修纂《（宜春赤溪塘）易氏宗谱》卷一《原序》，清光绪元年重桂堂木活字本，江西省图书馆藏，存一册。

② （清）易子龙修、萧玉堂、易国祚纂《（宜春霖田）易氏宗谱》卷一《原序·道光乙巳年仲秋柳成杰撰》，民国九年亲睦堂木活字本，江西省图书馆藏，存八册。

③ 江西省图书馆藏，存一册。

④ 参见钟起煌主编，梁洪生、李平亮著：《江西通史·前清卷》，江西人民出版社2007年版，第230—236页。

⑤ 参见施由明：《论河洛移民与赣中著姓望族的历史形成——以赣中袁氏为例》，载第七届河洛文化国际学术研讨会论文集《河洛文化与姓氏文化》，河南人民出版社2008年版，第636页。

训、勤俭之训。这八条家训不仅仅将“敦孝悌”“务本业”具体化，还涵盖了“上谕十六条”的其他一些内容，如“安分之训”除讲到士农工商要各勤乃事之外，还要“和邻睦族，国税早输，无得喜争好讼”；“务本之训”除讲到要耕读传家之外，可以为工为商，“但不得赌博、戏要，败其家业，亦不得为辱身贱行之事，如娼优、隶卒之类”①。

宜春赤溪塘易氏是宜春易氏大族的一支，《（宜春赤溪）易氏宗谱》卷一载《家规》共15条：孝父母、友兄弟、敬长上、睦乡党、训子弟、重农桑、尚节俭、急赋税、息争讼、崇学校、严赌博、重婚姻、禁溺女、禁悍妬、报生子。基本上是将《上谕十六条》的内容具体化，每一条都有详细的讲解和规定，以急赋税、息争讼、严赌博为例：

> 急赋税：三征定制，自古皆然。正供钱粮，宜及时输纳；轮值差徭，竭力克当。凡我族人互相劝勉，弗生甘惯逋而受追呼，每图小利而除愿包揽。卖田即除粮，毋肯留索诈；买田即收赋，毋减少致衅。自今日用从俭，交际适宜，省一分费，完一分粮。在我既免追呼之扰，于族亦无连累之伤。如或拖欠日甚，束手无策，代承硗荒田。
>
> 息争讼：人必有切肤之患，非可以理遣情恕，于是呼鸣官求理，此讼之所由来也。今之人每多健讼，逞一时之小忿，辄构于公廷，不惟废时失业，亦且荡产抛家……愿吾族人凡遇口角细故，须平心息气，勿轻争讼。即由田产未明，经族处断，不得擅行控告，以伤大各之气。
>
> 严赌博：游惰之民不务生业，往往呼朋引类、斗牌掷骰，小则家倾，大则破产，以致窘迫无倚，放僻邪侈，无所不为；夫膏粱子弟以蹋踘为嬉戏，固属可耻，今则博戏驰逐，大大皆然，甚至小小孩童亦有肆行无忌，跌钱赌博；自后族中如有此辈，该值年禁首详查确实，锁赴祠堂究处；倘恃顽不服，送官枷责重究。凡族中子姓，各宜自善可也。②

① （清）袁孔绿等纂修：《（丰城）袁氏重修宗谱》，咸丰十年木活字本，江西省图书馆藏，存一册。

② （清）佚名修纂：《（宜春赤溪塘）易氏宗谱》卷一《家规》，清光绪元年重桂堂木活字本，江西省图书馆藏，存一册。

乡绅们将《上谕十六条》的要求化作了宗族成员们更为具体的行动准则，表现出清代江西的乡绅们的道德自觉、儒学修养的自觉，和对朝廷与地方官的积极响应与配合。

同治《九江府志》卷三九《善士》记载，都昌县有这样一个乡绅自觉宣传圣谕："但佑秀，字盛，庠文学，治家严肃，尝约乡里四时宣讲圣圣谕，其有顽梗违训者呈于官，于是族邻胥化为良善。"① 这便是一个基层乡绅的道德自觉的典型人物。

从上述明清江西乡绅"热衷地方教化与协助地方政权治理地方社会"可知，明清江西乡绅对地方社会的治理是起了重要作用的。在明前期，江西乡绅积极配合朝廷和江西地方政权推行里老制、旌善亭和申明亭制，积极助学、建社学，积极开展乡饮酒礼和祭祀等，对明代前期基层社会的治理与控制起了重要作用。明代中后期，江西境内的许多乡绅出于治理与建设社会的自觉责任，在乡间行乡约，对基层社会的稳定有一定的作用。清代中前期如明代前期，在朝廷政权强势要求下，江西的乡绅配合地方官府的要求，在基层社会努力推行乡约加保甲，按官府的要求设立族正、族约，宣讲《圣喻广训》，行乡约酒礼等，对基层社会的稳定与治理起了重要作用。清代后期，随着朝廷政权威力的弱化，江西的乡绅更多的是靠各自自觉的社会责任感服务于社会，社会矛盾更加激化。

三　与其他区域乡绅特点的比较

中国的乡绅，无论有功名还是无功名，大都是中国的儒家文化熏陶和培养出来的，他们有着一些共同的特点和特性，如他们在基层社会践行与倡行儒家文化，他们热衷于地方公益事业，他们兴办乡村教育与掌控基层教育话语权，他们是基层社会秩序的维护者，是府州县级官员完成基层政务的依赖者等等。但由于中国地域广大，各地域的社会与文化环境的一些差异，形成了地域间人的特性的差异，包括地域间乡绅特性的差异。同时，由于时代背景的不同，这种差异呈现出特定时段的特点。

① 《中国方志丛书·华中地方·267号》，台北：成文出版有限公司1979年版，第592页。

江西这一地域，是中国的内陆区，民风和地域文化品格都相对较稳定，耕读传家是自唐后期至清后期江西人的品格特点，自宋代至清代，江西一直是中国的科举盛区，读书科举的风气浓厚，产生了大量有功名和无功名的乡绅。明清时代江西地域的乡绅的特点是较稳定的，如上所述，其最大特点是热衷于教化和协助地方政权治理基层社会，这也是中国古代乡绅的一般特点，并没有异于中国其他地域的突出不同。

相比较而言，江南的乡绅在明代后期呈现出了热衷政治运动的特点，以“东林清议”为代表，他们裁量人物、訾议国政、争国本、反矿税使、反宦官当权等，表现出令人尊敬的高尚人格。明末江南的复社运动的乡绅们，继承了东林士人的品格，积极参加了当时的社会政治运动，如崇祯元年驱逐阉党顾秉谦，以清议、党议相标榜等①。这些都是其他地域乡绅所未见的特点。

湖南在曾国藩创办湘军之前，乡绅的特性也如江西一样，具有中国乡绅的一般特点，以有科举功名的乡绅为主，热衷地方教育与教化，热衷于地方公益事业等。但在曾国藩创办湘军并镇压太平天国起义之后，大批军功绅士荣归故里，形成了以军功绅士为主的地域特点。如长沙县从顺治到同治时期，功名绅士 872 人，而主要集中在咸丰、同治时期的军功绅士就有 1323 人②。其结果是，领导乡村社会的传统乡绅群体社会影响力被弱化，一些军功乡绅甚至强横一方，成为地方恶霸，或挥金如土，形成诸多社会问题③。这是湖南近代乡绅的突出特点。

其他地域的乡绅，若没有形成特定地域与特定时段的特点，那肯定如江西的乡绅一样，保持着中国传统乡绅的一般特点。以明代广东的乡绅为例，当时广东的乡绅们面对广东社会充斥着各种各样非正统的法术和宗教仪式，乡绅们以儒家正统自居，投身地方教化，通过修撰乡约、乡礼、族谱、家训、志书和创办书院等一系列活动，打击地方佛、道、巫觋，努力

---

① 参见王善飞《明代江南乡绅与政治运动》，《辽宁师范大学学报》2000 年第 6 期。

② 转见许顺富：《论近代湖南的军功绅士——以长沙、湘乡绅士为例》，《云梦学刊》2004 年第 6 期。

③ 许顺富：《论近代湖南绅士的群体结构及社会影响》，《湖南大学学报（社会科学版）》2004 年第 2 期。

去建立一个合乎国家正统的地方秩序[①]。近代东北的乡绅仍然在热衷于地方教育、地方公益与救济和福利、地方治安等[②]。

中国传统乡绅的特性，对维持中国传统封建社会的稳定起了重要作用。

① 参见邓智华《明代广东士绅的地方教化运动》，《青海社会科学》2007 年第 1 期。

② 王广义：《乡绅与近代东北乡村社会控制——以东北地区旧志为研究视角》，《中国方志》2008 年第 1 期。

第四章　明清江西乡绅与农村社会的稳定传续

明清时期大量的乡绅分布在农村社会，农村社会的稳定传续也就与乡绅紧密地联系在一起。而乡绅又与宗族紧密地联系在一起，乡绅通过控制宗族来达到对农村社会的控制。

一　宗族的自治机制维系农村社会的稳定传续

江西的庶民宗族形成于南宋后期[①]，历经元代的发展，到明清时期江西形成了聚族而居的格局，很多村庄一姓一村，或以一大姓为主、兼及几个小姓为一村。特别是到清代，许多宗族已繁衍成大族，宗族势力强大。诚如乾隆年间的江西按察使凌燽所说："江右风俗，聚族而居，所在多有。"[②]

宗族在明清时期成了社会的基本结构单位，特别是在广大的农村社会，社会稳定或不稳定就取决于宗族及宗族间是否稳定。

明清近600年间，江西的农村社会总体上是稳定的，虽然也有宗族的械斗，形成小区域的暂时不稳定，但总体上农村社会是在稳定中传续过来的。农村社会的稳定传续，首先是以农村社会的基本结构单位——宗族的稳定传续为基础。

从明后期开始孕育，到清初，江西的宗族形成了一套稳定传续的机制，大体如下：

---

① 参见施由明：《论河洛移民与中国南方宗族——以江西为中心的历史考察》，载第十届河洛文化国际学术研讨会论文集《河洛文化与闽台文化》，河南人民出版社2011年版，第471页。

② 中国社会科学院历史研究所清史研究室编：《清史资料》第三辑，中华书局1982年版，第201页。

1. 稳定的权力分配与管理机制

庶民宗族在其自然发展壮大的过程中，形成了一套稳定的自我权力分配与管理机制，这就是带有氏族社会特征的长老制。由族中有威望的老者管理宗族的子孙。

由于受史料所限，宋元时期宗族的详细管理体制与宗族权力运行机制已难以考证。

明清时期有关宗族的情况，有很多的记载资料，如族谱、官方政书、文人文集中的文章等。从这些记载中可知，明清时期的宗族一般选有族长和房长，这是宗族的主要管理者。族长和房长有着家长制的性质，一般由族中和房中有威信的老者担任。从明代中后期始，官府就已开始利用这种宗族自然形成的机制来管理与规范宗族，明代中后期乡约推行的过程中，其中的约正、约副就是主要利用族长、房长来担任，在赣北的南昌府曾利用族长在族中推行乡约来治理宗族。到清代，官府利用了宗族这种自我形成的管理机制，由官府给予官方认可的牌照，赋予族长、房长管理宗族的权力。

清代雍、乾之际，江西地方官府按朝廷的要求，在江西全省推行乡约、保甲与族正制[①]。宗族除族长、房长外，又设有族正，也是宗族的管理者。从一些现存清代江西宗族材料看，族正是族中次于族长的主要掌权者。一些宗族材料（如江西万载的辛氏族谱）反映清代江西许多宗族还设有“禁首”，是次于族长、族正、房长的第四位掌权者，从万载辛氏族谱等材料可知，禁首是主要监督与检查族规与祠规的执行情况。此外，每户还设有户长。族长会同族正、房长、禁首、户长及族中绅士、斯文在祠堂议事和处理宗族事务，使宗族有序运行。咸丰十一年的《万载辛氏顺房谱》卷首《案略》中有一段话反映了辛氏宗族的权力构成：“乾隆三十八年合族公禀族长职监辛金寿、族正生员金紫、房长贡生汝岐等七人，绅士举人廷芝等九人，抱告受华，禁首长冬等六人”[②]，这些族中掌权者们

① 参见常建华：《乡约·保甲·族正与清代乡村社会治理》，《华中师范大学学报（人文社会科学版）》2006 年第 1 期。

② 转引自 1995 年万载辛氏族人编：《万载辛氏族谱》，第 120 页，江西图书馆藏，存六十四册。

代表宗族，前往县衙“恳恩示禁，以固龙脉”。在上述《顺房谱》卷首《祭仪·宗祠颁胙条规》中的规定，也反映了辛氏宗族的权力等级结构：“族长八斤，族正六斤，房长首士各五斤，如系绅士另照本色递加”，“禁首各二斤”。

有的宗族对族长的称呼有所不同，如万载袁氏称族长为“族督”，族督总领一族事宜，如修谱，有纠合各房长的权力。万载袁氏十八世孙袁兰忠在嘉庆已巳（1809）修谱《序》中说：“若予氏之谱，自兴宁之辑而亲亲长长之分，犹一体无殊。自宗甫、宗煌二公迁万以来，今十余世矣，因地隘居各，人心离涣，虽有草帙而莫知。迨后寿乾公为族督，亦尝虑及，尚未克果。厥后族督久虚。予为督，盖云督即可为修谱，总领也。予思无才，恶足以胜巨任？三辞勿得，予亦未敢骤理，戊辰冬，届宴会之期，承合族之举，遂与各房房长共相商悫，众志佥同，已巳春，复纠合各房送齐世系，越蒲月择吉告庙，纂辑世系，俾各房世系昭穆不紊，生娶殁葬昭然详晰，待各房诸公亲亲而登诸梓，开局于放荷之候，成功于丹桂之飘，装订合集，余亦乐得坐观其成也。”①

明清时期的宗族，正是在这种自然形成后又得到官府认可的权力机制管理下，有序地运行着。

2. 族人行为的规范与约束机制

农村宗族社会对族人行为的约束，主要来自于族规和祠规。族规明确规定了族人的行为准则，如若违规，要按规定加以惩罚。而祠规则规定了族人在祠堂内的行为规则及宗族活动的运行规则，对违规者，同样按规定加以惩罚。仍以万载辛氏为例：

乾隆四十五年的《万载辛氏族谱》② 中的族规，对族人所立的行为准则有：

一、敦孝弟人伦，万事根本。孝友人生大节，门内乖张，则根本

① 《万载袁氏族谱》卷首《原序》，道光二十一年汝南堂木活字本，江西省图书馆藏，存四册。

② （清）辛聚等修、辛廷芝等纂，乾隆四十五年木活字本，江西图书馆藏，存六册。

已坏，大节先亏，任尔富贵显荣，终是不可以为人所以。昔人垂训，开端便说孝弟。有一等人，田产看得极重，父母兄弟看得极轻，不思罔极之恩，碎身莫报；手足之亲，千金难得买。今与众约，各宜猛省，力尽爱敬友恭之实。倘有不孝不弟者，送祠从重惩责。

一、端心术为平生受用之本……毋怀嫉妒，毋肆离奸，毋行诡诈，毋弄刀笔，一切损人利己、刻薄寡恩之事宜戒之。

一、积德向善。

一、重读书显耀宗祖。延师课子弟，贫穷之家也必当竭力培植。

一、勤职业、尚节俭。

一、完国课……有不依期任意拖延，不但官法难逃，族众先为惩治。

一、严赌博。游惰之民不务生业，往往呼朋引类，斗牌掷骰……今无知子弟多被此辈引诱，博戏驰逐；而衣冠中亦有不检点者。该值年禁首查实，送祠责罚。

谨交游。人家子弟，好者半由朋友作成，不好者亦由朋友带坏。今有一等不肖之人，引诱人家子弟，吹弹歌唱，花酒赌钱，少年之人厌苦老成拘谨，喜欢浮华放荡，朝薰夕染，性情因而淫靡，识见因而卑污，辱身丧家，由此起。嗣后有此等之人，禁止子弟往来。不遵族训，众共惩之。

一、慎婚嫁。娶媳者当择妇家之贤，不可贪其妆奁；嫁女者当择男家之贤，不可贪其豪富。若果为忠厚之家，家教既好，人品必端，女必德性淳良，男必安分守礼，日后发达定知长远……玷辱家族者，众共惩之。

一、周族谊。……今与吾族约，凡遇孤寡饥寒，须竭力周恤，无父者教之，无子者继之，虽不计夫施报，而天道不爽，未有恤人孤寡而自罹孤寡之患者，愿共念之。

一、息争讼。……愿吾族之人，各忍小忿，毋积怨端，快何如之！

由上可知，族规规范了族人方方面面的行为，约束了族人的不良行为倾向，这是明清时期农村小社会能获得长期稳定的重要因素。

同样，祠规不仅规定如何祭祖，还规定了宗族事务在祠堂如何处理。乾隆四十五年《万载辛氏族谱》卷三《事宜·祠中事宜十二则》中规定：

一、崇宗祠。宗祠之设，上妥先灵，下联族众；礼教从此而起，孝悌从此而兴，最为事务。吾家子姓散处，除岁时祭享外，每年雇宗一人，令值个朝夕祀奉香灯兼洒扫祭洁净，免致常室污坏。一切贸易，止许于头门外栖止，不得拥挤门面内。若有不肖潜入赌博，勾引安歇，罪在承年。

一、隆祭祀。春月，祭扫龙山祖茔及清河渡、何家山等处，承年预备猪羊，先期通知；合族遵期登山致祭，午刻会宴，共沾祖惠。中元日，族长暨各房长入则絜，不得苟简从事；先十日通知合族，至期齐集，恪共行礼，其与祭之族长、乡绅、斯文人等，宜随承祭孙于二门外序次行礼，违者有罚；至新捐贡监及加职者，俱于冬至前三日报名，以便书名与祭。

一、贺新岁。……通限正月初四日辰时，老幼齐赴祠堂，先行谒祖，然后依次序行礼毕。承年备果茶，以为常例。

一、修坟墓。……必要竖立碑石，年年挂扫，方无遗失。且万载旧俗，祖山接葬鳞次，嗣后凡有接葬，须当通闻公同见眼；不得私行锄挖，违者有罚。尤有不肖子孙，只图兜金，不顾祖父骸骨，擅行出卖，系祖宗罪人，立即送官重究不贷。

一、宏作养。传家以读书为贵，子侄有志上进。祠中四时月课，不惜优赏，童子县试，祠内备卷送考游泮，花红每名五钱；补禀、两科举程仪，每名捌钱，如领程仪不去应试者，查出倍追加罚；恩副、岁贡，每名拾两；选、拔，每名贰拾肆两；登科，每名叁拾陆两；登甲，每名陆拾零两；两会试程仪，每名拾两；出仕，临时酌议。凡致身仕路，不问职之崇卑，当请共厥职，以图报，勿事贪墨，有玷家声。

一、投祠。族长与房长择正真绅士数人，先一日着禁首具请，到祠公论。余人不得滥与，二比亦不得任意相请，违者重罚。倘有禁首滥请，斥退。

一、各房承年。从前阄定顺昌达延孚觐七房，轮流承管，祠中帮钱若干，至己亥二月初二日造册结楚用须。今合祠酌议：凡祠中祭祀、收纳租谷、店资、喜庆酒席、完粮等一切事件，共择殷实廉正首事与族房长公同管理，承年不得仍前滥与。

一、报新丁。旧规每年于冬至祭日，每丁出银三分，赴祠，报名其月日，以便序列行派，付载丁册。若本年不报，挨至一二年报者，除罚银外，照利加算。

一、彰公道。本姓子侄投祠讲理，族房长、斯文等按理剖判，只彰公道。若外姓亲友经投勿受、谢禁，不得以子侄规论。如族人理短，按事大小，家法治之。若亲友理短，亦当婉言辞谢。且族长等每逢初二、十六，齐赴崇堂，凡众事必须众议；族房长名分虽尊，亦宜公道，方服众心，不得恃尊凌压。倘徇情偏私，仍许卑幼婉言规正，切勿执拘害事。

一、童子考试。合议本族禀保，照科分，轮流一名认保。族中童生者，祠发盘费钱，岁科俱三千二百文。倘贪滥，保客冒，除追盘费外，公罚。

一、立祠规。宗族之中，以长幼尊卑为序立，各有分位。凡遇祠事，房长、斯文依次列坐处理、详论，余人不得喧哗。及有投祠事件，二比站立堂中，静听诘问，从容对答；欠理则跪；无理应责。毋得狡辞强辨。至于禁首，坐立两旁静听，毋庸插嘴。倘不遵，酌定行重罚。

一、息争讼。……子侄果有互争事，故投状到祠，族长等务须揆情度理分剖，使大事化小，小事化为无事，和好如初。如执拗不依，到官成讼，其家长名字两造，不许互异，真情禀覆，听官处分；若私钻家长及私充家长，俱家法重处。至祠内每年须择举公正数人办理，凡遇是非事，悉要同族房长等处断，不得任意相请。违者有罚。

再看开基于南朝的安义县京台村刘氏，在清代对族人的约束机制①。

① 关于安义县千年古村黄氏、刘氏宗族，可参见施由明等：《宗族与江西古代农村社会——安义千年古村个案研究》，《江西社会科学》2004 年第 12 期；及施由明：《明清时期的宗族与农村社会控制——以安义千年古村为例》，《农业考古》2006 年第 4 期。

《京台刘氏族谱》[1] 中的“家法”，对宗族成员的行为原则有十二大类的要求：敦本笃行、务农守分、严教劝读、惩恶劝善、择婚谨始、敕法防盗、节酒杜淫、完粮奉国、忍忿息争、慎终追远、庆吊相能、灾患相求。这十二大类中的每一类又都有详细的规定，如“敦本笃行”的规定：

凡自恣自惰、不顾父母之养者，鸣公惩责。

凡触犯本家尊长及服内伯叔婶姆者，重责五十，论罚从轻，听其自新。

凡殴辱族房伯叔长者，重责二十，论罚后分曲直。

凡子弟见父母尊长，必拱立致辞敬。如箕踞安坐，面责示惩。

凡子弟必徐行后长。如疾行长者，比时面叱其非。

凡子弟乘轿马，见父兄尊长不下者，比时面责示惩。

凡顺妻违规、缺奉晨昏者，重责三十。凡亲弟殴兄，重责二十，后论曲直，从公罚惩。

又如“务农守分”的规定：

四民之业，莫重于农。三事终于厚生，八政先于足食。盖有野饷俶载之勤，斯有如京如坻之蓄。倘游惰自安，必致公私两负，朝夕难支，故毋论田地多寡，深耕易耨，不敢荒芜。毋得嬉游及越疆侵盗。如有此情，从公惩罚：

凡子弟盗卖父兄长田产者，重责二十，追赶价还父兄，取赎。其卖于本宗者，众议退业还主外，各惩罚。

凡公赡田地，轮流管业。如有强占不退，经公重罚，再议轮值管业。

凡族属业界不明，强混取利者，清界、追赃、另罚。

凡租种本宗田地，捱租不完者，先罚款，然后追租。

凡将共分田地湖山投献官豪者，一经发觉，价业归众，重加责罚。

① 安义县京台村刘氏宗族 1996 年自印自藏，笔者 2004 年在京台刘氏宗族查阅该书。

凡祖先分授产业原有关约，倘持强越占，论罚。

上述两项，一是规定了家庭成员们在家族中的行为规则，二是规定了家族成员们对待家族和家庭田产的规则。

其他如“严教勤读”规定作为父亲，必须教育好儿子，让儿子读书；作为读书人，不许假读书而酗酒赌博、骗害乡民、凌虐族属，必须强化涵养、训练优雅气质。

“惩恶劝善”规定族中子弟必须时时心存善念、按礼仪进退，睦族和邻。凡取债时逼勒欠债人卖妻女者及重息盘剥贫人者，都要受家族的惩罚。

“择婚谨始”规定了族人嫁娶的原则：门阀相当、世代清白的家庭才可嫁或娶；而收纳娼优婢丐者，不但要受罚，且妻不入谱；如妻妾詈骂族长者，其夫要受罚。

“敕法防盗”规定族人不得胡作非为、不得有不轨的行为，如夜聚晓散、闯入匪类、盗衣物牛牲、酒后生事等。不但要受族众惩罚，还要禀官究治。

“节酒杜淫”规定族人不得贪杯，以致酒后生事、乱伦。凡酒后生事累及父母兄弟者或侮慢尊长者，都要受罚；而乱伦淫污家门者，不仅要受家族责惩，还要禀官重究。

“完粮奉国”规定族人必须完纳国家规定征收的钱粮并不得逃避国家规定的差徭。凡连累族人者，族人共攻之。

“忍忿息争”规定了解决族内纠纷的原则：由房长或族长解决族内纠纷，如解决不了，再禀官谳断。

“慎终追远”规定了族人如何祭祀祖先及如何维护好祖坟山，如禁止樵采和强取祖坟山树木，禁止盗卖祖坟地。凡违规者要受家族处罚。

“庆吊相通”规定家族各房间必须互相关心，婚丧嫁娶都要来往，且要符合礼节。

“灾患相救”规定族人如有灾患，同族中人必须有财出财、有力出力，相互帮助，如规定灾荒年，族中有谷者必须先尽本族人籴买且不得抬价；凡本族人与外族人发生纠纷，族长须先出面议和。

“尊贤重士”规定族人都要鼓励子弟积极向上、争取功名，凡族人凌辱斯文者要受罚，在祠堂举行酒宴时要另设一桌给在学校的读书人以示奖励，凡中举中进士者族中给予奖励，而对于读书人酗酒、赌钱或干其他不法之事者要受罚[①]。

上述族规和祠规表明，作为明清时期的地方大族，辛氏本身形成了一套自治的机制及自我运行与发展的机制，这套约束与规范族人行为和处理族中事务的机制，是宗族运行有序、稳定延续与发展的重要机制，也是明清中国社会得以稳定地传续了近600多年的重要机制。

3. 典范引导机制

仅仅有约束机制是不够的，实际上，明清时期宗族的自治机制是由多种机制交织而成的，其中的典范引导机制是其重要的组成部分之一。

所谓“典范引导”，就是族中有威信的掌权人士如族长、房长、禁首（主要是检查与监督是否遵守族规与祠规），以及族中的乡绅、斯文（读过书或在读书的人）等，通过其自身行为、品德、善举、文化修养、名望等来启迪与引导族中后辈，一代引导一代，传续不断，这是宗族稳定传续的重要机制。

仍以乾隆四十五年（1780）《万载辛氏族谱》的《卷末传》所列大量辛氏族人行为、品行、事迹、志趣等资料为依据，选取数例，列表说明典范人物是如何引导后辈的：

表5　　明清万载辛氏族中典范人物表

人物	生活年代	功名	如何典范引导	资料来源
辛钟间	万历崇祯间		性恬，博学通诗文，泉石自娱，著有《适意草》。	族谱
辛受选	康熙雍正间		为人正直谦和，有古人风。岁庚申，延顺创建支祠，大半得公力。雍正间合邑举公为耆硕，每读法，雅为当事所重，邑侯洪公赠其匾曰“德劭年高”。	族谱

① 转见安义县京台村刘氏1996年编《京台刘氏族谱》所录清代族规，京台刘氏自印自藏。

续表 5

人　物	生活年代	功 名	如　何　典　范　引　导	资料来源
辛膺爵	康熙雍正间		生平乐善好施，言正行方，与人矜然诺，或有屈抑相投，代为伸理。遇公事，身任不惧。康熙三十年，呈请旱灾，忤当事，致公罪，卒无怨言，曰“吾为通邑累，虽屈何害?”远近闻者皆推服之。雍正七年，南浦桥毁，公继祖志，率诸弟侄捐金重修。……邑侯汪、严二公，廉其齿德，上公名于朝，恩受冠带荣身。	族谱
辛应炀	明天顺年间		世守忠厚……公自少以孝友闻，内外无间言，洽比乡邻，敦笃故旧，亦情文备至，且赋性恬雅，乐善好施，人有贷借，不计其息，至难偿者，辄焚其券，无纤毫德色。丁亥奇荒，公作粥赈恤，全活甚众。	族谱
辛贵德	明 末		负性慈和，立己端庄，幼孤，孑事寡母，服养唯谨……晚年为本户长，正直不阿；抚摩孙枝，期望尤笃。他如建桥梁，修广济庵，善行啧啧；常戒后曰：“为人要忍耐，随力量行方便。”子受瑄，正直如公。孙俱业儒。	族谱
辛映斗	清顺康年间		冠带典吏，奉公守法，委管全省钱粮……顺治六年随方伯壮公入觐，力陈题减袁瑞二郡积困浮粮，本邑应费三百两，公代为捐，迄今袁瑞食德不衰……年老不欲仕，家居乐隐。赋性耿介，立身端方，表扬母节，启后诗书。	族谱
辛敏植	明末清初		人谨厚宽和，雍容有度。康熙丁卯为七户长，起竖祠门实为倡首。族有纷争，婉辞解释，谦恭之德，播闻邦族。	族谱

续表 5

人　物	生活年代	功 名	如　何　典　范　引　导	资料来源
辛金诚	明末清初		幼习举业，屡试不售，寄迹泉石。康熙庚申，邑侯常公维桢，以万俗波靡，思得耆硕，申明教化。廉知公素行，擢是任月吉读法。凡关通邑利害，直陈无隐。侯敬重之。	族谱
辛维华	明末清初		禀性忠厚，宅心和平，非礼弗为，居家以孝友闻。康熙癸酉年，绅士公举为申明亭耆老。为人乐善好施，将西源庵庄田及杉竹山场喜助僧明空建庵。又尝拾途金，守候付还，义不苟取。	族谱
辛汝逵	明末清初		为人恬澹，不慕纷华，严气正性，远迈侪俗。且课子诗书，礼师隆贽，彬彬质有其文。	族谱

（资料来源：乾隆四十五年（1780）《万载辛氏族谱》的《卷末传》）

上述人物仅仅是辛氏宗族典范人物（且是无科举功名的典范人物）的一小部分，在县志如同治十一年刊本《万载县志》卷二一《人物》中记载有很多这样的辛氏典范人物（明代 9 人，清代 42 人，大多有科举功名）。这样的典范人物，一是引导了后辈的人格追求，即正直、行善，以儒家思想所要求的人格为追求；二是引导了后辈的价值追求：以光宗耀祖及齐家治国平天下为追求；三是引导与传续了一种业儒、努力科举的兴趣爱好；四是引导与传承了一种忠厚传家的家风。这种典范引导机制是宗族稳定传衍的重要机制。

再以丰城县骊塘甘氏为例，看族中乡绅或重要人物等是如何以个人的优良品行潜移默化地典范引导族中下一代。

丰城甘氏是县中大族，开基于宋，乾隆四十四年《（丰城骊塘）甘氏族谱》卷一《记·丰城甘氏祠堂记》是这样记载的："丰城甘公孟进，其先丹阳人，自始祖从矩，宦于丰城，越二祀，有名宗者，仕宋，官至司空，食邑丰城，遂居其邑之骊塘，其地至今有甘司空祠云。自司空而下，子孙蕃盛，多析居者。孟进则居邑之贤能坊，世多显闻，有举进士为靖江司户者，有为州守、县令及典教郡邑者。孟进夙承家训，励行端介，不求闻达于乡党，高其行谊，作祠堂于居之东。”① 从宋代到清代不断繁衍，甘氏早已成县中大族，此族从宋至清，产生了不少人才，族中的乡绅们一代典范引导着下一代，以族谱的记载为例：

表 6　　清代丰城甘氏乡绅典范表

人　物	生活年代	功名	如何典范引导	资料来源
甘文奎	明末清初	选贡。授南陵令，官至刑部主事。	清顺治年间以政绩和面对叛贼“不屈死”的品行，“赐祭葬，赠光禄寺，荫其子，崇祀忠义祠，邑人举祠乡贤。”	族谱
甘师般	清前期	补弟子员	有志圣贤之学，潜心濂洛关闽等书。教门下士务以明理戒欺为主，著有《四书驳谬》《周易述易》。	族谱
甘懋	清前期	补博士弟子员	性豪侠。所交皆知名士。留心族谱，宗人推为领袖，竟克有成功。课子孙务以宽，曰‘俟其自化’，故子孙皆以贤肖称。	族谱
甘镌	清前期		遇事敢言，不为势利屈，贫者周之，弱者扶之，学议则捐赀倡之，力破时俗悭吝之习。岁癸巳，永安垱圮，赖公笃修之力，人庆安堵。至于修祠修谱以敦一本之亲，解忿息争以全族之好，及蠲租释欠助棺助葬之类，不胜其屈指。	族谱

① （清）甘时敬纂修：《（丰城骊塘）甘氏族谱》，乾隆四十四年（1779）木活字本，江西省图书馆藏，存九册又一册。

续表 6

人　物	生活年代	功名	如　何　典　范　引　导	资料来源
甘恪齐	清雍乾间	生员	潜心理学，温厚和平，故家素封而守正不阿，饶有古人风范。恬淡自如，乡邻鲜有望见颜色者。由明经敦请乡饮正宾，为都人士劝而都人士之帖然心服者。	族谱
甘绂	清乾隆间	生员	教授乡里，训人以敦品行为先。游门下者皆明道义、尚廉介，多成名士。为人醇茂端谨，不苟言笑，动履必守礼法，卷轴外鲜所嗜慕，以此望重一时。邑中有创建，诸先辈必邀请之序文碑记，勒名旌善亭焉，两举乡饮正宾，人无间言，宦于兹土者亦俱以耆宿敬礼之。	族谱
甘溥恺	乾隆间		虽货殖，居业不吝啬。其在于家，资其扶济者又甚多，一切力所可为之事，毅然为之。修支祠以妥先祀，修大港口石桥以通行旅，先后各出白银百余两，名载口碑。族谱之修，复捐赀以之倡，非慷慨好者而能之耶！	族谱

（资料来源：乾隆《甘氏族谱》，江西省图书馆藏本）

以上是清前期丰城甘氏的几个典范人物。在明清诸丰城县志中还有一些甘氏人物传略。仅从这几个人物事迹即可说明：在宗族中，典范引导机制在宗族稳定传续中具有重要作用。

4. 教育塑造机制

对族人思想观念、行为举止的规范，来自于宗族的教育塑造；族人文化素养的获得，来自于宗族教育。因而，教育塑造机制是明清时期宗族自治机制中的重要机制，因为宗族的教育塑造机制塑造了中国基层的国民性，对维持农村社会的稳定传续与稳定发展起着重要作用。

宗族对族人的教育塑造是多方面的。前述的典范引导是一种潜移默化的教育塑造，长辈的品格追求、人生价值追求、行为举止、道德观念等，都在默默地教育、引导、塑造着后辈的思想、品德、行为、追求等。就万载辛氏宗族而言，代代间传续着忠厚、行善等儒家的做人要求，以及业儒、科举与光宗耀祖等兴趣与价值追求，族谱与县志中的人物传所记载的辛氏典范人物事迹足可证明这一点。

前述的族规、祠规，同样是一种教育塑造。族规与祠规是按儒家思想的要求而立的，儒家的思想观念、品德要求、价值追求、行为要求等，通过族规与祠规强制族人遵守、执行；同时，通过集中族人学习族规与祠规而使这些要求深入族人思想观念深处。族规与祠规设立后，族房长往往会在朔望即农历初一与十五集中族人进行学习。万载辛氏族谱尽管没有用明确的文字定下族人集中学习族规与祠规的时间，但从县志里有关人物事迹的记载中，还是可以推知的。同治十一年刊本的《万载县志》卷二一《人物》记载："辛金鉴，字又章，岁贡，勤学问，敦本实，尝自作家规，朔望集子侄听讲。任石城教谕，捐俸建义学，士子以文谒者，批阅不倦，士甚服之。"[①] 由此可知，当地还是有朔望日学族规或家规的习惯。这种学习是一种重要而又通俗易懂的教育塑造。

当然，宗族对族人最重要的教育塑造，还在于进行系统的文化教育。初级的文化教育是请老师在家中教子弟，即所谓的"延师课子"；或者是在家族创办的"私塾"或"义塾"中集齐学生，请老师教学，所谓"古者家有塾，党有庠，州有序，国有学。自公卿大夫与凡民子弟皆得入学其中，教之以圣贤之书，申之以孝悌之义，开之以功名之门，广教化，美风俗，育真才，端必由此。"[②] 明清时期的江西宗族大都代代相传着重教育的家风，如从辛氏宗族正德年间的四修谱《序》中可知，那时的辛氏宗族就已经树立了一种家族的共同追求："敦诗书，尚礼义，善相劝，过相规，贫相周，患相恤，雍雍睦睦，无忝于旧家。所以崇德端本，副先人望

---

① 《中国方志丛书·华中地方·第 871 号》，台北：成文出版有限公司 1989 年版，第 1034 页。

② 雍正《万载县志》卷五《义学》，《中国方志丛书·华中地方·第 870 号》，1989 年版，第 333 页。

者也。”[①] 因而只要有一定的经济条件的家庭都会“延师课子”，从乾隆四十五年的《万载辛氏族谱》的《卷末传》中可知，“延师课子”还是评价人的德行好否的一个因素，如其所记载的一些人物事迹中有：

明末的辛承芳（建溪公），“邑庠生，好经读书……博涉经史，欲发奋以承志，累试不售，遂业岐黄之术，以济人利物为念，创造精舍于九仙官。于左贮书满架，延邑名士以训课其儿曹至于善，以培心地而溉书田。见有善，则令子孙仿效之；见有不善，则令子孙警戒之……子孙争相砥砺十余年。”

康熙年间的辛联[illegible]（秀发公），“公为七房长……承家克勤克俭、爱朴厌华。晚岁隐居茅源村，督率子侄力于农事……孙枝楚楚，延师训诲，则后裔之昌炽，正未有艾也。”

除了延师家教外，许多大家族还办有私塾。如早在明嘉靖年间，辛氏宗族就创办了万载颇为有名的私塾——绿[illegible]书屋，同治十一年刊本的《万载县志》卷九《书院》记载：“绿筠书屋，小北关外，明辛滔建，训子侄及里中子弟。四围植竹千竿，前鉴池沼，宛若图画。”[②] 在清乾隆五十二年，辛氏宗族在族长辛聚等倡议下，又创立了一所万载县颇为有名的私塾——南坡义塾。道光年间的县令杨献弼的《南坡义塾记》是这样记述的：

乾隆五十二年，其族长聚等倡议所创立也。嘉庆初，廷芝、炳昭等复输册醵金置膏火田若干亩。名曰南坡，以宋时南坡由隆兴来万为一族鼻祖，示不忘也。塾距南郭里许，枕山面江，形势宏敞，平畴千顷，翠浪交输，仙岭、鹅峰、天马诸山蜿蜒秀峙，可以远眺，可以舒啸歌，会讲有堂，藏修有舍，退食有厅，庖湢有所。后有圃，杂莳名花数十种，乔干高枝，鸟韵悠扬。前有月台，方广数十步，有曲池袤

① 转引自1995年辛发庚主修的《万载辛氏族谱》卷首《原序》。

② 同治《万载县志》卷九《书院》，《中国方志丛书·华中地方·第871号》，1989年版，第33页。

延数十弓，绕以曲垣，阕以重扃，俾出入有稽，而游冶者无自而入。其所以为造就计者，至深远矣。①

经过家塾或私塾、义塾的启蒙学习之后，便是考入官办的府州县学校学习，因官办学校的名额很有限（县20、府40），大量学子还得进入民办的书院学习，然后参加科举的初级考试即乡试。

无论是初级的私塾或家塾或义塾，还是可算得上是中级教育的府州县学校或书院的学习，所学习的都是正统的儒家经典也即上述所说的“圣贤之书”。如清代万载县官办学校所学习的书籍有：《御纂周易折中》《御定书经传说汇纂》《钦定诗经传说》《钦定春秋传说汇纂》《御纂周易述义》《御纂春秋直解》《钦定三礼义疏》《御批资治通鉴纲目前编》《御批资治通鉴纲目三编》《钦定评鉴阐要》《钦定明史》《圣谕广训》《御纂日讲四书解义》《御制诗初集二集》《御纂日讲四书解义》《御制四书文》《钦定学政全书》《钦定授时通考》《钦定清汉对音字式》②。

通过这些“圣贤之书”的学习，学子们经历了儒家的价值观念、品格观念、德行观念、伦理观念等思想观念的教育、塑造，形成了中国基层的国民性，即以儒家思想文化为核心的国民性，这种国民性代代传承，成为维持中国传统社会稳定地传续的重要基础。

族谱的族规、家规、家训既是一种行为规范机制，也同样是一种教育、塑造机制。既教育族人，同时也是强制族人接受孝悌、忠君、和、守法、守规矩、勤劳、儒家伦理等诸多价值观念。特别是在清代，朝廷规定族长要在初一、十五集中族人学习《上谕十六条》或《圣谕广训》，有些宗族则学习族规（因族规是根据此二者的思想内容制定的）。通过反复地宣读、宣讲，对塑造基层国民性有着重要作用。且以清代万载袁氏的《家规十八则》③ 为例来看家规等对族人的教育、塑造：

（1）警醒族长、房长等宗族领导人物，要确立良好的品格：

① 同治《万载县志》卷二九《艺文・记下》，《中国方志丛书・华中地方・第871号》，1989年版，第1855页。

② 同治《万载县志》卷七《学校・学制》，《中国方志丛书・华中地方・871号》，第294—296页。

③ （清）《万载袁氏族谱》，道光二十一年汝南堂木活字本，江西省图书馆藏，存五册。

宗长原一家之观瞻，而户长尤房长之领袖，比之子侄尤当谨慎。况源洁则流必清，表正则影自直，今后务崇德以端其本，毋得外施仁义、中藏狡诈，则人则明，恕己则昏，以伤宗长之体。如是，则不待严束而众将自劝矣！故孔子曰："其身正，不令而行；其身不正，虽令不从。"

（2）塑造孝悌之素质：

孝悌为百行之原，人能孝于亲、事于长，则一家和顺由是，伦纪之所留不少。语云：天下无不是底父母，世间最难得者兄弟，虽贻同气之亲，毋伤手足之仪。如有不孝不悌、忤逆犯上者，家规重惩。

（3）塑造父兄教育子弟之责任：

子弟中才者居多，全赖父兄教训。若父兄之教不先，子弟之率不谨，甚至放僻邪侈，无所不为。所以教者必要归于正，即可子孙间有不率，尤必薰陶渐染，俟自化。又不可轻弃子弟，而为子弟者亦当曲体父兄之教，而后可也。

（4）塑造族人守法守规之素质，包括完钱粮、不赌博、不酗酒、不逞凶斗殴、不故意构讼，风俗端正：

钱粮乃朝廷正供，必须及时完纳，毋得拖欠违限，有误国课。古云：报国必先须完税。又云：若要宽，先了官。然必在家省一分公。又有甚者：贪图目前帮补，妄承他人荒田疲粮，贻累子孙不小，尤宜痛惩。

赌博最宜儆戒。有等不肖子弟，不务生业，专好斗牌掷骰，三五成群戏耍，闲游荡，破家财，衣衫褴褛，田地消磨。致骨肉生嗔，亲朋嗤笑；甚至不顾廉耻，为奸邪，为盗贼，未必不由于此。犯者重责。

酒，所以合欢宾朋，往来岁时，伏腊皆所不免，然后随其量之高下，以醉为度，内不致丧听，外不得失仪。谚云：若取断酒法，醒眼看醉人。又云：酒不醉君子。毋得酗酒猖狂，至滋祸端。

逞凶斗殴，亡命所为。因一朝小忿，动辄挥拳、持捧，行凶打架；及自揣理亏，服毒尤赖，或假妇女放泼。送官究治。

词讼，出于不得已者也。有时冤屈莫伸，投众理论不服，只能辕奔控以求清结。如有武断乡曲，奸险作证，唆讼告讦者，务期互相攻击，毋得狗情宽恕。

端风俗：风俗不端则人心叵测，势必强凌弱、众欺寡、少凌长，小加大，靡所底止。故一门之内，务期与父言慈，与子言孝，与兄言友，与弟言恭，伯叔孙侄蔼然有恩，尊卑长幼秩然有礼。由是道德可一，风俗可同，即不敢号称望族亦可无玷家声。

(5) 塑造勤劳的素质：

人生在世，莫过于勤。诚使男勤于耕，女勤于织，一生衣食自然丰足；勤而不俭，所入不胜，所出一日之费，耗散终岁之财。语云：常将有日思无日，莫把无时作有时。又云：量其所其出，度其所入。能记此古语，则一生吃着不尽，各宜猛省。

(6) 塑造尊祖敬长的素质：

坟墓，所以妥先人。每逢清明，届期理宜及时祭扫，以防侵犯。毋得欺公跨祖，毋得掘冢盗墓，毋得毁围侵间！尝见人家子孙衰败无聊，将祖地售与他人，致祖骸暴露不顾。族中如有犯者，察出，起迁重究。

宗庙，礼法所在。不论大小事宜，尊卑长幼咸集祠内，各宜齿挨次坐定，整齐严肃，静听族长、房长处分。不得嬉笑游谈，喧哗杂乱，有乖宪典。违者惩责。

会议，每逢朔望，整肃衣冠，齐赴宗堂。凡公事，必须公议。倘徇私偏曲，须卑幼真言谪谏。

通过这些强制规定，通过宗长的教导，通过反复的学习，通过族中乡绅的示范引导等，这些家规、家训或族规的规定，潜移默化成基层国民的一种素质。

5. 修谱、建祠、祭祖、族产等形成的凝聚机制

除了上述的约束与规范机制、典范引导机制、教育塑造机制外，宗族自治机制中还有一个重要组成部分，这就是凝聚机制。宗族之所以成为一个有共同情感的群体，首先是因为同祖而同血缘的关系，才形成互相认同的亲情感，但这种亲情感会随着分支越来越远而疏远，这就需要不断地凝聚、加固、认同，其手段则是通过修谱、建祠、祭祖、共享族产等。

（1）修谱

修谱，是形之于文字而确认宗族的血缘关系，是产生向心力的重要手段。如万载辛氏宗族的族谱，首修于洪武丁丑年（1397），曾任浙江按察史的万载贡生龙镡在谱序中对修谱的目的和重要性作了明确的阐述："姓氏之学不讲，则谱系不明；昭穆罔辨，鲜不视其亲为路人，而孝悌之道因以衰也……辛氏之子孙阅是谱，即可知某与某、亲之亲者也，某与某、亲之疏者也。然亲疏虽有远近之不同，一本吾祖之身，无异也。吾知春秋祭祀昭穆以之分，岁时庆会长幼以之叙，贫穷相恤，婚姻相助，不督而集，不戒而孚，皆本吾祖宗之心以为，衍其忠厚之风于无穷。"① 实际上，这是族谱序中往往都会说到的修谱目的；就是要以血缘凝聚族人，使族大分支或世系传衍而亲情不疏远。如清道光二十三年《万载李氏族谱》卷一《修族谱法序》中说："人之有祖，如水木之有根。木之有根，根深则枝叶盛；水之有源，则一派长流；人之有祖，则子孙之昌盛也。谱不修，则宗亲莫能记述，渐归湮没之乡；派不叙，则尊卑易于失序，酿成鄙陋之风。不特昭穆陵夷，抑复丘墓遗忘，所以勉强修谱序派者，此耳。"②

辛氏宗谱始修于洪武丁丑年，之后又续修了八次：宣德乙卯、天顺戊

① 转见1995年辛发庚主修的《万载辛氏族谱》卷首《原序》。

② （清）李福祥纂修：《万载李氏族谱》，道光二十三年陇西堂木活字本，江西图书馆藏，存三册。

寅、正德戊辰、嘉靖戊午、康熙丙戌、乾隆甲子、乾隆己亥、嘉庆乙丑，即辛氏大宗祠主持修了九届。从嘉庆甲子起，长房和幼房各自走向分修，延、顺、觐、达、昌、孚都各自修有房谱。

修谱，首先要考证与叙述世系源流，这是每本族谱不可或缺的组成部分，血缘传续链是每个宗族用来凝聚宗族的情感链。

清道光二十一年《万载袁氏族谱》卷首，载其十五世裔孙袁康武所撰《源流新序》，先考述了袁氏如何从中原到赣州为官；又到广东为官，安家兴宁；子孙再倒迁回赣之万载；在赣西万载、分宜衍分成六房，然后颇感慨地说："兹因更正（源流）详于续修谱内，则流之远可以不失其真也。今而后，凡我祖宗自出之源、分迁之地，庶几一睹了然明白耳。后之人能以予心为心，世世相承，九族一体，而亲亲之情、雍雍之义，胥与夫天地同悠久可也。吾六房盍其图之？以俟后之踵事增华者观耳。"自认为有了族谱，明了源流就能"九族一体"！

每本族谱的序往往都会谈到为什么要修谱，其目的就是为了敬宗收族。诚如清道光二十一年《万载袁氏族谱》卷首载其十九裔孙袁挺禹在《编修序》中说："昔人创置宗法，上治祖宗，下治子孙，虽亿千万禩而子孙之所自出厘然不紊，敬宗收族之道莫善于斯！固可轻视哉？"十八世裔孙袁兰公在嘉庆己巳首修谱《序》中说："且夫人之良知良能，无不知爱其亲，无不知敬其兄；及其世远族繁，则人心离涣，而使同居于爱敬之中，其莫涉矣！程子曰'管摄天下之人心，收宗族，厚风俗，庶使人不忘本，虽是明谱系，而实宗祖法立也。'"

族谱使以宗族为基本社会结构单位的农村社会维持有序，在现存明清时代的族谱《序》中都会说明，修谱的目的就是达到"亲疏有别，长幼有序，尊卑有辨，人伦有序，昭穆明焉"。（《万载袁氏族谱》卷首《原序》）

族谱明文确立家规，并且明文规定触犯者将在宗祠受惩罚，如万载袁氏在族谱中明确地说："设立家规，严如汤火，亦不论富贵贫贱，紊不得一毫纲常之等。设有功者，明则必赏；设有紊者，断则必罚。犯法重者，死者不恕；犯法轻者，重责不饶。号令施行于宗祠，刑法悬放于祖堂。谆尔孙子，尚可忽诸？苟不慎时势而轻动妄作，小则倾家，大则害命，则悔之晚矣！”

修谱时往往需要按丁出钱，族人愿意按丁出钱上谱，就是认同了这个作为共有血缘关系的群体，认同了作为这个群体的共同祖宗及族谱所列的世系，以及在这个世系中的排位，因而也就奠定了作为一个群体的情感基础。所以，通过修谱，辛氏族人达到了如辛御良在《嘉靖戊午五修谱序》中所说：“族谱之修，所以明世系，笃亲亲也。”[①] 族人间用世系的线与血缘亲情的线凝聚起来了。

乡绅也正是可以通过修谱来维持基层社会的秩序，从而获得在基层社会的地位。

（2）建祠

建祠，是在通过修谱奠定宗族共同情感之后，为强化与加固这种情感和经常的情感联络，以及建立适合宗族需要的活动场所而采取的重要凝聚手段之一。如光绪三十二年《宜春北关五甲杨氏支谱》中的《上水关创建祠堂记》中所说：“祠堂之设，所以聚祖宗之精神，展子孙之孝思，而为人生报本之地也。豺獭有知，矧为类事，无大于此者。”[②]

建祠过程的本身就是一个重要的凝聚过程，因为建祠首先需要族长聚集房长和族中长辈及其他有地位的族人共同商议，然后经族人们都认可，按丁出钱及族人捐钱，宗族的情感在这个过程中得到强化。

以万载辛氏为例，在明天启四年（1624）首建宗祠的时候，“（族长）孝廉敏道等，倡率七户各出银三十两，孚户银八两，共捐资正价一百五十两”。后康熙戊寅与乾隆甲子维修与扩建宗祠时，都是通过族、房长等的商议，然后按丁派银与族人捐资，建起了在万载县颇为宏大的宗祠。特别是康熙年间那次扩建，“幸族有同心，开报丁册，约一千二百有零，而房分七户，每户派银十两六分，共得银一百四十余两；又每户乐助银，得银二十六两”。落成之日，“备牲酒奠祀我祠祖位，与祭绅士七十余，衣冠济楚，其庆幸焉”。此后，在乾隆辛酉年，延、顺两房又建房祠，“用银一千二百两有奇，其规制与仁坊辛氏总祠相称，诚足以妥先

① 转见1995年辛发庚主修的《万载辛氏族谱》卷首《原序》。

② （清）杨淑田修、杨树声纂：《宜春北关五甲杨氏支谱》，清光绪三十二年道南堂木活字本，江西省图书馆藏，存六册。

灵而肃观瞻。”①

通过建祠，族人的情感得到了凝聚，诚如《万载辛氏顺房谱》卷首《康熙戊寅修祠纪事》中说：“大抵尊祖敬宗，人有同心。本族自戊寅立祠以来，人思报本，继起者不一族也，足见至性所感。”又《延、顺两房祠记》中说“人道莫大于亲亲。亲亲，故尊祖；尊祖，故敬宗。人能尊祖敬宗，则一本之恩已笃……自今始，尚其喜相庆，忧相恤，善相劝，过相规，礼相接，庶几交相爱好以无忘先世之德，则岂独家门盛事哉！”②

从上述可知，修祠对凝聚族人是多么重要！

（3）祭祖

祭祖是凝聚族人的重要手段，有墓祭、祠祭（祠堂供有祖先牌位）和家祭。清明日墓祭，中元日（农历七月十五）家祭，冬至日祠祭。从上述辛氏祠规可知，辛氏宗族已对要隆祭祀作了明确规定。不仅如此，作为一个大族，他们在族谱或房谱中的《祭祀事件》与《祭仪》中对清明与冬至如何进行祭祀作了非常细致、严密的规定。如有资格参加祭祀的人及其工作、整个祭祀的程序、祠堂如何布置、祭祀时的诗文等，都有明确细致的规定，甚至辛氏幼房（在万载传衍的辛氏族人有长、幼两大房）还有专门的《祭先事件册》，对祭祀作了详细的安排与规定。在《祭先事件册》的开篇，作者辛其章（嘉庆时人）说明了为什么要准备这么一本册子：

> 凡礼之大，祭为重；而祭之本，礼为先。祭而违礼，非孝也。……此祭先事件之所以有册也。宗庙之礼，首序昭穆。然世系不明，昭穆必混，故列世系图于前，而神主讳字之录次之，昭其序也。将祭，虑事必豫，故榜文、通饬文次之。比时具物必备，故陈设图之。室事、堂事文甚繁，故赞唱仪节不可略。告孝、告慈言贵信，故祝嘏等祠所必详。至撤馔归葅，礼仪既备，孝思亦因之遂也。

上述文字表明，祭祖是表达对已故祖先的孝心。而实际上，祭祖既是

① 咸丰十一年辛树仁和辛子敬主修的《万载辛氏顺房谱》卷首《修祠纪事》，江西图书馆藏，存六册。

② 咸丰十一年辛树仁和辛子敬主修的《万载辛氏顺房谱》卷首《修祠纪事》，江西图书馆藏，存六册。

宗族认同的重要过程，也是强化宗族情感的过程。族人们带着对祖先崇敬的心情，按严格的程序行礼、致辞，然后分胙、宴会，族人们的宗族情感由此得到增进。

实际上，祭祖的过程还是教育与塑造族人的过程。首先是祭祖的气氛是一次熏陶族人的过程，族人们在祭祖的环境气氛与过程的气氛中受到了尊祖敬宗的熏陶；其次是在聆听诫辞、箴辞、初献诗、亚献诗、终献诗、嘏辞、妥辞、撤馔诗的过程，不仅受到尊祖敬宗的教育，而且还受到了儒家的家庭观念、伦理观念、处世原则、品格追求等的劝勉，是一次受教育的过程，一次思想受强化的过程，一次思想与人格被塑造的过程，一次思想与心灵的洗礼。

以清代万载县安仁坊李氏祭祖为例，其整个过程所要求的，是要表现出对祖宗的诚、敬、恭之心，整个过程要求严肃、恭敬。《（万载安仁坊）李大祠神主册》[①] 载：

> 通饬文式：
>
> ——李祠族长、族正同示为严饬祀事。窃惟家庙，首重祀典，行礼须尚恪诚，子孙之精神萃而祖考之精神亦萃，岂徒习故事饬观美已哉？党不恪恭乃职，语言轻肆，立不端庄，举止失次，甚至嬉笑自如，种种亵越，负罪良深，何以妥先灵、垂后法？即本名忝的监察，理合开列。祀规严饬遵守，倘有违玩，惟依家法示儆，决无宽贷，慎之思之。
>
> ——祭礼致斋三日。各斯文宜于十一日赴祠斋戒事，至十四日午刻执事人鼓三通，通赞引主祭或代祭者行礼、省牲，申刻习仪。是时凡与祭者俱要宿祠恭候，五鼓行礼。查点不到者举罚。
>
> ——通唱礼生两名，主祭；分献、引礼生六名，务要择礼仪娴熟，习登降合度者任之，免致参错失仪。其读祝及箴、诫、嘏、妥礼生，俱于站所静听通唱，次第宣读，务须端正清朗。如有声音不亮、字句含糊、跪立失仪者，监察计过举罚。
>
> ——凡与祭房长及未执事斯文、禁首并各房子侄，俱于二门外序

① 清同治十年陇西堂木活字本，江西图书馆藏，存一册。

班行礼。不得闲游喧哗，拥挤中堂。违者监祭举罚。

——无论执事与祭，俱要鲜色衣顶，不得以便服混入行礼。违者有罚。

——宗庙中，以有事为荣。既经公排，执事自宜小心称职，勿得临时推委顶替，有碍观瞻。违者并罚。

——品物丰俭称时，务宜致洁。诸凡有关祭……均宜预备。其或不洁不全，临时换补，不成体统者，罚在承年。

右谕，祠众咸知。

同治　年　月　日（贴二门外）

从这则《通饬榜文》可知，祭祖是宗族中一件隆重、庄重的祖宗认同与亲情凝聚过程。再看其祭祀程式中的读诫辞、箴辞、初献诗、亚献诗、终献诗、嘏辞、妥辞、撤馔诗：

诫辞：

冬祭祖宗，务在孝敬，恭伸报本之诚，恪尽追远之意。其或行礼不恭，离席自便，与夫欠伸跛倚，哕噫唾涕，一切失容之事，俱系不孝不敬。《诗》曰："神之格思，不可度思，矧可谢思！"戒之！慎之！否则，家规有罚！谕众咸知之，谨诫。

箴辞：

祖宗家训。箴汝子孙：亲疏长幼，罔有弗遵。思汝先世，创业不易。勤励自强，夙夜无寐。男孝父母，妇敬翁姑。友恭姻睦，远近和愉。积德既厚，流庆自久。子孝孙贤，天申福寿。其在败类，逾越防闲。内怀嫉妒，外逞凶顽。贻害族枝，弗保祠墓。孽由已作，非天降罟。天无偏好，为善蒙休。天无偏恶，为恶招尤。改过迁善，天道亦转。其懋哉！俾我光显，仅箴节略。别名家范，其意未畅。为申之。

初献诗：

勤矣先祖，裕我本源；靡远弗覆，昊天戴恩；我循遗诲，其人千载；斋戒以承，俨焉斯在。

亚献诗：

衣食可丰兮，谨身节用；免饥凶兮，保我祖之功；礼让可则兮，谨言慎行；无邪恶兮，我祖之德。

终献诗：

族之大，本难恶；履霜露，心凄怆；合敬爱，备牲羊；骏奔走，神之旁；严如在，气洋洋；进后嗣，诏之详；遗发肤，毋毁伤；遗言行，毋披猖；资孝弟，质忠良；习礼让，勤文章；愚力田，慧通商；守士诫，肃官常；逆无惰，顺无荒；命若立，家乃昌；拜稽首，嗣敢忘；夙逮夜，恪以将；族之和，神悦康；歆我祀，报无疆。

嘏辞：

祖考命工祝，承致多福无疆；于汝孝孙，赉汝孝孙；使汝禄于天，宜稼于田，眉寿永年，勿替引之。出家礼。

撤馔诗：

神兮聿归，废撤不迟。莫远兄弟，备言燕私。自今以始，岁其有君子。有谷诒孙子。

这些诫辞、箴辞、初献诗、亚献诗、终献诗、嘏辞、妥辞、撤馔诗的内容，实际上就是儒家伦理道德、思想观念、品格追求、人生价值追求等的具体要求。所以，聚祖的过程是血缘观念强化、亲情强化的过程，也是深化儒家思想教育的过程。

再看万载辛氏辛幼房祭祀时，作为已逝祖宗的神灵告诫子孙的《箴辞》：

祖宗家训。箴汝子孙：小心翼翼，训诲谆谆。思汝先世，成立不易。勤力自强，克光门第。男孝父母，妇敬翁姑。和邻族范，彼前谟汝。其听受，神其眷佑。尔子孙，有福有寿。间有宜顽，出乎大闲。内生疾妒，外肆凶奸。弗供祭祀，违禁越度。戕害宗支，毁伤坟墓。神不汝赉，天不汝将。若能迁善，转咎为祥。

这样的箴辞，毫无疑问对族人是有教育、塑造作用。

(4) 置族产

设置族产，也是凝聚族人的重要手段。乡村社会中，一般地，只要有能力的宗族都会设置族产。因为：每年宗祠祭祀时的开支，贫穷族人的赈济，族中教育的创办，对族人参加科举考试的支持等，都需动用族产。

上述万载安仁坊李氏，源自于“有唐节度使陇西公观察袁州，殁葬宜春红花，仰子孙岁时展墓，来县者无虑数十派”。于是“至清乾隆二十三年，始合十七支，置祠宇于安仁坊。筚路蓝缕，创始艰难，陇西公有祀于万，自此始。同治庚午，益加恢廓，堂构一新，为合县之冠。于是子若孙得以瞻庙貌……然因土木甚巨，耗费孔多，廿年之间至不能举行祀典。乃议更章输管之法，孳养生息，始得购买刘家塅田山庄屋一所，历年复陆续添置各处田产二千数百把，资息较多。而祀事亦定三年一举，循是以往，积累日增，自可绵血食于无既……今藉祖宗之祀，俾族人无亲疏远迩，每三年而咸集堂，各恍然于分形同气之理，用以维系亲睦之谊，则岂惟尊祖？其所以绵族祚于无穷者，胥于是乎在乎！”[①] 族产成为维持万载李氏祀典的重要经济基础。

万载辛氏宗族作为地方大族，也拥有比较丰厚的族产。据万载县图书馆藏《辛氏大祠产业册》记载，清代的辛氏大宗祠的产业有：

表 7　清代万载辛氏大宗祠产业表

产业名	店	屋	田	土	宅基地	山	助　约
数量	9 栋	25 栋 共 100 间	828.28 亩	4 块	2 片	八夹	田 78.8 亩 庄屋 6 栋 竹山 65 亩 钱 24 千文
买价	银 163 两 565 千文	银 1699 两 4397 千文	银 3289 两 16162 千文 银元 2520 元	银 42 两 4 千文	银 89 千文	银 10 两 104 千文	

（资料来源：万载县图书馆藏《辛氏大祠产业册》）

此外，长房（觐房）、达房、幼房都有相当数量的店、田、屋、山等族产[②]。

① （民国）李振铎等纂修：《（万载安仁坊）李大祠章程田册》卷首《享册序》，民国十一年陇西堂木活字本，江西图书馆藏，存一册。

② 转引自 1995 年辛发庚主修的《万载辛氏族谱》总卷一三《祖产》。

通过用族产赈济族人、支持族人参加科举考试以及维持每个既定年份的祭祀，对凝聚宗族起了重要作用。

二 乡绅掌控宗族的自治机制

从明后期宗族自治机制的孕育起，到清代前期（雍乾时期）宗族自治机制的形成，乡绅始终掌控着这种自治机制。

1. 乡绅掌控宗族的权力与管理

族长是“一族之望”即族中的权力核心，是族中权力最大者，“祠事”（即春冬两季祭祖和在祠中处理族中事务等）由族长“倡率”，祠产由族长等人经营，“兴义塾，延名师，令子弟诵读于其中”①，也要靠族长。族长会同各房长，在清代时还要加上族正、禁首（清代江西的宗族中往往设有这一职务，监督与检查族中成员履行家法者）、斯文（族中有文化者）商议与管理族中事务。这些人在乡村中不管其有无功名，对族中事务即对特定乡村社会事务有话语权，可以算是特定乡村社会中的乡绅。清代乾隆年间，江西地方政权曾通过给予族、房长牌照，作为经官方授权、官方认可由族房长管理族中事务。这是地方政府对乡绅的利用，而宗族中的族房长也借政府的认可，名正言顺地管理族中事务。

因而，明清乡村的自治性质，首先就表现在乡村宗族有一套自我形成的管理人员，从明代的约正、约副，到明后期族长、房长等的产生，到清代增加的族正、禁首、斯文等人，组成了一套带有血缘氏族性质的宗族事务管理人员队伍，他们维系着宗族社会的运行。

族长一般由族人公举公推族中有威信的长辈担任。能被推为族长者，一般是靠其个人的优良品行使众心服，而不是靠个人强势。以清代宜春赤溪塘易氏的两位族长为例②：

---

① （清）袁奠周等纂修：《（万载东隅）袁氏族谱》卷首《族序·族长彩历公序》，咸丰十年汝南堂木活字本，江西图书馆藏，存三册。

② （清）佚名修纂：《（宜春赤溪塘）易氏宗谱》，清光绪元年重桂堂木活字本，江西图书馆藏，存一册。

《易公讳士炳府君传》：

公讳士炳，字大猷，行腾八经，抒公五子也。公赋性浑朴，恢廓有大志，虽肄业未深而于古圣贤之体要，悉能真知而力行之，且刚方正直，尤为众所推重。故是非曲直一经面折，咸服其众，盖其断制无私，取信于乡族者有素也。先是家无厚产，恪守紫阳格言，量入为出，家计遂隆隆起。然又积而能散，遇路倾圮，或捐或募，则必竭心力以竣其事。至若嘉庆十四年族修谱牒，公分其任。到晚年推为族长，而公亦以族事为己任事，其相助为理者，咸曰：革弊兴废之馨无不宜，种种盛举，洵为后世所利赖。故凡有修建，悉准诸此焉。年七十有一，以寿终于家，族中不胜梁木之悲云。子孙蕃衍，具详谱牒，其食报原自不爽。余以远鄙，何能赘述其事？但因行有足博，遂不禁书之，以志诸谱。

皇清光绪元年乙亥孟冬月吉旦　邑庠生周观泉拜撰

《易公讳如衡府君家传》：

公讳如衡，父行撰，二父讳士辅，独生公也。公一岁失恃，而得之父训者深，故自少至长，力戒淫佚，务去刻薄，公之志也。为人有至性，善事父，亲左右，就养百端以求娱其意；及遭大故，备礼尽哀，有人所难能者。况四甲与九甲共建宗祠，祠无祭产，祀事不兴者若干年。自公为四甲族长，遂与九甲煜六诸人经理十余载，所置祭产大异于前，先人之心慰，即族人之心亦慰也。至若鸠工伐木，建寺宇，修神像，无怠容，亦无私心。所以躬逢覃恩，荣膺九品。寿终。德配辛太君，事翁（相父）而有典有则，训子媳而有条有理，寿终，八十有三，生子五……

皇清光绪元年乙亥孟冬月吉旦，宗侄孙滋甲拜撰。

农村宗族的自治，首先便是表现在这种宗族自身公推品行良好的宗族领袖来统率族人。

房长的产生如同族长，往往是由一房中有威信的长者担任，是由房众公推公认。

明代的约正、约副的产生，有的是地方官府指定，如南昌曾由地方官府规定，推举宗长以推行乡约；有的是依靠士绅，在地方推行，如吉安府的一些乡绅在地方推行乡约。这种约正、约副属于民间自我设定。这两种情况也都是在明中后期江西的某些地方出现过，尚未全省铺开。

清代的族正，是中央朝廷规定必须在宗族中设立的一个职应。自乾隆年间直至清后期，江西地方官府都一直在致力于在宗族中推行族正这一职位。从清代的族谱记载看，清代江西各宗族切实执行了地方官府的要求，各宗族都设有这一职位。族正是仅次于族长的宗族管理者，其排名在族长之后，从前述《万载辛氏顺房谱》卷首《祭仪·宗祠颁胙条规》中的规定，充分说明了这一点："族长八斤，族正六斤，房长、首士各五斤；如系绅士，另照本色递加"，"禁首各二斤"。

由乡绅担任的族长、族正、房长、禁首、斯文等，掌控了清代江西乡村社会中宗族的权力。

2. 乡绅制定族规、祠规等宗族约束规则

族规和祠规的制定，是由族中乡绅在编修族谱时制定。清代的族规和祠规大多都是据康熙的《上谕十六条》和雍正的《圣谕广训》制定，其精神和要求是按此二者而来。乡绅们在编修族谱时将此二者具体化。在明代，一些乡绅努力推行乡约，将乡约内化为族约，这主要是那些恪奉儒家文化的乡绅们的主动作为。

光绪三十二年《宜春北关五甲杨氏支谱》卷七《艺文》中的《明故乡进士迎川杨君墓志铭》记载致仕后的杨迎川，"未几归郡，郡守徐公葺昌黎书院，集郡邑俊彦，督君主教事，孜孜训迪，随才造就。诸君名士，皆先遵服。丁未下第归，奋曰：'儒有最上一乘，诗与文，特土苴耳。'闻吉水罗文恭讲学石莲，往从之游；复趋安成，听先公教于复古。归，即佩服躬行之教，愈自励而求实践。居家，延师立课训诸子姓，修族谱，立家约，捐财倡族，赎祖房数楹以建祀。尝语人曰'吾自见二先生后，如春华谢绚，秋实归根，书绅岂敢忘。'"

此案例表明，家约、族规、家训等都是由族中有话语权的族绅们制定的，由"禁首"监督执行。

3. 族中典范人物也多为乡绅

能成为引导族人行为与思想品质的典范人物，往往是族中有很高威信的长辈人物。他们的行为，他们的品行，他们的言谈，他们的个人人格魅力，都在引导着、影响着、潜移默化着族人的品格、价值追求、言谈举止等。他们或许仅有低层次的科举功名，如生员等；他们或许没有科举功名，但有良好的品行和威信。他们在特定地域中仍然可以算得上是乡绅，即在宗族中能成为典范人物者大多都是乡绅。

以清代萍乡北部的朱氏为例，据清朱照萱等纂修的《萍北朱氏族谱》[①] 记载，收入《家传》的这些人物，如照莲公、树鹄公、树棠公、树言公、树鹏公、树德公、照奎公、照恒公、照墉公、照葵公、培骏公等，都是些有文化学养、有优良品行的族中典范人物。他们有的有低层科举功名如“邑庠生”；有的没有任何科举功名。但在特定地域中，他们也是典范人物，如：

> 照葵公，字久兀，号惇齐。诗文字皆通，以家事累，遂弃其业。处饶裕，无纨绔气。父母有命，谨遵无违；骨肉间有怡怡乐。兄就官，代理农事如己事，待侄严教训，不屑屑计较膳养资；延师课子，馆谷、礼貌必隆。乡里分争，以理判曲直；尤爱息讼，虽出钱不惜，公私诸会，多赖维持。育婴不吝多金，捐公祠租册，硕为祭产，其生平大概如此。

此品性足称族中后辈典范。再如：

> 培骏公，榜名赓苹，字可士，号韵轩。邑庠生。资仅中人，而刻苦力学于穷研经义，外表尤肆力于历代史籍，每二三知己把杯谈心，于酒阑灯炧之余犹言之津津，不倦也。且为人至性，见族中贫困者多，遂倡议立善后仓。又，族人有死丧之戚，苟身与其事，辄为之含泪不欢，而骨肉可知矣。以故周旋晋接，和怡之意蔼然可掬，皆至性

① 光绪二十年沛国堂木活字本，江西省图书馆藏，存四册。

之所流露。无奈文憎命达，竟以赴省乡试，累兄扶榇以归。尔时，识与不识，莫不伤之。①

能引导族人的乡绅，往往是有文化学养的族中长辈。他们或许拥有低层功名；也可能是有文化学养的商人，年少时也曾有志于科举，也曾努力学习过，但由于生活所迫不得不放弃科举的追求，致力于贸迁；富裕之后将他的儒家情怀寄托于族中和乡里建设，成为族中典范：

光绪二十三年《清江杨氏族谱》中的《福国公墓志铭》记载了一个经商致富后做公益而成为典范的普通人物：

公姓杨姓，字文耀，福园其号也。民居永滨之环州。幼时倜傥，豪迈意气比于元龙。毁齿而孤，即能卓然自立，奋志鸡窗，以远大自许；无如家计中落，力不能支……于是弃免园册子，从业贸迁；厥后经理盐筴纲纪，疏通楚南北，诸当事大人及缙绅先生交器重之，咸有季布一诺之称。家有起色，援例入成均。于宗祠倾圮，首倡捐资修葺；祠祭久废，复议举行，使后人知本源之思，动霜露之感者，唯公力恒多；若夫居贫而乐，履富而谦；视人之穷乏者，解推不以为惠；视人之老幼者，抚恤不以为恩。持躬正直，处世温和，当时乡闾族党咸以为芳型，戚友里友、里邻奉为模范，其啧啧人口者至今犹不息也。（齐衰期服孙启、琮拉泪同立石，乾隆四十七年壬寅岁孟秋月吉旦）②

能成为族人的典范人物者，肯定是族中有地位、有威望者，他们至少在宗族范围内是族中乡绅。

4. 乡绅掌控宗族的教育、塑造机制

对于族人的教育、塑造，如前所述，其形式多样。家训、家规或族规

---

① （清）朱照萱、朱照舆等纂：《萍北朱氏族谱》卷首《家传》，光绪二十年沛国堂木活字本，江西省图书馆藏，存四册。

② （清）杨式坫、杨能济等纂修：《清江杨氏五修族谱》，清光绪十三年木活字本，江西省图书馆藏，存六册。

的学习，是一种人格、价值追求、行为准则等的教育、塑造；祭祖，是一种儒家伦理观念的教育、塑造；长辈的言行，是一种潜移默化的塑造；兴办私塾与延师课子，是一种全方位的儒家文化的教育、塑造；兴办书院，更是深入的儒家文化学习，等。所有这些教育、塑造机制实际上都是由族中乡绅掌控：家训、家规或族规的学习往往是由族长在每月的初一、十五集中族人学习；祭祖是由族长、房长、族中绅士、禁首、斯文（族中文化人）集中族人并举行仪式来完成，整个仪式主要靠族中的这些乡绅来履行完成；兴办私塾与延师课子或兴办书院等，其决定权都是在族中长辈也即族中的乡绅们手中，由他们掌控。还有一种更为直接的教育、塑造机制，就是乡绅自己亲自教授子弟或族人文化，他们往往将自己的科举未竟之志寄托于族中子弟身上，让他们去完成。

光绪二十三年《清江杨氏五修族谱》中的《毅庵先生合传》记载了这样一位课子读书的乡绅：

> 公讳之陟，字序明，姓杨氏，毅庵其别号也。……年方弱冠即气识宏伟，有不可一世之概……学博寡营，显扬是切，词坛中称健将焉……皆以大器期之，施公愚山先生相与讲学鹿洞，共探先贤奥旨，喜其悉中肯要，镌文于《采风录》中，读者莫不奉为典型。为人义直果敢，临大事无所疑，其智捷、其神闲，皆平日读书养气之故。……惜屡战棘闱，厄于数，不获大展厥用。退而课诸子侄，均策以远大。由是沐公之庭训，济美一堂，或声振儒林，或名登仕籍，猗欤盛哉！公明乎理而豁于度，公乎物而不私己，恩爱所加，不求人誉。时有鬻妻者，即为购还；负贷不偿者，毁契不问。此人所难而公易之，宜其庆余后昆，身登上寿。庚午荐乡饮宾，享年七十有二乃终焉。（时维康熙丙戌岁冬月谷旦，御前侍卫、壬午中试、乡进士钦授内阁中书、典试云南乙酉乡闱、三韩年家眷侄博尔多顿首拜撰）

正是这样的乡绅，对基层社会儒家文化的传承与基层国民性的塑造，起了重要作用。

5. 乡绅掌控宗族的凝聚机制

宗族的凝聚机制主要是修谱、建祠、祭祖、设族产及宗族的其他活动等，这些是凝聚宗族的主要手段。

(1) 乡绅掌控修谱

修谱往往是由族中管理者如族长与各房长商定并主持，如万载袁氏十八世孙袁兰忠在嘉庆己巳（1809 年）修谱《序》中说：“若予氏之谱，自兴宁之辑而亲亲长长之分，犹一体无殊。自宗甫、宗煌二公迁万以来，今十余世矣。因地隘居各，人心离涣，虽有草帙而莫知。迨后寿乾公为族督，亦尝虑及，尚未克果。厥后族督久虚。予为督，盖云“督”即可为修谱总领也。予思无才，恶足以胜巨任？三辞勿得，予亦未敢骤理。戊辰冬，届宴会之期，承合族之举，遂与各房房长共相商悫，众志佥同，己巳春，复纠合各房，送齐世系。越蒲月，择吉告庙，纂辑世系，俾各房世系昭穆不紊，生娶殁葬昭然详晰，待各房诸公亲亲而登诸梓，开局于放荷之候，成功于丹桂之飘，装订合，集，余亦乐得坐观其成也。”[①] 这些族、房长不管是否有功名，但在特定的农村社区如村庄中有威信、有话语权，即使没有功名，也是农村特定社会中的乡绅。

每次修谱都是由族长发出号召，族中的主要人物即族谱中往往提到“绅士”，实际上就是族中有文化或有科举功名的乡绅们，他们对族中的事务享有话语权，这些人中往往包括房长，又不仅仅是房长。在这些人的响应下，在族中某些有文化的乡绅的承担下，族谱往往才能修成。万载辛氏从明洪武年间至民国年间曾十一次合修谱，以嘉靖戊午五修为例：“祖秋涛公济川，下逮延仁、克昂，凡数修，迄今派益繁，子孙益众，族长湟次爰集绅士议续前轨，咸欢欣趋赴，争欲捐资，诹吉开局。”再如乾隆己亥八修（辛聚等修、辛廷芝等纂），“族长南溪公有志重修，欲行而公殁。继族长静山公，业经屡议，已择吉将修矣……挺芝承族长命，与诸君子编次校订，不敢稍存己意于其间。”辛聚、辛廷芝等都是当时的绅士。正是在族中一代代乡绅们的共同努力下，族谱才一次次修纂完成：“历元明清迄民国，族大丁繁，代有传人，可不谓久远者乎？宗谱之修纂，自明洪武秋涛公，两房七支、历四百年合而为一。嘉庆甲子后，幼房始分修，我长房独谋合修，乃廿余年屡欲合而卒未能；迄咸丰庚申，各房始先后分修

① （清）袁芝秀等：《万载袁氏族谱》卷首《原序》，道光二十一年汝南堂木活字本，江西省图书馆藏，存五册

焉；至光绪甲辰，化除畛域，和衷共济，推先父庆光公纂其事，始由分而合。”①

修谱是宗族中很隆重、很重要的大事，也往往是族中乡绅们很热衷的大事，它可以显示乡绅们对宗族的话语权和主导权。这种主导权和话语权首先是由族中最高管理者族长与各房长协商，取得一致认同，然后向全族人发出倡议，取得全族人支持，然后指定族中几位有文化的乡绅编纂，或请专门的谱师修谱。所以修谱，是由族中乡绅主导，话语权掌握在族长等族中乡绅手里。今且以下例宗族修谱为例：

古氏虽算不上是江西一很大的姓，但在江西有不少分布，《（宜春）古氏族谱》② 记载其来历及修谱经历：“由唐末居山西河东，调任洪州通判，传至十世祖凤仪公，历代簪缨；而凤仪公尤耀显，生三子：长曰革，次曰堇，三曰巩，同登进士，派衍甚繁，散居四方。惟堇公后裔无稽，而革、巩二公后裔于明末清初由粤东江右而迁居斯土者，星罗棋布，迄今三百余载，子姓蕃衍，族先贤惨谈经营，创修家乘；同治癸酉，联宜、万、萍、浏、上高诸族合纂大成；光绪丙午，添新昌、荔蒲，再修联谱；民国壬子又三修之类，皆及时举事，因地制宜，矢谨矢勤，善继善述，克底于成；民国癸未春，族先耆葆荪公念讵修旧谱，迄今三十余载，世代湮远，复以连年兵灾，各支旧谱遗散，生殁无稽，爰以春祭日召集各支族耆，妥为协商，联修宗谱。”族中乡绅（族耆）对修谱起了决定性作用。

万载袁氏子孙自广东回迁入赣，定居万载后，在嘉庆己巳合修宗谱，三十年后的道光二十一年为二修谱，此时从道光二十一年《万载袁氏族谱》的《倡修序》可知，倡修者乃族中之乡绅袁挺琇、义、瑞、舜，通过修谱以达到凝聚族人：“自嘉庆己巳（1809）年后修宗谱，迄今已三十余矣。惟恐历年久远，生殁遗失，伦常乖舛，以贻后人之咨，于是庚子冬期，宴会诸父昆季，悉仰予为倡，共相商议。爰辛丑春初，散单传达诸方，各房叔侄闻之，咸欣然喜曰：‘此乃盛举也！’至秋获起局，族人踊跃具稿，余等披阅之余，父子有亲，长幼有序，夫妇有别，嫡庶有伦，乃

① 1996 年修《万载辛氏族谱》载辛赞猷：《民国丙子长房谱原序》，江西图书馆藏，存 64 册。

② （清）古诚意修、古学杰纂：《古氏族谱》，清光绪三十三年丁未秋月谷旦万邑温元连堂梓镌；江西省图书馆藏，存七册。

知向之所谓尊祖敬宗者此也，向之所谓序昭序穆以敦睦族之伦者也，谱牒之作不綦重哉！兹际告竣，爰挥数语并将所为修谱以联之义告诸族人，俾知谱牒之重，益动仁孝之思，庶不负敬德修明之深心，是仰予之所深幸也。”族谱之修，靠的就是这些族中的文化乡绅为倡议，为主持。

易氏是赣西的大姓，源自于汉武帝时代征南将军易洸领兵进入宜春并卒葬宜春，子孙遂定居宜春。传至唐代，会昌年间有一易氏子孙（易重）中进士，家族名声大振。到清代时，后裔遍布赣西各地，所谓“散处城乡，星罗棋布”①。宜春霖田易氏是其中的一支，在清代中后期的几次修谱经历是：

道光二十五年修谱：“吾家谱，赖前明钦爵公心记手劄；入国朝，宗圣公始订正之；至道光初，象奇、如琳两公复命吾从父乔嶽等续之，皆缮本而未有成书。迩年来，公举吾严君为族长，严君每欲加订付梓而又苦乏费。岁冬祭，吾严君乃谂于众曰：‘吁吾子姓，宗族今兹咸在，勿哗，其明德一言：自我先人积德余庆，至今弗替，木本水源宜何以报？脱谱牒不辑，无以妥祖宗在天之灵矣！兹余与尔有众合志相商，敛赀付梓何如？’族人皆曰：‘唯唯！愿量力捐输。’抵今夏，始开局于连珠堂……愈月告竣。”②

光绪五年修谱：“戊寅之秋七月望日，举行秋祭，各房长者以谱久未修，谕曰：‘谱必三十年一修，今屈指而数，自道光乙巳（1845）创修后，迄今已隔三十余年矣！’夫历年既远，则生齿愈众，死亡亦多”③，“于是与族中长老既堂兄淡月迄族侄东阁，商酌而行之，而俱有同志焉。乃择吉起局，誊写、校对，不假他人。”④

民国九年（1920）修谱：“今距光绪己卯已历四十余载，未经增修，

① （民国）易子龙修、萧玉堂、易国祚纂：《（宜春霖田）易氏宗谱》卷一《原序》，道光十年庚寅仲春月谷旦三十七世大学生乔嶽序，民国九年亲睦堂木活字本，江西图书馆藏，存八册。

② （民国）易子龙修、萧玉堂、易国祚纂：《（宜春霖田）易氏宗谱》卷一《原序》，道光二十五年乙巳年（1845）仲秋月谷旦、三十八世孙邑庠生钟俊薰沐敬撰。

③ 《（宜春霖田）易氏宗谱》卷一《原序》，光绪五年己卯季春月谷旦，四十世孙大学生士贤薰沐敬撰。

④ 《（宜春霖田）易氏宗谱》卷一《原序》，光绪五年己卯季春月谷旦，三十九世孙业儒秀岩薰沐敬识。

族中耆绅发起，族众一致赞成，谓先人创于前，后人续于今，事不可缓，亟宜图成，洵是仁人孝子用心，继志述事之盛举也。”①

上述可知，宜春易氏在清中后期的三次修谱，都是族中乡绅发起并主持，也表明族中话语权在这些乡绅手中掌控。

清江杨氏是赣中地区的大姓，号“巨室”，康熙丙戌修谱：“倡之者，唯族之长老、秀士以及诸缙绅也。”② 实际上，这些人都是族中精英，对族中事务有话语权。

宜春北关五甲杨氏，是由吉安滥塘杨氏分支而来，但到清代也已是大族，其对族谱的修纂：“余家乘，于万历癸卯始有成书，至国朝乾隆十一年丙寅而再修焉，四十一年丙申三修焉，六十年乙卯四修焉，嘉庆二年丁巳、十一年丙寅，凡五修、六修焉。迄今于又四十三年矣，生齿日繁，事增于前，诸族长佥谋纂辑，以继前徽。虽存信阙疑，恪守个例，而生卒配葬，递有增修。”即族谱的修纂是由族房长等人谋议，取得共识而修撰。

(2) 乡绅掌控祭祖

祭祖由族中乡绅主持。

《宜春东隅张氏族谱》③ 卷一《祭规四条》规定：

> 祭礼。祀、典礼严肃，吾族旧以族长主之，昭穆者、考妣正献者，皆族长敬谨将事；祔祭二位，派名位最卑二人分献；执事、通赞二人，一堂祀事全系其身，必要闲习典，声韵嘹亮；其余大引二人，分引二人，致告辞一人，陈誓辞二人，读祝一人、嘏辞二人，宣家范二人，歌诗二人，司馔、司爵、司羹各二人，务必温恭朝夕，执事有恪。不许疾声厉色、气质粗暴，致渎祭典。

族长主持祭祀，族中乡绅们参与各环节祭祀，所以祭祀的过程也就是

① 《（宜春霖田）易氏宗谱》卷一《原序》，民国九年庚申孟夏月上浣谷旦，前清邑庠生姻愚弟玉常、萧森林拜撰。

② （清）杨式坫、杨能济等纂修：《清江杨氏五修族谱》卷首《序》，清光绪十三年木活字本，江西省图书馆藏，存六册。

③ （清）佚名纂《（宜春东隅）张氏族谱》，清道光十八年百忍堂木活字本，江西图书馆藏本，存一册。

族中乡绅显示在族中地位之过程。再看嘉庆十六年《（万载东隅）袁氏族谱》载《东隅袁氏祭仪》的有关规定：

《计开致祭告谕先祖通知》：合族房长、斯文、禁首暨各成子侄：不论乡市远近，俱于前三日斋戒。斯文务备鲜色衣顶，于前一日午刻齐集，赴祠、献牲、习仪、恭候，次日五鼓行礼。事关报本，均毋故违，特谕。

《计开致祭条规》：与祭房长、禁首、未执事斯文暨各房子侄：凡来与祭者，俱随主祭后，于二门内外序班、行礼。不得闲游喧哗，杂拥中堂。违者照依家规查罚。

分胙：大尊长暨主祭、分祭、各房房长、执事、与祭斯文、效劳禁首，须分别颁赐，永为定例。

再如清代万载南田王氏对“分胙”也有相同的规定：“分胙：大尊长及房长暨主祭、读祝；各项执事、与祭斯文、效劳禁首须分别颁赐，毋混同。以为定例。”

这种分胙的特权，表明这些人是族中主要掌握话语权的人物，祭祖主要由族中的这些乡绅主持。

(3) 乡绅掌控设置族产和决定族产使用

族产之设，往往是由族中乡绅捐资而设，由族中乡绅们管理。

以南昌城附近的新建县大塘程氏为例，义仓、义学、义田之设皆源自于族中乡绅捐资并由族中乡绅管理：

我家诰封君模山公、笏堂公，拳拳服膺，常以勖族，人咸敬而听之。吾族户口殷繁而又值水旱频仍，屡遭歉岁，待婴举火者正复不少。二公悯焉，因欲图久远而立善后之策，爰出资置义田、建义仓，择四房贤者董其事。……曩时二公谆谆致嘱，欲出资兴义学而志未逮者，今亦仰承先志，曲成后学，偕义仓其垂久远。从此，各村各塾俱闻弦诵声，后起之英蒸蒸日上，实于吾族有厚望焉。吾族之受惠于二公者，惟此二事更足令人心感也。……吾族义仓之资，即系二公家所自出，无需劝请。……置义田以赡贫乏，设家塾以课子弟，皆与奠祖敬宗收族之意相济而济，自宜载于家乘，庶义仓、义学与家庙相维系而与族谱同其久长矣，四房子姓固幸承书礼之家而熟闻亲睦之族谊者也。①

萍乡北部的朱氏，在清代建有善后仓作为族中祠产，救济族人，最初是由族中乡绅们商议后，按房派分配捐谷任务而建成："吾族世居源溪，士食旧德，农服先畴，数百年来蹈咏尧天舜日之下，非诒谋之善何以得此？但在昔颇称富有，而近今每多贫穷，窃恐家风之久而就替也，因与族中诸长辈共商，于公私各会派谷若干，储之内仓，择贤能者经理。……捐谷数目列后：成公祠捐谷拾硕，亭公祠捐谷叁拾硕，攀分会捐谷拾硕，锦公祠捐谷拾硕……"② 另外，还制定了管理的《条规》。这是光绪十年的情况。在同治年间，由族中长辈静斋公捐金首倡，族中好义之士慷慨捐输，建立了育婴堂，以遏阻溺女之风：

《育婴序》：吾邑育婴堂之设尚已，嗣后乡间亦踵为之，不立堂而立会，如湘市刘公市之会，最著者也。顾或以里为度而不得领会，或以贫为耻而不愿领会，其中等之户又逢知其不当领会，遂甘置其女于死而不惜，则甚矣拯溺之难也！夫人方以存心自励，而先薄其骨肉之恩；士方心胞与为怀，而莫浩夫一家之福。嘻！亦可概已！我族忠厚传家，当为此忍心害惠顾之事？然恐生齿日蕃，家计日薄，而习俗之易移人也。爰共立一会，敛钱若干，公放息，择子弟殷实诚恳者司其出入，凡生女之家，无论贫富，一体照给，既以泯其争端，亦使生女者毋藉口于不领会而甘心溺女也。是举也，静斋公会捐金倡首，族中好义之士亦无不慷慨乐输，信乎，恻隐之心人皆有之矣！会成，序其始末，勒石以垂久远云。是为序。同治壬戌元年七月十六日。

条规开后：

---

①（清）程逢露等修、程新辆纂：《（新建）大塘程氏族谱》第101—102页，《大塘程氏义仓义学序》（皇清咸丰七年岁次丁巳仲秋月，文宝公裔孙敏房秉均、泰房毓麟、恭房炳奎、信房炳烈仝薰沐谨序），咸丰七年木活字本，江西省图书馆藏，存十二册。

②（清）朱照萱、朱照舆等纂修：《萍北朱氏族谱》卷首《善后仓序》，清光绪二十年沛国堂木活字本，江西图书馆藏，存四册。

此会谧为合族育女而设。生女之家，即日报知会首，三朝给钱一挂，满月给钱二挂，不得预支，贫富同。

族中有力难养鸡，女周岁内与人抱养为息者，除三朝、满月如期给费外，加给钱二挂；又有女既与人抱养而复乳媳者，另助钱二挂。二项非赤贫者，不给。

族中有养女不愿领费。富者固非要誉，贫者更可嘉。即将应给钱数注明年分，刊作本人捐项，以示不没人善之意。族中有愿领会，私自溺女者，一经查出，本人夫妇及家长罚停祠内与祭饮酒三年，并罚钱三挂归会。违者，公同禀官究治，决不徇情。

族内生女，有初举及三朝内不育者，虽不给数，务须报知会首，非惟杜弊，正使为父母者不致狂受杀女之谤。

会内钱谷不多，公择殷实诚恳者，暂行管理。每年并不置酒，惟中无凭众核明，诲人如目，登载大簿。俟有余积，公同置产，不得推专。

我族子口日繁，恐生女者多，自难接济。自后有力之家，未捐者不妨补捐；已捐者不妨加捐。务须永远奉行，不失义举。

公议会盛之日，只可增给，育女一项，不得应酬他务。

捐输数目开后：

亭公祠捐钱陆拾挂正。颖鹏捐钱伍比正。五福堂捐钱壹挂正。羽仪捐钱贰拾挂正。英官捐钱贰挂正，藩臣捐钱伍比正。正官捐钱壹挂正。熊占捐钱壹挂正，德圃捐钱伍比正。佑官捐钱壹挂正。南溟捐钱贰挂正。春欣捐钱伍比正。诚林捐钱壹挂正。铭会捐钱肆挂正。象林捐钱壹挂正。久元捐钱拾挂正。

通过族产用于族中公益事业之举措，达到凝聚族人及提高族中乡绅在宗族中地位之目的。

三　乡绅配合县级政权治理县域农村社会

明清时代中国的国家政权以州、县为基层（清代还另设有厅），广大的农村社会没有政权设置，即州、县政权管理广大乡村社会。同样，国家官员的设置也就到州或县级为止，知县为正七品，县丞为正八品，主簿为正九品，其他则不入品。县衙里尽管有着各色人等，如衙役、胥吏等，他们只是县衙的工作人员，维持着县政权的运转；广大的农村社会是没有设置国家官员去管理的。但是，历代的统治者都竭力设法控制与管理好农村社会，从周朝的乡官制，秦汉的乡亭制，魏晋南北朝的坞壁、宗主督护制和三长制，到唐宋的乡里制，再到王安石的保甲制；元代将乡里制与金代的社制并用，还出现了都图制；明代前期实行里甲制，明后期实行保甲制；清代因袭明代，实行保甲加乡约制。

无论是里甲制、保甲制还是保甲加乡约制，都不是由官府直接派官员去执行管理工作，而是利用乡绅，即乡村中有低层功名和无功名但在地方有威信的文化人，去实际地执行。所以有的学者认为，明清时代是“县政绅治”。①

结合江西的情况，我们且看明清时代县级政权是如何紧密联系乡绅，来治理农村社会，及乡绅是如何配合县级政权来治理农村社会。

1. 明代前期里甲制、里老制与明代中后期乡约的推行对乡绅的利用及乡绅的配合

明太祖朱元璋创设的基层组织机制是里甲制，正德《明会典》卷二一《户部六》记载：“洪武十四年诏天下府州县编赋役黄册，以一百一十户为里。一里中推丁粮多者十人为长，余百户为十甲，甲凡十人，岁役里长一人，甲首十人，管摄一里之事。”所谓“岁役里长一人”，即每年由一位里长负责，带领一甲十户去应役。如此，“凡十年一周，先后则以（里长）丁粮多寡为次。”②

又，嘉靖《南康县志》卷二《里籍》对里甲制的记载：“我国家立法，以百有十户为一里，同一格眼谓之一图，推丁粮多者为长。在城曰坊长，在外曰厢长，在乡曰里长；每图长有十甲首，户有百，又分为十甲，每一甲则一长管摄，甲首十户，其丁粮绝少及孤寡不任事者，附于格眼

---

① 参见吕云涛：《中国乡村治理结构的历史变迁与未来走向》，《山东农业干部管理学院学报》2010年第2期。

② 《景印文渊阁四库全书》第617册，第251—252页。

外，谓之畸零。轮年在官者曰见年，里长空歇者曰排年，十岁而周；凡长，自洪武来皆岁更；宣德初户部建言，择丁粮之殷者充之，自是非有大故，不更。此之谓里甲之制，而民数赋役皆由可考焉。"①

明太祖朱元璋创设这个里甲制的基本目的，就是要控制与调配农村的劳动力来应付各项人力需要，即征派徭役的需要。②

从里甲制最初的设定来看，谈不上是利用了乡绅，因为有科举功名或学衔的乡绅可免徭役，不需要轮充里甲长，而是由普通百姓从丁粮多者开始先轮充。从嘉靖《南康县志》的记载看，从宣德年始，里长就没再轮充了，而是由丁粮多者固定担任，这似乎也是试图利用乡绅，因为丁粮多者往往就是富户，富户在基层社会的影响中发挥着乡绅部分作用。

里甲制将无组织的农村社会进行了有组织地编制。然而，明太祖朱元璋对乡村的治理还远不止于此，与里甲制相联，还创设了里老制与申明亭、旌善亭制，这正是利用乡绅来治理基层社会。因为明太祖朱元璋明确规定，里老人必须是"年高为众所服者"，让这种人去引导基层国民向善，去平息乡里的争讼，去坐申明亭和旌善亭，彰善瘅恶。这种年高又为众所服者，在基层社会即使不是有功名的乡绅，也肯定是有优良品性（亦或还有良好的文化学养或善举），才使得他在特定的地域社会享有威信和话语权。

从有关记载来看，明前期江西的地方政权是按明太祖朱元璋的要求，利用了乡绅来充任里老以治理农村社会：

嘉靖《宁州志》卷七《职役》："里长八十三名。坊长四名。里老八十三名。坊老四名。甲首八百七十名。地方总甲一十三名"，"旌善亭，六十所，俱洪武十六年知县韩希禄奉颁降成式、督民创立，以乡耆掌之，所以崇仁尚义而厚风俗也。凡民之有善者，录之于亭，俾知有所劝而益归于善。其制与申明亭同，特基高三级，二亭并列，俱南向，久废。弘治十七年知州叶天爵重建于谯楼之南，偏左西向；其余五十九所，散布各乡，亦俱久废。旧址俱与申明亭并列一处。"③

---

① 《天一阁藏明代方志续编四四》，上海书店1990年版，第823页。

② 关于明代里甲制与社会控制问题，可参见施由明：《明代的里甲制与农村社会控制——以江西为例》，《农业考古》2010年第1期。

③ 《天一阁藏明代方志续编四三》，上海书店1990年版，第329、358—359页。

嘉靖《南康县志》卷二《里籍》:“申明亭，二十四所，惟县前一所存，俱洪武八年知县沈安奉颁降成式、督民创立，以乡耆掌之，所以劝善惩恶而厚风俗也。凡民之有过恶者，录之于亭，使知有所治而不敢为恶。其制：厅屋一间，中处四柱，门屋一间，俱南向，环以周垣。”“旌善亭，二十四所，惟县前一所存，俱洪武十六年知县金挺奉颁降成式、督民创立，亦以乡耆掌之，所以崇仁尚义而厚风俗也，凡民之有善者，录之于亭，俾知所劝而益归于善。其制二亭并列，但旌善亭居申明亭之东，基高三级，余并同。”①

“乡耆”便是乡村中年高有德者，导民为善，彰善瘅恶，定时宣讲《圣谕》《大诰》《教民榜文》等。明前期的县级政权大量利用了农村社会中的乡绅来充任里老，如上述宁州（今武宁县）就设置了83名里老人，还有4名坊老；永丰县这样一个山区小县，设置了67名里老人来崇仁尚义。其他县的情况估计与宁州、南康大体相似，总有几十名里老人设置。

里甲制在明代中期的隆庆、万历年间就衰弱了；朝廷和地方官员转而提倡保甲法。明后期在全国许多地方都推行保甲法，但是里甲制并未废除，明代中后期里甲和保甲并行着。

就江西的情况看，明代中期和后期也是里甲和保甲并行着。万历年间江西的赣中、赣北和赣东等地仍在重新丈量土地，黄册里甲制度仍在执行着。但赣南的情况有所不同，明正德十二年王阳明任南赣巡抚时，为了配合对农民起义军的征剿，同时安定社会，创设了与保甲制相类似的“十家牌法”，再加乡约来治理地方社会。其目的，是想从根本上安定社会。王阳明在《十家牌法》中说：“自今各家务要父慈子孝，兄爱弟敬，夫和妇随，长惠幼顺。小心以奉官法，勤谨以辨国课，恭俭以守家业，谦和以处乡里。心要平恕，毋得轻意忿争；事要含忍，毋得辄兴词讼；见善互相劝勉，有恶互相惩戒，务兴礼让之风；以成敦厚之俗。”② 即王阳明的目的就是要打造一个这样良好的社会。他认为只要执行他的“十家牌法”，

① 《天一阁藏明代方志续编四四》，上海书店1990年版，第822—824页。

② 嘉靖《南康府志序》卷一〇《十家牌法》，《天一阁藏明代方志选刊续编四四》，上海书店1990年版，第1020页。

就能打造出这样一个好的社会状态：“每日各家照牌互相劝谕，务令讲信修睦，息讼罢争，日渐开导。如此，则小民益知争斗之非而词讼可简矣。凡十家牌式，其法甚约，其治甚广。有司果能着实举行，不但盗贼可息，词讼可简，因是而修之补其偏而救其敝，则赋役可均；因是而修之，连其伍而其什，则外侮可御；因是而修之，警其薄而勤其厚，则风俗可淳；因是而修之，导以德而训心学，则礼乐可兴。凡有司之有高才远识者亦不必更立法制，其于民情土俗或有未备，但循此而润色修举之，则一邑之治真可以不劳而致。”

为了执行“十家牌法”，又增设了保长。在《申谕十家牌法增立保长》文中说：“先该本院通行抚属，编置十家牌式。为照各甲，不立牌头者，所以防协制侵扰之弊。然乡村遇有盗贼之警，不可以无统纪，合立保长，督领庶众齐一。为此，仰抄案回司，即会各道路守巡兵备等官，备行所属各府州县，于各乡村推选才行为众信服者一人，为保长，专一防御盗贼。平时各甲词讼，悉照牌谕，不许保长干与，因而武断乡曲。但遇盗警，即仰保长统率。”①

从上述可知，王阳明的十家牌法是利用了乡绅力量的。统率各甲的保长，乃“才行为众信服者”，这种人在乡间定是乡绅，有功名或无功名（或只是广义的乡绅），但利用了乡绅来执行他的“十家牌法”。

王阳明还制定了著名的《南赣乡约》，其目的也是为了打造一个和谐的社会：“故今特为乡约，以协和尔民，自今凡尔同约之民，皆宜：孝尔父母，敬尔兄长，教训尔子孙，和顺尔乡里，死葬相助，患难相恤，善相劝勉，恶相告戒，息讼罢争，讲信修睦，务为良善之民，共成仁厚之俗。”②

在王阳明的乡约设计中，有“同约中推年高有德、为众所敬服者一人，为约长；二人为副；又推公直果断者四人，为约正；通达明察者四人，为约史；精健廉干者四人，为知约；礼仪习熟者二人，为约赞。置文簿三扇，其一扇备写同约姓名及日逐出入所为，知约司之；其二扇，一书

① 《天一阁藏明代方志选刊续编四四》，上海书店1990年版，第1028—1030页。

② 《天一阁藏明代方志选刊续编四四》，上海书店1990年版，第1036—1037页。

彰善，一书纠过，约长司之。”①

由上可知，王阳明所设想的乡约推行，是要利用乡间的乡绅来治理地方社会，他所说的“年高有德为众所敬服者”，即使不是有功名的乡绅，也肯定是广义的乡绅。

关于乡约的推行，经历了从正德年间王阳明在吉安府庐陵县及南安、赣州二府尝试践行乡约，到嘉靖以后王阳明的弟子们在吉安府及其他一些县区倡行乡约，嘉靖二十几年江西副使王宗沐配合巡抚在江西推行保甲乡约，明万历年间一些地方官员在江西一些县区推行乡约。

王阳明的保甲加乡约，是紧密联系乡绅来治理农村社会的一种方式。嘉靖以后王阳明的弟子们在赣中一带推行乡约，是乡绅们积极主动担当治理乡村的角色；而嘉靖年间王宗沐配合巡抚在江西推行保甲加乡约，及明万历年间江西的一些地方政权在江西推行乡约，都是紧密联系乡绅来进行。如前述王门学者程文德（1497—1559）在嘉靖十五年至嘉靖十九年（1536—1540）在安福知县任上，召集当地父老，“人授《乡约》一帙，使归而章善纠过，以和其乡”②。可见，程文德是利用当地乡绅在推行乡约。嘉靖十二年的永新知县陆粲“治政严明，吏肃民畏，有奸党十数辈螫害良善，廉其人、置之法。时寇煽诸境，邑不遑朋起，粲尽擒歼之。尤厚学校，礼耆老，倡乡约”③。同样，陆粲也利用乡绅来推行乡约。最具代表性还有万历《新修南昌府志》卷二五《艺文·南昌府为为查举宗长以寓乡约以敦风教事》记载，南昌府在明万历年间已行保甲法，设有保长，“检察非为，以保护地方”。而为了“敦风教”，又设立宗长，以推广乡约；这种宗长即乡约长，同时又是宗族的“尊长”，这是地方官员利用族绅来治理农村社会，通过以官方授权的方式，让族中尊长拥有官员给予的权力去管理、约束、教化族人：

每姓设立宗长一名，使各训其子孙。

族大者数百丁、数十丁，不妨立二三名。即一姓三五烟、一二十

① 《天一阁藏明代方志选刊续编四四》，上海书店1990年版，第1036—1037页。

② （明）邹守益：《东郭邹先生文集》卷八《叙永丰乡约》，《四库存目丛书》集部第66册，第112页。

③ 雍正《江西通志》卷六一《名宦》，《景印文渊阁四库全书》第515册，第181页。

人者，亦立一名。

务令本姓推选素行服人，齿德俱尊者充之。

该州县给印信文簿一扇。叶（页）数多寡，照丁繁简，不必拘泥；但高阔尺寸照式装订；簿首即将本府所示开写在前，各该州县径书发行年月，印押，每族一簿。每簿只于年月及簿面用印钤盖，后面空白不必用印；听各族宗长书列善恶；每簿用白厚纸装壳，顶写某都某村某姓宗长簿，其字径寸实书，不用浮□以防日后剥落。簿内坐名，右付宗长某人。异日或有事故，另推更换，即仍送州县改名，仍用印盖。年久纸尽，另装簿，呈官仿行。

各该州县仍给刑杖一条，付各宗长收执。刑杖上用绵纸一片，大字书“官给刑杖”四字，亦用印钤盖，使粘于杖上。

每月朔日，各宗长率本宗子弟集赴祠堂，无祠堂者听空屋。各整肃衣冠，如乡约礼跪拜、序坐，讲明《圣谕六言》，使知警省。士农工商各务本业，冠婚丧葬一遵《家礼》，仪节不得用浮屠尼道，居常一切神会、戏场，夸斗无益之事，悉行屏绝，毋得犯禁。或有与同姓、异姓争讼，小忿即委曲解释，省得紊烦官府，损坏身家，结怨亲故，遗累子孙。或欲远游糊口，即各躬报于宗长前：同某生往某处干某业。归家之日，到宗长报明。倘有异货异物，必须查究明白，恐有别情。其族间有孝子、顺孙、节妇、烈女及行善积德等项，备将事迹开注簿内，年终送州县查实，以凭赏劝。若果异行可征者，该州县为申府，转请院道重嘉旌奖；如子弟恃顽为非，不听教训者：初犯，宗长于祠堂谕戒；再犯，仍加重谕；三犯，集众、将官给刑杖、鞭皮示警；如复不悛，宗长具名，令本宗子弟呈该州县以凭拿究，枷号本宗祠堂示众，惩一警百，令迁善改过。然合族宣敷圣谕之时，即是乡约之意，进村或有派姓零户、田庄佃家，因而感义，欲入听讲者，不妨劝率招徕，共成美俗。毋以众暴寡，毋以强凌弱。如各宗长与人为善，化俗有效，各该掌印官行奖励，其尤善者或请给冠带，或敦请乡饮，以风各族。如宗长不能正己、教率无方，自底不类，则官法不贷，另行佥换。是在各长吏加意着实举行，积之岁月，庶几化民善俗。①

① 《日本藏罕见中国方志丛书》，书目文献出版社 1990 年版，第 498 页。

从上可知，地方官不仅是紧密联系、依靠乡绅，而且想方设法利用好乡绅来治理农村社会；而乡绅同样愿积极配合地方官治理农村社会。

2. 清代的保甲、乡约与族正制对乡绅的利用及乡绅的配合

清代统治者吸取了以前历代统治者治理与控制基层社会的经验，采取了乡约加保甲的办法来控制、治理、教化农村社会。又在宗族设立族正与族约，来控制和引导宗族成员。加之还有赋役征收组织，因而，形成了比较复杂的农村治理体系。

无论是朝廷还是地方政权，治理广大的农村社会，必然要紧密联系与利用乡绅来开展；同样，乡绅给予地方政权以积极配合。

前述清顺治帝在顺治十六年诏令各直省举乡约之法宣讲上谕，规定“其乡约正副，不应以仆隶、奸胥蠹设充数，应会合乡人，公举六十岁以上、业经告给衣领、行履无过、德业素著之生员统摄。若无生员，即以素有德望、六七十岁以上之平民统摄。每遇朔望，申明诫谕，并旌别善恶实行，登记簿册，使之共相鼓舞。”[①] 生员是拥有低层功名的乡绅，而且明确规定要品行好的乡绅；而“素有德望、六七十岁以上之平民”，实际上也是乡绅，即无功名但在乡间有良好品德而有声望的乡绅。可见顺治帝是明确地要利用乡绅为媒介来治理与控制乡村社会。

前述清雍正帝在雍正七年（1729）诏令直省各州县在大乡村人口稠密处设立乡约所时，就明确规定：“于举贡生员内拣选老成者一人，以为约正；再选朴实谨守者三四人，以为直月，每月朔望，齐集乡之耆老，里正及读书之人，宣读《圣谕广训》，详示开导，务使乡曲愚夫共知，鼓舞向善。”[②] “举贡生员”是基层社会中拥有低层功名的乡绅，即雍正皇帝明确要求利用乡绅来治理农村社会。

前述清乾隆帝刚接位时，就诏令“地方官于各乡里居民中，择其素行醇谨、通晓文义者，举为约正，不拘名数，令各就所近村镇，恭将《圣谕广训》勤为宣讲，诚心开导，并摘所犯律条，刊布晓谕。”[③] 乾隆帝

① 《钦定大清会典事例》卷三九七《礼部·风教》，《续修四库全书》第 804 册，第 314 页。

② 《钦定大清会典事例》卷三九八，第 3 页。

③ 《钦定大清会典事例》卷三九九，第 3 页。

似乎放松了对约正身份的要求，并没有如雍正帝那样要求“举贡生员”，只要求“素行醇谨、通晓文义者”，乾隆皇帝对约正条件的要求确实放松了，没有规定一定要选有功名的乡绅，但实际上这些“素行醇谨、通晓文义者”中有许多就是乡绅。或有低层功名；或无功名但有文化素养和良好品行、在地方上有威信，即广义上的乡绅。

江西地方官在雍正、乾隆年间大力推行保甲加乡约。保甲设保正、甲长；乡约设乡约长。这项制度也是紧密联系乡绅来展开的，如规定“每甲每保佥诚实公正之人充应甲长、保正，专司稽查地方逃盗、人命、赌具、私铸、开窑、窝匪等事。……但乡长一役，即属耆老，应饬地方官佥择安分醇谨之人照旧设立，专司讲约劝导之事。”[①] 江西地方官对保正、甲长、乡约长的要求，跟乾隆皇帝一样，是比较宽松的，并没有明确规定要“举贡生员”，即没有明确要求是有功名的乡绅，但“安分醇谨之人”及“诚实公正之人”中，实际上都主要是由有功名的低层乡绅，或无功名但有文化学养的广义上的乡绅组成。

最明确地利用乡绅来治理农村社会的，是族正制的推行。乾隆六年至八年，江西巡抚陈宏谋在江西大力推行族正制，他针对江西聚族而居、族必有祠、族必有族长和房长乃至祠长的现实，干脆利用族、房长来治理农村社会，即官方发给族、房长牌照，以官方授权族、房长的名义去管理、约束、化导族人，后又在族、房长之外设立族正或族约，与族长、房长一起管理族人。实际上，这些族、房长无论是否有功名，都是农村社会享有话语权乃至裁判权的人物，即农村社会中的乡绅。

清代江西的族正制，自乾隆年间直到清后期一直在推行，因清代的江西农村社会聚族而居，族必有祠，祠必有祠产即公产，族人常用祠产去争讼，因而，清代的江西争讼之风很盛行。官府只有利用族中的乡绅们如族长、房长、族正、族约等人去管理族人，才能化解纷争，减少争讼。

3. 乡绅配合地方政权举行乡饮酒礼的利用

关于乡饮酒礼的由来及在明清时期的举行，前面论及“乡绅产生于

① 中国社会科学院历史研究所清史研究室编：《清史资料》第三辑，中华书局1982年版，第202页。

功名”和“明清朝廷在基层的教化”时已述及了明清时期的乡饮酒礼，朝廷的目的不仅仅是为了崇老、敬贤、尊礼，还为了让民知礼、懂礼和知法、懂法。参加者除地方官员之外，就是基层社会内的乡绅，有致仕官员，有在基层社会有威信和声望的具有低层功名的乡绅，还有无功名的广义的乡绅，即所谓“高年有德者”“高年淳笃者”。这是统治者对乡绅的巧妙利用。嘉靖《南康县志》卷四《礼制》载：“乡饮礼，每年正月望、十月朔举行，如制。知县为主（缺则佐贰、署印者为之）；佐为僎（旧礼以致仕官为之）；教谕为司正（缺则训导为之）；宾介以下，礼请致仕乡宦、耆老、齿德服众者为之。先期，主诣宾门戒宾。至期，行礼于明伦堂，读法，乐宾，皆如令典。”① 其中的“乡宦、耆老、齿德服众者”便是有功名的乡绅和虽无功名但在基层社会有威信的广义的乡绅。

乡饮酒礼往往流于形式，似乎作用不大，而实际上从很多族谱的记载看，乡饮酒礼对乡绅的利用确是起到了一定作用，为人们树立了一种品格、品德典范。在清代族谱的《人物传记》中，往往会记载道，某人品德好，或加上有威信，被举为乡饮宾；即在农村社会中，人们把有幸为乡饮宾作为获得一种很重要的荣誉和奖赏。既然人们会把举为乡饮宾作为一种重要荣誉和奖赏，这就是人们认可了这种人格、品德为典范，所以，举乡饮宾就是为基层社会树立品德、人格典范。这也许是明清统治者和地方官员们当初所没有认识到的。当时他们所想做的，也许只是尊贤、敬老、崇礼、读法、读谕等，并没有想到可以为基层社会中人树立品德、人格典范。下面以一些族谱中的人物记载为例：

光绪二十三年《清江杨氏五修族谱》中的《醒园先生墓志铭》载：“曾祖毅庵公，郡增生，举乡饮介宾。”这是把先祖作为曾被举为乡饮宾，作为一种很高的荣誉记载在族谱中。同样是清江杨氏，文人在为杨氏族人写传记或墓志铭时，还会写到其远祖被举为乡饮宾这样一种荣誉：“始祖永年公，宋秘书正字，由闽守赣；四世祖世显公，任清江教授，徙居永滨；十六传至步祖公，有隐德；十七传至之陟公，由邑庠、乡饮介宾。”②

① 《天一阁藏明代方志选刊续编四四》，上海书店1990年版，第845—846页。

② （清）杨式坫、杨能济等纂修：《清江杨氏五修族谱》中的《鲁源公墓志铭》，光绪二十三年木活字本。

即把曾为邑庠生和乡饮宾都看作是值得一说的荣誉。在《永滨安澜先生家传》中记道："先生所以深入人心，凡孚物望者曰信曰诚……先生早失怙恃，事兄最恭，视侄犹子，亲亲之笃，施及一门，解推周恤，无不备至……且仁心为质，精制良方、丸散，捐数十金，活人无算，凡皆孝友至性，本立道生，故信至而可倚，诚至而无倦……乡饮酒礼将公举为宾介。"把举为乡饮宾作为一生行仁行义的肯定，作为一人格典范而记录下来了。

乾隆四十四年《丰城骊塘甘氏族谱》[①] 第二卷《恪斋公遗传》（外孙将浚撰）："我外祖父也，阖邑所称，为人端方……潜心理学，温厚和平，故家虽素封而守正不阿，饶有古人风范，恬淡自如，乡邻鲜有望见颜色者。一切干谒、投刺中，不惟不见其人，亦并不闻其名焉。雍正甲寅，邑侯刘廉欲行乡饮酒礼，独缺正宾一席，迩时年高德劭者，无有出我外祖之右，同学诸君子当即摭其事实以闻，遂由明经敦请乡饮正宾，为都人士劝。而都人士之帖然心服者，始终无异议也。卓然不磨者，以此；群莫及者，正不得不在乎此。"后辈族人以前辈族人被举为乡饮正宾为骄傲，实际上地方官的做法，也为这个家族及地方社会树立了一个人格典范。

在清代的族谱中，有许多与上述文字相类似的记载。这是朝廷与地方官府对乡绅的利用起到了实际效果的证明。基层社会以这些乡饮宾为良好的人格、品德典范。

族谱的记载还表明：乡绅往往会积极配合地方政权举行乡饮酒礼，人们把举为乡饮宾作为一种荣誉，却从没有人把被选为里老人、乡耆作为一种很高的荣誉而记载下来。

4. 乡绅配合地方官府建仓备灾

古代的中国是一个靠天吃饭的农业国，风调雨顺才能五谷丰登；若自然灾害严重，往往会引起社会动荡。然而，中国却又是一个自然灾害较多的国家，水、旱、蝗、雪、冰雹、霜、疫等灾经常相继或交替呈现，所以，如何防灾、减灾及灾后如何赈济，这是中国历代统治者和有识之士都不得不面对的问题，从而产生了一系列的对策。所谓"汉晋唐宋以来，

① （清）甘时敬纂修，清乾隆四十四年木活字本，江西省图书馆藏，存九册又一册。

先事预防有社仓、义仓、常平仓，仓储诸法，临时济急有平粜、蠲征、散赈、劝输、设粥诸法”[①]。最受推崇的是建仓储粮备荒，如常平仓、义仓，甚至被称为“万世不易之良法”[②]。

明清时期是自然灾害频发的一个时期，据气候史家研究，明清时期地球处于寒冰期，干湿变化剧烈，从而各种自然灾害交替出现。面对自然灾害的频发，明清两代统治者对防灾减灾是非常重视的[③]。

明代中前期朝廷和地方政权制定了一整套备灾、救灾措施，如由政府出资建预备仓，及诏令民间建社仓和义仓，储粮备灾，灾害发生后从报灾、勘灾、救灾等有详细规定等。明代中后期由于朝廷与地方吏治的腐朽与腐败，备灾、减灾没有得到坚持。

明代皇帝在建仓储谷方面，很重视充分调动民间的力量，如制定鼓励政策，让富户、乡绅、军民捐谷捐款[④]：

明英宗朱祁镇在正统五年（1440）规定：“凡民人纳谷一千五百石者，敕奖为义民，免本户杂泛差役。三百以上立石题名，仍免本户杂泛差役二年。”同年又规定：“又令各处预备仓，凡民人自愿纳米麦细量一千石之上、杂粮二千石之上，请敕奖谕。”[⑤]

明宪宗朱见深在成化六年（1470）又出新规定，对于纳粮达一定数量者可免于科举而直接充吏：“成化六年奏准预备救荒，凡一应听考吏典纳米五十石，免其考试，给与冠带办事；在外两考，起送到部。未拨办事吏典纳米一百石，在京各衙门见办事吏典一年以下、纳米五十石，二年以下纳米六十石，三年以下纳米八十石，免其考试，就便实拨当该，满日俱冠带办事；各照资格，挨次选用。”同年，“又令在外军民子弟愿充吏者，

① 同治《饶州府志》卷二八《艺文三·荒政论》，《中国方志丛书·华中地方·第255号》，第2983页。

② 同治《建昌府志》卷九《艺文》，“秦夔《预备仓记》”，《中国方志丛书·华中地方·第831号》，台湾成文出版有限公司1989年版，第3354页。

③ 可参见施由明：《东汉至清江西农业自然灾害探析》，《中国农史》2000年第1期；此文对明清时期中国的自然灾害及江西的自然灾害都有论述。

④ 可参见施由明：《义与誉：明代赣中乡绅赈灾的驱动力》，《农业考古》2012年第4期；此文对明代朝廷鼓励士民捐钱谷赈灾政策有论述。

⑤ （明）申时行等：《大明万历会典》卷二二《预备仓》，《续修四库全书》第789册，第384页。

纳米六十石，定拨原告衙门遇缺收参。”① 成化八年（1472）宪宗又诏令：“各处军民纳米二百五十石者，给正九品散官；每加五十石，则增二级，至正七品止。……军民纳谷五百石者，请敕旌表为义民；三百石者立石并给复其家。”②

正德帝朱厚照，又以虚职、官位来鼓励军民纳粮。正德十四年（1519）诏令：“军民人等有愿纳银二十两至五十两者，授官带义民，自正九品至正七品散官，凡四等。”③

嘉靖帝朱厚熜面对灾荒，同样继承了前几代皇帝鼓励军民捐粮的手段，既授虚职冠带，甚至对捐粮多者还建坊旌表：“（嘉请二年令）被灾地方，军民有出粟千石赈饥者，有司建坊旌之，仍给冠带。有出粟借贷者，官为籍记，候年丰加息偿还。不愿偿者听照近例，准银二十两者授冠带义民，三十两者授正九品散官，四十两者授正八品，五十两者授正七品，各免本身杂差。”④嘉靖八年，又令“抚按官晓谕积粮之家，量其所积多寡，以礼劝借，若有仗义出谷二十石、银二十两者予冠带，三十石、三十两者授正九品散官；四十石、四十两者正八品；五十石、五十两者正七品，俱免杂泛差役。出至五百石、五百两者，除给予冠带外，有司仍于本家竖立坊牌，以彰尚义。”⑤

万历帝朱翊钧在万历十年（1582）和十四年（1586）同样重申鼓励富民捐赈的政策：“义民输粟事例，千石以上者建坊旌表；百石以上者给予冠带。”⑥

清代中前期，朝廷对防灾和救灾也是较为重视的，有一套备灾制度，

① （明）申时行等：《大明万历会典》卷二二《预备仓》，《续修四库全书》第789册，第384页。

② 《明宪宗实录》卷一〇九，成化八年十月壬午，台北：“中研院”史语所1962年校勘本，第2126—2127页。

③ 《明武宗实录》卷一七三，正德十四年四月乙丑，台北：“中研院”史语所1962年校勘本，第3350页。

④ 《明世宗实录》卷三一，嘉靖二年九月甲午，台北：“中研院”史语所1962年校勘本，第829—830页。

⑤ （明）申时行等：《大明万历会典》卷一七《灾伤》，《续修四库全书》第789册，第307页。

⑥ 《明神宗实录》卷一七六，万历十四年七月乙卯，台北：“中研院”史语所1962年校勘本，第3256页。

即官府出资修建常平仓，民间办社仓、义仓①。顺治元年确定："各直省则设有常平仓，乡村则有社仓，市镇则有义仓，近边则有营仓，濒海则有盐义仓。"② 顺治十一年（1654）还规定以"常平、义社仓积谷多寡，定有司功罪"③。康熙十九年（1680）"令常平、义仓各仓积谷永留境内，以备赈济"④。康熙二十一年（1682）"谕旨：各省常平等仓积贮米数，甚属要务，有些积贮，倘遇年谷不丰，彼地人民即大有裨益"⑤。康熙二十九"上谕九卿曰：足民之道，宜裕盖藏。从来水旱靡常，必丰年恒有积储，庶歉岁不忧饥馑"⑥。康熙三十一年（1692）还"令江西常平仓粜米易谷，春间概行出陈，秋成每米一石收卖谷二石还仓"⑦。雍正和乾隆帝同样非常重视仓储建设，特别是在雍正帝时就明确地在政策上鼓励乡绅、富民捐谷，即雍正二年（1724）规定："地方官开诚劝谕，不得苛派米石，暂于公所寺院收存。俟息米已多，建廒收贮，所捐之数立册登明，不拘升斗，积少成多。若有奉公乐善捐至十石以上，给花红；三十石以上，奖以匾额；五十石以上，递加奖励；有年久不倦，捐至三四百石，给以八品顶带。"⑧

关于灾害一旦发生，清朝廷同样有一套报灾、勘灾、赈灾制度。

朝廷统治者所鼓励、所期望的是社会各色人等能捐谷捐资于建仓备灾，而实际上，真正能捐得起谷或资者，一般都是地方乡绅或富民，他们为了得到朝廷的荣誉，或出于仁义，捐谷捐资。

明清时期地方政权总的来说是积极执行朝廷的建仓备灾政策，特别是重视鼓励乡绅、富民捐谷捐资建仓。以江西为例，明代的地方政权会将义民们的义举及时上报朝廷，让义民们得到旌表，或由地方政权直接旌表。

以明代江西中部的吉安府为例，光绪《吉安府志》卷三六《义行》记载了许多乡绅或富民的义举：或捐谷建仓备灾，或捐谷赈灾，得到朝廷

① 可参见施由明：《清代江西的仓储述论》，《农业考古》1998年第4期。

② 《清文献通考》卷三二《市籴考（一）》，《景印文渊阁四库全书》第632册，第601页。

③ 《清文献通考》卷三四《市籴考（三）》，《景印文渊阁四库全书》第632册，第728页。

④ 《清文献通考》卷三四《市籴考（三）》，《景印文渊阁四库全书》第632册，第730页。

⑤ 《清文献通考》卷三四《市籴考（三）》，《景印文渊阁四库全书》第632册，第731页。

⑥ 《清文献通考》卷三四《市籴考（三）》，《景印文渊阁四库全书》第632册，第732页。

⑦ 《清文献通考》卷三四《市籴考（三）》，《景印文渊阁四库全书》第632册，第735页。

⑧ 《清文献通考》卷三五《市籴考（四）》，《景印文渊阁四库全书》第632册，第767页。

旌表。仅看其对正统年间的记载：

表 8　　吉安正统年间的义民捐赈表

人名	年代	县名	捐　额	捐赠起因	所得荣誉
谢子宽 谢子窿	正统元年	龙泉	各纳谷二千石	应“行劝恤之典”	旌为义民
曾时望	正统六年	万安	出粟二千五百石	境大荒，建义仓	
张宗器	正统六年	安福	二千二百石	建义仓，济贫民	后旌其长子为义民
徐先得	正统五年	永丰	二千五百石	岁歉	旌为义民
杨子旭	正统六年	永丰	二千九百石	河南大饥，赈饥	旌赐羊、酒，免徭役
刘统	正统元年	安福	输粟一千五百石	应诏	旌为义民
王九鼎	正统元年	安福	输粟	应诏	旌为义民
甘峻极	正统元年	安福	输粟二千石	备赈	授宣义郎
彭遵谋	正统间	安福	出粟二千石	应诏	旌为义民
刘南周	正统间	永新	出粟二千石	助赈	旌为义民
尹绍兴	正统间	永新	出谷四千余石	助赈	旌为义民
朱信	正统四年	庐陵	出谷二千石	饥，助赈	旌义士，祀忠义祠
周仁俊 周恂友	正统间	吉水	各出谷二千石	助赈	并赐冠带，旌为义民
陈子良	正统六年	永宁	出谷	岁大饥，助赈济	赐敕褒嘉，立石题名
张伯隆	正统六年	永宁	出谷	赈荒	诏旌表门闾，立石建坊，免其徭役
尹硕皮	正统间	永宁	施谷	赈荒	建坊，赐冠带
曾子韶	正统元年	庐陵	作义仓，捐谷一千二百石	富资，好义，岁赈饥民	正统二年赐书、劳以羊酒，免本户杂差
谢允谦	正统七年	安福	纳粟二千石	赈饥	旌为义民

续表 8

人名	年代	县名	捐　　额	捐赠起因	所得荣誉
胡思	正统间	安福	输粟千石，布千疋	助赈	旌为义民
彭渊潜	正统间	安福	输粟二千余石	助赈	旌为义民
乐象明	正统五年	泰和	出粟二千石	助赈	旌为义士

（资料业源：光绪《吉安府志》卷三六《义行》）

从上表可知，明朝廷及地方政权对捐谷的乡绅或富民的鼓励办法是赐诏书旌为义民、派进士或地方官员到其家慰问并劳以酒羊，或立石题名，或建牌坊等，这些办法对鼓励乡绅或富民捐赈起了很大起用。这些乡绅或富民通过捐赈，通过得到旌表，也获得了荣誉和地域名望。一些乡绅往往非常重视朝廷旌表的荣誉，他们张扬或渲染这种旌表。在明代的吉安，乡绅们往往会建专门的堂屋来存放旌表的诏书，并请文化名人作记。

最具有代表性的人物是宣德年间的吉水人胡有初，当时为宣德五年(1430)，江西饥荒，“掌吉水县事知州”柯暹劝富民们出谷赈饥，胡有初首先响应，捐谷千石给政府赈饥，但没后继者。胡有初又出五百石给官府赈饥，“众始胥效出谷，县人赖焉。巡抚侍郎赵新上其事，上嘉之，赐玺书，赐褒有初‘义民’，遣行人赍劳之，仍命有司复其家。”① 对于皇上赐书、派地方官员到家慰问，这样的重大荣誉，胡有初“既拜稽受赐，作重屋若干楹，祗庋玺书，题曰‘敕书之楼’。”并请杨士奇作记，于是杨士奇写了《敕书楼记》。

再如杨士奇《东里集》续集卷一中的《敕书阁记》所载：“敕书阁者，吉水曾希恭尊庋敕书之阁也。希恭尝出谷二千石于官，助赈饥岁。县闻于朝，遣行人赍敕劳之，旌为义民，且复其家，此阁之所系建也。……所谓未有上好仁而下不好义者也。于是有司奏出谷济民者，悉赐敕奖劳旌其义而复之，而劝赏著于令甲。然民之斯举也，昉见于吉水胡有初，再见于希恭，而然后见诸四方益多。”②

① （明）杨士奇：《东里文集》续集卷二《记·敕书楼记》，《景印文渊阁四库全书》第1238册，第387页。

② 《景印文渊阁四库全书》第1238册，第359页。

在杨士奇和王直的文集中，记载明代吉安不少这样因捐而得旌表敕书者，他们以此为大荣誉而建阁存放。

不仅仅是吉安，江西的其他地域也存在这种情况，如明代吉安文人王直在《抑庵文集》后集卷一的《勅书阁记》里记载赣南兴国县："兴国为赣属邑，而与予泰和境相接，其邑多良田沃壤，富家巨室收其利之入以石计者累千数，而多尚礼义，喜推其余以济人。鳌源王彦诚氏，其一也。彦诚既卒，其嗣子宇兄弟犹以惇厚好施有闻于乡里。正统五年圣天子修养民之政，虑水旱之无常，不可不豫为之备，诏有司发府库之赢，广仓庾之积，使虽有灾而民不饥，富民有能出谷佐官者皆勿拒，各疏其名以闻。子宇闻令下，即出谷二千余石以归有司，俾自为出纳，以赒给贫者。有司以闻，上命降勅，旌之为义民，劳以羊酒而蠲其徭役。子宇作重屋，奉勅置其中，什袭而宝藏焉，名之曰'勅书阁'。"①

从上可知，明代的朝廷和地方政府调动了乡绅和富民的积极性，踊跃捐谷捐资，建仓备灾或赈灾。

清代朝廷的鼓励政策，比不上明朝廷的旌表政策更有调动力度。从史料记载看，清代的义民们与明代的义民们有所不同，已大多不是为了得到朝廷的奖励而捐谷捐款，而是在地方官员的鼓励与劝说、引导下捐谷捐款，建仓备灾。

清代的常平仓由地方政府用公帑买地建仓并买谷储仓，分布在州县，由官府经营。

清代的社仓由民间所建，民间经营，分布于乡、社，所谓"储之在民。或谷贱增价，或谷贵减价，以利农民；或初行收息，历久收耗，以便闾阎。法可谓善"②。在江西的建立形式，有官劝民捐、乡民共捐、官民共捐、官劝绅捐和乡绅独捐等。其中官劝绅捐和乡绅独捐是最主要的形式，不少社仓就是如此建立的。

清代江西的义仓，其建立主要靠地方官的倡导，乡绅捐谷、钱而建立起来的。如吉安府的丰乐义仓，"道光十五年知府鹿泽长，札庐陵绅士，

① 《景印文渊阁四库全书》第1241册，第312页。

② 同治《袁州府志》卷九《艺文》，宋良佐：《万载城南社仓记》，《中国方志丛书·华中地方·第844号》，台北：成文出版有限公司1989年版，第1829页。

劝输建仓府署之左，积谷一万石有奇，捐生姓名勒碑仓舍，劝捐绅士各得奖”[①]。又如赣州府信丰县“民义仓，在城内外及小江、铁石、大塘、黄陂、小河、杨溪、长安、桃枝、长冈、崇仙、龙下、杨坊、游州等处一十六所。道光十七年，知县张宗裕劝捐建，共储谷二万五千四百石零，自为记。在城外者，咸丰六年粤匪焚掠无存；城内义仓，原贮谷五千余石，因碾发勇粮，仅存五百余石。同治十年，知县李大观变价修仓，并给各绅夫马赴乡，劝捐仓谷及运谷上仓费，共捐存谷四千一百石”[②]。再如临川县义仓的建立，就是地方官府“邀集绅耆，就城内慈云庵废基建廒屋，前后十楹，仓三十有二，请城乡绅士各就附近村庄劝捐谷石，铭曰义仓，共计存仓各六千五百四十八石”[③]。

上述表明，明清时期江西地方政权紧密联系了乡绅，来治理农村社会。

① 光绪《吉安府志》卷六《建置志·仓库》，《中国方志丛书·华中地方·二五一号》，第273页。

② 同治《赣州府志》卷九《官廨》，赣州地区方志办1986年整理本，第378页。

③ 光绪《抚州府志》卷三一《仓储》，《中国方志丛书·华中地方·二五三号》，第468页。

第五章　明清江西乡绅与县级政权的互动

明清时期的县级政权宛如小朝廷一般，各种人员设置颇为齐全：知县为一县之主官，主管一县各种事务，《明史·职官志》载："知县掌一县之政。凡赋役，岁会实征，十年造黄册，以丁产为差。赋有金谷、布帛及诸货物之赋，役有力役、雇役、借债不时之役，皆视天时休咎、地利丰耗、人力贫富，调剂而均节之。岁欠则请于府若省蠲减之。凡养老、祀神、贡士、读法、表善良、恤穷乏、稽保甲、严缉捕、听狱讼，皆躬亲厥职而勤慎焉。若山海泽薮之产，足以资国用者，则按籍而致贡。县丞、主簿分掌粮马、巡捕之事。典史典文移出纳。如无县丞，或无主簿，则分领丞簿职。"① 县丞、主簿乃佐贰官即辅助官，典史乃属官。《清史稿·职官志三》则是这样记述："县，知县一人，正七品。县丞一人，正八品。主簿无定员，正九品。典史一人，未入流。知县掌一县治理，决讼断辟，劝农赈贫，讨猾除奸，兴养立教。凡贡士、读法、养老、祀神，靡所不综。县丞、主簿分掌粮马、征税、户籍、缉捕诸职。典史掌稽检狱囚；无丞、簿，兼领其事。"②

除了知县、县丞、主簿、典史外，还有吏、户、礼、兵、刑、工六房，还有作为县衙日常办公的组织机构中的人员，还有皂、壮、快三班衙役，还有众多的幕僚，如刑名、钱谷、征比、挂号、账房、书启等。小的县衙少也有二三百号各色人员，大的县衙则常有上千各色人等。

然而，明清时期的县衙尽管有种种办事人员，但县域内的教化、县域

---

① （清）张廷玉等：《明史》卷七五《职官四》，上海书店、上海古籍出版社 1986 年版，第 7977 页。

② （民国）赵尔巽：《清史稿》卷一二三《职官志三》，中华书局 1977 年版，第十二册，第 3357 页。

内的各种建设、县域内的公益事业乃至许多地方政务都要依赖乡绅来展开，其原因是：县衙内不仅仅不可能派出那么多的工程管理者，更主要的原因是明清时期县级财政往往是连“吃饭”都不够的财政，即州县政权所征收的赋税中留给地方财政开支的那部分“存留”是不够地方县政权公务开支的！州县政权往往要通过额外加征（如所谓“陋规”）来对付州县的各种开支，所以明清时期的州县政权往往不可能把钱投向县域内的公益事业，而是依靠乡绅出资或劝捐聚资并“董其事”来完成；甚至于那些必须由官府出资来完成的政务如修城堞、衙署、坛庙、县学等工程，还往往要靠乡绅捐资或劝捐来完成；而乡绅往往乐意参与地方公益事业建设，一是乡绅们大多都是由儒家文化熏陶出来的，并传承儒家文化，他们比常人更富有社会责任感；二是乡绅们通过参与县域内的公益事业建设、公共事务及地方政务，可取得县域内的话语权并确立在县域内的地位。然而，朝廷和地方政权为了控制乡绅势力扩张，也会对乡绅进行一些约束。

一　乡绅与宗族主动积极参与地方公益事业建设

乡绅和宗族如果要取得在地域社会里拥有的名望、地位及话语权，必然要积极主动参与地方公益事业建设，才能获得地域民众的好感而建立威信。所以，主动参与地方公益事业建设是乡绅真正成为乡绅的重要媒介和渠道。同样，这也是宗族显示实力而取得地域名望的渠道，所以，宗族和宗族的乡绅，只要有经济能力，一般都会积极主动去完成一些力所能及的地方公益事业建设。这些公益事业可能是县内的一些重要建设或活动，如重要的桥梁、道路、赈灾、救贫、恤孤、建仓、兴育婴堂、助县儒学、建义学等，当然也可能只是在宗族居住的乡村范围及其周边范围内的修桥、修路、恤贫、救灾、建私塾等。但正是乡绅和宗族的参与，农村社会中的公益事业建设才得以顺利、扎实地开展。

1. 建桥、设渡、修路

对于乡村的桥、渡、路存在的问题，州县等地方政权基本上不会动用公帑去修建，而主要靠县域内的富户与乡绅个人出资或倡捐集资来修建，并由乡绅或富户中人亲自负责修建事务。州县政权对这样的公益事业，通常是置之不理的，有时会有刚上任的州县官为显示其责任心或博得同僚与百姓的好感而捐俸倡捐，或府州县官为建府州县城附近的重要桥路而捐俸倡捐。

同治十二年刊本《赣州府志》卷六《舆地志·水陂塘桥渡附》记载：在赣州府城东七里许的七里镇，为袁氏世居之地，同时杂有其他一些姓氏，此地“前瞰大江，后负诸山，右当江水，环汇村口，峻仄而悍”，在宋真宗时期郭氏族人即建桥以渡。后来郭氏族人多次重修，到清朝乾隆乙酉岁，“雨甚，山水啮涯，桥坏，里人太学生赖其玠醵金补苴。己丑岁，又圮过半，石荦确立水中，履之可畏。兄明经嘉祺毅然倡改建之议，德复力持之，众志遂定。去冬，请邑侯卫公谋作叙劝捐。时有太学生邱源、舒守述、赖其玠、罗世达与吾兄，各先输资，德力绵亦助之。春正月课吉兴工……此桥成。……桥之下水声潺潺，桥之上箫鼓隆隆，不亦都哉！”[①]此桥的建成，主要靠郭氏乡绅袁嘉祺（贡生）、袁嘉德（官员）的竭力倡捐，同时得到一些乡绅的响应、赞助且由乡绅们“董其事”而建成。

在兴国县，有一座通往府城赣州的较重要的桥——文溪文兴桥，明代万历年间建，当时为木桥；但后来朽了，里人一直谋建石桥，而需费甚巨（需千缗）。清康熙年间，基层乡绅“里人刘鼎玉，以身任之，工未毕而没。族子刘家炎明经实继其志，为募册，求助里人，且遍号邑中及土流诸村之假道是桥者……远近响应，功举事集”[②]。这座桥的修建，靠的就是刘氏父子的前后相继，更靠作为基层乡绅的刘家炎（明经，即贡生）的募捐，在中国古代乡间有许多桥就是这样修建的。

在清代的南康府曾有这样一个人：“傅源植，字君佐，都昌人，以子延选赠登仕郎，律身勤俭，而地方亭路、津梁或议修建，经其次助者多。”[③]

---

① 同治《赣州府志》卷六，《国朝袁嘉德白塔桥记》，赣州地方志办公室 1986 年整理本（下同），第 262 页。

② 同治《赣州府志》卷七《舆地志·水陂塘桥渡附·国朝张尚瑗重建文溪文兴桥记》，赣州地方志办公室 1986 年整理本，第 294 页。

③ 同治《南康府志》卷一八《人物》，《中国方志丛书·华中地方·第 98 号》，台北：成文出版有限公司 1970 年版，第 448 页。

这是明清时期众多的又具有代表性的乡绅之一，作为基层乡绅，热心于地方公益事业。

在清代的抚州府临川县，有这样一些建桥实例①：

周兆凤，字鸣岐，邑庠生，性豪爽。鬻千金产倡建河埠桥，语子曰："吾以此落产，然利人事，当为也。"后三圮，兆凤捐产修之。乐施予，负辄焚券。学使王京匾曰"学行均懋"。

陈必达，字景祥，例贡生，金溪人。敦厚笃诚，性好善。道光庚子邑修黌宫，裒千金为捐，自浒湾达县治，驿铺所必经，雨雪每苦泞淖，必达捐千金，筑石瓦石路数十里，更造桥梁、修堤埂于途，建亭曰邮石，以便憩息。邑岁科试，文武新籍学官例有薪水费，贫上仓猝莫措，必达输钱二千贯取息以赡。道光乙未雨，丙申蝗虫害稼，谷翔贵，必达为粥待饿者，户为之塞……

李挺兰，字灏瞻，道诠孙。援例授营千总判。修族谱，建义塾、义学。嘉庆八年建复文昌桥，廷兰捐白金一千，复赴乡村敕输，数载不倦。桥成，独出赀建观音阁于桥上。……复仰山书院也，既首捐白金千二百，且广为劝输，集赀万金，以其余直劝学堂，自童试至乡、会试，咸有饮助……

姜奠川，字禹平，金溪人，监生。家仅温饱而好施予，尝独力修下城庙石桥。有以负不能偿，辄焚其券。乾隆中邑文风盛，童试至三千余人而学额仅十五名，历任学政皆谓美不胜收，尚可增额，然非数百金部费不办。奠川捐金如数，增额五名，与大县等。事办而后，一邑周知。子塍，诏由举人官永福县知县；宣，诏由举人官历城县知县；奠川赠文林郎。

饶嗣陆，字怀圃，东乡人。幼孤贫，入蜀以贸迁致富，族子或力绌不能读，为置田产、立义学，束修膏火及试卷费，胥取给焉。又尝独力建祠以及修桥梁、治道途，周济贫困，无不慷慨行之。

吴衍卓，字克贤，临川人。性好施，李家渡议建义渡而乏赀，衍

① 光绪《抚州府志》卷六七《人物·善士》，《中国方志丛书·华中地方·第253号》，台北：成文出版有限公司1970年版，第1118—1139页。

卓首捐银一千两以倡，渡成，从欲为记，衍卓勒石英钟，不允，曰吾非以为名也。近地有龙王古堰，灌田二千余亩，因水冲塌，衍卓捐修，绛乡里咸赖，为族中立义学，创学舍，置学田，延师教读，其他桥桥亭道路，施茶、布棺，不可胜记。年六十三岁卒。子：光莹，邑庠生；次光璧，出嗣弟衍经，现分发广乐县丞。

在抚州的崇仁县，据明代抚州人何乔新《新修六桥记》载："崇仁，抚之属邑也，邑有六桥……宏治乙卯，前县尹白君廷臣始谋复观桥，时辍公帑、羡财十四金为倡，而约劝巨室以足之，又择耆民练事而尚义者以董其役……既而又肆其余力于五桥，皆撤旧基而创之，其巨室乐助者则从之，不乐者不强也。此六桥者，观桥为费最巨。"

此外，崇仁县黄洲桥始建于宋嘉祐间，后由木桥改石桥，屡被水冲毁，"雍正十年、十一年迭被洪摧，邑绅士等募修石墩，上架以木。乾隆三十年知县沈梦龙劝捐，重修石墩下七门、上屋八十楹，中建阁祀关帝，约费四千余金。五十二年七月灾，石墩俱坏，邑绅士醵金数百，暂架浮梁，节年修补。嘉庆七年，知县罗攀桂偕邑宦陈凤翔劝集绅士四十人各捐，将旧墩悉改造，又劝谕合邑四民乐输襄事"①。

这样的建桥实例，在明清时期的方志中有大量记载，其说明的问题实质，是乡间的桥、渡、路主要依靠乡绅或富户捐资来建设。乡绅或富户往往把建桥、修路、设渡当作积善行德之壮举而乐意为之。乡绅、大族、富户对乡村桥、渡、路的修建，对县域社会建设肯定有着积极的意义。

2. 赈灾

对于自然灾害，朝廷中央有一套抗灾救灾的制度和程序设定，但不管朝廷是否赈济，只要自然灾害发生，总少不了乡绅、大户主动积极出钱、捐谷助赈。在明清时期方志中的《义行》《善士》等类目中记载有大量这样的实例。

明代赣州富户与乡绅积极从事公益事业实例：

---

① 光绪《抚州府志》卷六《地理·津梁》，《中国方志丛书·华中地方·第253号》，第151、148页。

表 9　**明代赣州乡绅与富户从事公益实例表**

人物	地域	年代	科举功名	公益义举
李存辅	兴国人	正统五年		出谷一千五百石；景泰三年，复出谷一千五百五十石助赈。
陈伯恭	雩(于)都人	正统五年		出谷七百斛赈饥。景泰三年，复输谷二千八百斛，以实仓廪。
萧立道	雩(于)都人	正统五年		岁饥，出谷助赈。
张志良 谢广隆	定南人	正统十九年		志良输粟一千石，广隆纳谷五百石，备赈。
王子宇	兴国人	正统五年		出谷二千余石助赈。
钟景迪	兴国人	正统五年		出谷二千余石助赈。
王叔瓒	兴国人	景泰三年		出谷一千一百石助赈。
王叔鉴 钟雅正 陈琢宾	兴国人	景泰间		各出谷一千六百石助赈。
欧阳志雄 赵雄	会昌人	景泰间		捐谷一千八百石。
刘忠	会昌人	成化五年		输粟五百石助赈。
赖胜先	会昌人	景泰间		输粟一千三百石助赈。
吴遂	信丰人	天顺、成化间		两次捐粟赈济，所活多人。
李彦实 方大用 王明厚 李彦文	兴国人	天顺元年		各出谷一千六百石助赈。
李德本	雩(于)都人	景泰间		输粟二千石，赈饥。
沈朝用等二十三人	会昌人	成化人		捐谷助赈。

续表 9

人物	地域	年代	科举功名	公益义举
廖景华	兴国人	成化十五年		出谷一千石、银一百两赈饥。
廖益源 益温 益训	兴国人	成化二十一年		各出谷一千石、银一百两赈饥。
钟信	兴国人	成化二十二年	诸生	出谷一千石。
江秦川 泰川	兴国人	宏治间		都御史金泽建义仓，兄弟输谷三千石、镪五百两。
葛昌信	雩(于)都人	正德间		江右荐饥，捐谷一千六百五十石，如是者三。
郭彦英	安远人			输谷千余石备赈。
尧太乾	安远人	万历八年		荒，捐谷于永安仓。又施粥以救乡邻之饥者。
黎金球	赣县人	万历末		捐谷千石赈饥。又捐千石立义仓，出千金置义冢瘗骼。邑黄龙铺路僻多盗，建庵集僧居之。并立茶亭。
钟廷灿	赣县人	万历间		饥，捐谷五百石立社义仓，借贫民不取息。越岁饥，再捐六百石。知县王天麟、林玑为之立簿立碑以记。
萧辉等七人	会昌人	隆万间		捐谷助赈
刘儱	会昌人	崇祯间		捐谷助赈

（资料来源：同治十二年刊本《赣州府志》卷五六《善行》，赣州地区方志办1986年整理本）

从上表可知，明代的捐助者所捐量较大，动辄一千石、两千石；另外，明代的捐助者往往都不是有功名、甚至连低层功名都没有。明代江西各府县的记载都相类似，即都有此二特点，因没有基本的科举功名，也就难确定其为乡绅，但这样的捐助者能大数量地捐助，那肯定是地方富户。

清代的捐款、谷助赈者和明代的捐助者就大不一样了，许多捐助者多是有科举功名者如贡生、监生、庠生等，另外，清代的助赈者远比明代多，但各捐助者捐款、谷的量大多都比明代的捐助者少得多，不是动辄一两千石，而是几百石乃至数十石或一定数量的钱等。仍以同治十二年刊本《赣州府志》的记载为例：

表10　清代的赣州乡绅投身公益事业人物表

人物	地域	年代	科举功名	公益义举
廖杰	长宁(今寻乌)人	康熙间	诸生	岁饥，捐米数百石，煮粥以赈。
罗熯著	长宁(今寻乌)人	康熙间	诸生	饥，捐米一百二十石，煮粥以赈。
周美帛	会昌人	清初	举人	少贫，及壮致千金，值大饥，出以赈之，尽所积而后已。
曾家英	赣县人	清初	贡生	捐社仓谷百石，又捐田租赡义渡，凡桥梁修建必资助焉。
钟奇	赣县人	康熙间	诸生	尝建延桥于大溪，建永贞桥于用公坝，建玉贞、长安二桥于磨刀地，计费数千金。康熙甲申岁饥，捐谷助赈；不足，借仓谷继之，售田以偿。
周德叔	赣县人	康熙甲申	监生	岁大饥，出谷助赈。壬寅，乡居被火延数十家，捐谷百余石赈之。雍正甲寅水灾，又出银助被灾之家。
廖泰护	龙南人	康熙甲申	诸生	岁祲，出谷六百石减粜。又修蛇子嵊路。后家中落，有千金券，将往索之；比至，贷者家窭甚，乃焚券而归。
陈其舜	安远人	康熙间	诸生	康熙五十二年水患，其舜赈恤数十家。雍正四年大饥，出谷减价平粜。捐百金修义学。又置义田租五十石，赡族中子侄肄业膏火 。修砌凿石岭，建茶亭于流木岽，以便行者。

续表 10

人物	地域	年代	科举功名	公益义举
曾学铸	长宁人	清前期	诸生	捐田租一千把助族之贫者。遇饥，出粟相赈，他如修桥、减租、焚券，时时乐为之。
萧志学	兴国人	康熙间	监生	康熙间造武溪桥船，岁缮，历三世不倦。乾隆七年水发，溺死者数百，志学买棺瘗之。米昂，减价平粜。
欧阳士星	龙南人	雍正间	监生	雍正元年疫，施棺三百余口。岁饥，捐米二百石以赈。
梁大英	信丰人	雍正间	监生	雍正二年，倡捐社仓谷五百石。
凌日本	长宁(今寻乌)人	雍正间	诸生	尝捐金造桥、路。丙午、癸亥、壬申，捐粟赈饥。
曾之佐	长宁(今寻乌)人	雍正间	监生	捐造留车桥。雍正四年饥，施粥月余。其子宗高，于南门外独造义学一所，又留车桥造瓦亭覆之。孙应选、应遴，捐田租二千把，膳族塾。乾隆庚辰，修葺学宫，捐银四百两。应遴子自齐，协其成，世行不倦。
谢君辉	龙南人	雍正间	廪生 州同知	雍正四年岁饥，佃户逋租三千余石，悉免。又出粟八百石倡赈。
赖标	龙南人	雍正间	诸生	雍正四年饥，捐米三百石赈济。修太平堡、横冈路，设茶亭，费二千六百余金。
曾为濂	龙南人	雍正间	监生	岁歉，尝出粟以赈。又尝修蛇子嵊及罗结路。
赖宁达	龙南人	雍正间	诸生	雍正四年岁饥，捐米三百石以赈。
陈文	安远人	雍正间	贡生	尝设田一百二十桶，每年分给子弟，为束修及婚聘资。又捐钱一百二十千修葺义学，捐租一百二十石为童生应试费。雍正十一年饥，煮粥赈月余。有鬻妻者，给以金完聚之。

续表 10

人物	地域	年代	科举功名	公益义举
唐盛龙	安远人	乾隆间	监生	乾隆五年建邑南门桥，九年复修，捐租百余石赡之。十六年岁饥，捐金施赈。
钟高接	兴国人	乾隆间	监生	乾隆七年大水，募工掩埋流尸。次年谷贵，出谷平粜数百石。
钟伯章，	赣县人	乾隆间	监生	乾隆八年岁饥，出谷四百石平粜。尝设茶亭，置义渡，施药救灾病，村人赖之。
谢建	信丰人	乾隆间	贡生	戊辰饥，捐谷六百石以赈。壬申又大饥，出银七百两、谷六百石。
吴廷章	信丰人	乾隆间	诸生	尝修锁筒隘桥。乾隆十三年饥，出谷八百余石助赈。
曹起润	长宁(今寻乌)人	乾隆间	监生	同弟起涧、起湘，乾隆十五年岁饥，出谷照常平仓以赈。又三十四年，发谷减粜。
曾教益	安远人	乾隆间	贡生	乾隆辛未岁饥，教益煮粥赈半月，又造石桥于牛尾岭。
曾绣峰	信丰人	乾隆间	监生	乾隆十七年岁饥，出谷百三十石以赈。
郭运臣	定南人	乾隆间	例贡	乾隆十七年岁饥，出谷四百石以赈。
谢文豹	定南人	乾隆间	诸生	乾隆二十三年岁歉，输谷数百石。有客往川乏费，将嫁其妻，豹赠银十两全之。建塾延名师，造就族子弟。
杨珮晶	兴国人	乾隆间	例贡	乾隆三十年，出谷二百余石减价平粜。
徐洪愿	龙南人	乾隆间	贡生	乾隆三十四年岁饥，出谷八百石平粜。每月初二、十六日，给发孤贫米各一升，废疾者倍之，岁以为常。
胡正馨	龙南人	乾隆间	贡生	乾隆三十四年岁饥，出谷五百石，减价平粜。修筑南城外河堤四十余丈，田庐赖以保固。

续表 10

人物	地域	年代	科举功名	公益义举
曾敬传	龙南人	乾隆间	岁贡	乾隆己丑岁歉，出谷平粜计五百余石。又捐二百余金建公婆洞石桥。春夏，贷无利谷石；有负者，亦置弗问。
曾先绶	龙南人	乾隆间	州同知	岁歉，出谷平粜，计九百余石。又捐造赤珠[illegible]石桥费七百余金。
钟元亮	兴国人	乾隆间	诸生	乾隆壬戌邑被水，捐谷数百石赈济。壬申、乙酉岁歉，俱减价平粜。
龙家经	赣县人	乾隆间	国子生	乾隆五十一年饥，出谷减粜。凡桥梁、道路，皆捐修不吝。子承柯，亦能承其志。
谢之升	龙南人	乾嘉间	监生	乾隆六十年、嘉庆十九年两次岁饥，出谷数百石以赈。
曾于代	赣县人	嘉道间	正九品	捐建本境白象桥及上流桥，修[illegible]背黄金塘。值岁祲，施粥，出所储减价平粜。
钟世蓉	兴国人	嘉道间	例贡	遇饥年，世蓉同兄弟子侄咸出谷为助。临殁，命诸子岁储所入，以应邑中公事。嘉庆十八年建考棚，道光四年修《县志》，诸子皆以世蓉遗命捐资。邑人称为义方，为之训。
刘启湛	兴国人	乾隆间	太学生	乾隆庚子岁饥，倾家中所有之谷减价平粜，不足则告籴于邻邑之良口，泛舟以助。其生平所为利济事，多类此。
钟广京	兴国人	乾隆间	州同知	所居竹坝村，平畴千顷。遇亢旱，居民戽水灌田，日夜不绝。广京恻然，念旧有陂泽，自前明开浚，废且久；捐三千金，倡里人疏为渠，长十余里，灌田租二万石有奇。邑人议重新学宫及改建崇圣祠等处，皆独任之。又建凌云塔。生平济困扶危；遇饥年，减价平粜，族人按口给谷；里少妇，无子守节，资其衣食终身；更为立继，娶媳焉。

续表 10

人物	地域	年代	科举功名	公益义举
钟崇价	赣县人	嘉道间	附贡	慷慨好善，修府、县文庙、学署费数百金；捐宾兴会钱二千缗；凡赈荒、建桥、修道路、茶亭、义渡，累数千金。
刘开云	赣县人	嘉道间	诸生	嘉庆庚申大水，雇船救数十人。修西门内外城楼。西河土堤数十丈屡溃决，开云易甃以石，并治沿河沿石路，皆巨费。岁饥，倡率平粜。府建义仓、邑创宾兴，竭力襄助。
徐德慕	赣县人	嘉道间	岁贡	邑有公产，德慕与罗萃和经理者二十余年，积其赢余，为新进文、武薪水费。道光丙戌岁饥，议赈，设立四米厂，全活甚多。事竣，倡建民义仓于城南鸳鸯桥，储谷二千五百石。议改造义仓，储谷二万有奇，至今赖之。
罗庄轩	赣县人	嘉道间	监生	道光九年，议起宾兴会，捐银千两。邑人立其主于尚义祠。又尝捐郡城义仓谷。
郭协衷	赣县人	道咸间	附贡	尝筑石堤数百丈，里中田庐赖以保全。道光甲午夏大饥，捐金二千余金，越境市粟，减价发粜，接济至秋。里人至今称之。
管遇春	雩(于)都人	咸丰时	廪贡生	补乐安训导。为人素好施与。咸丰癸丑，捐修五门城楼；又修城，捐银四千二百两。丙辰，贼陷城，助军饷三千两克复县城。
王章锡	信丰人	乾隆时	监生	饥年，倡首捐谷，设厂于城隍庙，减价平粜。
黄大猷	兴国人	道光时	诸生	道光十四年大饥，捐千金买谷接济，全活甚多。襄建郡城试院、濂溪讲舍、邑三程祠。捐纳本邑文、武童薪水，别捐租为书斗费。诸义举费万金。

续表 10

人物	地域	年代	科举功名	公益义举
蓝炳芳	兴国人	嘉道间	贡生	邑中义举，皆极力劝董。乡里事无大小，悉咨以决，为排解者甚多。文庙、书院，并捐金倡率。
欧阳韵雅	会昌人	道光时	监生	咸丰元年捐本邑旧额、新进薪水。又捐田租二百余石，为县、府、道三考童试卷资。外如修学宫、赈饥民、施棺木、造桥渡，诸多善举。
赖贞祥	安远人	清	监生	自熊岭至长宁（今寻乌）三标，修桥、路五十余里。施棺木十七载，不下数百具。岁暮，给米济困，举行十余年。
欧阳琳	安远人	清	监生	疏财仗义。捐二千金买租置仓储谷石，以备荒赈。又捐置赣郡店、塘、园、土，作赈荒、教织、塾课之费；岁科试，乡试文、武生童卷资、花红；及孝子、节妇请旌、建坊等费。备钱二百串，买租存义举仓内。
欧阳廷组	安远人	清	监生	好行善事。救荒三次，全活甚多。创建书院、考棚，捐银四百二十两。
曾声和	龙南人	清	监生	慷慨好施。七里江渡久废，行人苦之。声和置田租一百一十石，每岁造渡船二只，并给渡子工费。两岸亭，可庇风雨。邀七里长者置产，永远为渡神会，约费千二百金。又修路五里，约费五百金。族中建仓，捐资以倡，世蒙其利。
曾声越	龙南人	清	诸生	轻财尚义。捐金二百余，修高明阁。赡渡费，赈岁饥，修桥、修路，施药、施茶，无不乐为助。而赒恤孤寡，尤为加厚。人有贷其金者，贫无以偿，辄焚券不问，计数千金。其乐善，类如此。

续表 10

人物	地域	年代	科举功名	公益义举
李遇德	龙南人	清	监生	岁饥，出谷以赈族人，前后不下数百石。时值寇警，族人议筑围，以资捍卫，遇德捐田基二十亩，且助多资。至建义仓、修桥梁、道路，每先捐资为倡。平生之好行其德如是。
廖杰	长宁（今寻乌）人	康熙间	诸生	康熙间岁饥，捐米数百石，煮粥拯救。丙辰、丁巳海氛蹂躏，极力捍御，乡里得安。
胡大鲸	长宁（今寻乌）人	清	诸生	孝友仗义，遇荒出粟以赈；见人危急，扶恤不懈；事关邑之利害者，挺然独任。凡孔道、桥渡、茶亭，虽在外邑，亦尝捐田以赡。其子亦好施，有父风。
曾一贵	长宁（今寻乌）人	清	监生	凡邑中公事，必捐资先倡；修桥；施棺木以千计。子炳蔚，亦好义。
曾应埙	长宁（今寻乌）人	乾隆时	监生	倡修各村桥梁六座。乾隆乙卯，升米八十钱，倡捐施粥三月，活人甚多。
黄昌国	长宁（今寻乌）人	道光时	监生	族系军籍，念漕运维艰，捐田百石，岁积以备，及大造，赔垫万金无吝。道光甲午岁饥，斗米千钱，出谷五百石以赈。后享耄年，无疾而终。
曾自展	长宁（今寻乌）人	清	监生	族有贷其债六百千者，叔侄推偿，结讼；自展携券，当官焚之，免其争。其余施舍赈饥，岁多其事。子孙众盛，四代仕宦，至今不替。
黄锡光	定南人	道光	诸生	孝友好义。道光壬辰岁饥，偕昆季捐谷七百石施粥赈济。平居，族邻亲友多有赖其周恤者。

续表 10

人物	地域	年代	科举功名	公益义举
张永翼	定南人	道光	诸生	道光十六年，文庙、考棚、书院三役并兴，永翼输费以竣巨工。
廖上达	定南人	道光	耆宾	道光乙未饥，本族散居各乡者，发粟施赈。又捐修城、军需各费。

（资料来源：同治十二年刊本《赣州府志》卷五六《善行》，赣州地区方志办1986年整理本）

从上两表可知，基层乡绅是维护乡村社会稳定的一支重要力量，乡绅们积极主动地赈灾救灾、赈饥救饥，对县域社会秩序有着重要作用。

3. 兴学、助学

乡绅，由于其本人得益于科举考试，得益于其科举功名或学衔而成为乡绅，所以乡绅对于兴学、助学有着特别的兴趣，或为了培养子弟参加科举，或出于自身对教育的兴趣等，总是会尽己之力兴学、助学。以方志中的记载为例：

> 李挺兰，字灏瞻，道诠孙。援例授营干总判。修族谱，建义塾、义学。嘉庆八年建复（临川）文昌桥，挺兰捐白金一千，复赴乡村劝输，数载不倦。桥成，独出赀建观音阁于桥上。……复仰山书院也，既首捐白金千二百，且广为劝输，集赀万金，以其余直劝学堂，自童试至乡、会试，咸有饮助……
>
> 陈洪勋，邑诸生，字甫堂，乐安人。敦行好义，每遇岁饥，买米赡族，都内有黄郑桥，竭力修造，行人称之。捐送田庄一所，岁租八百石，以助合邑文、武岁科，府试卷赀。复捐建本邑鳌溪书院，士林赖之。又与祖奇两修明伦堂，所费甚巨。自先世陈仕贵捐建，至洪勋，凡九修云。卒年八十三，旌表建坊。①

① 光绪《抚州府志》卷六六《人物·善士》，《中国方志丛书·华中地方·第253号》，第1132、1138页。

曹贯之，附贡，号以斋。为人谦厚，能识大体，建家塾、延师课读。以明伦为要，捐基创宗祠，置产以供，祀典大小祭赀经纪有方。又创本乡宾兴试馆，欣然倡之。他若建书院、修文庙，一切公务皆赖赞成。道光乙巳郡守刘赠“乐成善举”额。①

唐光文，安远人，乾隆间贡生。乾隆三年尝助修学宫，建尊经、魁星二阁及普济堂。赈恤孤，不倦。

曹徽光，长宁（今寻乌）人，清廪贡。县府考院、祠庙暨书院各义举，合捐千有余金。②

正是在乡村中有大量这类乡绅的存在，中国儒学在基层才得到广泛而持久地传承。

4. 恤贫

恤贫，这是基层乡绅积极从事公益事业的重要内容。基层乡绅只要有经济能力，他们总是乐意救助贫困，特别是族中贫困者，其次是里中贫困者。在地方志中，这类记载也是大量的，因为地方志本身有隐恶扬善这样的目的，所以专列有《善士》《义行》等篇，如：

光绪元年刊本《抚州府志》卷六六《人物·善士》载：

蔡文清，金溪人。幼颖慧，年十三，试辄冠军，凡中副榜三；族有贫卖妻者，文清鬻产以全其偶；拾人遗金，密访还之。闻族人与邻斗，文清止之曰：“邻子不可伤也。”出金代为修睦。

杨玑睿，崇仁人。性好施，每值荒岁，散谷周贫。里有贫将出妻者，睿出金全之。

刘映辉，字奎成，金溪人。候选州同。少失怙，长服贾于蜀之重庆，赀稍裕，即剖钱千余缗，特建族祠；又五百缗，以置田奉祭祀；义学、义仓，则剖谷六百石创之；邑之城工斌勖堂，助金二千余；自

① 同治《九江府志》卷三九《善士》，《中国方志丛书·华中地方·第267号》，台北：成文出版有限公司1975年版，第592页。

② 同治《赣州府志》卷五六《善行》，赣州地区方志办1986年整理本，第1674、1686页。

咸丰军兴，业家外，助饷不下三万余金；又集在蜀之同乡，立同仁会，捐资首倡，以恤乡人之贫者归。卒无葬者，其施药、散衣、给棺，尤岁以为常。子三：锡畴，候选州同；锡爵，邑庠，议叙主事候补同知。锡龄，议叙中书候补同知；以子贵，诰封奉政大夫。

黄镇一，乐安人。性乐施予，每遇岁饥，出粟赈贫。族有不能娶者，裒金助之。[①]

同治《九江府志》卷三九《善士》载清代德化（今德安）县：

杨廷贵，太学生。好善乐施，郡邑文庙、书院、义学、街衢、堤圩、廪请有案者，捐银一千四百余金。其每年河岸沙滩造购木板、挑掩官山孤坟，检埋无主枯骨，以及寒不能衣、贫不能娶、死不能殓者，周济不一，捐资亦不计数矣。现年八十一岁，以子魁，赠儒林郎。[②]

如上述施药、散衣、给棺、不使鬻妻及焚借券，这类乡绅或富户的善举，在史书的记载中不胜枚举，这类善举对乡村社会的稳定肯定有价值。

5. 兴育婴堂

长期以来，中国这个农业社会有一种陋习，就是重男轻女，甚至更可怕的是形成了一种溺杀女婴的恶劣风气！据学者研究，在商代的甲骨文中有“生男为嘉，生女不嘉”[③] 的记载，说明在中国上古时期即有重男轻女的思想。这是由于男女体格的差异，也许是战争和体力劳动更需要男人，所以生男高兴，生女不高兴。但没有女又何来男？到战国时期已出现了恶劣的风俗，据《韩非子》卷一八《六反第四十六》记载韩

① 光绪《抚州府志》卷六六《人物·善士一》，《中国方志丛书·华中地方·第253号》，第1111、1112、1134、1137页。

② 同治《九江府志》卷三九《善士》，《中国方志丛书·华中地方·第267号》，第582页。

③ 转见肖倩：《清代江西民间溺女与童养》，《无锡轻工业大学学报（社会科学版）》2001年第3期。

非子有这样一段议论："且父母之于子也：产男则相贺，产女则杀子。此俱出父母之怀衽，然男子受贺、女子杀之者，虑其后便计之长虑也。"[①] 说明在战国时期已有杀女婴的风气；这种风气流传至明清时代，特别是清代，溺杀女婴的风习很严重，据学者们研究，清代全国有十二省（江苏、安徽、浙江、江西、广东、湖北、湖南、四川、广西、河南）有溺女之习[②]。又据清后期著名的文人士大夫、江西安福县进士、翰林王邦玺在《贞石山房奏议》卷二《复请办育疏》中说："各省溺女陋习，惟江西为最"，"此风各直省所在皆有，福建较多，惟江西尤甚"[③]。据学者们查阅清代江西13府1直隶州78县的方志记载，除饶州府之鄱阳县和赣州府之安远县有"少溺女"的记载外，其他各府州县都有"溺女"之风的记载。

面对"溺女"这种不良风习，地方政府和乡绅、士绅们除了劝诫外，就是兴建婴育堂，收养弃婴。所以，明清时代，兴建育婴堂是一项有益于社会的公益事业，许多乡绅热衷于此。如据同治十二年刊本《南康府志》卷一八《人物》和同治十年《饶州府志》卷二三《人物·义举》等，载有这样的实例：

> 余定茂，星子人，太学生。道光己酉，出谷赈饥。邑多因贫溺女者，偕同志兴育婴会，捐田二十五亩六分为之倡，自是附近溺女之风渐息。
>
> 詹铭，星子议叙贡生。施棺葬浮尸；倡捐育婴会钱一百余千，度仙下岸麻石桥、杨村青石桥、五福港石桥、流澌桥，俱经修补，不惜重赀。峰水口路最险，倡捐二百金，平之。
>
> 潘益龄，号滁吾，星子贡生。有才识，慷慨好义，乡里寒峻，多赖 衿恤。里中尝立育婴会、惜字塔，均不惜重资，以成善举。善德桥、滩头桥，皆一人鼎建。过嘉鱼县，见江中石矶为害，捐金立石柱于上，以示行者。为阖邑节孝妇女旌，建立总坊，不取人赀，当时好

① （秦）韩非著，（元）何犿注：《韩非子》，《景印文渊阁四库全书》第729册，第768页。

② 参见肖倩：《清代江西溺女状况与禁诫文》，《史林》2001年第1期。

③ 江西省图书馆藏本。

义之士罕有并者。[①]

汪廷堠，字云旺，浮梁人。慷慨乐施，遇岁歉，出谷平粜。捐邑东隅宅，置婴育堂。凡邑中公事，无不出重赀襄助。总计一生所输之数几近万金，其成美最多，为义亦最勇云。[②]

周耀龙，字国才，临川人，贡生。道光二年捐普济、育婴两堂银一千两，知县雅树清给匾“光风远煦”。又捐金溪县育婴堂钱一百千、旌阳庙钱六百千。三年冬，又捐银二千两百入兴鲁书院，其余各处捐钱，不可胜记。[③]

地方上的乡绅们建育婴堂，对扭转溺女之风多少有一些作用。

6. 建仓

在中国古代，对付灾荒的一个有效手段就是建仓储谷。早在汉代，贾谊就说过：“积贮者天下之大命也。”[④] 贾谊之说启发了后代的人们，后代的官员和士绅、乡绅们都公认：救灾的最好办法就是在灾荒发生前建仓储谷，当灾荒发生时平价将谷粜出，当丰收谷贱时将谷平价收入，这样既赈济了灾民，又保护了农民的丰收时的利益。所以在中国古代关于救荒的论述中，众说皆推崇。如所谓：“盖天时之荒歉无常，而备之不可不预也。救荒之策，其奇于积乎？”[⑤] “汉晋唐宋以来，先事预防，有社仓、义仓、常平仓仓储诸法；临时济急，有平粜、蠲征、散赈、劝输、设粥诸法。”[⑥]

---

① 同治《南康府志》，卷一八《人物》，《中国方志丛书·华中地方·第98号》，台北：成文出版有限公司1970年版，第447、449、449页。

② 《中国方志丛书·华中地方·第98号》，台北：成文出版有限公司1960年版，第2490页。

③ 光绪《抚州府志》卷六七《善士》，《中国方志丛书·华中地方·第253号》，第1124页。

④ （汉）班固：《汉书》卷二四上《食货志第四》，《景印文渊阁四库全书》第249册，第542页。

⑤ 同治《袁州府志》卷九《艺文》，宋良佐：《万载城南社仓记》，《中国方志丛书·华中地方·第844号》，台北：成文出版有限公司1989版，第1829页。

⑥ 同治《建昌府志》卷九《艺文》，秦蘷：《预备仓记》，《中国方志丛书·华中地方·第830号》，台北：成文出版有限公司1989年版，第3354页。

所谓“救荒之政，莫先于积仓谷。古来仓制不一，要以义仓、社仓为最著。义仓起自于隋长孙平，社仓朱晦庵，盖因其流弊而更张之也。顾义仓行之而弊，可以社仓救之；则社仓行之而弊，未尝不可以义仓救之。穷则变，变则通，通则久，凡事皆然，无足异也”①。

据光绪《江西通志·仓储》记载，江西利用仓储救荒可追溯至晋代：“自晋迄陈称大储备处三，豫章实居其一。”作为官仓的常平仓在唐德宗时（779—804）开始设立，“唐德宗时尝以赵赞之请，于洪州等处置常平，轻重本钱，上至百万缗，下至十万，积米粟布帛丝麻，贵则下价出之，贱则加估收之，以澹常平本钱”。义仓创于隋代，但到宋庆历年间（1041—1048）在南昌才“议立义仓”；到宋嘉定四年（1211），南昌重设社仓，“为他邑倡”。当时的袁燮在《洪都社仓记略》中说：“社仓之设，其常平之辅乎？其余则敛，不足则散，与常平无异。然常平裒聚于州县，而社仓分布于阡陌，官无远运之劳，民有近籴之便，足以推广。”②

元代的仓储制与宋代无异，常平仓置路、府，社仓与义仓置乡社。明代江西的仓储与宋元大体相似，只不过常平之名众多，有称预备仓、便民仓、存留仓等，但明代的仓储建设时兴时废。清朝中前期的顺治和雍乾时期对仓储建设都很重视，顺治元年即确定了“各直省则设有常平仓，乡村则有社仓，市镇则有义仓，近边则有营仓，濒海则有盐义仓”③。

常平仓作为官办官营，其米谷之来源，既靠公帑购买，亦靠劝捐；而社仓与义仓作为民办民营，其仓谷米之来源全靠劝捐。明清朝廷对捐给粮仓储者都有鼓励政策，如给予官顶、旌表为义民等。如雍正二年（1724）规定：“地方官务须开诚劝谕，不得苛派米石。暂于公所寺院收存，俟息米已多，建廒收贮。所捐之数立册登明，不拘升斗，积少成多。若有奉公乐善捐至十石以上，给以花红；三十石以上，奖以匾额；五十石以上，递加奖励；有年久不倦捐至三、四百石，给以八品顶带。”④

---

① 同治《赣州府志》卷一〇《舆地志·官廨·国朝崔国榜兴国县改义仓记》，赣州地区方志办1986年整理本，第387页。

② 光绪《江西通志》卷八八《仓储》，《中国地方志集成·省志辑·江西⑤》，上海古籍出版社1996年版，第364页。

③ 《清文献通考》卷三二《市籴考一》，《景印文渊阁四库全书》第632册，第601页。

④ 《清文献通考》卷三五《市籴考四》，《景印文渊阁四库全书》第632册，第767页。

乡绅只要有经济能力，总是愿意捐款捐谷给常平仓或社仓与义仓，或是为了得到荣誉，即朝廷或地方官府的旌表，或是出于本身道义和社会责任感。同样，在明清方志或文人文集中记载有许多这样的乡绅捐谷款的事例，如：

> 萧复云，字寿侯，金溪人。由庠生入太学，性亢直。族党孤贫者，给田赠金。尝设立义仓，康熙六十年大旱，出粟活数百人。雍正九年、十年间，复困于水，饥者尘至，云给予粟，乡里德之。
>
> 杨凤鸣，字胜谦，临川人。嘉庆八年，郡修文昌桥，与兄鸣谦、弟履谦首捐银三千两，身董其役；事方就绪，凤鸣遽卒，子拱南克继其志。时郡多火灾，拱南倡捐缗钱五百千，制水龙二座，廛舍赖以无虞。道光壬癸，岁大饥，谷石三千有奇，郡守刘体重劝立义仓，拱南捐谷七百石为之倡。每修理桥路，动辄数百金，从无吝。惜凡父手及己手所放之项，有不能偿者，尽焚其券，共二万七千余金。今后裔繁荣昌盛，人以为积善之报。①

再如兴国县，在1750年春，崔国榜到任知县后体察县情，邑中乡绅们告知："向有六乡社仓、义仓相辅而行，事乃济。今社仓皆虚耗，有名无实；义仓亦寥寥，所赖惟常平仓耳。"在那年的夏天末，"禀奉府、道二宪筹备义仓，乃与绅耆约，合邑一百八堡，分设一百八仓。捐谷者，或百石，或数十石，下至数石数斗不等。各仓约储二三百石为率。其出纳仍令各堡董事司管钥，官不过问；但岁终稽查结报，一如旧法。既遍示晓谕，又亲至各堡谆谆劝勉，迄今一月有余，以三分约计，仓与谷俱备者居其一；或仓备谷未备，或谷备仓未备，势已垂成者，又居其一；其余一分则贫苦之堡，措置较难者，然亦闻风而起，绝无观望之意。倘遂得观厥成，今而后，兴人有备无患矣"②。正是乡绅们的踊跃捐助，各堡义仓才得以建成。

① 光绪《抚州府志》卷六六《人物·善士一》，《中国方志丛书·华中地方·第253号》第1119、1124页。

② 同治《赣州府志》卷一〇《舆地志·官廨·国朝崔国榜兴国县改义仓记》，赣州地区方志办1986年标点本，第387页。

在明清时期，乡绅们捐助仓储，对抵抗频繁的自然灾害肯定起了一定积极作用。

7. 其他

除上述主要的公益事业外，乡绅在基层社会从事公益事业还有许多，如兴修水利，调解水利纠纷，建茶亭、施茶、施粥、调解基层矛盾等，如同治十二年刊本《南康府志》卷一八等载：

> 邹廷燮，星子人，居近蓼花池。道光年间，池口沙水壅塞，淹没民田，燮倡捐谷千余石，开挖新口，并蓄蔓京、柳堑以抵风沙；连年蛟水为患，施粥赈饥，全活甚多。其次子庠生春和，捐赀收蝗子，以除遗孽；五子增生乐禹，捐田三十亩，助蓼池修费。可谓能继父志云。
>
> 陈大猷，星子人，太学生。村有鸡公堰，灌荫田二百余亩，遇旱放水，多致争讼；猷设为义水，小旱则雇工放水，由上而下；大旱雇工车水，亦由上而下，灌堰均平。至今堰无争讼。置社学一所，附近村童皆受学焉。
>
> 龙雷，建昌庠生。事亲，以孝闻。性尤好施，村当往来孔道，雷于夏月备茶、粥于道旁庙中，以济行人。尝置二斛，值岁饥，称贷者踵至，雷出以巨斛，纳以小者。平生好善多类此。子孙入郡邑庠者多人。①
>
> 程步进，浮梁人。慕义乐施，康熙六十年大旱，出粟二千石赈饥，复建亭炊粥以食过客。嗣后就亭煮茶，岁以为常。初年丧妻，后不再娶，日以课子为事，晚喜焚香读《易》。②
>
> （赣州府）茶亭附：慈惠亭，在北乡水西。道光十九年，监生黄华祝建。善余亭，在北乡狗子脑脚下，二十九年，黄姓建。饮甘亭，在火夹岽，咸丰五年，王启唐建，赡田施茶。小憩亭，在天子岽小

① 同治《南康府志》卷一八《人物》，《中国方志丛书·华中地方·第98号》，台北：成文出版有限公司1975年版，第448、448、450页。

② 同治《饶州府志》卷二三《人物·义举》，《中国方志丛书·华中地方·第255号》，台北：成文出版有限公司1975年版，第2498页。

溪，同治五年，知县邵椿龄谕邑人捐建，置田施茶。永善亭，在洋河桥，五年邑绅张德鸟建，施茶。龙门亭，在西郊渡口，六年，邑人建。乐善亭，在赖村，宋嗣祖堂建。庆余亭，在北乡高岭凹上，六年，黄士进兄弟捐建，赡田施茶。福善亭，在狗子脑岽上，七年，监生黄华绣建。延年亭，在长乐里上迳，十年，监生李赞襄兄弟建，赡田施茶。甘泉亭，在长兴里兴仁村，张姓建。善庆亭，在北乡打鼓段，十年，职员黄运椐建，赡田施茶。荫济亭，在古田坪，十一年，邑绅张称奇兄弟建。①

在中国的县域社会，就是有这么多的乡绅们，积极地、持续不断地坚持做公益事业，对县域社会的和谐与稳定，起了重要作用。

关于乡绅积极参与县域社会建设，我们还可以一个县为个案来看乡绅是如何积极主动参与县域社会建设，先看清代万载县的乡绅是如何积极主动参与县域社会建设的：

就清代的万载县而言②，乡绅们积极主动参与县域社会建设主要表现在下述三方面：

（1）县域内的公益事业，包括修桥、建仓储谷备荒、社会救济机构建设等。

其一，修桥。如前所述，万载县是一个山区小县，河流与溪流较多，桥在县内交通中显得非常重要，而县域内的桥常被春夏间的山洪冲毁，需屡坏屡建。因而，乡绅和宗族把修桥作为从事社会公益事业的重要方面。从同治十一年刊本的《万载县志》卷六《桥》的记载统计可知，清代万载的乡绅或宗族创建或重修的大小桥梁大约有170座。一些桥梁的修建过程说明了乡绅们以对修桥的高度热情：父子两代坚持不懈地花巨资建桥，龙江桥的修建是最突出的例子。乾隆年间的袁州知府李允性在《龙江桥记》中记载：在万载县治东里许，原本只有龙江渡，乾隆辛未（1751）

① 同治《赣州府志》卷六《舆地志·水陂塘桥渡附》，赣州地区方志办1986年整理本，第278页。

② 另可参见施由明：《清代江西的乡绅与县域社会建设——以万载县为例》，《宜春学院学报》2008年第5期。

辛氏族乡绅辛琗"规易渡为桥";桥未成而辛琗卒,其子辛衢继之,"越五载,甲午长至始告蒇事,桥之洞五,广约三寻,修三十四丈八尺有奇,凡縻白金三万两。……辛氏仅中人产耳。"[①] 作为一中产之家,花三万金修桥,充分说明乡绅们对县域内公益事业的热情。类似于此的,还有高村南山桥的修建:先是高村南山人潘贵麟,于乾隆间"偕弟荣麟、华麟、佩麟承父瑞先生遗志",修建了"抵县郡达湖湘往来必经"的南山桥;后年久被洪水冲坏,"其后裔翕然捐赀重葺之,南北岸与中墩完而固,费逾千金"[②]。此外,富山石桥、万昌桥、长嘈桥等都是如此修建的,特别是县东北八十里的富山石桥,王氏父子前后花费一万二千余金修建[③]。

乡绅独力花巨资建桥,这在清代的万载也是很普遍的,不仅显示了乡绅从事公益事业的热情,还表明乡绅们从事公益事业的决心和"舍我其谁"的勇气。以县北五十里的西江桥为例:乡绅彭南垣在嘉庆壬戌(1802)建,"钱之以缗计者费一千有奇",桥"高二丈,长四丈有九,阔丈有三"。乡绅辛绍业在《西江桥记》中赞叹:"今彭君不爱其钱,汲汲于济人,飞鹊垂虹于不测之渊,出其钱与泉争胜,可谓得流而不滞之意者矣。"[④] 再如万载六区"上通两湖,下达三江"的万福桥的修建:先是乡绅彭馨宗独力建桥,并"捐败下堠田租三十余担,择乡之能者董之,为历久修葺计"。后桥被山洪冲毁,其子彭受益又"距桥二里许溪廓而流缓处创建一桥,仍名万福桥","费白金一万有余"[⑤]。如此不惜重金做公益,即使在当今社会,也是令人肃然起敬的。

乡绅聚宗族的力量建桥是清代万载乡绅们从事公益事业的一大特色,很多桥都是这样建成的,如回澜桥、双虹桥、竹渡石桥等。

此外,大多数的桥还是由一二乡绅先捐为倡,然后是众多乡绅群起而应之,如道光六年(1826)重修万岁桥的时候,先是由部分乡绅倡议,

① 同治《万载县志》卷二九《艺文记下》,李允性:《龙江桥记》,台湾成文出版有限公司1989年版《中国方志丛书·华中地方·第871号》(下同),第1801。

② 同治《万载县志》卷二九《艺文记下》,李恩长:《重修高村南山桥记》,第1958页。

③ 同治《万载县志》卷二九《艺文记下》,赖炳文:《富山石桥记》,第2004—2005页。

④ 同治《万载县志》卷二九《艺文记下》,辛绍业:《西江桥记》,第1825页。

⑤ 同治《万载县志》卷二九《艺文记下》,彭梦彰:《万福桥记》,第1977页。

后由四十位乡绅合力捐款一万余金，把桥建成。[①]

其二，建仓储谷。道光十五年（1835），袁州府各州县有一次奉命建义仓的过程："道光十五年，大宪檄州县劝捐义仓，奉功令多者给职衔有差，次则奖以匾额，邑人士应命恐后，各区咸有捐谷，为仓十有一所。近城一二区绅士弥加踊跃，上户捐至千石，次百石、二三百石不等；或折以钱。匝岁之间通计不下万余石。"[②]

在这次大建义仓的过程中，乡绅起了重要的榜样与倡导作用。如以在万载县城所建的义丰仓为例：万余石谷子中，乡绅宋谟策及其子孙"首捐至三分之二，尤为好义可嘉"[③]。再如在县城所建的安泰义仓："（道光）戊戌（1838），各憲劝建义仓，监生辛基琇、闻锡荣首出赀应命，并具输册邀邑绅汤誉光等劝捐，遂有曹世植捐钱千二百缗，厥后输谷者或数百石，输钱者或一二千缗，事以大集，立仓于城内九仙宫，名曰安泰。"[④]由此可知，在县域公益事业中，乡绅们的示范、榜样和倡导是至为重要的。

社会救助机构建设。清代万载县城内先后建有育婴堂、普济堂、因心堂、皆有堂、宾兴堂、乐泮堂等社会救助机构，县城外有东洲宾兴堂、东洲敬教堂等，这不多的社会救助机构也是靠乡绅捐建：

育婴堂，这是收养弃婴或孤儿的民办救助机构，由县域内的一些乡绅们捐建，且"置田产，公择首事，三年轮管报销。咸丰九年续买四都三图小南门外宋家坊十里园屋宇、土田等业，屋宇为堂，立有育婴堂匾额。"从县志记载看，乡绅们捐有不少田产，分布在县域内的乡村，道光六年之前约有田 6605 把（约 26.4 亩）[⑤]，后又有增置，如"道光六年，首事潘于苹、萧世即续买小源田三百二十把；二十年，首事袁瑞揆、唐淦、卢贵显续买下碓田三百六十把、店房一所，高塘里田三百零五把并庄屋"。同治年间又有些增置[⑥]。

① 同治《万载县志》卷二九《艺文记下》，卫鹓鸣：《重修万岁桥记》，第 1851—1852 页。

② 同治《万载县志》卷二九《艺文记下》，卢音：《义丰仓记》，第 1907—1908 页。

③ 同治《万载县志》卷二九《艺文记下》，第 1908 页。

④ 同治《万载县志》卷二九《艺文记下》，吴朝凤：《安泰义仓记》，第 1915 页。

⑤ 明清时期的赣西和赣西北田地以把为计量单位，约 250 把等于一亩。

⑥ 同治《万载县志》卷八《公署》，第 340 页。

普济堂，这是收养孤寡老人的机构，“乾隆十九年知县朱崧督首事郭治清等倡捐，构屋上下二栋，左右厢房、门楼环以围墙。……初收老人四名，继增为八名，月给口粮，冬给棉衣，历年收支统归学首事兼理报销”。这个机构的经费来源于捐款购屋后的余银买田出租的收入①。

因心堂和皆有堂，是救助贫困死者的机构。乡绅辛辰云（道光十一年的举人）在《存心堂记》中说：“甚矣！吾邑义举之多也，而莫勤于恤死者。在城如因心堂，在乡如见性，皆各有局，并以施棺捐地为务。义塚，所在多有。故一邑中虽极穷无告，从无露骸浮厝者，何其厚也！”这种救助机构起于乡绅捐建：“比修志将竣，刘君湘大、辛君雁友以新买义山告询之，则又有所谓存心堂者，事起道光壬午，二君偕明经汪起鹏、郭海门、茂才易朝宣等二十四人，人资二千。”②

另据同治十一年刊本《万载县志》卷八《公所》记载：因心堂“在大北门外，王昌仁、李荣陛等七十人建置，有田亩、山场，岁施棺櫘”。皆有堂“在白水阳澄桥下街，道光九年职员欧阳春，协监生欧阳精、欧阳鹤、甘会凰等各子孙倡捐，置产施棺，二十三年建堂”。

宾兴堂、乐泮堂、敬教堂，是以救助贫困学子为目标的助学助教助科举的民办机构。以宾兴堂为例，“在县治北康乐坊文昌宫左，道光五年城乡土籍绅耆捐买建宫……置田业及各姓助产。公择首事，三年轮管核算。为文、武童试卷费，乡、会程仪”。再如乐泮堂，“道光三十年，城乡绅士邀集同志捐资集费，置田数千亩、店房数所，以其租息为岁科试、文武新进公费。凡属堂内之人，脩金、印卷、饭食一概取给其中，公择首士轮流经理”。东洲敬教堂，“在牟村宾兴堂左……购田数百亩，为科岁试、文武新进及补廪公费”③。

在所有的救助事业中，乡绅们最乐意和兴趣最大的就是资助与救助贫困学子的学习与参加科举考试，不仅是因为可以“鼓文风、翼地气，从此裨益科名，甲乙之伍联翩而上，人才之兴正未有艾，用意美而规模诚远也”④。更因为大多数的乡绅都拥有一定的科举功名，如进士、举人、贡

① 同治《万载县志》卷八《公署》，第341页。

② 同治《万载县志》卷二九《艺文记下》，辛辰云：《存心堂记》，第344、345页。

③ 同治《万载县志》卷八《公署》，第343页。

④ 同治《万载县志》卷二九《艺文记下》，辛炳晟：《兴贤堂田记》，第1813页。

生、监生、庠生等，因而乡绅们对科举有着不懈追求的情结，同时都企望族中子弟参加科举而光大门庭。由此，乡绅们对于能振兴文教的公益事业，总是充满热情。

（2）县域内的文教事业，包括办书院、义塾、助学机构等及其他有助于振文风、兴科举的工作。

清代万载的乡绅对公益事业的热衷，不仅在上述修桥、建仓捐谷和办社会救助机构等，更为热衷的是振兴县域内的文教事业，乡绅们大力创办书院、义塾及乐泮堂、宾兴堂、思贤堂、永思堂等助学助考机构。从同治十一年刊本的《万载县志》卷七《书院》的统计可知，清代的万载乡绅与宗族办有书院35所，类似于书院的书屋、讲堂、义塾等共13所。在一个小小的万载县有如此多的教育设施，反映了万载的乡绅与宗族对教育非常重视。乡绅们办书院等教育机构主要有两种形式：乡绅们合办；乡绅们聚宗族之力创办。

以县内创办最早也是最有名的书院——龙河书院为例，虽首创非县内乡绅，而是乾隆年间的县令严在昌（仁和进士）在乾隆九年（1744）在县治后“捐廉独建，以惠邑之学者”。但这所书院的完善还得靠邑中乡绅，因为这所书院最初办在闹市，处于喧嚣不静的环境中，不利于学子们静心学习，于是，“乾隆丙子（1755）邑士汪朝祖、郭治清、汪发楫、闻鸣鹤，乡耆龙德彰、张之球等……呈请倡捐，始改建于龙河，其地距城半里许，三面倚山，临长河，中有山水佳趣”①。乡绅们还捐有一些田亩收租，以赡贫困学子。②

文联书院的创办，是有文化的乡绅们办书院最具代表性的例子，这是十二位有文化的乡绅联赀二十四金，生息二十七年，得金二千余金建成的：“兹院之设，起自乾隆三十一年生员喻显达、曹梦珑，太学曹茂芳、曹挺高、辛芝萱、喻显灿、曹廷珍、喻圣言，业儒者喻鸿高、林发云、王熙化、王熙孔联赀生息，越二十七年，乾隆壬子建斯院。”③ 地方的文化精英们对振兴教育的如此信心和干劲，在清代的万载是很普遍而又传续不

① 同治《万载县志》卷二九《艺文记下》，辛廷芝：《龙河书院记》，第1793页。

② 同治《万载县志》卷二九《艺文记下》，鲁鸿：《龙河书院膏火田记》，第1787页。

③ 同治《万载县志》卷二九《艺文记下》，卫鹓鸣：《文联书院记》，第1853页。

断的，万载的很多书院都是由有文化的乡绅合办而成，如龙冈书院、龙桥书院、龙洲书院、高魁书院、马脑山房、尚志书院、明德书院、四美书院、启元书院、九老书屋、敬业书院、崇文书院、聚贤书院、联元书院、两以书院、集贤书院、兴贤书院、白竹山房等，这些书院都置有房产、田产或店产，供膏火、试费等。①

宗族办学或乡绅聚宗族之力办学，在清代的万载也是很普遍的。如彦威书院“道光七年职员张明芳等因刁彦威，墨池尚存，合族捐金数百购就遗址，邀同志助建”。再如育英书院“在六区，麻田李宗汉妻杨氏建，教族子弟，并膏火田壹千把，道光三十年旌表义妇，建坊”。此外如乐育义塾、郭氏义塾、南坡义塾、文昌书院、松轩书屋、浴花轩、会芳书院等②。

清代万载的乡绅不仅仅积极办学，对与文风有关的建设也很热衷，如迁建文庙、重修文庙崇圣祠、重修文昌阁、修建文明塔及兴办一些助学机构如前述的乐泮堂等。只要是能振文风的建设，乡绅们总是不惜捐重金。如乾隆二十二年（1757）迁建文庙时，“贡生高彦者首捐六百金，监生王家塾亦捐四百金，踵起者各捐助有差”。最后共得到乡绅们一万余金的捐款③。再如文明塔的修建：“乾隆二十一年，邑士改建学宫，縻万金。易生琼依形家言，谓必建塔乃称，遂首捐七百金，其友人辛衢等共捐二百余金，选地于南城外而累塔焉。”④

（3）县城的一些建设，如城隍庙、武庙、公所等。

清代万载的乡绅们对县域内的社会建设有着广泛的热情，除公益事业与办学外，对县城内的一些基本建设同样也很踊跃捐款。如乾隆三十八年（1773）重建城隍庙，乡绅们“咸踊跃捐囊焉……费数千金有奇”⑤。道光五年（1825）重修武庙时，“城乡士籍皆踊跃乐输”，共得白金五千⑥。

乡绅在清代万载的县域社会建设中起了重要作用，县级政权如果不借

---

① 同治《万载县志》卷七《书院》，第357—384页。

② 同治《万载县志》卷七《书院》，第357—384页。

③ 同治《万载县志》卷二九《艺文记下》，汪朝祖：《迁建文庙记》，第1780页。

④ 同治《万载县志》卷二九《艺文记下》，鲁鸿：《文明塔记》，第1792页。

⑤ 同治《万载县志》卷二九《艺文记下》，辛廷芝：《重建城隍庙记》，第1795页。

⑥ 同治《万载县志》卷二九《艺文记下》，卫鹓鸣：《重建武庙记》，第1848页。

助乡绅的人力和财力，而靠县级财政，县域内的社会建设就难以开展。万载虽是个案，但在全国仍有普遍意义。

清代万载的乡绅们之所以能以高度的热情积极主动地投身于县域社会建设，大体的原因有：

一是乡绅们大都是由儒家文化培养与熏陶出来的，儒家文化培养与塑造了地方文化精英们的社会责任感和道德责任感，从而使乡绅们能尽己所能甚至不在乎重金，捐助社会建设，形成“万邑多慷慨好义之举”①。

二是积极参与县域社会建设，是乡绅们建立地方名望的重要渠道。

三是乡绅与宗族都祈望子弟科举入仕，这是乡绅与宗族热衷于发展文教的驱动力。

四是万载是个地理环境较为封闭的山区小县，商品经济不发达，乡绅经营田地积累的财富没有投向商品经济的强烈驱动力，从而更愿意投向社会公益事业与文教建设。

清代万载县的乡绅们积极主动投身于县域社会建设，不能仅视为个案，它在全国仍有代表性和普遍意义。

二　县级政权依赖乡绅与宗族来完成许多地方公共事务

州县级政权除了鼓励乡绅们积极从事公益事业外，许多地方公共事务还必须依赖乡绅来完成，这是由于州县财力和州县政权人力所限的原因。若不依赖乡绅，许多地方公共事务就无法完成，如修桥、修路、修文庙、修城隍庙、建仓、赈灾、建育婴堂、兴修学校、建书院、疏浚河道等。且先以赣西的万载县为例，来看县级政权是如何利用乡绅来完成地方公共事务。之所以选择万载县，是因为在明末清初的战乱中万载县城几乎被毁，万载县的社会经济文化遭严重破坏；战乱之后的县域恢复，乡绅在县域社会建设中起了重要作用，因而，关于清代江西的乡绅与县域社会建设的关系问题，万载县具有一定的代表性②。

---

① 同治《万载县志》卷二九《艺文记下》，易炳晃：《兴贤书院记》，第1938页。

② 可参见施由明：《清代江西的乡绅与县域社会建设——以万载县为例》，《宜春学院学报》2008年第5期。

1. 毁于明末清初战乱的万载

万载县是江西西部的一个山区小县，建县于南唐时期。这个县的地理与长时间的社会状况是："其室庐田亩半在山涧中，且地居上游，溪流潆窄，陂滩鳞次，致巨舰不得入；而富商大贾亦少经其地，鱼盐贾值往往甚于他邑，所贸迁者惟二三小贩耳。俗从朴素，敦诗礼，勤稼穑，市鲜游侠，乡无惰民，崇尚释老，好兴淫祀。"①

万载县城自宋代修筑之后，历有修建，明正德十三年的那次修筑使万载县城基本定型："（正德）十三年知县张邦谷合东西置城，筑土垣，架木覆瓦，高丈余，下广一丈四，上广八尺，东西相距二里，南北延袤一千二百三十一丈，共约六里二百。立七门，石砌其四，各建楼三间。"② 由此可知，至明后期，尽管是山区小县的万载，其县城也已颇具规模。此后在明崇祯五年和清顺治、康熙初年都还有修建、完善。

明末由于赋役的繁重，县内的社会经济颇为凋敝，崇祯年间（1628—1644）的万载县令韦明杰曾写过一篇《吁天四议》③，旨在陈述在万载征粮的困难，其中大量讲到万载的社会状况："本县田粮自万历九年开丈，十一二年再丈，其时值巨盗李大銮啸聚黎源等处地方，附近七八十里庄佃俱为扑追逃散，一切庄主，俱为究窝株连。迨至盗戢，民安旧佃，无一复业。新佃有难卒集，而庄主磨贫又不能出办牛种，以致田产日任荒芜，国初版籍之田至今鞠为茂草，其有与巨盗地方相远而亦多荒芜者。又因本县界在万山，国地如楼如梯，万历丙子（1576）元冥作祟，巨浸稽天，山谷之田，榛莽蔽翳，沙石倾压。至万历己酉年（1609）怀襄之势甚于丙子，鱼鳞册籍尽为河伯所收……民于是故土难安，他乡可适。二三十年来逃亡相继，十室九空，一望荆榛。"由此可知，明后期盗灾与水灾交相侵害万载，万载的社会土旷人稀。不仅是万载，整个赣西和赣西北的山区、丘陵区域都类似于万载，如宁州（今铜鼓、修水二县）、萍乡、分

---

① 康熙《万载县志》卷三《风俗》，《中国方志丛书·华中地方·第 868 号》，第 163—184 页。

② 同治《万载县志》卷四《城池》，第 178 页。

③ 同治《万载县志》卷二九《艺文·疏》，第 1545、1546 页。

宜、武宁、新昌（今宜丰）等县即相似[①]。当时（万历末）的地方官的解释是："惟是壤赋重，民罔堪命，往往穷逼流徙，至于田之荒芜者半，室之虚无人者亦半，则有望之而令人目蒿者。"[②] 于是，人多地少的闽省数十万人口（也有些是粤人）在明末便聚集到了赣西丘陵、山区，赁山种麻，所谓"封豕长蛇无虑数十万，往来如织纷如雨"[③]。

这些聚集在赣西丘陵、山区以闽省为主的流民，并不安于赁山种麻的现状，而是在明末清初战乱的局势中频频起事，发动抗清武装活动。关于明末清初赣西以朱益吾为首的棚民抗清起义的经过，在康熙十七年起义被镇压之后袁州府的豪绅们所写的《驱逐棚寇功德碑》中有简要记述："袁州接壤于南（江南），为吴楚咽喉重地。百年以前，居民因土旷人稀，招入闽省诸不逞之徒，赁山种麻，蔓延至数十万余，盘踞深谷。即在太平无事之秋，阴行劫掠；一遇变生，辄为乱首。崇祯壬午，天井盗起，则邱仰寰入据郡城。顺治戊子，金（声桓）、王（得仁）谋逆，则朱益吾播虐乡邑。己亥，海寇犯金陵，复揭竿树帜，怙恶不悛。当时惟因循姑息，酿成大患。顷因康熙十三年，吴逆窃据长沙，此辈蜂起响应，绵亘数百里，……萍、万二邑再陷，袁城危若累卵。"[④] 即 1645、1648、1659、1674 年，赣西棚民在赣西棚民首领朱益吾的领导下，反复发动抗清起义，其中康熙十三年响应吴三桂叛清那一次，对万载的社会经济破坏尤大。

从康熙十五年（1676）的万载知县吴自肃的《申详地方情形文》[⑤] 可知，在棚民起义未波及万载之前的康熙十三年春天，在万载西部的白水一带山洪暴发，对社会经济破坏极大："康熙十三年春，人祸将兴，天灾先作，上乡白水一带忽被异常水灾，冲山破峡，蛟龙并出，各村庐舍浪滚萍漂，男妇溺死，满川蔽野，田亩化为川泽。"到这年的九月二十一日，棚

---

① 可参见曹树基著：《中国移民史》第六卷，福建人民出版社 1997 年版，第 222—225 页。

② 乾隆二十五年刊本《袁州府志》卷首《序》，《中国方志丛书 · 华中地方 · 第 844 号》，第 5 页。

③ 道光《宜春县志》卷五《武事 · 驱除棚民功德碑记》，江西图书馆藏道光三年石印本。

④ 见康熙二十二年刊本《宜春县志》卷一二《风俗》及道光三年刊本《宜春县志》卷五《武事》，以及同治十年刊本《宜春县志》卷一四《武事》。关于赣西棚民起义的详细经过还可参见薛瑞录《清初赣西棚民起义领袖朱益吾的籍贯和反清活动》，载《清史论丛》第六辑，中华书局 1985 年版。

⑤ 同治《万载县志》卷一四《武事 · 附录》，第 600 页。

民起义军攻破万载县城，并占城月余（十月二十四日被迫退去），结果是“（万载县）失去居民男妇四千余口，人烟寂寞，十室九空”。至康熙十四年夏天，万载县的社会经济“稍有生色”，而驻袁大兵分兵防守万载，又要征办粮草，此时“百姓已骨尽髓竭矣”。康熙十五年四月十五日，棚民起义军又攻破万载县城，“逢人便杀，见妇便掳，卑职及防将各官公署、圣庙、两庑、戟门尽行焚毁，民居宅舍十不存一。迨官兵恢复，城门之外，尸首蔽野，无人收顾，臭闻数十里，系累男妇不可胜计。屠城之惨，从未有如此之甚者也”。而在农村，棚民起义军“到一村则一村残洗，到一乡则一乡破败”。以至许多乡村“荡无炊烟，寸草不留”。这年五月又大雨弥旬，“异常水势，四门冲折，颓城一十六丈有余，平地水深三尺，男妇涉水而死者不计其数”。经过这样的浩劫之后，共分六区的山区小县万载已残破不堪，“耕种无几”。

康熙十七年九月十七日，常维桢接在吴自肃之后，任万载知县，面对残破的万载，常维桢也只好又写了《申详惨苦情形文》①，“乞赐矜怜，以保残疆，以全孑遗”。文中详细述说了战后万载的残状：“自康熙十三年九月二十一日，棚寇猖獗，城池失守，十月二十四日恢复，焚烧月余，杀掳过半；及至十五年四月十五日城再陷，旋虽恢复，屠洗一空，官民房舍尽付一炬。此外郊圻，贼之盘踞劫戮者三载，前后掳杀男妇共七千七百余口，抛荒至十分之九。……如五六等区绝无人迹。三四等区久作贼窠。此外一二区中，或家有数口，半遭屠戮；或族本繁盛，今则凋残；父子仳离，夫妻拆散……抛荒田地不问可知也。”

关于明末清初赣西棚民起义的真正原因和动机，因史料所限，已难以弄清，可以肯定的是：他们打着抗清反清的旗号，有组织、有领导，但又有很显著的土匪性质，烧杀抢掠无所不作，对赣西（万载、宜春、萍乡、分宜）的社会经济文化破坏很大。

2. 县级政权利用和依赖乡绅开展县域社会建设

赣西的棚民起义在康熙十六年被最后镇压下去。

大乱之后所面临的首要问题是救荒。康熙十五和十六年，时任万载知

① 同治《万载县志》卷一四《武事·附录》，第603页。

县的吴自肃面对社会经济被严重破坏，面对人口不是被杀就是早已出逃，他能做的就是上奏《申详地方情形文》，请求朝廷免征万载税粮，对社会经济文化建设的恢复尚无从着手。万载的乡绅辛承项（邑廪生）在《吴公讲堂记》曾谈到当时的状况："邑值兵灾后，人民尽逃亡，房舍焚毁，田土尽荒芜，公为具详连篇累牍，不啻数千万言。致蒙各上宪照详入告，幸免钱粮十之八九。"然而，百姓无粮充饥，仍然是朝不保夕，"公仍进绅士而谋之曰：'今日之荒，只缘境内无谷，囊中乏钱，若能通融银两，飞挽以济待哺之众，未至尽填沟壑也。'请诣于府，行以金易粟术也，择邑中诚笃者任其事。凡营连米谷者，给照放关，不旬日而舟车至者踵相接也。公又念万邑凋敝，时当荒月，虽有米谷而催科不止，将无余力以谋生，因下令四月五月一概停征。嗟乎！大军之后必有凶年，苟非神君慈母救荒得术，寥寥孑遗，虽有存焉者寡矣。"[①] 万载的人民对当时的知县吴自肃的作为还是很感激，因而后来建了吴公讲堂以纪念他。

康熙十七年（1678）冬常维桢出任万载知县，常维桢最初仍然是无从着手恢复万载的社会经济，"知县常维桢于十七年冬来吏兹土时，满城荆棘，居民鲜少，多方招抚，次年方渐归集，鸠形鹄面，何能从事诗书？欲兴起，无由也。"两年之后，"民气稍舒"[②]，常维桢才得以着手开始县城的建设和恢复文教。然而，此时生产刚刚恢复，即使是原本的大宗族也还无经济积累，也就没有多少乡绅可利用。如在重建明伦堂时，常维桢曾与县域内的一些乡绅商量，希望乡绅们能捐助，但乡绅们无力捐助，常维桢只好"自捐金佐以杂佩，仍以旧基恢以新模"[③]。同样，在重修县城内学校中的文庙时，也是"竭捐己赀，佐以衣珥，委典史于昌禄、巡检钮嘉豫董其事。奈名修实创，百务经始，工用材木之资，屡给屡匮"，最后是"矢心毕力"、"躬亲监督，复委典史赵丛初佐之"[④]，才建成。

尽管常维桢无法借助乡绅的力量来开展县域内的建设，但他还是尽力借助大族的力量来开展一些工作，如康熙十九年民气稍舒，"即立义学于

① 同治《万载县志》卷二九《艺文记上》，辛承项：《吴公讲堂记》，第1721页。

② 民国《万载县志》卷二八《文征》，辛从益：《建义学序》，《中国方志丛书·华中地方·第275号》，第2306—2307页。

③ 同治《万载县志》卷二九《艺文记上》，常维桢：《重修明伦堂记》，第1726页。

④ 同治《万载县志》卷二九《艺文记上》，常维桢：《重修文庙记》，第1723—1724页。

关帝殿，延生员汪映极为师，招致生童一十余人肄业其中”[①]。实际上，这一十余位生童都是县域内大家族的子弟，如宋、辛、汪、易、郭、高、何，都是万载县域内开基较早的大族[②]。从而使得老师与生童所需的薪米、束修、礼物等（每年约费五六十金），有大族捐助而得以保证。同时，这也是大乱之后县级政权扶持大族与培养乡绅的开始。由常维桢首批招入义学的何士杰、郭邦泰、辛勤学、宋启连、辛受道、辛如璟、郭钟耀、辛受位、宋廷御、易首乾、辛邦荣、邓上、朱文光、宋希雯、汪有耀等，后来都成为热衷于万载县域社会建设的乡绅。

到康熙年间的后期，大乱后经过三四十年的经济恢复，大族与大族的乡绅们都积累了一定的经济实力，县级政权也就可以更多地利用乡绅的力量来展开县域内的建设：

康熙己亥年（1719），嘉善进士施昭庭莅任万载知县，当他察看官办的县学时，“见向所谓礼门义路，成德、达材诸斋尽为瓦砾，所岿然仅存者大成殿、明伦堂而已，而皆日就倾圮，不蔽风雨”，于是招集县域内的乡绅们商量重建县学，“诸绅士果奋兴踊跃，乐输恐后，不惮险阻，入山采木。未几得良材若干，虽深山穷谷，溪流牵挽，颇迂时日，较诸远购他郡者费仅半焉”。不到一年，建成了设施完备的县学。“始终是役者，为杨、辛二孝廉；其经营襄事者，为贡生汪廷献、生员郭邦泰等，得并立于石。”[③] 由此可知，此时已大不同于常维桢任县令时期，乡绅已成为可利用的一股力量。

接任施昭庭任万载知县的程元度，所看到的县学就已大不一样了：“（雍正）丙午（1726），余承乏是邦，下车日释奠圣庙，仰瞻殿宇之巍峨，周览门庑之峻整，以及斋舍庖湢，无不毕举，心焉嘉尚之。窃惟圣学之昌明，莫非前烈之启佑。”于是程元度又“出俸鸠工庀材，属贡生汪廷献董其事”[④]，重建了崇圣祠。程元度又利用乡绅的力量，进行了另一重大工程——重修南浦桥。

---

① 民国《万载县志》卷二八《文征》，辛从益：《建义学序》，第2306—2307页。

② 可参见民国年间吴宗慈主编的《江西通志稿》第三十四册《氏族略》44页，江西图书馆藏本。据吴宗慈先生考证，万载有二十二大姓。

③ 同治《万载县志》卷二九《艺文记上》，施昭廷：《重修学记》，第1739页。

④ 同治《万载县志》卷二九《艺文记上》，程元度：《鼎建崇圣祠记》，第1742页。

南浦桥是万载县南部（距县城300里）的一座重要桥梁，“为适郡要津，凡使命往来，负贩步趋者，必由焉”。它建于元代，但一再被山洪冲毁。明万历己酉（1573）辛氏族乡绅辛图猷（邑孝廉）“解囊再修”，后又被山洪冲毁后仅存废址。程元度到任后欲重修此桥，恰逢辛氏族人“继承先志，谋欲复建”，“但鸠工庀材赀费浩大，非图猷一支所能给”，于是，程元度“邀绅耆数人为倡，而乐助者遂多”，“经始于雍正四年四月，越明年八月告成”。于是，“登斯桥也，濡轨无虞，垂虹如故，车轮马足无烦问渡之劳，泥泞风寒可免褰裳之苦”[①]。

雍正五年（1727）许松佶接任程元度任万载知县，继续利用乡绅的力量进行县域内的基础设施与文教建设。其中，重建康乐桥是一项重大工程；此外，还有重建明伦堂也是较大工程。

康乐桥是万载县北的一座重要桥梁，“北通宁州新昌，南通宜春分宜，为往来孔道”，元至正年间由龙氏族人创建，明后期被山洪冲毁后，百余年间都是设舟为渡，“春夏雨水暴涨，横流急湍，津渡维艰，民不便之”。于是，许松佶邀集乡绅们“劝输重建”。“贡生高应谦、诸生龙言各出五百金，为首倡；从而乐助者，或百金，或数十金以至数金者若干人，皆知向义”，最后“得金万余”。由此可知，此时大族的一些乡绅们已有很雄厚的经济实力，数百金都能慷慨捐出。“兴工于雍正六年八月十一日，讫工于八年六月三十日，为袤三十丈，为广一丈六尺，下为洞五。桥既成，许令方调繁南丰”[②]。也许正是到了雍正年间，县域内的乡绅才有这样的财力可利用，为纪念此桥的建成，当时的江西巡抚、谢灵运的后裔谢旻，还亲自撰写了《重建康乐桥碑记》。

雍正八年（1730），汪元采从长宁（今寻乌县）调任万载知县，同样借助县域内乡绅们的力量进行县域社会建设。首先是“率二三绅士”修建了寅宾馆[③]；其次是依靠乡绅们捐助了二千余金，并依靠乡绅董其事，修建了县境西“上通湖粤下抵江淮”的储树潭汪公桥（原名下亭桥）[④]；再次是依靠乡绅们的捐助，重建了纪念曾在万载境内游历过的地理大家谢

① 同治《万载县志》卷二九《艺文记上》，程元度：《重修南浦桥记》，第1744页。

② 同治《万载县志》卷二九《艺文记上》，谢旻：《重修康乐桥碑记》，第1745—1746页。

③ 同治《万载县志》卷二九《艺文记上》，辛金鑑：《修寅宾馆记》，第1751页。

④ 同治《万载县志》卷二九《艺文记上》，辛金鑑：《储树潭汪公桥记》，第1753页。

灵运的康乐祠。①

自汪元采之后直至清末，历任县令都是借助乡绅与大族的力量，不断进行县域内的社会建设。如乾隆初年的知县翟廷法，“集绅耆”之力重建了吴公讲堂，且由乡绅们共捐田42亩，以田租作为维修讲堂的经费②。乾隆三十八年（1773）莅任万载知县的江津进士杨长佐，“因见（文）庙宇湿漏无干净礼拜地……捐廉为倡，邑士邓君宏等承侯意，偕同志十余人董其事……咸踊跃捐囊焉。鸠工三年，规制初就。”③ 嘉庆三年（1798）嘉善进士来珩，任万载知县，因见邑无试院，“乡人赴（童）试者尤苦之”，“集绅士谋之”，乡绅们“踊跃争先输助，不数月，得七八千金，遂鸠工庀材，相诸位置所宜及就试阅卷者所便，堂室湢庖一切俱具，逾年蕆工，并以余赀买田若干，为修葺费及乡会试费”④。道光丙戌（1826）莅任万载知县的龙严州进士陈文衡，利用当时致仕家居的乡绅郭大经、辛朝俊为号召，“士民踊跃捐输，得金钱若干数”，疏浚了当时的护城河，这是一项“功大费繁，县令力不能给”的工程，因为此时的护城河“缘居民铺户，历以所烧煤渣沿河倾倒，致河身日就浅狭。每逢大雨横溢，街衢市民均以为患；水退则深不盈尺，艰于灌溉。学前旧有笔架石，高出水面六七尺，旁有深潭；今已堆成连阜……今不治，将河道变为沟渠，城市有沦胥之虑”。不仅疏浚了河道，还建了崇文闸调水势。陈文衡感叹道：“呜呼！以数十年忧水忧旱之区，余不揣力量，与二三君子黾勉共图，俾城市居民无水溢旱干之患，幸何如也。”⑤ 从咸丰四年至十一年（1854—1861），太平天国起义军曾反复在赣西活动，曾两次攻陷万载县城，县城和县域内的许多文教与基础设施都被破坏，如咸丰五年十月，“粤匪在城十余日，搜劫铺户人家银钱一空，二十四日焚各官衙署，二十六日毁圣庙及城隍庙”⑥。而被毁后的文教与基础设施也是依靠乡绅的力量重建，如“槠树谭巡检司……咸丰六年兵毁，旋于十年三区绅民捐资重建”；“典史

① 同治《万载县志》卷二九《艺文记上》，袁宽：《重建康乐公祠记》，第1756页。

② 同治《万载县志》卷二九《艺文记下》，卢崧《重建吴公讲堂记》，第1776页。

③ 同治《万载县志》卷二九《艺文记下》，辛廷芝《重建城隍庙记》，第1795页。

④ 同治《万载县志》卷二九《艺文记下》，辛从益《万载试院记》，第1838页。

⑤ 同治《万载县志》卷二九《艺文记下》，陈文衡《疏河建闸记》，第1866页。

⑥ 同治《万载县志》卷一四《武事》，第608页。

署……咸丰五年兵毁，同治九年署县金弟……及绅民重建……规制如旧”；“考棚……咸丰六年号舍概被兵毁，同治八年职员宋仕豪捐建并改培风讲堂为号舍，计费一千六百有奇”[①]。

清代的县级政权之所以在县域社会的建设中要借助甚至可以说是依赖地方乡绅，是因为：一是县级财政根本没有开展地方建设的经费预算；二是乡绅们有财力可资利用，且明清时期的乡绅们不仅乐意被当权者利用，还很积极主动地参与地方事务。

清代的州县财政是一种非常拮据的财政，州县政权所征收到的地丁银，按朝廷规定大部分要起运送交朝廷的户部，只存留少部分用于地方开支，而规定的地方开支有：州县各官俸薪及各种吏役如皂隶、马快、民壮等的津贴；各种祭祀礼仪如社稷、关帝、文庙祭祀、乡饮酒礼等的经费；驿站经费；科举经费如廪生饩银、岁贡生花红匾银、新中举进士坊仪银、新中举人会试盘费等；其他开支如养济院孤贫口粮、孝子、节烈妇、寿民建坊银等[②]。根本没有留存地方建设及其他临时性开支的经费。就万载县而言，每年“通共额征起存正杂等款银贰万贰千捌百玖拾两玖钱肆分伍厘（遇闰加银壹百陆两玖钱陆分玖厘）”。其中起运（即上缴中央财政）“银贰万壹千陆拾玖两捌钱陆分伍厘”。即留存万载县级财政每年的经费为大约1723两，减去浮银之后，“通共存留经费银壹千叁百肆两肆分壹厘柒毫捌丝。”而用于官员和各吏役津贴的费用及祭祀、科举等费用就要“支给银壹千壹百玖拾捌两柒钱贰分贰厘”[③]。可想而知，县级政权根本没法支付开展县域建设的费用。若要县级政权支出地方建设经费，除了加派浮收，又能如何？而还有众多临时性开支，如官员过境的接待等，还需靠加派浮收来解决，而实际上万载乃山区小县且是赋重之地，县级政权即使要加派也是很难的。因而，县域内的许多建设只有借助或依靠乡绅的捐助来进行。

至于乡绅有财力可资利用，这从上述乡绅们的慷慨捐助县域建设诸义举，已说明了这个问题：小小的万载县也还是有不少的乡绅动则数十金、

① 同治《万载县志》卷八《公署》，第334页。

② 参见魏光奇：《清代州县财政探析》，《首都师范大学学报（社会科学版）》2000年6期及2001年1期。

③ 同治《万载县志》卷十《田赋》，第409页。

数百金地捐助公益工程建设，充分说明了不少的乡绅有充足乃至雄厚的财力可利用。

万载县仅仅是个有代表性的小县，且看其他府州县的一些记载：

清代的赣州府城内，有些公益事业机构如育婴堂、报德堂、全节堂等，这些公益事业机构的兴建、经费来源和经营都要依靠乡绅，如：乾隆四十年知府吴山凤修建新育婴堂，是在赣县乡绅曹镇阳、高侯、吴之炎等的捐款支持下，购买民房改造，并“存银二千八百有奇，交商生息，为养膳之资”。报德堂，设于赣县城隍庙内，其作用是“掩埋路毙溺死者，添设渡船，检字纸，施药饵、棉衣等事”，其经费来源主要靠劝捐。同治三年曾得到一些捐助，到同治八年经费紧张，又再次邀请乡绅等捐钱五百串；同治十一年官绅士商又合捐得钱二千三百串，共有钱二千八百串，“存惠和质铺，生息支用”。

全节堂，“设在惠和质铺，为矜恤孤寡、无依妇女而设。同治十一年，谕邑绅冯言绅、赖明海酌拟章程，经理其事，额定六十名，每名月给六百文。所需经费，提拨团捐存款二千五百串李惠和质铺，生息支用。第经费不多，额定有限，须再筹款，以推广之”①。

还有其他基本建设如文昌祠、文昌阁等，其经费和经理其事也都是主要靠乡绅。

嘉庆五年，蒋攸铦奉命分巡吉赣南宁道，驻扎章贡，为创建新的文昌宫，“攸铦首捐俸金一千两，而龙令率郡之绅士共襄资力，用财之数五千有奇，始于嘉庆六年十一月，竣于八年十月。宫既成，周视殿庭，严翼巍焕，克称神居，将见赣之人士德行文章，蒸蒸日上，争自濯磨，光显于世，而发为事功者，必卓然有立于天下。是则神所以酬答圣天子褒崇之盛典，而阴相朝廷造育之雅化于无究也。是役也，董事者：赣县举人平正传等为之首，而助成其事与捐资之姓名，例得备书于后云。”②

灵山庙，祭祀章贡名山之神，“神之为灵，昭昭也，能御灾捍患，绅民之奉祀甚虔。前明列入祀典，国朝仍之，编役祭银，屡修屡圮，兴废不

---

① 同治《赣州府志》卷八《舆地志·官廨》，赣州地区方志办 1986 年整理本，第 360—361 页。

② 同治《赣州府志》卷一一《舆地志·祠庙·国朝蒋攸銛文昌祠记》，第 425 页。

一。……同治十年冬，如绅民之请，巡道文公翼督同府县捐廉为倡，饬赣县黄君德溥，督绅首蒋履泰、邱树符等劝谕士商，醵资兴工；不赀，又益以公项。一一缮完，内外漆垩，焕然秩然。……同治十一年秋九月”①。

州县政权依赖乡绅来完成许多地方政务，这是明清时期县域建设的一大特点。

三　县级政权依赖乡绅与宗族来完成许多地方政务

对于地方公共事务，州县级政权不是非得一定要完成，如修桥、修路、设渡、恤贫、维修与扩建学校、建育婴堂、建城隍庙等，但涉及地方政务的，就必须完成，如征税、派役、兴县学、祭祀、地方教化（如明初建申明亭、旌善亭和读诰、清代的圣谕宣讲、明清两代的乡饮酒礼等)、地方治安（行保甲、乡约、缉盗等)、听讼断案、赈灾、建仓备荒等。

对于许多地方公共事务，地方乡绅或主动积极去参与并完成，或者县级政权号召与依赖地方乡绅去完成。同样，对于许多地方政务，县级政权也要依赖地方乡绅去完成或依赖地方乡绅的协助去完成。因为国家对地方官员的设置只到县级，广大农村的事务就只有依赖介于官民之间的乡绅的协助了。

1. 赋役与乡绅

征税、征粮与派役，这是州县级政权最重要的地方政务。然而，无论征税、征粮与派役，乡绅不但可以不承担，还会利用征税、征粮与派役牟取利益。即是说，在完成征收田赋与征派徭役方面，州县级政权是无法利用乡绅的。

明代田赋规定是“夏税”和“秋粮”。明初朝廷规定的田赋则是：“凡官田亩税五升三合五勺，民田减二升，重租田八升五合五勺，没官田一斗二升。”② 但全国各地的税率差别很大。就江西而言，各地的税率也

① 同治《赣州府志》卷一一《舆地志·祠庙·国朝魏瀛重修灵山庙记》，第445页。

② （清）张廷玉等：《明史》卷七八《食货二》，上海古籍出版社、上海书店1986年版，第7982页。

是轻重不一，但许多地区的官民田科则均超出上述标准。如江西万安县，在洪武二十四年（1391），民田“每亩科米一斗”，民地民山“每亩科米俱一升”，民塘“每亩科米五升”①。而南昌、瑞州、袁州三府在明朝的三百多年间更是田赋沉重。明朝洪武年间（1368—1398）朝廷在江西的两税是：“夏税米八万二千六十一石五斗七合一勺，农桑丝四千四十九斤六两四钱六分，折绢三千二百三十九匹二丈四尺八寸；秋粮米二百五十三万五千九百八石三斗五合三勺。”② 夏税米和秋粮米总额约占全国总额2944350石（米麦）③ 的8.8%。以占全国4.6%的田地承担了占全国8.8%的税粮，可见江西百姓承担田赋之沉重④！

在明代，完成征税、征粮与派役的机制是里甲制。正德《明会典》卷二一《户部六》载：“洪武十四年诏天下府州县编赋役黄册，以一百一十户为里。一里中，推丁多者十人为长；余百户为十甲，甲凡十人。岁役里长一人，甲首十人，管摄一里之事。”所谓“岁役里长一人”，即每年由一位里长负责，带领一甲十户去应役。如此，“凡十年一周，先后则以（里长）丁粮多寡为次”⑤。

明代里甲正役的主要内容有下列四项：

一是“勾摄公事”，包括：（1）基层社会管理：“管摄一里之事”，“主十甲人户十年事产之推收，丁口消乏之大事”，每逢更造黄册时，汇总本里各户的《清册供单》，向县上报。此外，里甲内的“祭祀鬼神”，调解“民间有所争斗”⑥ 等事务，亦属现役里长之职责。（2）协助政府清勾军匠、根究逃亡、拘捕罪犯，维护地方治安。（3）到各级衙门听候

① 同治《万安县志》卷四《田赋》，《中国方志丛书·华中地方·第八六八号》，台北：成文出版有限公司1989年版，第339—340页。

② 嘉靖《江西通志》卷一《藩省》，《四库存目丛书·史部》第182册，齐鲁书社出版社1996年版，第13页。

③ （清）张廷玉等：《明史》卷七八《食货二》，上海古籍出版社与上海书店1986年版，第7982页。

④ 关于明清时期江西农民的赋税和徭役负担，可参见施由明：《明清时期江西农民的赋税与徭役负担》，《农业考古》2013年第6期。

⑤ 《景印文渊阁四库全书》第617册，第251—252页。

⑥ （明）丘濬：《大学衍义补》卷三一《傅算之籍》，《景印文渊阁四库全书》第712册，第348页。

经常性和临时性调遣。经常性调遣即每日卯时、酉时到指定的衙门报到应差，被称为“答应卯酉”。临时性的调遣即接到官府的通知（符）后才到各级衙门报到应差，被称为“承符呼唤”。这两种差役都是由全县各现年里长和甲户按月或按日轮流支应。

二是承担地方各级官府的日常支应费用，包括各类官府的朝会乡饮、山川社稷神和圣贤名宦祠的祭祀，士大夫官员送往迎来，科举生员赴考盘缠津贴、乡试费用，地方官朝觐酒礼、进贺表笺，各衙门修缮及日常什物费用等等。有些地方又把这些支应费用分为正、杂两类，“如文庙、社稷之祭及乡饮之类，则曰正办；如迎春桃符、新官到任、生儒考试，一切供办之类，则曰杂办”①。

三是“催征钱粮”。明前、中期，全国许多地区实行粮长制度，里长、甲首只是作为粮长的助手而执行催征钱粮的任务，“该办税粮，粮长并督里长，里长督并甲首，甲首催督人户；装载粮米，粮长点看见数，率领里长运粮人户起运”②。到明中叶，许多地方已废粮长，不设或由里长兼摄粮长之职，这样，催征钱粮的责任就完全由里、甲正役来承担。

四是出办“上供物料”。“每岁里长以其甲之十家，出办上供物料及支应一岁经常泛杂支费”③。这种“上供物料”实质上是一种进贡，包括向皇宫、兵部、工部等提供生活上、军事上、生产上的各种用品、原料和地方特产。

关于里甲与粮长制，江西的一些史料记载：

> 嘉靖《永丰县志》卷三《建置》：“县固居山谷中，建置犹若也，分里六十有七，附县曰隅，在野曰乡。管摄有里长（在隅五人，在乡六十二人凡六十七人），其分理民事坐亭有老人（每里一人凡六十七人），管理粮税有粮长（分为永平、周安、新成凡三区，每区正副

① 康熙《宁化县志》卷五《岁役》，转见郑学檬主编：《中国赋制度史》，上海人民出版社2000年版，第511页。

② 正德四年《明会典》卷三七《户部二十二》，《景印文渊阁四库全书》第617册，第408页。

③ 《天下郡国利病书》卷九二《福建二》，四部丛刊本，北京书同文电子有限公司2013年版。

各一人或三人，无定额)。”[①]

万历《新修南昌府志》卷八《差役》载：“《大明会典》：洪武肆年令天下粮司度民田，以万石为率，设粮长一名，专督其乡赋税，拾肆年革罢粮长征收，令里、甲催办；拾捌年复设粮长。是粮长之设，或编殷实、或输里甲，皆自祖宗旧制。”[②]

嘉靖《东乡县志·户口第十》载：“旧制每百户为一里，十户为一甲，每甲里长一名，纲领十户，各甲里长轮年应官，十年而一周。其应官者令出里甲均平钱，办岁额贡税、祭祀、乡饮之费，雇夫买马，呼召人户之应充徭役者，督民易其田畴，侑其水利。民有犯者，追捕之。窃观往迹，凡官府差皂隶机快，一应市民下乡拘捕，每至生事；惟里长勾追，则事集而民不扰。粮长，本县凡十区，每区粮长正一名副二名，共三十名。”[③]

从上述几则资料看，明代江西和全国各地一样，切实实行了里甲制与粮长制。里甲正役是实行轮充制：里长是由一里（110户）中丁粮多的十户轮充，甲长是除轮充里长的人户之外的所有人户（100户）都要十年一轮充。[④]

除了里甲正役和粮长制以外，明代的其余徭役概称为“杂泛”，亦即“杂役”。“杂役”有经常性和非常征派：“如粮长、解户、马船头、馆夫、祗候、弓兵、皂隶、门禁、厨斗”等，是经常性的杂泛，故称为“常役”。而诸如“斫薪、抬柴、修河、修仓、运料、接递、站铺、闸浅夫之类，因事编佥，岁有增益”[⑤]，是非经常性杂役。

无论是里甲正役还是“杂泛”还是粮长制，抑或明代中后期的“一条鞭法”，还是田赋，乡绅都得到朝廷优免。

据清代嵇璜等奉敕撰《钦定续文献通考》卷一七《职役考》考证：

---

① 《天一阁方志选刊》本，1964年上海古籍书店影印版。

② 《日本藏罕见方志丛刊》，书目文献出版社1990年版，第157页。

③ 1963年10月上海古籍书店据宁波天一阁存明嘉靖刻本景印。

④ 参见施由明：《明代江西农民的赋税与徭役负担》，《农业考古》2013年第6期。

⑤ （清）张廷玉等：《明史》卷七十八《食货二》，上海古籍出版社与上海书店1986年版，第7983页。

洪武二十四年议定优免则例：京官一品免粮三十石，人丁三十丁；二品免粮二十四石，人丁二十四丁；三品免粮二十石，人丁二十丁；四品免粮十六石，人丁十六丁；五品免粮十四石。人丁十四丁；六品免粮十二石，人丁十二丁；七品免粮十石，人丁十丁；八品免粮八石，人丁八丁；九品免粮六石，人丁六丁。内官、内使，亦如之。外官各减一半。教官、监生、举人、生员各免粮二石，人丁二丁。杂职、省祭官、承差、知印、吏典各免粮一石，人丁一丁。以礼致仕者免十分之七，闲住者免一半，其犯脏革职者不在优免之列。如户内丁粮不及数者，止免实在之数；丁多粮少，不许以丁准粮；丁少粮多，不许以粮准丁。俱以本官自己丁粮照数优免，但有分门各户、疏远房族，不得一概混免。①

这段文字清楚地记述了明代免官员、学子们的税粮和徭役的规定，也就是免去了乡绅们及其部分家人的税粮和徭役，特别是对徭役，不但自身可免费，不同级别者还可免去家人不同人数的负担。

清朝初年，在全国逐步稳定的过程中，逐步恢复了里甲制和粮长制，即逐步恢复了明代前期的征粮征税办法，同时，朝廷对官员和拥有学衔者有免粮免役的规定：

清朝廷入关前的崇德三年戊寅，太宗文皇帝就规定：“授举人、生员官阶并优免丁役。”②

“康熙二十九年六月乙亥，上谕大学士等曰：绅衿优免丁银，原有定例，其乡绅豪强，诡寄滥免，以致徭役不均，偏累小民。”③ 这条史料说明清前期对各级官员、学子，都已优免徭役和税粮。

“（乾隆元年）申明举贡生员概免杂差之例，奉谕：杂色差徭，绅衿例应优免，乃各省竟有令生员充当总甲图差之类者，殊非国家优恤士子之

① 《景印文渊阁四库全书》第620册，第235页。

② 《皇清开国方略》卷二六《太宗文皇帝》，《景印文渊阁四库全书》第341册，第374页。

③ 《圣祖仁皇帝圣训》卷二五《康熙二十九年庚午五月辛丑》，《景印文渊阁四库全书》第411册，第451页。

意！嗣后举贡生员等，著概免杂差，俾得专心肄业。”①

由上可知，州县级政权要完成征粮、征税、派役，是无法利用乡绅的。乡绅们若不制造麻烦就算不错了；所可利用的是大户，如粮长，选用殷实大户充任。这种殷实大户，一般是地方上有经济实力的大族人家，实际上也可算是广义的乡绅。据明代泰和人王直在《抑庵文集》中记述这样一位粮长：“君尹氏，讳齐，字子齐，永新之南里人……君生质英迈然，自幼与群儿处，独安徐庄重如成人，众皆奇之。既长，通诗书大义，慷慨自持，不肯碌碌在人后；长身玉立，美髯而广颡，其意气昂然，若不可狎近，及得而亲之，盖温然和也。有司以其饶产税，俾永充粮长。君戒诸子侄辈曰：产税，祖、父所致，今以此受役，若等必务公蔑私，毋贻辱前人。由是为之十年，无丝毫阙失。”② 这样一位粮长，虽无功名，但在地方上以其资产、以其个人品格而言，是有威望的。

又据清代《丰城（骊塘）甘氏族谱》记载了这样一位粮长：

> 第八卷《孔夙公墓志》：“先生姓甘氏，名惟寅，字孔夙，号安所止，又号樗栎翁，生于元泰定乙丑十月十二日……洪武丙辰，本邑教谕游惟善遣生员来聘，数辞不就。间尝取程朱易传究之，每有所得，辄笔于书。先生温厚，于所从学者精加诱掖奖励，故造就士类甚众。先生于昆弟，尤尽友爱，于宗族更笃恩义。人或劝之仕，则曰：‘吾老矣！幸获睹圣化，于今日居家，笃子孙以学，教授弟子以经俾裒然皆为时用，虽不仕，是亦仕也。’洪武间以粮税最，佥为万石长，先生辄集里老谕之曰：‘农为可后时而耕，赋不可后期而纳！’由是输纳无后期者。洪武壬申，被奸诬，诣京，得直其事。归，道遇病，卒。”③

---

① 《皇朝文献通考》卷六七《学校考七》，《景印文渊阁四库全书》第633册，第642页。

② （明）王直：《抑庵文集》后集卷三二《处士尹君墓志铭》，《景印文渊阁四库全书》第1242册，第251页。

③ （清）甘时敬纂修：《（丰城骊塘）甘氏族谱》，清乾隆四十四年（1779年）木活字本，江西省图书馆藏，存十册。

这样一位粮长，虽无功名，但在乡里享有很高威望，可以算是广义的乡绅。官府利用这类人来做粮长，还是看中了其独特可任用之处的。

在征税征粮和派役方面，乡绅对政权的帮助就是通过族规来教育族人，要积极完成国家的赋税。通过族规，树立了一种要积极完成国家征课的观念。在清代的族规中，往往都有“完国课”或“急赋税”条，如光绪《（宜春北关五甲）杨氏支谱》的《家训》[①] 第一条规定：

> 急赋税：古者则壤定，而贡赋有成规；今者议图立，而征输有良法。吾北外厢一图，钱粮不必差徭追乎，定议四月十六日完半，十月二十六日全完。凡我族人，自宜遵期输纳，不得推延。如有愈限不完，图议倍罚，而族长亦受图中诮让。夫因尔一夫欠粮，既犯图规，复累族人！此等子孙，除饬合倍罚外，祠众仍当从重责惩，以戒将来。至于殷实之家，能置产即能印券，苟迟之数年，或迟之数十年，被人告发，要用许多枉钱方可息讼，可不及时技税乎？又印券之时，须过割明白，以免他人受累，自己亦复安靖。为人要学淳良，百姓勿为顽梗，小民能以急公为务，旨合尊君亲上之意。诗曰：“雨我公田，遂及我私。”

这个家族的族规颇具代表性，因为对完成国家赋税的时间都作了规定。在众多的族规中，大多都会对“完国课”的重要性作出说明。如清道光《万载袁氏族谱》中的“家规十八则”中有：

> 钱粮乃朝廷正供，必须及时完纳，毋得拖欠违限，有误国课。古云：报国须先完税。又云：若要宽，先了官。然必在家省一分费用，岂可在官省一分公？又有甚者，贪图目前帮补，妄承他人荒田税粮，贻累子孙不小，尤宜痛惩。[②]

---

① （清）杨淑田修、杨树声纂：《（宜春北关五甲）杨氏支谱》，清光绪三十二年道南堂木活字本，藏江西省图书馆，存六册。

② （清）袁芝秀等纂修：《万载袁氏族谱》，道光二十一年木活本，江西省图书馆藏，存五册。

乡绅通过族规，教育族人完税粮，对国家的征税派役是有帮助的。

2. 依赖乡绅去完成地方教化

对区域内的居民进行教化，即用儒家的伦理道德观念等思想文化去教化、引领人们的思想观念，这是明清时期州县级地方官员必须完成的政务。其最基本的工作是兴学，必须办好区域内的州县儒学、社学等；其次是要组织好朝廷规定的教化普及工作，这就是明代朝廷规定的读《大诰》和《教民榜文》，清代朝廷规定的读《圣谕十六条》和《圣谕广训》，再其次是必须组织、举行乡饮酒礼、祭乡贤与祭厉等祭祀、行乡约等。关于明清时期江西州县政权对这些工作的执行情况，在上一章中的“江西乡绅热衷地方教化”已论及。需要特别指出的是，州县级政权无论兴学、读《大诰》与《教民榜文》抑或读《圣谕十六条》与《圣谕广训》，及乡饮酒礼和行乡约等，都是依赖乡绅去完成。

道光三四年《西江政要》“道光三年八月二十三日”，《摘录律例刊成小本须发各属分给各乡族正与衿耆人等随时讲读》，这就是利用乡绅去教化乡民。

州县儒学，是官府必须大力办好的；其次是社学和义学。县儒学本来是官府用公帑去办的，但在办的过程中，由于县级财政拮据，往往要利用乡绅的财力去兴办。以清代抚州府的金溪、崇仁、宜黄三县的县学为例：

金溪县修县学：“康熙四十三年知县任元撰率绅士重建正殿”，“道光十九年知县陈述贤率绅将殿庑祠阁撤旧增新”。

崇仁县修县学：《重建崇仁县学记》（明易历昌）：“（崇祯元年）郡司马黄奉上檄摄邑事，下车诸务未遑，即周视庙学，恻然兴怀，叹曰：国家化民成俗必本于学，而庠序为教肄之所是，恶可一日几乎？乃进诸荐绅人士暨耆老子弟而谋所以新之，捐赀首建尊经阁、启圣祠，于是本邑乡绅前东瓯贰守吴公学周，乃先相国文恪公犹子也，慨然以大成殿为己任，随以书招义士元君魁，亦以明伦堂及明新二斋为己任，阅五月而工讫。栋宇翔金碧黝垩赫奕炳焕，视其有加焉。于是邑之士大夫耆老忻忻告语，以为地以运启，天以人成，厥惟休哉！”顺治八年，吴学周之子大缨，修大成殿，雍正七年知县简士俱率邑绅陈过盛捐建大成门，陈陶捐建西庑。嘉庆六年知县陈学诗率合邑绅士分修殿庑门阁暨诸祠。道光二十年知县王楷率邑绅修饰殿庑大成门、启圣祠。正义殿，国朝雍正七年，邑绅方潢捐建。

宜黄县修县学："县学始建于宋。国朝顺治六年知县王豔、教谕李维鼎捐修，康熙十三年兵毁。康熙三十七年教谕王善诱、训导林育阑率绅士重新之。乾隆二十年知县张有泌率绅士新学宫。道光二十九年知县杨振纲率绅士、率邑绅黄迪筠、程文绶大加修建。"①

上述史料表明，县级官员在恢复、修建、扩建县学时，总是借助乡绅的人力、物力、财力。也正因为有了乡绅在人力、财力上的协助，县级官员们在兴办县学方面才显得轻松。中国的乡绅，无论高层与低层，都是些有文化学养的文人，他们往往热衷于县域内文教事业。

明代前期利用里老坐申明亭、旌善亭读《大诰》、读《教民榜文》和清朝前期通过行乡约，利用乡约读《圣谕十六条》和《圣谕广训》，这实际上都是对乡绅的依赖，只有依赖乡绅才能完成这些工作。乡饮酒礼亦然。因上一章已述，此不重复。

3. 利用乡绅去完成地方治安

对于基层社会治安，明前期主要是利用里老制，让德高望重的里老坐申明亭和旌善亭平息乡里的争讼。嘉靖年间王阳明在赣南创立了类似保甲制的"十家牌法"，为后世治理基层社会治安提供了典范模式。明代中期以后，朝廷和一些地方官倡行保甲法，如嘉靖年间任职江西的提学副使王宗沐，曾在江西倡行保甲法。实际上保甲法的推行也是利用了乡绅，如保长，往往就是基层社会里有威望的人物，可能他没有功名，但他在特定地域有威望，可以算是广义的乡绅。

关于明代中后期保甲法在江西的实行，除了有较详细的资料记载了王阳明在赣南推行"十家牌法"外，江西图书馆藏《江西新城保甲图册》②记载了明代万历年间江西东部与福建交界的山区小县新城县推行保甲法的

① 光绪《抚州府志》卷三二《学校·学宫》,《中国方志丛书·华中地方·第252号》，第513、613、517页。

② （明）赵日崇撰、（清）杨希闵重校：《江西新城保甲图册》（补险要十图一卷），清咸丰三年刊本，藏江西省图书馆。

详细情况，此书图文并茂，对境内54图的山川村庄等分布，作了详细记载，一看此书，全县的详细情况便一目了然，并配以文字介绍了保甲的情况，如党正、党副的介绍等。此书在清代得到江西境内一些官员的大加称赞，道光十七年，南昌太守张子畏（名张寅，桐城人）为此书作序说：

若夫举一邑之山川城郭关隘道里而分晰图之，殆古今所未有者已！余同年石瑶辰司马，得保甲图一册于新城，盖前明神宗时晋江赵君曰崇宰新城日所创为者。凡城郭内外五十有四图，山川、关隘、道里与大户口、风俗皆见了是焉。是时盗贼渐起，行保甲法以诘奸也，而赵君各为论，系之于图后，其言曰：捍卫生于臂指之使，讥察熟于耳目之近，人和既固，地险倍增。又曰：由是而举社仓、乡约皆获实利。懿哉，仁人之用心乎！使天下郡县行保甲法者皆仿此意为之，则一展图而知民生之数，地利之宜，天时南北，高下燥湿之异，分之而一乡一邑无隐形，合之而四方九州皆在目，虽生息不无盈耗，陵谷不无湮废，气候不无差，而其大略固千古不易！盖验诸今日之新城，已可知矣！岂非宜藏诸天府、有益政事者哉！余守南昌数年，正值蝗潦，竭力抚恤，举行义仓。虑久饥，无赖尤易为盗，先行王文成公“十家牌法”于境内，然又虑行之不善，将吏奉具文，民苦多事；行之善矣，而官有迁转，册有变易，将难心核稽，旋仍废置。宜未若此图之详审，可永守也。故假诸瑶辰，命工缩元本，方幅仿绘而镌之，将试颁行于属邑，为序其难得而可贵者如此，庶几犹见古人图、书并重之意也夫。道光十七年正月八日，桐城张寅书于南昌郡署。

与张寅同时代的著名县令包世臣（泾县包大令）看到此书之后也是大加称赞，为此书作《跋》，并对完善绘图内容提出了看法：

嘉庆庚申，天津姚承谦从余游，问古今治乱之故，予与极论斟酌损益，可措施补救者，作《说储》二篇。其下篇专言郡县，目有五，而第一则《保甲》，编户为甲，割甲为里，割里为保，必度地，可方十许里，界山画溪。为定户分，等乡别，则每保一图，详绘山川田地村里形势。一切讥非常察，听讼狱，敦姻睦，劝课选举，捍御诸政，悉基于此。友生见者，皆以为善。然三十年来，同志出山治人者以十数，卒莫有举此盛业者，岂实有窒碍难行哉！今观瑶辰石君所藏赵君《新城保甲图》，何其先得我心，如是符合！即予匡居之说，虽善无征；而赵以明神宗时知新城，新城民至今祠之，是可以为可信可从者乎？石君镌板广其传，使慕义者有所标准，则中材可勉焉。图眉列山川、户口、桥梁、寺观、居民，色目详矣！后此有仿行者，宜增入四至、里步若干，田地某则若干，钱漕若干，本者输赋若干，拔出寄庄赋若干，则民业之丰耗瞭然，平居可以息户狱灾歉，易以集荒政，质之石君，以为何如？

赵日崇在《新城县各都保甲图总论》中论述了行保甲、行乡约和建社仓诸举，对基层社会是如此重要：

为今日者：先事备患，无如保甲；崇耻教让，无如乡约；劝相补助，无如社仓。但由于后二者易于袭虚名而难以课实效，求其有纲有纪，有名有实，有情有法，可坊厢可村堡，可使御众如寡，可使寓教于化，莫如一意奉行保甲！先正成规具在：絜其民宜土俗，稍稍一二润泽之，期于都无隐户，户无隐丁。都无隐户而户未始有常人，户无隐丁而丁未始有常役。大较考事产以明分数，均劳逸以利缓急。缓急利则恩意通，分数明则要领得。捍卫生于指臂之使，由是举社仓，则实有社仓之利。如一甲中，某富某贫，某寡某众，可以按丁受账，可以计户责收，一指掌瞭然已。而又差择公忠向信者，使都统堡，堡统甲，甲统家。覆其支收，明其要束，即法外邻伍。岁时祈赛醵会，常寓读法规劝之风；称贷周施，常存丰歉敛散之意。而又得一二贤士大夫，如邓征君，行社仓法于南乡，数千家赖之举火；王司成公躬行乡约于坊以北，一时彬彬向风。而当事者先劳无斁，以提衡其间，方六七十里之民，其有息肩乎？作诸都保甲图论。①

文中所说到利用“公忠向信者”，去达到都统堡，堡统甲，甲统家，

① 江西省图书馆藏本。

实际上就是对乡绅的利用。也许此种人没有功名，但其在特定的乡村社会中有威信，乃广义的乡绅。在《保甲牌式》中还谈道，“而又统之以党正、副，佐之心总小甲，无事之时属之读法，则纲纪有条”。从其保甲图册可知，每一都都设有党正、党副，这是对地方有威望人士的利用，实际上也就是对乡绅之利用。

据嘉靖《建昌府志·名宦》记载，赵日崇在新城县推行保甲法，取得了很好的效果：

> 赵日崇，晋江人。万历丙子举人，二十九年由刑部主事迁新城令。莅政勤敏，不惮劳瘁，仿王文成所立十家牌遗规，斟酌润色，为保甲法，周详精密，行之久而益善。在邑四年，劳绩颇多，为立生祠于吴家桥，且勒石，以纪其惠政。官至刑部郎中。①

清朝廷正是承继了这种保甲加乡约的地方治理模式，在江西，由于宗族势力强大，地方官员利用宗族中的族绅来行乡约与保甲，设立族正制，这也是对乡绅的利用。

4. 其他

除了上述征税与派役、地方教化、地方治安外，还有其他许多地方政务同样必须依赖乡绅的人力、财力来完成。

(1) 建城

筑城、维修城，这是州县级官府必须完成的政务。以清朝初年乐安县为例，来看县级官府是如何利用乡绅来修城。据康熙二十三年《乐安县志》卷二《建设志·抚院解公会同按院疏稿》记载：

> 据分巡湖东道右参睡兼佥事何万化呈详，据乐安县知县郭齐云申称：乐安沿山为城，日久城圮，卑职目击心忧，即图鼎造，奈五年寇过，兵临之后，旱魃波臣交递为灾，旧赋新饷积逋为患。额解难完，

① 乾隆二十四年《建昌府志》卷三六《名宦》，台北：成文出版有限公司1989年版，第1541—1542页。

自救不暇，何敢动大众经大费为此非常之举？因与乡绅詹尔选商议：地方多事，修隍为急，量地计弓，周围一千一百六十丈二千一百六十，垛高二丈二尺，垛上加盖石，斗城二十六座，城楼五座，每门扇高八尺六寸，阔四尺四寸，俱用铁叶包裹。度材筹费，全城估计万三千金。公帑既无可搜，民间又不敢派，只得以身作先设，凑银三百两，以为通县倡，乡绅詹尔达、詹尔选、黄配元合邑士民乐助，共计九千零，不足，卑职复自捐助……原任光禄寺卿、今闲住詹尔达，原任御史、今为民詹尔选，见任怀宁知县黄配元捐资以倡，小民之义戮力，不辞相度之苦，经营不日，有司借以奏成，所当并叙者也。其绅衿匡襄，戴星者、冒雨者不辞劳瘁，容臣等查明，分别奖励……

部文行旌诸士"天下己任"四字；旌诸里民"劳绩上闻"四字，并给冠带。

经画总理庠士：

原良　邹邦俊　游尔亨　詹德政　何天锡　乐逢骥　陈鼎之　胡峻德　黄廷猷　詹朝升　管万宁　原应耀　陈经时　陈尚诚　詹永铎　郭国用

崇祯十三年奉旨旌异，给冠带。①

这次修城，全靠了乡绅们的人力、物力、财力。像这类利用乡绅的力量去修城的事例，在明清时期的府县志记载中有不少。

(2) 建仓

上一章曾谈到，乡绅们只要有财力，都很乐意参与建仓备荒，同时，从朝廷到地方官府往往也是充分调动和利用乡绅之力来建仓备荒。以万历《新修南昌府志》卷二五《艺文·南昌府为申严义仓以备赈荒事》记载为例，来看地方官府是如何利用乡绅之力，建仓备荒：

近奉司道札付：奉两院案，验准户部咨该制江道御史李题称：百姓贫穷，饥馑为灾，要行天下有司于预备仓外，每里择宽平之处立一

① 《中国方志丛书·华中地方·第931号》，台北：成文出版有限公司1989年版，第133—135页。

义仓，即俾里中之富者量为出积或动无碍官银籴收藏，仍择其有力有行者为之长。每遇青黄不接，散之贫民；遇丰稔，令其倍纳。至于薄收之岁，无取焉。但其邮纳正当存簿，报州县稽查，无令查盘以重民困。而有司尤宜体恤，罔多事以扰，其长仍免其杂差，其中收放有法，蓄积盈余者，给以义民，冠带荣身，以示奖励一节，该户部覆：奉钦依，已经通行；外查得设立义仓，广为储积，诚备荒之良策也，矧今地方水灾异常，府县仓库空虚，若不着实举行，则将来赈荒于何取给？相应摘款查行，为此仰州县官吏查照，先令事理即查该州县某里原经设有社仓者，紧修理；如或年久未修，廒屋倒坏，仅存基址，或被势豪侵占者，俱要清查改正，责令退还该里，不必另寻基址；如未设者，即便函择宽平之处立义仓，各劝本里之富者量为出积，或有无碍官银查出置籴，仍选本里有德有力者掌其出入、印签文簿收掌，每岁肆伍月青黄不接，查该乡贫民量给。收成之际，令其每石出息二分，本利一并还官。若年岁荒歉，即作赈恤，不取。或仿古：谷贵则平粜，谷贱则平籴，如朱文公社仓敛散之法，随宜随俗，以求民便。收支之数，责在登簿，送州县稽查，无令盘查，致滋播扰；亦不许棍徒滥充其长，致被侵盗花费。掌印官务要着实举行，毋得祸为弥文因循息，亦毋得扰害庶民。①

这是南昌府作为地方官府要求下属各州县建仓备荒之文，其中提出的办法是让富户出钱出谷，让里中“有德力者掌其出入”，这实际上就是利用富户与乡绅来建仓备荒。明清时期，无论是预备仓、常平仓、社仓、义仓等，都是利用了富户与乡绅的物力与人力。

（3）纂修府县志

修撰府县志，是地方官员和地方乡绅、士绅乐意做的一项重要工作：可以留名千古，可以传之万代；有的官员还认为，方志可以宣扬忠孝节义，是一件非常重要的政务。咸丰四年任赣南山区小县长宁（今寻乌）县的苏沛芬，刚到任就招集乡绅商议修县志。有的乡绅就向他提出：“方今东南未靖，楚越多故，公不勤于团练、保甲是务，而徒谆谆于邑之志乘

① 《日本藏罕见中国方志》，书目文献出版社1990年版，第497页。

是亟。意者，或非当务之急乎?”苏沛芬的回答是：“生于山国者其人安土重迁，积学好义，若使作之以忠孝，教之以节义，则内匪不作，外匪自靖。”[①] 县志竟然有如此大的作用!

明清时期，江西各府县修撰了不少府县志，保存下来的约有510种[②]，其中明代方志主要在天一阁收藏，现存除嘉靖《江西省大志》前三卷外，还存县志十一部、府志十四部、州志一部，另有七部县志和两部府志散出。清代是江西修志的高峰，特别是同治年间，修志较多，现在清代的江西方志约有410种。

明代方志的修纂与清代有较多区别，明代方志有的为官员独撰，如《江西省大志》乃嘉靖年间的提学副使王宗沐独撰；而大多数为地方官组织乡绅修撰。如：万历年间所修《南昌府志》，乃知府范涞组织致仕官员张位、邓以赞、万恭、万廷言所撰；万历年间所修《吉安府志》，乃当时吉安知府余之祯组织陕西布政使司参政、致仕吉安人王时槐主修，举人刘元卿、罗大紘考辑。清代的省志和府县志则是地方官员组织较多的乡绅来修撰。在清代的省府县志的开篇中，总有一大批纂修者名单，以同治十二年刊本《宜黄县志》为例，在《重修县志姓氏》中有：

主修

钦加同知衔、宜黄县知县　张兴言

监订

敕授文林郎、宜黄县教谕、举人　龚凤岐

敕授修职郎、宜黄县训导　童毓

敕授修职郎、岁进士署宜黄县训导　郭增晖

总纂

赐进士出身、赏戴花翎、湖南粮储道署按察使司兼署布政使司

谢煌

赐进士出身、大理寺评事、前任山西曲沃县知县　黄秩韶

① 光绪《长宁县志》卷首《新序》，中国方志丛书·华中地方·第261号》，台北：成文出版有限公司1976年版，第15—16页。

② 参见杨辉：《江西地方志编纂研究》，载《江西社会科学》2000年第12期。

赐进士出身、四川峨眉县知县升用同知加四级　黄秩韶

协修

截取知县、举人　符鸿谟　　　觉罗教习、新昌县训导、举人　欧阳鼎

拣选知县、举人　许寿祺　　　同知衔、广乐候补知县、举人　吴廷杰

拣选知县、举人　廖傅珏　　　大挑二等、即选教谕、举人　余绍贤

署袁州府训导　余道存　　　拣选知县、举人　黄祥麟

历署南昌丰城等县训导应　奎　　　军功保用知县、署新城永丰等县训导　黄秩浚

六品衔、候选教谕　黄传驌　　　候选训导　欧阳鼎

候选训导　余元标　　　候选训导　余绍德

候选布政司经历　谢炘　　　候选布政司经历　熊秉诜

邮寄参考

赐进士出身、赏戴花翎、广西平果县知县　黄文楷

户部陕西司主事、举人　欧阳晖

户部广东司主事　谢藏

知府衔、湖南补用直隶州知州、前署湖北黄安宣恩嘉鱼等县知县　吴恩晋

湖北补用同知　黄秩柄

广东补用通判　黄秩旦

知州衔、升用同知、直隶固安县知县 黄安澜

直隶州、升用同知、四川阆中县知县　邓文治

拣选知县、德化县教谕升吉安府教授、举人　吴彬

拣选知县、永新县训导、举人　黄秩英

拣选知县、兴安县训导、举人　陈时仁

同知衔、安徽宿松县知县 黄传焘

运同衔、保用知县　黄秩冲

建昌县教谕　余余

同知衔、候选知县、永新县教谕　余聂

署分宜县训导　吴守训

采访

同知衔、前安徽宿松县知县　邹泥诰　孝廉方正候选训导　吴遴

拣选知县、举人　廖家莺　举人　邹树培　许汝机

举人　欧阳暄　程其藻　举人　唐文奎　吴恩晟

拔贡生　吴钊　恩贡生　熊应苍

岁贡生　黄秩荪　黄传燮　副贡生　程其坷

候选县丞　邹峄凤　方廪贡、候选训导　吴作霖

附贡生　邹家凤　增贡生　陈春霖

州同衔　李守信　职附生　余兆鹏

生员　戴赓飏　诰职例贡生　符凌云

廪生　罗际华　廪生　黄鼎元

附贡生　吴缤兰　岁贡生　谢卿廉

例贡生　席钟峻　江苏候补从九　应六吉

湖北候补县丞　欧阳章纶　生员　席兰　余绍模

五品衔候选从九　洪廷模　职附生　洪昉

生员　应恭先　廖步云　生员　冯鸣球　陈楷　陈九畴

附贡生　陈铨　生员　廖学煊　唐宗球

卫千总衔　梅钟祥　岁贡生　邹其琛

布政司理问衔　余覸　章联奎　福建候补县丞　邹凤

拣选卫千总　罗镳　符先声

校对缮书

生员　吴鸿业　吴锡麟　黄经湖

从上述名单可知，在重修这部县志时，利用众多乡绅的参与，集聚了众多乡绅的力量。清代江西的这些府县志都是如此：一是集聚了众多乡绅的力量，二是参加者都有功名和学衔。尽管大多是低层功名和学衔，但即使是校对，也不会低于最基本的学衔——生员。

（4）赈灾

中国是一个自然灾害较多的国家，一部中国历史，从自然灾害角度看，就是一部抗灾救灾史。对于自然灾害，明清时期的朝廷都制定有报

灾、勘灾、赈灾的制度和办法①。赈灾的办法尽管由户部出粮、出钱，但灾害发生后，最主要的是发原先预备仓或常平仓、社仓、义仓中储备谷赈灾，朝廷做得最多的是蠲征或缓征税粮等。

在明代前期，只要及时报灾，经勘实后，赋税一般都能得到多少不等的蠲免②。特别是朱元璋在位三十一年里，他不等到地方有灾便主动地蠲免过全国许多地方的税粮，他在洪武四年五月的《免江西税粮诏》中说："朕本农夫，深知民间疾苦……念尔江西之民，未归附时土豪割据，地方狼驱，蚕食一空；归附之后，供给繁重已经九年。其困苦，朕甚悯焉，今年秋粮尽行优免。"③但到明代中后期，由于国家财力的大减，地方要想得到朝廷对地方赋税的蠲免，则须在地方遭灾之后经地方官的极力奏请，如明正德十四年江西大旱，而正德十五年又发洪水，加之正德十五年宸濠之乱，正德皇帝还以亲征之名带大量人马游玩江南，增加江西人民的负担，江西之民已苦不堪言。在这种情况下，户部还是不蠲免且催征江西赋税，当时官为提督南赣军务都御史的王阳明只好写了《乞宽免税粮急救民困以弭灾变疏》，用痛哭流涕的口气反复述说江西的惨状，并说明再催征下去，必定是官逼民反了！从《明武宗实录》卷一六八的记载可知，经王阳明的极力疏请，正德十五年江西十三府的税粮得到了免除。

天灾发生之后，地方官员除及时报灾、请蠲、请赈之外，就是要及时赈济灾民，从有关的记载看，明代江西大多数的地方官员在这一点上还是做得比较好的。除及时发仓谷赈灾之外，还劝说富民出米赈灾乃至"捐捧"赈灾。如雍正《江西通志・名宦》记载万历年间的著名南昌知府范涞："范涞，字原易，休宁人。万历中知南昌府，岁大侵，人啖草木根节，原坰一空。涞于监司发储糈，躬视民穷瘠，散给。郊内外增灶设粥，民得以哺。病有药，毙有瘗。远地不能转饷者，必躬亲赈，同民缓急饥饱。郡岁三大饥，涞所存活数十万家。举义仓，弛河禁，修圩堤，掩积

---

① 可参见鞠明库博士论文：《灾害与明代政治》，华中师大2008年博士论文，见中国知网。倪玉平：《试论清代的荒政》，《东方论坛》2002年第4期。

② 可参见施由明：《天灾与社会、政府应对——以明代江西为例》，《农业考古》2010年第4期。

③ （明）姚士观、沈铁仝编校：《明太祖文集》卷一，《景印文渊阁四库全书》第1223册，第5页。

骼，浚城池，通津梁，兴种植，省徭役，减驿递，在官五年，以民为命，亦倚涞身，以忤两台，左迁去，父老讴思流涕，乃建祀焉。”① 再如：“张泳，字思济，武进人。宣德间以儒士授鄱阳县丞。时旱饥，泳发预备仓以赈，复捐俸煮粥，遍诣乡落，召集民，视菜色甚者，劝有力家分养之，助以官谷；不足，请发大有仓，巡抚赵新从之，得米八十余石，赖以全活者甚众。又力请蠲租，获免二万石，民甚德之”②。“姚继舜，号虞廷。万历间由乡贡任万载知县，岁大饥，捐俸设粥济之。疫痢交作，施药，全活甚众。葺学宫，修预备仓，建康乐桥……民至今称之”③。“闵世翔，字仲升，乌程人。万历进士，任安福县，性坦率，不设城府。会岁饥，躬诣赈济，劝率富民出粟”④。“许仁卿，字天爵，临海人。应天解元，嘉靖二十年任瑞州知府，会大饥，谷价腾踊，仁卿多方救济，全活甚众；饿殍填壑者，捐俸殡之”⑤。此类记载在地方志中是较多的。明代自然灾害频繁，甚至大灾不断，但整个社会依然维持了276年的运转，正是有地方各级官员前后相继地努力救灾⑥。

在地方各级官员赈灾过程中，总是很重视利用当地乡绅的力量。如嘉靖《袁州府志》卷之四《官师表第四之二》记载，明代宜春知县张参，“华亭人，举人。由学训导升宜春知县，敏办，有史才。时县有武断乡人者，参重置之法。民苦粮长，下图征收；参设局县门外，立十限法；置衡量，令民以次输入，竟不费而事集。岁饥，参令富民发廪赈之，官为给票，俾秋成加粟以偿。忧去，后升工部主事”⑦。正德《瑞州府志》卷七

---

① 雍正《江西通志》卷五九《名宦·南昌府》，《景印文渊阁四库全书》第515册，第97页。

② 雍正《江西通志》卷六三《名宦·饶州府》，《景印文渊阁四库全书》第515册，第221—222页。

③ 雍正《江西通志》卷六〇《名宦·瑞州府》，《景印文渊阁四库全书》第515册，第126页。

④ 雍正《江西通志》卷六一《名宦·吉安府》，《景印文渊阁四库全书》第515册，第158页。

⑤ 雍正《江西通志》卷六〇《名宦·瑞州府》，《景印文渊阁四库全书》第515册，第110页。

⑥ 参见施由明：《天灾与政府、社会应对——以明代江西为例》，《农业考古》2011年第4期。

⑦ 《天一阁藏明代方志选刊续编四九》，上海书店1963年版，第863页。

《秩官志·名宦》记载："顾纯，字以正，华亭人。由进士，成化间知高安，政在恤民，不事苛刻。岁己亥，大旱，民不聊生，纯力请蠲租，又劝富民赈贷，民赖以活"①。同治十二年刊本《赣州府志》卷四三《官师志·名宦》记载："李素，字宗文，广西苍梧人。永乐甲辰进士。宣德元年知赣县事。修废举坠，祛蠹厘奸。邑之建春门、东津渡、西津门、知政桥，儒学殿堂、斋庑、泮池、棂星门，及长兴乡移溪桥，皆其创修也。岁荒，劝富民出粟赈饥。秩满，保留逾十五年，进俸正六品。"②

上述三位官员所劝、所令"富民"，其实主要是当地乡绅。

清代朝廷对灾害发生后的一个重要救灾措施，就是蠲免税粮或缓征税粮。终有清一朝，清廷对江西钱粮蠲免次数多，有时数量也大，如雍正八年，蠲免江西钱粮银共4万两。然而，清朝廷的钱粮蠲免往往局限性很大，清朝廷为了最大限度地征取钱粮，对百姓无法完成的赋税，先是缓征，后是带征，最后才免征，往往一拖再拖，总要拖若干年，乃至数十年才将拖欠额蠲免。对水旱灾害造成的农业歉收，清朝廷往往也不轻易蠲免钱粮，而是缓至来年再征。其次是钱粮蠲免的最大受益者是地主，因为他们拥有土地多，而自耕农土地少，得到实惠就少，没有土地的佃农则根本得不到实惠。所以康熙帝说："至于蠲免钱粮，原为加恩小民，然田亩多归缙绅豪富之家，小民所有几何？从前屡颁蠲诏，无田穷民，未必均沾惠泽。约计小民有恒业者十之三四耳，余皆赁地出租，所余之粮仅能度日，加之贪吏苛索，盖藏何自而积耶？"③乾隆帝也曾说："朕加惠元元，将雍正十二年以前各省民欠钱粮悉行宽免，诚以民为邦本，治天下之道莫先于爱民，爱民之道以减赋蠲租为首务也。惟是输纳钱粮，多由业户，则蠲免之典大概业户邀恩者居多，彼无业贫民终岁勤动、按产输粮，未被国家之恩泽，尚非公溥之义。若欲照所蠲之数履亩除租，绳以官法，则势有不能，徒滋纷扰，然业户受朕惠者苟十捐其五，以分惠佃户，亦未为不可。近闻江南已有向义乐输之业户，情愿

① 《天一阁藏明代方志选刊续编四二》，上海书店1963年版，第915页。

② 赣州地区方志办1986年整理本，第1360页。

③ 《圣祖仁皇帝圣训》卷四五《饬臣工三》，《景印文渊阁四库全书》第411册，第675页。

蠲免佃户之租者，闾阎兴仁让之风，朕实嘉悦。”① 此外，地方官吏还往往借蠲免之名，贪污聚敛。清代江西宁都人魏礼曾分析清代江西水旱灾害后的钱粮蠲免情况，认为：清廷蠲免的往往仅是水旱造成损害的十分之一二，即使这十分之一二的蠲免，耕种土地的佃农也往往得不到，“胥吏实操散敛之柄，蠲诏下矣，匿而不布也；鞭笞竟行，期往程转，迫至一无所负而后，诏而揭之壁，则固无用于蠲矣！”②

灾害发生后，清代江西地方官员主要靠动用常平仓、社仓、义仓之积谷去赈济；其次就是要依整乡绅的财力去赈济灾民。如同治十二年刊本《赣州府志》卷四三《官师志·名宦》记载：“张尚瑗，字宏蘧，江南吴江人。康熙二十一年进士，授庶常。四十三年，出知兴国事。值邑荒寝，经营赈济，按户给粜。常平谷尽，乃劝富户出粟，煮粥于治平观，以赈饥者，活数千人。修城池，建谯楼，葺文庙及社稷山川坛，费出不赀，半由捐俸。辑《潋水志林》《潋江古迹记》及《赣州府志》，征据博雅。以忧去。”

上述表明，乡绅对州县级政权完成地方政务起着重要作用，如果没有地方乡绅参与地方事务，没有地方乡绅积极响应地方官府，许多州县级公共事务和地方政务都难以完成。

四 在互动中对乡绅势力的一些制约

明清时期乡绅与州县级政权的互动，已如上所述，乡绅会积极参与地方公共事务与公益事业，因为只有这样才能取得地域名望和地域内的话语权，并与县级政权建立一种良好的关系；另一方面，县级政权由于自身人力、物力、财力的限制，同时，由于乡绅的人力、财力的可利用，县级政权常常依赖乡绅去完成地方公共事务和地方政务。在这种互动的过程中，乡绅与其宗族势力会得到县级政权的保护。具有代表性的案例，有清代万载县政权保护当时县内辛氏大族的祖坟地一案。

① 《钦定大清会则例》卷五三《户部·蠲恤一》，《景印文渊阁四库全书》第621册，第657页。

② 道光《宁都直隶州志》卷三〇之二《艺文志》，魏礼：《与李邑侯书》，《中国方志丛书·华中地方·第882号》，台北：成文出版有限公司1989年版，第2557—2570页。

作为宋代著名词人辛弃疾的后裔的一支，清代的万载辛氏已是县内的大族，其族内的乡绅在小小的万载县是有一定的影响力的，县官们在办理地方事务时，对万载辛氏是有一定的依赖性的①。清康熙四十三年二月二十六日，辛氏族人禀报县衙，其唐五代长兴年间仕万的开基祖开宣公之墓地："龙山来脉为县衙重地，合邑关系兼且民姓。祖茔自唐至今，从无扰动。今不知何人乘完往省，突于来脉逢中并葬二冢，惊犯地脉。合邑人民欠安，民、族灾害迭至。前已插牌山地，欲令彼自行改葬，无人承认。情极报台亲验，恳请押令地方移迁闲地。"② 经知县判决，将此二冢之棺改埋义冢公所。于是在那年的四月十二日，"合族公呈贡生辛金佾、监生受圻等六人，生员映嶽等六十八人，房长联泰等八人，禁首联添等七人，为吁恩勒石严禁，以安官舍，以固祖茔"。万载县正堂孙同意了辛氏宗族众多乡绅的请求，勒石立禁："保护坟茔，毋得私纵盗侵，致滋生事，敢有豪强土棍，盗葬侵害者，许该族人等立即禀报本县以冯押迁，按律法惩，各宜凛遵。"③

此案显示了县级政权对辛氏族人利益的保护。并且这种保护延续至清乾隆年间，乾隆三十六年辛氏族人与常氏争祖坟地，县正堂杨，谳语判决辛氏族人胜诉，"石笋坑虎形右边坟山断令辛姓官业，常姓不得混争，倘敢抗违，即行严究。"④ 乾隆三十八年曾应辛氏族人之吁请，再次勒石示禁，禁止附近居民在辛氏祖坟地旁挖土。

在清代，辛氏在万载是大族、望族，乡绅多，与县政权关系密切，但辛氏的族人并没有走向劣化，没成横行乡里的豪绅，而是以儒家文化传家，积极从事地方公益事业和协助官府公务，在地方上有很高的名望。然而，有些大族的乡绅却恰恰相反，由于有县级政权的保护，特别是有国家政权给予乡绅政治、经济上的特权，如享受赋役的优免等，他们中有些人会走向劣化，成为横行乡里、独霸一方乃至为害乡里的土豪劣绅。在明代，赣中的吉安府最为典型。

① 参见施由明：《明清时期宗族、乡绅与基层社会——以万载县辛氏宗族以例》，《农业考古》2005 年第 4 期。

② 乾隆四十五年刊本《万载辛氏顺房谱》卷首《案略》，江西省图书馆藏，存六册。

③ 乾隆四十五年刊本《万载辛氏顺房谱》卷首《案略》，江西省图书馆藏，存六册。

④ 乾隆四十五年刊本《万载辛氏顺房谱》卷首《案略》，江西省图书馆藏，存六册。

明代的吉安，是一个在全国都享有盛名的科举发达之区，明景泰七年（1463）七月丙申，户部尚书兼大学士陈循对明英宗说道："臣原籍江西及浙江、福建等处，自昔四民之中其为士者有人，而臣江西颇多，江西各府而臣吉安府又独盛。"① 据有关资料统计，明代吉安府共产生进士1227人②，占明代江西进士2728人的44.97%，占全国进士24898人的4.9%；还有大量的举人、生员等，人才众多。

科举兴、入仕者多，使得吉安地区乡绅多、官宦之家多，从而强宗豪右多。成化四年（1468）七月，明宪宗皇帝就曾告诉将到吉安府任知府的许聪说：这可是一个不易治理好的地方，"吉安地方虽广而耕作之田甚少，生齿虽繁而财谷之利未殷，文人贤士固多而强宗豪右亦不少，或互相争斗，或彼此侵渔，嚣讼大兴，刁风益肆。其兴利除害、弭灾安民，难矣！"③

宪宗皇帝所说的"豪右"也就是豪绅，有权势和经济强势，武断乡曲、兼并土地、转嫁赋税与徭役等，从而扰乱地域社会秩序。

实际上，早在明初朱元璋统治时期，大明才子解缙在他的著名奏疏《大庖西封事》中谈到包括其家乡吉安府在内的当时社会状况：贫下之家"多卖产以供税，产去而税存，或赔办以当役，役重而民困。又土田之高下不均，而起科之轻重无别：或膏腴而税反轻，瘠卤而税反重，此丈量之际里胥之弊也。"④ 其结果是贫民们不得不逃亡，弃失土地。

明前期曾官翰林修撰的永丰人罗伦，在《与府县言上中户书》中满含悲愤地谈到其家乡的富室、豪绅们，转嫁税粮和徭役，及对贫下之户的残酷剥削："民田亩数升，官田亩数斗，下甲人户原佃官田，寒暑之衣食不给，横豪之剥削无已，官府之征求无已，乃以官（田）作民（田）鬻于他主。田居富屋，粮坐下户；况里书作弊，飞派诡寄，一区虚粮有至数百石者，一里有至数十石者，一家有至数石者，欲执粮以定征，可乎？吾

① 《明英宗实录》卷二六八，景泰七年七月丙申，台北："中研院"史语所校本，第6690页。

② 刘宗彬：《吉安历代进士录》，江西人民出版社2009年版，第257—270页。

③ 《明宪宗实录》卷五六，"成化四年七月癸未"条，第1152页。

④ （明）解缙：《文毅集》卷一《奏疏·大庖西封事》，《景印文渊阁四库全书》第1236册，第602页。

见多矣：凡有科差，吏胥舞文，里老受托，以上而为下，以下而为上，田连阡陌者诸科不与，室如悬罄者无差不至，可痛也，可悲也！今所征人户，卖屋者有矣，卖田者有矣，卖牛者有矣，卖子女者有矣，脱妇人之簪珥者有矣，敲扑之下，何求不足？冤号之声，上彻于天。人事既乖，天道不顺，苦雨连月，米珠薪桂，官吏里胥，旁午乡曲，鸡犬不宁，为民父母行，政何忍至于此也！”从而，平民百姓只好逃亡，产生“人户逃绝者有之”①。

成书于明代成、弘年间的民事案例书《皇明条法事类纂》，记载了吉安一件豪绅兼并土地的实例：

> 吉安府庐陵县民王集典言一件：方今天下为小民之害者，莫甚于豪强挟其富盛之势，又有伴当为爪牙以取其威；贫民佃其田者，蝇凶灾水旱亦不免被其勒取全租；贫钱者，则皆被其违禁，不住酷取，有自永乐、宣德、正统、景泰、天顺年间至今，钱债已还，而文约被势留，重行勒取，或挟要其子女以为驱使，或勒写其田宅以为己有。②

万历《吉安府志》卷一三《户赋志·徭役》记载了豪绅规避劳役的情况：

> 旧于十甲之内十年轮当一差，虽曰一劳九逸，顾其应直之年数繁役重，力且不胜，况以民事官，入役之初常例费已不赀，而责办于上，需求于下，有编银一两而费至十倍、百倍、数百倍者，苦乐不均。于是豪民巧为规避，户之低昂，吏得私易之，而低者反昂，昂者反低，民之穷困十户而九。③

除吉安府之外，明代江西的其他府县也存在这种情况，只是吉安府更

---

① （明）罗伦：《一峰文集》卷九《书·与府县言上中户书》，《景印文渊阁四库全书》第1251册，第746页。

② 《皇明条法事类纂补遗》卷二〇，转引自傅衣凌：《明成弘间江西社会经济史料摘抄》，载《江西社会科学》1983年第3期。

③ 万历《吉安府志》卷一三《户赋志》，书目文献出版社1991年版，第195—196页。

突出而已。

对豪绅强宗横行乡里，正直的地方官们所能做的就是依据朝廷制定的法律和规定对其进行压制和打击。府县级政权是无权制定地方性的带有法律性质的规定去约束、限制地方豪绅，但他们可以在依赖乡绅去完成地方社会的公共事务和政务的同时，用政权的力量去压制和打击豪绅。

曾官太仆少卿等官的嘉靖、隆庆、万历年间的吉安人王时槐，他主修的万历《吉安府志》卷一七《贤侯传》，记载了一些地方官员打压豪绅的事迹：

> 张公，本钱塘人。弘治间知吉安府，时吉民多豪横，不知重法，武断乡曲，凌铄细户，习为故常。公至，察其尤者，系除之……吏民卒敬畏之，今入贤侯祠。
>
> 危公岳，嘉靖间为吉安推官，刚毅有大节，直道行志，虽贵势不扰。署安福，力行丈田，豪猾不敢逞志。尝匹马入山谷间履亩抽丈，不惮险阻。简淡，无异儒生。卒于官。
>
> 袁衮，吴县人。嘉靖间知庐陵县，才识通敏，自持廉洁。首劝农桑，惩惰民，抑豪猾，洗冤、蠲逋……故邑人至今追慕。
>
> 胡伟，字邦奇，京山人。嘉靖元年知永新县事，才力强敏，任政坚持靡惑，兴学劝农，储粟赈饥，百废咸举。邑岁赋苦虚赔，民以难输多流亡。伟疏奏量田更籍，均其赋役。命下，豪右咸称不便，上官多沮其议，伟力争之。遂定计，分都制籍，因赋著役，不浃岁，告成，转徙者复业。民至今颂思，有肖其像私祀之家者。①

嘉靖《袁州府志》卷四《官师志》载：

> 王俊，字世英，闽县人。进士，改翰林庶吉士，历户部主事员外郎，升知府。后整饬矜严，神采英毅，政令明肃，纪纲聿新。豪家武断者，俊一绳以法，由是吏民畏惮之。称建大成，以工代殿。新明伦

① 万历《吉安府志》卷一七《贤侯传》，书目文献出版社1991年版，第223、224、227、237页。

堂，规构鸿侈。课授生徒，时临稽阅。政称治平。九年满，去，升广东布政司参政，卒。

史立模，余姚人。进士，兵科给事中。以论事谪通州判官，历苏州，量移府同知。时知府迁去，立模治府事，政尚威严，厘正夙弊，以法绳豪武，不得逞。岁蝗，立模命捕之，以米斛易蝗以一斗，蝗逐尽。递马差困，设四季马甲法，以节逸劳，著为令。新文庙，作学徒刻劝农息讼诗。所至登眺，为诗赋亦感慨、蹈厉，袁人犹能诵史同知句。寻升惠州知府。

同治十二年《赣州府志》卷四四《县名宦》载：

庄济翁，永春人。洪武辛亥，由儒士知宁都，以教化为先务，朔、望召诸生毕赴庠序听讲。恤贫均赋，力钼豪猾，立津梁。升员外郎。人为筑“思庄台”。

陈桀，广东琼州人。成化中，知安远县事。下车时，廉知邑豪为民害者，置之法。一邑肃然。

嘉靖《宁州志》卷之一五《宦迹》载：

陆普，直隶滁州人。景泰中以举人任知县，廉于守己，明于知人。严惩恶，豪强敛迹，百姓以安，因诖误，落职；民为合词辨，得复。遂以疾，力求解任。

罗珉，字文玉，福建邵武县人。天顺三年，由太学生知县事，廉明仁恕。祛宿敝，抑豪右，境内乂安。一日，无疾卒。

正德《新城县志》卷五《名宦》载：

张增，河南人。洪武初新城县丞，刚明果断，不避权豪，事敢为，吏民畏服。尝与知县田嘉劾奏本府通判叶楷。朝嘉其能，升广东潮州府同知。

嘉靖《铅山县志》卷九《名宦》载：

> 郑庸，永乐初来知县事，廉介不阿，措置有法，宿奸巨豪肃然畏服。民皆信之，有所事辄以手札召之，无后期者。
>
> 张昺，字仲明，浙江慈奚人。成化间由进士来知县事，廉公有威，豪强敛手不敢犯。理冤滞，勤抚字，境内晏然。有妖，事以鬼魅之术，杀人甚多。昺廉知，收鞠之，尽将其情扑杀以徇尽野诸谣祠风，民知所趋向。以治行征，擢南台御史，仕至宪副。

上述记载表明，在明代，豪绅在江西各县都是存在的，只有刚正果断的府县官们敢于打压豪强，这种敢作为的县官们不仅能得到当时人的称赞，往往还会被后世载入史册，如府县志中的“名宦”。

在清代，乡绅势力的膨胀主要表现在族绅势力的膨胀。清代的江西，宗族成为社会基本的结构单位，宗族势力强大，社会活动往往以宗族为单位来进行①，所以，族长和族中的乡绅就显得实权强大。特别是在清代，朝廷和地方政权要依赖族长等族中乡绅们去推行保甲和乡约，还由官方发给牌照，设立族正制。于是，族中乡绅，特别是族长势力走向膨胀。在清代雍正年间，朝廷对宗族势力的控制还是比较宽松的，最具代表性的案例，是雍正年间江西永新族绅朱伦三处死族人一案，雍正帝与朝廷官员对此的讨论：

> （雍正五年即1727年）五月乙丑。刑部议覆：“署江西巡抚迈柱奏永新县民朱伦三同侄朱三杰致死伊弟朱宁三一案，朱伦三应拟流徙，朱三杰应拟徒。”得旨：“从来凶悍之人，偷窃奸宄，怙恶不悛，以致伯叔兄弟，重受其累。本人所犯之罪，在国法虽未至于死，而其尊长族人，翦除凶恶，训戒子弟，治以家法，至于身死，亦是惩恶防患之道，情非得已，不当按律拟以抵偿。如朱伦三，因伊弟朱宁三屡次犯窃了，累伊鬻男变产，代赔赃银；又复偷牛被获，故将朱宁三致死。朱伦三并未与谋，著将朱伦三、朱三杰徒流等罪，俱从宽免。嗣

① 参见施由明：《论清代江西社会的全面宗族化》，《农业考古》2013年第1期。

后，凡遇凶恶不法之人，经官惩治，怙恶不悛，为合族所共恶者：准族人鸣之于官。或将伊流徙远方，以除宗族之害；或以家法处治，至于身死，免其抵罪。着九卿详悉，定议具奏。”寻议：“凶悍之人，伯叔兄弟，治以家法，因而致死，若必按律拟抵，则不法子弟终不知所儆惧。嗣后许族人呈明地方官，照所犯罪科断；若已经官惩治，仍不悛改，该地方官查明过犯实迹，流三千里。倘事起一时，合族公愤，处以家法致死，该地方官审明所犯，确有应死之罪，将为首者照罪人应死而擅杀律予杖；若罪不至死，将为首者照应得之罪减一等，免其抵偿。若本人并非凶悍不法，尤过犯实迹，而族人诬捏殴毙者，将为首之人，仍照本律科断。”从之。①

这段记载表明，雍正帝对于族权还是放宽的，他在利用族长等族绅治理与控制地方社会。然而，到乾隆帝时，已更严格地限制族长的权力，据《清高宗实录》记载：

（乾隆元年五月丙午）谕总理事务王大臣：“朕闻江西地方，土瘠民贫，率多勤俭谋生，安分自守。惟山县乡村，常有凶蛮争角，动辄统众毒殴，将人活埋毙命者。如南昌府属之靖安、临江府属之新干、赣州府属之信丰等县尤甚。且信丰地方，山村乡镇，有等蛮，私立禁约规条碑记，贫人有犯，并不鸣官，或裹以竹篓，沉置水中；或开掘土坑，活埋致死，勒逼亲属，写立服状，不许声张。似此种种惨恶，骇人听闻，皆从前地方官员失于化导禁约，以致村野凶暴，藐法横行。若果系奸宄不法之徒，自当呈送官长，治以应得之罪，岂有乡曲小人，狂逞胸臆，草菅人命之理！着该省文武大员，通行晓谕，严加禁止。倘有不遵谕，仍蹈前辙者，即行严拿，从重定拟，不少宽贷。”

上述记载表明，与雍正帝相比，乾隆帝更加从严地控制族长等族绅的

① 《清世宗宪皇帝实录》卷五七，“雍正五年五月乙丑”，中华书局1985年版《清实录》第7册，第869—870页。

权力了。

对于清代江西宗族与族绅们势力的膨胀，江西地方官员也曾予以打压，乾隆二十八年（1763）十一月到乾隆三十年满族人辅德任江西巡抚时，面对江西讼案多且“合族健讼”，各族都建有祠堂并以祠产为健讼之资，且这些宗族修谱之时“大率皆推原远年君王将相一人”，“荒唐悖谬”①，所以辅德奏请在江西“毁祠追谱”，得到乾隆帝批准。因而，在辅德任江西巡抚期间曾搞过一阵子“毁祠追谱”，但由于修谱和建祠堂已成为民间生活的一个重要组成部分，压也是压不住的。所以辅德之后的江西地方官员们，还是采取因势利导的方法来处理江西族权膨胀与讼案多并以祠产为健讼之资的问题。一是承续雍乾年间江西地方官们在宗族中推行族正制办法，官方“给予委牌”，让族中有威信的乡绅们担任“族正”去管理族人。乾隆六到八年（1741—1743）在江西任布政使的陈宏谋，在《选举族正族约檄》中对设立族正的原因与要求是这样说明和作出规定的：

> 江省地方，聚族而居，族各有祠，合爱同敬，尊祖睦族，诚为美举。而日久弊生，户多人杂：或以强凌弱，以众暴寡；或自相残贼，同室操戈；凡不公不法之事，往往有之。本都院曾经刊刻告示，谆切谕诫，并令将境内祠堂及族长姓名造册具报。已据各属报齐。通省大半，皆有祠堂之户，每祠亦皆有族长、房长专司一族之事。复经谕令各属，莫若官给牌照，假以事权，专司化导约束之事。将应管之事一一列入，如族众某房有不孝不弟、习匪打降等事，房长当即导化，导不遵，告知族长，于祠中当众劝戒；如有逞强不率，许其报官惩处。至于口角争斗，买卖田坟，族长、房长秉公处断，即为劝释；如与外姓争斗者，两造族长、房长秉公会议，应劝释者劝释；如经官司，两造族长、房长当堂公言，偏袒者分别罚戒。族内有孝弟节义之善事，亦许报官请奖。族长、房长事故，公举报官承替。如薄恶子弟因公言而欺凌族长、房长，寻衅报复者，报官加倍治罪。至于地方承缉逃

① （光绪二十五年）《大清会典事例》卷三九九，转引自钟起煌主编，梁洪生、李平亮著：《江西通史·清前期卷》第230页。

盗，拘拏案犯，承应官府，原系有地保甲之事，概不责之族长。以族、房之长，奉有官法，以纠察族内之子弟。名分既有一定，休戚原自相联，比之异姓之乡约、保甲，自然便于觉察，易于约束。今据各属陆续报覆前来，合行发折会议，仰司官吏，即便会在省司道，将各属折详内，逐一参考。或于族长、房长之外，另选族正，或选族约，如何责成，如何选举，如何赏罚，或给牌照，务使事权不必过重，约束可无阻难。悉心妥议，酌定条规。并将应管事宜，胪列条规，拟定牌式，会详核夺，以便批饬，通行遵照。

陈宏谋的这种做法，是在利用族中乡绅管理宗族。

道光年间，不仅江西地方官员力推族正制，还推行祠正制。就是在族正之外专设祠正，管理祠堂公产。因为清代的江西讼风很盛，讼案多，宗族往往以族中的公产（祠产）去支持族人斗讼，这是令地方官员们很头痛的问题。设立祠正的目的，就是要让祠正管理好祠产，用于族中救贫恤孤和救灾等，而不准让祠产成为讼资。江西省图书馆藏佚名编江西省的地方政书《西江政要》（道光三、四、五年）中，有几篇政书都是关于设立祠正的问题。道光四年十月十五日《永新孙章伏奉抚宪通饬设立族正除遵照办理外自议四条章陈》一文，乃作为知县的孙章对上司政令的看法、思考和建议，其中写道：

本年十月十五日奉本府特奉宪台行奉抚宪檄行：以各属民祠均有祠产，往往作为讼费，饬令公举祠正以理经费而资劝化等因，仰见大作提纲挈领，整顿无遗，法美意良，化导有则，从此刁悍之编氓，渐移作淳良之辈；纠缠之讼狱，消磨于滴育之中。且使报本追远之民规，得沐永外；好讼争胜之积习，由是剔除。卑职幸依仁宇，实深钦佩而难铭；仰领德音，何敢奉行之不力！除遵照办理外，惟卑职自惭谫陋，测诲以蠡，一得之愚，不敢自弃，仅就愚见，不揣冒昧，敬陈数则。是否有当？伏乞训示，遵行肃此云：

——奉议饬令合族公举德行裕优，素为众所共推者，不论辈分之尊，房分之长，着为祠正等。因伏思：长幼尊卑，所以别上下而昭逊让也，故长幼有序，为《礼经》所独重；尊卑有行，实圣谕之昭垂，且乡党莫如齿，尤以伦序为本，似难偏废。夫身充祠正，既有宣化之责，复有节制之权，方足以施化导而资约束。若以卑幼处此，凡遇尊长之横行不法，遇事生风，劝之不听，既未敢深究，致蹈干名犯义之嫌。若概为容隐，又启恃尊效尤之渐，以致正不易之良规，终至有名无实，殊失立法之苦心。卑职愚昧之见，应请饬令各族：举充祠正，先就尊属选报；如尊属中实无其人，则以齿、德、爵三者兼备之人，方准报充；如再无其人，则以有齿、有德者为之。如祠正之辈分较卑，房分居幼，所有合族应就事宜，其或行或止，应劝应惩，或应行家法，或事必鸣官，仍令会同族长办理。则在卑幼既无所瞻顾，族长亦不能徇私。而长幼尊卑之序，仍不致有窒碍也。

——族正之设，因所以清讼源而除恶习。惟是教化之是否切实，祠产之有无妄用，地方官似难周察；不过考其族中之人有无远犯，终些之内，有无祠讼为断，惟不平则鸣，其中亦有不能不诉之事，必须官为判断者，亦未便禁其缄默。若仅以不兴词讼，即为祠正之能事，则论功行赏，尚觉失之于滥。卑职初到江西，情形尚未熟悉，即就卑孙而论，民欠钱粮自二十三年至今，历年均未奏销，其疲玩欠，实属不成事体。而窃匪窝户，本族往往庇护，以致肆无忌惮。应请责成祠正，一体帮催钱粮及稽查族匪。即以钱粮之有无拖欠，族人之有无犯窃，年终并计，定其功过。是不特化导可资，而催科缉匪亦可得益，似属有裨益也。

——宗祠公产，所以绵血食而祀蒸尝也。民人聚族而居，思报本追远之计，共立祠产，遇有合族公事，即可动用，诚为善举。惟族大人众者，捐项多而生息重，不肖之徒每生觊觎，以致兴词构讼，遇事生风；而经理之人亦往往从中侵蚀……抚宪饬议章程，设立祠正，实为切中时弊之善政。但以祠产若归祠正一人管理，倘事涉年久，账目倘未清，不安本分者，或挟祠正督责禁约之嫌，见其年久经理难以核算，即藉口侵欺，以为挟制报复之计，是欲止讼而复以兴讼；即祠正未必尽皆殷实，事权在手，难保其不挪移染指。在挪用之初，原欲从容弥补，而事经日久，力或不足，终致归于无着，不可不防其渐。应请将各祠公产，令祠正于充当接管之初，即公同合族人等，将存产及生息银谷数目逐一登记明白。所有一些用费，祠正会同族长支放，年

> 终邀同合族之人结单清楚，公同画押，以免日后攻讦及侵挪亏缺之弊，是亦防微杜讼之一端也。

从上可知，江西地方官员是在想方设法利用族中乡绅来约束族人和使族中公产不成为讼资，原本已设有族正，又以官方认可的名誉令各族推举“德行裕优，素为众所共推者”祠正，来专门管理祠产，乃至化导族众。

设立祠正，这原本并非地方官们的创意，而是自元代祠堂逐步发展以来在宗族中形成的一种宗族自我管理机制，陈宏谋在《寄杨业园景素书》中说：“惟闽中、江西、湖南皆聚族而居，族皆有祠，此古风也，即礼教也。昔于江西酌定祠规，列示祠中，选立祠正，予以化导约束之责。族中有口角争讼之事，传集祠正，秉公分剖，先以家法劝戒。当时已觉悚动，若久久行之，自能去其积习，以收远效。”① 原本宗族中的祠正主要是执行家法的，还只是族长的助手。但清代的江西地方官们却以官方认可的名义，以官方授权的名义，要祠正着重管理好祠产，同时兼化导族人之责。道光四年十二月，袁州知府就曾向巡抚部院建议说：

> 江右之民，多聚族而居，各城、乡俱有祠堂、尝产，以为族中公费，其始本为义举。流传既久，不肖子孙藉讦讼为开销地步，凡有讼费，多取给于尝产，游手好闲之徒，藉此可资食用，且浮开侵蚀，往往案经断结，辄上控图，翻多延一日，则多一日开销，最为恶习。卑府管见所及，每年支用，仍令该族中自行经理。若因讼费支销尝产，族中人皆许首告，官为惩办，倍罚入祠；并将支用公费之人，永远不准经管尝产！族长任听侵用，容隐不举，一并议罚。使健讼无资，此风可稍息。②

实际上，族正制也罢，祠正也罢，都是朝廷和地方官们苦心设法，意欲通过控制与约束族中乡绅，达到控制日益膨胀的宗族势力之目的。

---

① 贺长龄辑：《皇朝经世文编》卷五八《礼政·宗法上》，见沈云龙主编：《近代中国史料丛刊》第七十四辑第1编0731号第2159页。

② 潘嵩：《议详民间祠堂产业于族中慎选端悫诚实之人分年轮管毋许藉为讦讼支销》，载佚名编《西江政要》（道光三、四、五年），江西省图书馆藏本。

第六章　明清江西乡绅与县域文化的发展

县域文化，就是以县（或州）为单位的一个区域内的各种文化，包括文化的方方面面，如民风、民俗、饮食、服饰、宗教、教育、语言等诸多方面。从秦始皇一统天下之后，特别是汉武帝“罢黜百家，独尊儒术”之后，国家就一直在引领和培育主流文化。国家通过中央和地方的办学，来培育与形成占主流地位的文化，这就是儒家文化。其中重要的办法：一是通过各级地方官员推广儒家文化与引导地域文化，行政官员们通过强有力的政策措施去推动生活方式、生产方式、社会习俗和思想观念等的改变。二是培养与引导文化精英们对儒家文化的学习、追求和践行。文化精英们可以通过自身的行为、追求、品行等树立榜样、教授学生，而引导社会风气，改变人们的思想观念，传播思想文化。至于培养与引导文化精英的办法就是让文化精英们参与到政治的舞台中来，给予他们政治权力。汉武帝在采纳董仲舒“独尊儒术”的建议的同时，设立五经博士官，即《易》《书》《诗》《礼》《春秋》，只要通一经即给予政治利禄，这样对推动儒学的传播起了重要作用。就江西而言，两汉时期在豫章郡（相当于后来的江西省范围）内，特别是在汉化得较早的南昌县涌现了一些学问渊博、品行高洁的儒学人物，对传播中原的儒家学术和推动赣北区域儒学学风的不断兴盛起了重要作用。这些人物有梅福、谌重、程曾、唐檀、张遐、徐稚、袁京、陈重、雷义等，他们在当时的豫章郡内传播儒学①。即从汉代始，儒学就在逐步成为江西各县域内的主流文化。

三国、两晋、南北朝的300多年间，儒学在赣北地区继续传播。赣北

---

① 可参见施由明：《论中原文化在赣鄱区域的早期传播与影响》，《黄河科技大学学报》2010年第4期。

豫章、鄱阳等郡的多任太守很重视儒学的教育和传播，如东晋豫章太守顾邵、西晋鄱阳内史虞溥、东晋豫章太守范宁、南朝梁豫章内史张绾等，都曾大兴儒学教育①，魏晋南北朝时期尽管是玄学泛滥的时期，尽管是佛教、道教大发展的时期，但儒学在这个时期已成为赣北的主流文化。赣中和赣西、赣东、赣南儒学的传播比赣北区域晚②。

唐代是一个儒学在中国南方更广泛、更深入地成为主流文化的时代，以江西为例，应朝廷诏州县办学的要求，赣北的南昌、赣西的袁州、赣东的抚州、赣东北的饶州都办有府学，有些县如丰城县、萍乡县、新淦（今新干）县、新喻县（今新余市）、余干县、永新县都办有县学。无论是府学还是县学，朝廷的要求是每学设经学博士1人、助教1人，以五经教授诸生③。即官方的办学主要传授儒家经典等。唐代各地的村学、乡校、村校、乡塾、小学等启蒙教育先后都建立，到唐末五代时江西已有为数众多的乡村之学，这些启蒙教育同样是以学习儒家经典《论语》《孝经》为主，同时还要学诗赋。唐代中期以后，由于科举取士日盛，由于官办学校对生员有家庭出身限制，同时还有招生数额限制，于是，那些有经济实力的大族开始自己兴办私学，这就是书院的兴起，从元和九年（814）致仕回乡的幸南容创办江西境内的第一所书院——桂岩书院起，至唐末江西已办有近十所书院。此后的一千多年里，江西的书院不断兴盛。书院仍然是以儒学教学和学习为主，以科举取士为目标，培养了大量的科举人才。即唐代时儒学已更深入更广泛地成为了区域内的主流文化，唐代江西共产生进士65名，尽管占全国总额（全国有确切籍贯记载的进士数为846人④）的比例不大，但足以说明儒家文化已成为江西境内的主流文化。

到宋代，江西已成为全国的儒学名区，儒学大师有欧阳修、王安石、曾巩等人，还有如晏殊、黄庭坚、陆九渊、姜夔、杨万里、文天祥等众多

---

① 可参见钟起煌主编、周兆望著《江西通史·魏晋南北朝卷》，江西人民出版社2008年版，第228—229页。

② 可参见施由明：《论杜审言与赣中文化的开启》，《江西社会科学》2011年第5期。

③ 见［后晋］刘昫：《旧唐书》卷四四《选举志》，《景印文渊阁四库全书》第269册，第248页。

④ 参见吴宝树：《唐代进士群体研究》，硕士论文，曲阜师范学院2009年，载中国知网。

的大家，两宋江西进士总数占全国的六分之一，有 5142 人。各州县尽管办官学的时间不一，但都办有州县学，书院的数量为全国第一（北宋全国书院总计为 73 所，其中江西有 23 所，占全国的 31.5%；南宋全国书院总计为 473 所，其中江西有 170 所，占全国的 35%）。

元明清时期，江西延续着唐宋以来文化的发展方向，府州县学和书院及乡学、村学等，以儒学的教学和学习为主，以科举人才的培养为目标。即从宋代始，儒学更普遍地成为了江西各州县或府县的主流文化。

县域文化的发展，首先是朝廷的引领，朝廷以科举取士引领士人们的学习方向、文化理想和价值追求。朝廷以办官学来引领人才的培养。同样，州县政权以官办县学和扶植私学（书院、社学、义学等）来引领人才的培养，使儒学成为县域的主流文化。

在明清时期县域主流文化的发展过程中，乡绅起了重要的作用。乡绅助推了儒学的发展并使儒学贯彻到最基层社会。以江西为例，表现在下列方面。

一 办学、捐学与儒学人才培养

1. 办学

（1）亲自授学

科举出仕，到明清时期早已成为中国士人的普遍追求，但能出仕者毕竟还是读书人中的少数，那些未出仕者就成了社会的低层乡绅如生员等，他们往往会将自己科举入仕的未竟之志传于下一代，往往会用自己的儒学文化积累致力培养宗族子孙，也可能会用自己的文化积累教书谋生，他们在社会的最基层培养科举人才和传承儒家文化，在明清文人文集、方志、族谱中记载了大量这类人物。

光绪二十三年刊印的《清江杨氏族谱》中的《质庵先生传》记载了这样一位低层乡绅在基层社会的生活：

> 质庵先生，余从堂兄也，讳兆基，字玉书。生而颖异，髫年承太父命，习举子业，日与余家三伯父纶溪及雪轩、晴轩、月堂、日轩、漪园诸兄弟，往来论文不辍；弱冠后补弟子员，益复沉酣经籍，励志

功名，冀扶摇直上，远绍前人光；而且赋性耿直，从不枉己徇人，宗族乡党间偶遇不平事，往往义形于色，卓然有古侠士风。质庵才学兼优，仅以一青衿终老哉！及棘闱屡试，壮志弗伸，遂超然于得丧穷通外，深自敛以持己，宽以待人，从前少年侠气，不数年间学问日进，涵养益纯，而人遂咸仰谦光焉。犹忆质庵，家居授徒，族中子姓沐其教者不下数十余人，而循循善诱，鞭扑不施，约束自严；子姓视之亦无异慈父母，迄今成名者众，大半出其门下。此成就后学，遗泽孔长也。厥后余开讲飞鳣书院，而雪轩大兄延师课诸孙于家塾，质庵往来其间，每乐与论文道古，津津弗倦，一切市井外事绝不与闻；辛丑岁，余赴部铨选，而质庵亦以癸卯年十月谢世，享年七十有一。己酉春，余告病归里，而质庵子学富来请余言，以示后，爰约综其大概如此。乾隆己酉岁孟秋月吉旦，愚弟殿梓顿首拜撰。

文中的质庵先生“以一青衿终老”，但他居家授徒，传授儒学，培养了不少学生。

同治《饶州府志》和同治《九江府志》分别记载有这样两个人物：

王扬烈，字启人。邑庠生，性谨悫，敦行力学，事亲能色养。贫，惟笔耕以给。子七，易衣而出，晏如也。课徒，多高足，桐城姚侍郎元绂、同邑苏太史孟阳者，皆出其门。晚操益坚，自挽云：“举念不忘先世德；恭行惟望后人贤。”其志节可知也。①

詹义，字揆宜，号理庄。太学生。父士恒，为名诸生。义奉庭训惟谨，先意承志，孝养有加；兄弟析产，所得皆硗确。义善治田，悉变沃壤。侄每妒其富，百计倾陷，义不较，岁终仍周济之。族中佃者，谷随量与，债不收息。汪家义渡，捐赀首倡。构养纯义学，日课子孙。寿终八十。迄今曾、元几二百人，列衣冠者三四十人。②

① 同治《饶州府志》卷二三《人物志·善行》，《中国方志丛书·华中地方·第255号》，台北：成文出版有限公司1975年版，第2466页。

② 同治《九江府志》卷三九《善士》，《中国方志丛书·华中地方·第267号》，台北：成文出版有限公司1975年版，第598页。

这是两位未出仕的低层乡绅中颇有代表性的人物，或致力于授徒，或致力于培养子弟学习，他们在基层社会中传承儒家文化，都培养出不少儒学人才。这些儒学人才或出仕为官，或取得一些科举功名。前者培养出姚元级和苏孟阳这样的著名文人、士大夫，后者家族相继“列衣冠者三四十人”。

明清时期的中国社会，正是由许多这样的科举之志未竟之乡绅，亲自将自己的文化积累传之于族人子弟或乡人，使儒家文化在基层社会传承着，不断地培养出儒学人才。

同样，致仕回乡的乡绅也往往会尽其余力培养子弟读书、科举，对儒学在基层社会传承起一定作用。如《清江杨氏五修族谱》载《文林郎杨公远亭先生墓志》：

> 公讳如源，字巨山，号远亭、清之，永滨人也。……公有爱于父母，甫六七年端序即见性嗜书，偕其兄、辛卯孝廉如沂暨诸弟讲学于庭，庚寅受知督学董公，补弟子员。甲午领乡荐，识者目为大器。因七上春官、两次荐卷，不第，稍肆力于诗。壬戌，令山东齐河县署，当九省之冲，公应按差使，不累民。立学校，省差徭，役民吏，观听从化，任五载，以一革捕为窃，落职归，年五十七矣。筑别墅于宅之东南隅，益肆力于诗，常集子侄课帖括外……

文中的杨远亭，致仕家居后，除致力于诗词创作之外，就是致力于培养族人学习儒家文化。

明清时期这类致仕回乡的乡绅，对促进儒学在基层社会的传承和儒学人才的培养，也是有一定贡献的。

（2）延师课子与办家塾

中国的文人总是非常重视培养子弟学文化，因为只通过学文化才能使子弟成为社会的有用之才，特别是在科举取士的大旗指引下，只有学习好儒家文化才有让子弟出人头地、光宗耀祖的可能。所以，无论是乡间的低层乡绅还是曾经为官而致仕家居的乡绅，以及乡间有文化学养的普通文人，都非常重视培养子弟学文化，他们或亲自授学，或延师课子，有经济实力者，还自办家塾延师课子。明清方志中记载有许多这样的事例，如：

徐旭初，字庆元，都昌人。例授营千总。教子读书，多方培植，捐房屋一所归本族廖公祠为义塾，并田地一百五十余亩。岁久，租石供支裔从师、应试之用。

余锡龄，字学华，都昌例贡生。兄弟均以培养群从子弟读书为己任，置义学、义田，垂之久远。

袁旭新，字海门，都昌监生。捐田三十亩于家祠，为岁时葺墓、延师课读之用。后嗣承志，捐备荒田若干亩，赡族人。①

刘世楷，字廷谟，号慎庵，邑增生。世居卓里，身贫异才而务为沉潜之学，尝谓："读书不通经史，如无楫济江河；居心不晓大义，犹无炬而入幽室。孝慈、友弟、忠信笃敬，乃食之醯醢，不可一日无也。"识者以为名言。楷处家庭，如对大宾，未尝有惰。客居乡，能任恤，不为财吝。岁歉，捐赀赈济州民。邑令高尚礼嘉其行，以同拯疾苦旌之。后建立家塾，置义田，教子孙读书、立品，高又亲制序文，署篇首。乐善不倦，颜其塾"日月"，领子孙庠序相望。以礼法称于士林。②

方志中把这样的人物作为典范加以记载，他们的孝悌，他们的种种善举，他们的培养子弟等，都是作为值得弘扬的事迹而载入史志。可见，培养子弟学习儒家文化是一件多么值得社会尊敬的行为。

正因为基于这样一种社会价值观念，所以在明清文人文集中对人物的称道时，培养子弟学文化，延师课子，办家塾，设义田以赡学等，是作为值得称道、赞美的行为而大加赞美。

明代著名文人士大夫李时勉，在《石濑曾氏族谱序》中对吉水县的曾氏修谱大加赞美的同时，还对其族绅延师课子赞赏不已，认为"今伯善建立家学，俾族属子弟肄业其中，延明师教之，使之习知孝悌忠信之义，以为敦宗睦族计，此其度越常情远矣！虽使谱之不作，亦可保无伤伦

---

① 同治《南康府志》卷一八《人物》，《中国方志丛书·华中地方·第98号》，台北：成文出版有限公司1970年版，第448—449页。

② 同治《九江府志》卷三九《善士》，《中国方志丛书·华中地方·第267号》，第597页。

败俗之事，况谱之修备若此者乎!”[①] 即李时勉认为，曾氏建家学和延师课子，使子弟通过学习知晓儒家的忠信孝悌，是为了敦宗睦族的谋划，即使谱牒不修，也不会发生违背儒家伦理和败坏风俗之事，更何况曾氏的族谱修得如此完备!

明代著名文人王直在其所写的众多人物事迹中，延师课子，让子弟学文化，往往是其称赞的美举，如在《王处士墓表》对处士王颖的称赞有“爱其子与群子弟，作槐阴书屋，延明师教之、礼之”[②]。在《欧阳公观民墓志铭》中对泰和欧阳氏族人欧阳观民的称赞：“承平日久，合族而居，长幼殆数百人，公与叔以忠，兄性民、性翁、悛民四公为乡族仪表，隆然敬爱之，施公尝举祖宗德义之实以教诸子侄，延明师于家塾训切之，务趾美前人。其后累累以经学显者。”[③]

无论是亲自授学还是办家塾与延师课子，这是儒学的启蒙，是中国文人接受儒家文化教育的最初开端。乡绅们所展开的这种基础教育，对在最基层传承儒家文化是有着重要作用的。

(3) 办书院

书院是一种民办教育，是官办的县学之外的教育机构，其创办之目的有的和县儒学一样，是为了培养子弟科举入仕，这种书院往往是家族式的。如江西最早的书院桂岩书院，就是致仕回乡的官员幸南容（746—819年），为培养子弟科举入仕而创办，唐代江西著名书院东佳书堂（德安陈氏）、登东书院（吉水解氏）、华林书院（奉新胡氏）都是这类书院；有的书院，创办之初只为授徒讲学，如唐代永丰的皇寮书院，就是渝州（今重庆）人刘庆霖为吉州通判，流寓永丰而建书院以讲学。唐末五代吉州的匡山书院也是如此，创办者罗韬，一说泰和人，一说庐陵人，后唐明宗长兴间（930—933）以文学征授端明殿学士；不入，引疾求归，建书院，授徒其间。

① 李时勉：《古廉文集》卷四《序·石濑曾氏族谱序》，《景印文渊阁四库全书》第1442册，第728页。

② 王直：《抑庵文集》后集卷二八《墓表·王处士墓表》，《景印文渊阁四库全书》第1242册，第119页。

③ 王直：《抑庵文集》后集卷二九《铭·欧阳公观民墓志铭》，《景印文渊阁四库全书》第1242册，第170页。

宋代曾是江西书院最辉煌的时代，拥有全国最多的书院，北宋达40所，南宋在170所以上，还拥有全国一些著名的书院，如白鹿洞书院、象山书院、鹅湖书院等。

明清时期，江西的书院数量仍然名列全国的前茅。明清时期江西书院创办的一大特点是：既有新建书院，又维修、扩建、重建旧有的书院；既有乡绅或家族所办书院，又有地方官员号召乡绅、家族、地方绅士捐款扩建、重建、维修的书院；还有地方官员亲自捐款而号召社会捐资修建或新建的书院。从地方志的记载来看，每次地方官欲新建或改建、扩建、维修书院，都少不了要依靠乡绅的力量，利用他们出钱出力。以清代赣州府的书院为例：赣州知府陈履忠建廉泉书院时，他本人"首倡捐阍资"，然后"巡、守、学三台府馆董率决赞醵俸各有差，荐绅、先生、广文、孝廉、宏词、文学暨秀良辈输助，辐辏共如千金"①，最后建成了此书院。书院的建成既有知府本人的大力作为，但也离不开乡绅们的大力捐助。

赣州知府汪宏禧在《重修濂溪书院记》谈到他在乾隆七年来赣州任知府，视察了赣州著名的濂溪书院，征得"僚佐"和当地乡绅与绅士的支持之后，决定重建廉溪书院，"首倡捐修，广为劝输"，得到了乡绅们的大力捐款，"爰兴是役，次第开工"，书院建成后，"诸生鼓箧其中，行谊日高"②。

雩都（今于都）县知县左修品在《雩阳书院记》中记述说，他修雩阳书院得到了乡绅们的大力支持，才得以修成：

> 余治雩之明年，集都人士议兴书院，咸以为宜。邑踊跃捐资。邑之西郊，有阳明先生祠，因其址而改为之。既成，规模壮丽，有严有翼。……夫天下事创始难，而守者抑不易也，既勤于始矣，不能无望于其继。余欲此都人士，为子孙业思所以继之，而无忘于其始，因取兴筑之岁月、费用之数、合事诸缙绅而书焉。赞议者：时则有教谕孔

① 同治《赣州府志》卷二六《经政志·书院》，赣州地区方志办1986年整理本，第909页。

② 同治《赣州府志》卷二六《经政志·书院》，赣州地区方志办1986年整理本，第925页。

君传柱，训导戴君如莲（戴君解组归南昌，万君重辉继其事），巡检许恒年，府照磨署理县尉徐君浩，县尉李璠。赞谋画者：选拔贡生李睿。相阴阳、度方位者：生员曾跃龙。募捐者：城中生员曾贤宰、易兆组、邱昭钥，新授尤溪高才司巡检李嬰。经营者：贡生谭宗经、温诏，生员张嘉谟、彭昌元、周佑宁、其弟于德，监生温杨。募捐北乡：武举刘荣，监生邱昭焘，生员袁汤铭、曾葱。募捐南乡：贡生邹思亮，生员谢廷凤。募捐东乡：武举曾世安，生员陈天荣。募捐西乡、催捐输者又四人：生员管尚隆，易方宁，黎章炯，孙人瑛。其捐之多寡，所置田产之数，秋粮若干，另载碑于讲堂之后，书院其垂不朽焉。①

从该《书院记》可知，此书院的修建确是在乡绅的大力支持下建成的，乡绅们为其筹划，为其募捐筹款，为其经营等。

除乡绅们合力捐建书院外，有的书院为乡绅个人独力所建，如九江的嵩寿书院，为监生刘有德于道光四年捐金倡修，“且输田地四十余亩并舍宇樵山为寒士庇”②。

2. 捐学

乡绅们除了捐建书院或独力修建书院外，还往往积极捐建县儒学以及社学、义学等。他们或捐钱，或既捐钱又出力，还有捐田或捐租者。以清代的九江府为例：

府学，在郡城西南隅半里许，宋开禧间建。嘉庆八年，彭泽廪贡丁春捐修正殿、神龛、月台；德化州同宋光壁，贡生夏汝赞、廖泰春（贡生、职员）、蔡琳（增堂），增修东西两庑、祭乐、两库；州同杨廷贵，增修戟门；贡生蔡显铎，职员陈大来捐修明伦堂，余安瑞湖绅

---

① 同治《赣州府志》卷二六《经政志·书院》，赣州地区方志办 1986 年整理本，第 925 页。

② 同治《九江府志》卷三九《善士》，《中国方志丛书·华中地方·第 267 号》，第 595 页。

士分修。二十三年，彭泽职监丁世馥，重修正殿月台。①

德化学，旧在府治南，庆历间建于府治东南。乾隆十七年，知县高植率绅士重葺，焕然一新。乾隆二十七年，知县周干里，教谕周鸿基会同绅士劝输，重修正殿……乾隆四十八年，绅士修。嘉庆八年，巡道阿克当阿，知府田文龙捐廉暨绅士捐赀，重葺其东西两庑、祭乐器两库。②

德安县学，旧在县治东北，隔溪半里……康熙五十四年，知县何袖集绅士万元奎等修葺，知县黄锡冕成之。嘉庆十三年，知县秦树庆酌议分修。东乡监生万乃泰，邑庠万方宇捐修大成殿圣祠、明伦堂、藏经阁；西乡绅士修两庑；南乡绅士修棂星门。二十二年，西乡改建文昌宫于外泮池东，计二重，即建魁星阁于楼上，监生徐宾捐银三百两。道光二十三年，知县庞复敦仍议分修。西乡廪生叶捐修大成殿，其崇圣祠、明伦堂、藏经阁及两庑各祠宇棂星门等处；三乡绅士刘泽霖、桂文侯、张青简、吴凤诏等，分修学宫头门及屏墙；经墙、戟门、泮池等工，俱南乡绅士慕登庆、吴凤诏等分修。③

瑞昌学，在县治西，宋庆历间建。……道光二十三年，知县王训，教谕杨鹤年，训导陈中实，以庙貌失修日久，乃捐廉为倡，劝谕绅士从长计，旋奉调卸任。二十四年，知县谢方润踵事倡捐，各绅士乐输，共银五千五百五十三两七钱，随经雇匠购料，本年十一月肇工，凡大成殿、大成门、戟门、泮池、尊经阁、明伦堂、崇圣祠东西两庑及各祠宇，巍焕崇宏，祭、乐等器新购具备，并建祭器、乐器二库。二十五年落成。④

湖口县学，旧在县治东北，真如寺故址。宋庆历中，建于石钟山。正德十五年，知县章玄梅偕生员黄楠，开后山地以广之，移棂星

---

① 同治《九江府志》卷三一《学校学制》，《中国方志丛书·华中地方·第267号》，第202页。

② 同治《九江府志》卷三一《学校学制》，《中国方志丛书·华中地方·第267号》，第205页。

③ 同治《九江府志》卷三一《学校学制》，《中国方志丛书·华中地方·第267号》，第206页。

④ 同治《九江府志》卷三一《学校学制》，《中国方志丛书·华中地方·第267号》，第207页。

门于泮池后，临街。……康熙二年，知县乔钵、训导张逵捐建正殿，徙于明伦堂旧址，未成；七年，知县范之焕奉巡抚董卫国、提学吴炜、知府陈谦檄，偕参将王之任、训导谢元钟各捐俸，绅士捐资，仍建原所浚泮池，建训导厅于旧明伦堂后。康熙三十八年，知县周埏、教谕涂璋、训导彭振藻重修。乾隆五年，知县赵作霖、教谕涂武升、训导周名世、典史陈概及绅士重新之，知县安缵祖落成。十三年，知县郭承缙修棂星门、砌泮池，四岸周以石栏；进士曹天瑾呈请移崇圣祠，同绅士捐建于正殿后，即明伦堂旧址。十六年；教谕魏洲映、训导吴佑暨绅士，捐建奎星阁于导经阁后。三十九年，知县陶正伦率阖邑绅士劝输重建；知县沈荣动、郑九叙、杨秉彝、陈钺继之，移建训导厅于学右，四十二年竣。嘉庆七年，绅士周立运之孙会等，修神龛、神主。十七年，绅士杨嗣，修龛、主。①

彭泽县学，旧在县治东半里，宋庆历间建。……乾隆十八年，湖训导丁士伟及诸生，重新崇圣祠。四十九年，知县高番率绅士重修，拓左侧基，迁崇圣祠于明伦堂东，兼营学署，例贡生丁名恭，于学署头门内捐建魁星阁。嘉庆十四年，邑绅欧阳鳌捐修正殿大成门、两庑、各祠及外坊。道光十二年，知县秦湘武捐廉倡建，邑人欧阳丽、何一睿等聚捐重修。②

上述资料表明，府县儒学的维修、扩建，常常要依靠乡绅的力量，乡绅们或主动捐修，或在地方官员的倡导下、呼应地方官员的倡议而捐钱出力。乡绅们的这种襄助，对维护县儒学的传承，肯定起着积极作用。

3. 培养儒学人才

乡绅们的办学、捐学，结果是培养出了大量的儒学人才。

首先是表现在培养了大量的有科举功名的人才。明代江西的进士有2728人，占全国24898人的10.96%，明代江西的举人共有10590人，占

① 同治《九江府志》卷三一《学校学制》，《中国方志丛书·华中地方·第267号》，第208页。

② 同治《九江府志》卷三一《学校学制》，《中国方志丛书·华中地方·第267号》，第212页。

全国举人 102389 人的 10.34%。清代江西的进士有 1855 人，占全国 26846 人的 6.91%，清代江西的举人有 11005 人，占全国 152100 人的 7.23%[①]。

其次是培养了大量有低层功名或学衔的儒学人才，这些儒学人才遍布基层社会，其数量难以统计，而且往往是形成家族式，前后相继。以清代九江府瑞昌县的几个家族为例：

> 饶梦鹤，字修龄，别字巢松，优增生。乡宾亲疾，鹤以身代处。兄弟友恭倍至。里有鬻妻偿债者，解囊以全其家。岁暮，有欠租不完者，念伊亲老免之，并给谷。他岁荒，捐谷。岁暮，散米。道路、桥梁，修理无数。子：骅，监生；驷，优廪。孙：贻谦，举人。[②]
>
> 蔡国华，字焕斗。丁卯岁荒，捐钱三百两，买谷付族长，给散贫户，迄今贮为义谷。四世同居八十人，无不遵约束者。子：孔陶、孔瑞、孔铎，皆生员。[③]
>
> 洪邦冕，字宪周，别字镜川，庠生。族有贫不能学者，给以纸笔，不取修金。有岁暮窘迫者，尝以束修分之，己虽无隔宿之储，勿计也。母克孝，课子甚严。一生足不履公庭而排难解纷，村无构讼者。子：振、大鹏。孙：为浩。俱庠生。[④]
>
> 郭业翰，字凤池，别字西园，优庠生。正直端方，遇事排难，通族畏服而讼自无。家故贫，好义急公，岁饥，必劝本家殷实者量力给谷，己董其事，按户给口粮者数十日，族赖心安。子：开瑞，增生；嘉瑞，副贡。[⑤]

---

① 关于明清两代江西的进士数量及占全国进士人数的比例，所采用的是谢宏维：《论明清时期江西进士数量的变化与地区分布》，《江西师范大学学报（社会科学版）》2000 年第 4 期。明清两代江西的举人数所采用的是姜传松：《清代江西举人的分布及特点——明清比较的视角》，《教育与考试》2010 年第 6 期。明代全国举人总数，所采用的是郭培贵：《明代乡试录取额数的变化及举人总数考述》，《东岳论丛》2010 年第 1 期。清代全国举人总数所采用的是楚江：《清代举人额数的统计》，硕士论文，湖南大学，2012 年。载中国知网。

② 同治《九江府志》卷三九《善士》，《中国方丛书・华中地方・第 267 号》，第 594 页

③ 同治《九江府志》卷三九《善士》，《中国方丛书・华中地方・第 267 号》，第 595 页。

④ 同治《九江府志》卷三九《善士》，《中国方丛书・华中地方・第 267 号》，第 595 页。

⑤ 同治《九江府志》卷三九《善士》，《中国方丛书・华中地方・第 267 号》，第 595 页。

上述四个案例的特点是：父子相继，皆为仅拥有低层功名或学衔，是否出仕已难查证。即儒学人才往往是家族式的呈现，基层的乡绅们一代培养一代，从而使儒学人才层出不穷。

正因为朝廷对儒学传承的引领，地方官员对儒学传承的主导，乡绅积极办学、捐学和培养科举人才，使得明清时期儒家文化稳稳地占据了县域社会的方方面面。最具代表性的，是明清时期江西各地读书风气十分浓厚。

光绪《吉安府志》卷一《地理·风土》中，有一段对古代和近代庐陵的读书、重学之风的概述："吉安府，由六一公之乡里，家有诗书；以数万户之井廛，人多儒雅。此州之君子，皆颜鲁公之流风遗俗也。""家有诗书，塾序相望。""虽极贫苦者，皆知教子孙读书。""俗喜诗书而尊儒雅，不独世业之家延师教子，虽闾阎之陋、山谷之穷，序塾相望，弦诵之声相闻。"① 读书风气如此浓厚，儒家文化怎能不占据文化主流地位？

同治十二年刊本《赣州府志》卷二〇《风俗》中记载："隋唐疆圉日辟，声教浸远，人皆抗节笃志。风俗笃厚而纯一，士知向学，人颇迁善。"②

万历《新修南昌府志》卷三《风俗》记载明代的南昌府："科第未尝之人，其居肆殖货及挟艺通术之流争尚清雅，植菊兰竹石、收古琴名画、崇儒好俗，至于闾阎村落佃民，皆勤于稼穑，敏于役作，秉尊上孝弟之心。"③

光绪二年刊本《抚州府志》卷十二《风俗》记载抚州："抚之邑属非特地大人庶，冠冕一路而文物盛多亦异他郡。""临川风俗淳厚，务农者多而最朴，士则惟知读书，所造浅深不同，莫不各有不自得之趣，其中或溺于科举词章之弊者，渐染使然，有志之士固往往卓然自拔于流俗之外，不以为难，其次亦激而厉之，渐以进于古，岂不视乎其人与风俗之征，恶

① 光绪《吉安府志》卷一《地理·风土》，《中国方志丛书·华中地方·第271号》，第88页。

② 同治《赣州府志》卷二〇《风俗》，《中国方志丛书·华中地方·第100号》，台北：成文出版有限公司1960年版，第416页。

③ 《日本藏中国方志丛刊》，书目文献出版社1990年版，第70页。

士习为先，端言谨行，士固知所自爱矣！”①

从上述这些关于风俗的记载可知，乡绅对儒家文化在县域的传承起了重要作用。

二　在基层践行与传承正统的儒家文化

1. 以个人言行和人格为典范、为榜样，践行与传承儒家文化

那些深居基层的乡绅们，由于他们从小是由儒家文化教育和塑造出来的文人，他们在日常生活中处处表现出儒家的立身处世原则，他们不但在基层践行与传承着正统的儒家文化，还以个人的人格为典范、为榜样，传承着儒家文化，在明清时人的文集、族谱和地方志中记载有大量这样的人物。

以光绪二十三年《清江杨氏五修族谱》为例，其中记载有这样一些人物：

> 《杨公淦溪先生墓志铭》：公姓杨氏，讳上智，字慧亮，号淦溪，国学生，清江永滨人也。……父敬庵公，为先君子挚友，每杯酒论交，志气洋洋洒洒，聆其绪论，与古豪杰相隐合，宜乎！赤手起家，累巨万，用度克光前绪。举子四，公其季也。敬庵公督课最严，时与同学敬畏之。公性沉挚，为文高简，不屑与时流争艳，厄于童子试，几二十年。……敬庵公没，一切生养死葬，公与诸伯兄循循守礼，揆诸事父之道，无少间。公之弃儒而贾也，尝曰：“人富而仁义附焉。”守诗书之说，侧身阛阓一市中，重然诺，取法管鲍，实往虚归，澹如也。公举事，持大体，不计较锱铢，凡族内故墓失碑记及祠宇倾颓，与夫先世所修之南山寺，辄请一二先辈理之，不惜解囊相助，必有举无废乃止。又且偕昆仲编支谱，敛赀举清明，会子母生息，一切挂醮庆贺，无左支右诎之虞，皆公之力也。（乡进士、文林郎、候选知县、砚愚弟胡锐顿首撰文并书丹篆额，嘉庆七年壬戌岁季秋月）

① 同治《抚州府志》卷一二《风俗》，《中国方志丛书·华中地方·第253号》，台北：成文出版有限公司1989年版，第211页。

《杨公朴斋先生墓志》：公姓杨氏，讳如云，字安澜，号朴斋……公幼失怙，稍长失恃，克恭厥兄。雍正丁未，补邑弟子员，文名噪一时。以兄卒，绝意科举，居家教子孙，惟务纯朴而恩爱诸侄逾所生，一门酿为孝友，乡闾取法焉。性慈，喜赒恤贫寒，未尝望报。族中纲纪所在，赖公扶植居多。至坦直，和平之气，浃于动静间，人之遇公，虽或意所难言，不觉倾吐殆尽。盖公待人，无论贵贱贤愚，一之于诚而有厌人意，故人不忍欺。远近妇人、孺子，无不知公长者云。公生于康熙己卯年十二月初二日戌时，卒于乾隆乙未年正月初十日，享年七十有七。

《家少府朗亭先生传》：朗亭先生，讳维隽，字鼎玉。慷慨有大志。古今书史，过目辄能成诵。少与童子试，不得志于有司，乃援例保举授县丞，非先生愿也。先生者友性成，幼失恃……居心尚仁恕，有颠连无告、非辜罹法者，多方救援之，俾获免于死；见人过失，曲意优容，惟平心教导，冀其悔悟自悛，决不以屏急相绳。家政肃穆，子侄辈非衣冠不得上堂，闺中从不闻笑语，人以为有万石君风；又好推施，凡桥梁道路倾圮者，捐赀重建，岁不下十余事。偶值荒年，有以生妻下帷者，先生给以口粮，予以资本，令其谋生，毋许相离异。沐其完聚者甚多。至于措衣食、施茶水、舍棺椁及无力不能葬娶者，周恤赈贷，靡可殚述，口碑载道，彰彰在人耳也。生平尊贤重士，族党姻娅有积学家贫者，必赞襄而玉成之，因以登贤书、入仕版不乏其人。晚年精神弥旺，与一二高僧请求宗旨；每花辰月夕，携酒登临，兴趣陶然也。卒年七十有五。①

这三位清代的杨氏族人，在自己践行儒家文化的伦理道德、为人处世原则的同时，同样是在以个人的儒家人格典范教育、塑造族人，让族中子弟在潜移默化中得到塑造。中国的儒家文化之所以能在中国基层社会传承几千年不衰，正是因为有一代又一代人在潜移默化中传承着儒家文化的精髓。

另见隆庆《临江府志》卷一二《人物》记载：

① 光绪三十二年刊本《清江杨氏五修族谱》，江西省图书馆藏本。

聂璜，字鸣卿，清江人，正德间乡贡士。平生笃志力行，不徇时好。授常德通判，监司爱其材，事有大且难者檄使治焉。再补黄州，平寇罗田有奇功，升顺德同知；三月，即引疾致仕。家居十余年，周贫有义田，联族有家约，冠婚丧祭，悉遵古礼。㧑谦敦朴，郡中称为长者。年七十卒。①

同治十二年刊本《瑞州府志》卷八《人物·懿行》记载：

刘冀时，字翊衢，万年人，岁贡生。性方正，言动必遵礼法。居乡敦尚约，二十年，家政以一身独任，奉养母太安人甚笃。岁辛未，偕侄文镒捐租谷八十石，为邑中文武乡试卷赀。善行种种，不可殚述。②

此两位致仕家居的乡绅，堪称以个人言行和人格魅力为榜样传承儒家文化的典范。实际上，明清时期在基层分布着大量的这类乡绅，对明清时期的基层社会传承儒家文化或者说将儒家文化贯彻到基层社会起着重要作用。在明清方志中可见大量这类人物的记载。

同样，这类基层乡绅因其言行和人格堪称儒家典范，在明清时的文人士大夫文集中也往往受到称道。明王直撰《抑庵文集》后集卷三三《墓铭·袁处士仲彬墓志铭》有这样一位人物：

泰和袁氏，唐司徒滋之后。其少子郜，为吉州刺史，子孙因家泰和汝南坊，为望族。在宋有士表者，通判建宁，又以宦业显。通判五世孙以宁，生务敏。务敏生克睿，则处士之大父父也。虽皆不仕，然皆以行谊闻于时。处士讳斌，字仲彬，自幼端重，喜读书。尝从学于萧尚仁先生，博览广记，迥出侪辈上。先生甚嘉奖之。笃于事亲，先意承志，必尽其道，生致其乐，死致其哀；于兄弟极恭顺，内外之

① 隆庆《临江府志》卷一二《人物》，上海古籍出版社1962年影印本。

② 同治《瑞州府志》卷八《人物·懿行》，《中国方志丛书·华中地方·第99号》，台北：成文出版有限公司1960年版，第2474页。

间，无彼此言者。宗族姻属，亦以礼相亲爱。交朋友，重然诺。其行于家及教乡人子弟，必以孝弟、忠信、礼义、廉耻；待臧获下人尤有恩。其是非好恶必以公，不以情。见人有为不善，必面斥其非，改之乃喜。事有不平而质于处士，一言折其中，无不服；每遇凶岁，周人之急不少吝。虽居城市，足迹未尝至公门，县大夫雅敬之，乡饮以大宾礼焉。其性澹然，以俭薄自足，时俗所好，无一动其心；不肯苟取妄求。尝作堂以待宾客，凡堂中服食器用皆质素，曰：此吾性之所宜也。①

这位袁仲彬没有科举功名或学衔，谈不上是乡绅，但他有文化学养且在特定的地域有威望，可称得上是一位广义的乡绅。他的言行和人格，堪称践行儒家思想和伦理的典范。在明清文人文集中记载有大量这类所谓“处士”，受到文人士大夫的称道。正说明明清时期这类文化人物对将儒家文化贯彻到基层社会，起了重要作用。

2. 通过办学捐学来传承儒家文化

无论乡绅们是亲自授学，还是延师课子，或是办书院，或是捐助县儒学，或捐助办社学、义学等，都是在传承儒家文化。孩童的启蒙教育是读书识字和写字，但伴随这种启蒙教育，同样是在灌输儒家的思想理念，如人生追求、处世原则、伦理观念等。如明代文人士大夫王直在《抑庵文集》后集卷二六《墨冈阡表》中记载了一位乡间文人萧用，不愿被荐做官，喜闲居读经史自娱，“延名师教子孙以学，暇则躬课励之，以长孙宽端重警敏，最钟爱，其课励尤笃；于诸子孙皆勉以孝弟、忠信、礼义、廉耻。见人有善，则乐道而奖进之；有过则规之，不少恕，既复欢然如初”②。即启蒙教育就是接受儒家思想的洗礼。

童生接受启蒙教育之后，就是要设法进入县儒学和书院学习，实际上就是进一步即更深层次地学习儒家文化。嘉靖《宁州志》卷七《职业》记载：

① ［明］王直：《抑庵文集》后集卷三三《墓铭·袁处士仲彬墓志铭》，《景印文渊阁四库全书》第1242册，第258页。

② ［明］王直：《抑庵文集》后集卷二六《墨冈阡表》，《景印文渊阁四库全书》第1242册，第69页。

国朝颁降书籍《洪武正韵》一部十六卷、《诸司职掌》一部、《为善阴骘书》一部十卷、《孝顺事实书》一部十卷、《五伦书》一部六十四卷、《易经大全》一部二十二卷、《书经大全》一部二十卷、《诗经大全》一部二十卷、《春秋大全》一部三十五卷、《礼记大全》一部三十八卷、《大学大全》一部二卷、《中庸大全》一部二卷、《论语大全》一部二十卷、《孟子大全》一部十四卷、《性理大全》一部七十卷。

以上书籍共一十五部，洪武永乐间颁降，历县升州，屡遭水火，残缺。①

道光《泰和县志》卷四《学校志·书籍》载雍乾年间作为著名的科举之乡泰和县儒学的书籍②，有：

明洪武初颁降祝文及书籍有《洪武礼制》一部、《大诰》一册、《劝善书》一部、《为善阴骘书》一部、《五伦书》一部、《性理大全》三部、《周易大全》三部、《书经大全》一部、《春秋集传》二部、《诗传大全》一部、《礼记大全集说》二部、《四书大全》二部、《诗传大全》一部，又少参孙孺发赎金买《玉海》一部、《文献通考》一部，贮阁今俱无存。

雍正三年，奉部降《圣庙礼乐图籍》。九年，上命将《圣祖钦定周易折中》一部、《钦定书易传说汇纂》一部、《钦定诗经传说汇纂》一部、《钦定春秋传说汇纂》一部、《钦定性理精义》一部、《钦定四书文》一部、《明史》一部一百一十二本、《御纂资治通鉴纲目》二部。

从上述明清时学校所学所读的书籍可知，这些都是儒家的经典著作。即县学就是深入地学习儒家著作，以准备科举考试。

所以，乡绅们办学也罢，捐学也罢，都是在着力传承儒家文化。

---

① 嘉靖《宁州志》卷七《职业》，《天一阁存明代方志选刊43》，上海书店1990年版，第337—339页。

② 道光《泰和悬志》卷四《学校志·书籍》，《中国方志丛书·华中地方·第839号》，第376—378页。

3. 通过以宗族为媒介来传承儒家文化

乡绅们以个人的言行和人格典范传承着儒家文化，又通过办学捐学传承儒家文化，还另有一个重要的渠道或者媒介来传承儒家文化，就是家族或宗族。这是明清时期儒家文化贯彻到普通人的行为和思想理念的重要媒介，是中国农村社会能稳定传续的重要原因之一。乡绅们通过编写族谱、族规或家规、家训，通过在祠堂议事，通过祭祖，形成良好的家风等，将儒家文化的伦理规范和思想观念贯彻到了每一个族人，无论是有文化者或无文化者。因而，乡绅通过宗族传承儒家文化，是明清时期将儒家文化落到实处的重要渠道。

（1）族谱传承、贯彻儒家文化

关于族谱的起因，在大多数文人笔下的《族谱序》中都会谈到，是因为古时候（主要指唐宋以前）有宗法制维系着社会的和谐有序，后来宗法弛，宗族之人在时间的推移中相视如途人，从而促使族谱兴起。如王直《抑庵文集》后集卷八《序·吉水泥田周氏族谱序》所说：

> 古之所以安辑其民人者，盖有道矣！既建国立君以统之，而又为之宗。君统于上，宗统于下，然后其民相亲相比，而不至于离析，孝弟之行兴，雍睦之俗成矣！后世宗法既废，虽公卿之贵亦皆无庙以祀其祖考而序其族姓子孙，数传之后浸以疏阔，吉凶庆吊或不相往来，甚者至相视如路人。如是而欲兴孝弟、成雍睦，岂不难哉！昔之君子尝慨念乎此。以为正人心、厚风俗，莫善于立宗。宗法既立，则人知尊祖重本，而朝廷之势自尊。由是观之，《周诗》所谓“君之宗之”者，岂无意哉！今宗法既难复矣！士大夫家犹幸有谱牒，可以正其本而联其支，虽宗族繁盛，势不得不分，然至于久，犹能知其所自出与其所当亲，则谱牒维持之力也！故君子尚之。吉水泥田周氏，吴将周瑜子、都乡侯之裔，其始居庐陵乌东，自沂滨徙居泥田，至今二十四世。越六百年。子孙最为蕃昌，其间又自泥田徙之庐陵、永新、安福、新淦（今新干）、新喻（今新余），凡十八世。居泥田者犹千余人，其能重所本而尊卑不相踰，疏戚不相乱，笃于恩谊，隆于礼节者，以谱牒存焉耳。盖始作者以孝弟之心启之，而继者犹是心也。何

周氏之多贤哉![1]

在王直看来，族人间亲情的维系，孝悌之心的保持，风俗的淳厚，礼节的不乱，族人间恩谊的笃厚，宗族的繁盛，都是在于族谱之功。在《泰和彭氏族谱序》中，王直还论述说："谱之作所以收族也，而仁义之道行焉。盖正伦理而尊卑之分明，笃恩谊而彼此之爱洽，是所谓仁义也！仁义行而宗族和，宗族和而福泽增，则安得不昌且大乎！然所以明于仁义而不悖者，学问之力也。"[2]

明代吉安的另一位著名文人士大夫杨士奇在《丰城李氏族谱序》中论述说："天下之治，本于亲亲，故先王之世特重宗法。后世宗法废，士君子笃意于谱牒，盖亦先王之遗法而敦本之道也！谱牒明，然后源本不昧，疏戚不紊，而孝友慈睦，出于仁爱之良心者，自不容于已矣！仁爱施于家，推而及于民，又推而广之，天下之治所由以兴，谱牒非有关于人心世道者矣?"即在杨士奇看来，谱牒是如此重要，关乎孝友，慈睦，关乎仁爱，关乎人心世道！

杨士奇在《邹氏谱序》又论述说："谱牒，君子以仁其族之器也，本乎孝弟之心焉！盖君子无往不用其仁，而行之必自家始，此谱牒所由作也……孝弟之心有不能已者欤！可谓能仁其族哉！君子仁于家，必推之上以忠君，下以泽民。"在《甄氏家谱序》："古者宗法行人皆尊其祖、敬其宗而俗化以厚，后世宗法废，人犹有不忘其尊祖敬宗之心，不沦于薄俗者，则赖谱牒之行也！故谱牒可以系人心，惇化本，而仁人君子必致谨于斯焉。"[3] 在杨士奇看来，族谱就是如此重要！能使君子仁厚，使人有尊祖敬宗之心，能使风俗淳厚，能使人上忠于君，下泽于民！

实际上，不仅仅是杨士奇、王直，许多文人士大夫对族谱之兴起，对族谱之功用，都有大体相同的看法。文人们之所以都如此推重族谱，是因

---

① ［明］王直：《抑庵文集》后集卷八《序·吉水泥田周氏族谱序》，《景印文渊阁四库全书》第1242册，第455页。

② ［明］王直：《抑庵文集》后集卷一七《序·泰和彭氏族谱序》，《景印文渊阁四库全书》第1241册，第867页。

③ ［明］杨士奇：《东里文集》续集卷一三《序·甄氏家谱序》，《景印文渊阁四库全书》第1238册，第537、555页。

为中国乃农业社会，相对比较封闭、稳定，血缘根基可以维系亲情感，由此衍生出的尊祖敬宗、孝悌仁义、恩谊相笃、仁厚相处等，是社会稳定和谐之必需，从某种意义上说，儒家伦理道德观念在中国的产生，有其社会环境的必然。

（2）祠堂传承、落实儒家文化

祠堂，是宗族聚会、议事、行家法、摆灵位牌和祭祖等活动的地方。这样一个地方是传承和落实儒家文化的地方。杨士奇在《茨溪刘氏祠堂记》一文中论述了祠堂的由来和功用：

> 古者国君下至命士，皆有庙。孔子教孝曰："为之宗庙，以鬼享之。"凡古君子，营室必先宗庙。自秦坏先王典礼而庙废，汉世公卿或作祠于墓。晋以后，稍复庙制。至唐，公卿皆作家庙，不作者有讥。及五季，庙复废。宋庆历初，诏文武之臣立家庙，时作者甚鲜；盖士大夫溺于习俗，安于简陋。朱子以庙非赐不得立，遂定祠堂之制；于是重水木源本之念者，皆得伸其追远报本之诚矣！然世遵用之者犹鲜，盖非惇仁尚礼之君子，不能也。茨溪刘氏，服诗书、秉礼义数百年而代有闻人，此祠堂所以作欤！孝者，六行之首也，达之于事君、于泽民，皆自兹始。将刘氏之贤有闻，其可量乎？吾于祠堂之作卜之矣！凡世老释之官有作，率得名公巨人为之记述夸诩。祠堂者，知礼复古之为，其系于人心世道，非细故也。①

杨士奇认为，祠堂就是用来"追远报本"，即用来祭祀祖先、怀念祖先，感恩先辈的地方，而只有"淳仁尚礼"之君子才能这样去建祠堂、去"追远报本"。茨溪的刘氏，数百年间世代读《诗》《书》、秉持礼义，人才辈出，所以才有其祠堂的兴建。杨士奇认为，这种"追远报本"也就是孝，而孝是一切优良品行之首，为君主服务、造福于民，首先必须从孝开始。所以，从杨士奇的论述可知，祠堂是传承儒家文化的地方，儒家最重视的就是"孝"，而祠堂正是承载、传承孝的神圣重地。

---

① ［明］杨士奇：《东里文集》续集卷一《记·茨溪刘氏祠堂记》，《景印文渊阁四库全书》第1238册，第372页。

明代著名文人李时勉在《刘氏祠堂记》[①] 一文中，同样论述了在祠堂祭祖是多么重要：

古者尝授士大夫圭田，以奉祭祀。士大夫必立宗子，以主祭祀。后世田制既废，宗法不立，而于祀先之礼亦置而不讲。祀先之礼置而不讲，则尊祖敬宗之意无由而兴。尊祖敬宗之意不兴，则敦宗睦族亲亲之恩无由而展，此伦理之所以不明而风俗之所以益偷也欤！近世以来，故家大姓有聪敏而知礼义者出，慨然悯之。于是立祠堂、备祭器、置祭田，讲求其礼而兴行之，粲然可观。而仁人孝子循而仿之者日以益；众虽不能尽合古制，而敦睦长厚之风由是而起，亦庶几乎古人之遗意也。……夫一族之间有富贵、贫贱、智愚、贤不肖之不齐，究其本，皆出于一人，则夫爱敬之意乌可以有异焉！当乎祭祀之顷，凛然若先祖之临乎其上，而孝爱之诚，蔼然见于荐奠俯仰之际；退而燕（宴）也，子姓咸在，长幼序列，而亲亲之义，欢然见于献酬跪起之时。

李时勉认为，在祠堂祭祖对于睦族、培养宗族敦厚之风与孝爱之性，有着重要作用。

从明代文人杨士奇与李时勉的论述中可知，祠堂在基层社会传承儒家文化的过程中，有着重要而独特的作用。

（3）族规传承、落实儒家文化

关于族规，前面在提及宗族的教育塑造机制时，曾论述过，族规是宗族的教育塑造机制之一，通过族规以塑造及规范族人的行为。明清时期的族规都是根据儒家的伦理道德规范要求而设立的，从现存大部分族谱来看，清代的族规主要是依据康熙皇帝的《圣谕丨六条》和雍正皇帝的《圣谕广训》的要求而设立的。《圣谕十六条》和《圣谕广训》实际上是皇帝们将儒家伦理道德观念具体化，康熙皇帝的《上谕十六条》为：

一、敦孝弟以重人伦。　　　　二、笃宗族以昭雍睦。

① ［明］李时勉：《古廉文集》卷三《记·刘氏祠堂记》，《景印文渊阁四库全书》第1442册，第675页。

三、和乡党以息争讼。　四、重农桑以足衣食。
五、尚节俭以惜财用。　六、隆学校以端士习。
七、黜异端以崇正学。　八、讲法律以儆愚顽。
九、明礼让以厚民俗。　十、务本业以定民志。
十一、训子弟以禁非为。　十二、息诬告以全善良。
十三、诫匿逃以免株连。　十四、完钱粮以省催科。
十五、联保甲以弭盗贼。　十六、解仇忿以重身命。

康熙也罢，雍正也罢，实际上就是用儒家理学的思想观念来治理乡村社会、统领国民。

而族规或家规家训，更是进一步将儒家理学思想具体化为村民们的思想观念和行为规范。以清代宜春易氏的族规为例：

——孝父母。《诗》云："哀哀父母，生我劬劳。"《论语》云："子生三年，然后免于父母之怀。"盖生育之恩与天无极，而为父母者无不爱其子，而其子往往不知爱父母。夫受施不报，曾乌鸟之不若矣！古人事父母，不惟能爱，而更以敬为先。故《礼》曰："家有严君。"又曰："孝子如执玉、如捧盘，洞洞属属如将失之。"而世人于父坐子立之仪尚不能习，并坐同行，且以言语相冲撞，何异于鹿豕之群行聚乎？故能爱敬其亲者可以为人子。

——友兄弟。兄弟者，同气连枝者也。手足之义，骨肉之恩，须当自尽。《书》："惟孝友于兄弟。"又曰："不念鞠子哀，故人之不友者，必其不孝也。"《诗》曰："兄弟阋于墙，外御其侮。每有良朋，烝也无戎。"若重友朋而轻兄弟，是所谓亲其所疏，疏其所亲矣！况古人有言：易得者田地，难得者兄弟。《传》又有曰："虽小忿不废彝亲。"故兄弟者不宜争财利而掩恩义也。若因财利而参商秦越，于人心独无校乎！

——敬长上。尊而长者，父兄；卑而幼者子侄。等级森严，丝毫不容超越。每见世之巨族名家，长者与父辈偕，彼虽孩抱，亦必严，肃然起立，称谓不苟，真是故家风范。故古人颁白者不负载于道路，此齐民敬长之道也。今后我族子侄辈，须循长幼次弟，以为名称坐立。毋得恃强挟贵，妄自僭越。族中如有少凌长，小加大，悉以家法究治。

——睦乡党。古者五族为党，五州为乡，睦姻任恤之教，由来尚矣。顾乡党生齿日繁，比间相接，睚眦小失，睥睨征嫌，一或不诚，凌竞以起，自必构成大怨，安能久为邻？是知乡党贵于和睦。古云“非宅是卜，缓急可恃”者，务使一乡之中，父老子弟联为一体，安乐忧患视同一家，农商相资，工贾相让，则里仁为美，比户可封，讼息人安，非大和之蒸于宇宙也与？原吾族子侄，其敬听之。

——训子弟。子弟之率不谨，皆由父兄之教不先。今之余但知爱子，不知教子，阿意曲从，顺其听欲。无故呼号，不行禁止；无故骂人，不行诫饬；日渍月渐，养成骄性。及至壮年，即有教诲，亦不从矣。语云：“桑条从小郁，长大郁不直。”盖言为父兄者，当自幼而教之也；倘任其手游好闲、博弈饮酒，或结交匪类，放僻邪侈，溺声色而不悟，甚至罹法纲、犯刑章，为父兄者独能晏然已乎？与其追悔于事后，孰若严训于平时！吾愿族人，于子弟幼须预为严训之，庶不流于卑贱而刑戮不及于厥躬矣。

——重农桑。养生之本，在于衣食。衣食者，农桑之所出也。故勤则农有余粟，女有余布；不勤则仰不足以事父母，俯不足以蓄妻子，其理然也。故欲足衣食，必先尽力于农桑，勿好逸恶劳，勿始勤终怠，勿因天时偶歉而轻弃田园，勿慕奇赢倍利而辄改故业。务使野无旷土，族无闲人，农无舍其耒耜，休其蚕绩，庶几本业克勤而衣食之源藉矣。吾族子姓，苟能恪守，则利赖无穷，不亦绵远乎？尔子姓慎毋亵视焉。

——尚节俭。生人不可一日而无用，即不可一日而无财。财之流不节，则用之者无度而财立匮矣。今人多不知物力之艰难，任意奢侈之夸耀，里党稍不如人，即以为耻，曾不转眼间而家业渐消矣。《易》曰：“不节若，则嗟若。”言人不节俭必至嗟悔也。今后吾族人子姓，务期崇俭去奢，屏除浪用。衣服弗求异彩，婚嫁莫事纷华。亲友往来，以节俭为可尚；家庭奉养，以澹泊为可甘。从此年年节省，家中渐至饶足，不亦安居乐业，含哺鼓腹也矣！

——急赋税。三征定制，自古皆然。正供钱粮，宜及时输纳；轮值差徭，须竭力克当。凡我族人，互相劝勉。弗甘惯逋而受追呼，每图小利而愿包揽。卖田即除粮，毋措留索诈；买田即收赋，毋减少致衅。自今日用从俭，交际适宜。省一分费，完一分粮。在我既免追呼之扰，于族亦无连累之伤。如或拖欠日甚，束手无策。代承硗荒田亩，瞻收官粮官谷，为祸更大！自后各房查究，勿为徇从。

——息争讼。人必有切肤之患，非可以理遣情恕，于是鸣官求理，此讼之所以由来也。今之人每多健讼，逞一时之小忿，辄构于公庭。不惟废时失业，亦且荡产抛家。此大《易》所以有终脑之戒，而圣人无以讼为贵也。吾愿族人，凡遇口角细故，须平心息气，勿轻争讼；即有田产未明，经族处断，不得擅行控告，以伤大和之气。

——崇学校。传家以读书为贵。子侄有志上进者，自当不惜优赏。今后每遇子侄县试，祠内备卷送考；游泮花红、科举盘费、岁荐选拔、登科甲、出仕，因时制宜。

——严赌博。游惰之民，不务生业，往往呼朋引类，斗牌掷骰，小则倾家，大则破产。以致窘迫无倚，放僻邪侈，无所不为。膏粱子弟以蹋踘为嬉戏，固属可耻；今则博戏驰逐，在在皆然。甚至小小孩童，亦肆行无忌，跌钱赌博。自后族中如此辈，该值年禁首，详查确实，锁赴祠堂究处。倘恃顽不服，送官枷责重究。凡族中子姓，各宜善处可也。

——重婚姻。婚姻乃人伦之始。必须门阀相当，次亦审其女母教。至于续弦，亦宜致慎。倘不谨焉，或娶泼贱悍妇，有乖风化。嫁女亦须择配得宜，毋贪重币，以致匹配非偶，玷辱家声。尔子姓，尚其慎之。

——禁溺女。成男成女，分阴分阳，同是向出，熊虺之祥。每见人家生女，辄行淹毙，心意残刻，必干天和。殊不知凶顽之极，莫过于禽兽：犬如门援，因哀子而断肠；虎数回头而顾子。今举女而溺之，是爱子不及禽兽之仁矣！吾愿族人，勿循陋俗，毋惮勤劳，忧衣食亦无虑难嫁而难养。共相劝勉，男女并育。顺天者昌，慎之念之。

——禁悍嫉。妇人以柔顺为德。从夫为义。纺绩以为衣，烹调以为食。养育子女，支持家政。阃外之事，非所宜预也。世有一等悍嫉妇女，咆哮翁姑，不顺从夫命；离间骨肉，厚颜长舌，放泼尤赖，从肆无忌。轻者家法昭然；重者七黜具在。若为丈夫而不阻谏者，坐罪。

——立值年。事无专责，易生推诿。族中诸事，公议派定，各房禁首，轮管一年，周而复始。如修理祭祀、一切大典，以及生放、茶会、喜庆、花红、酒席等项，俱系值年料理。其族中禁银，入册登注详明；如遇公费，限同房长拆封支用；至冬季，与莫长面算，免致漫鱼；交盘下年禁首，但遇公事出差，必须协力分劳，不得以承年有人，概为谢责。

——生子。冬至日，公议每丁出钱若干，赴祠报名，记其年月日时，以便序列行派，付载芝兰集。若有本年不报，挨至一二年来报者，除罚钱若干外，照利加算。

上述宜春易氏族规，主要内容都是以《上谕十六条》为蓝本，用更浅显易懂的文字解释了条规的要求或解释了为什么要作这样规定。这些都是儒家伦理道德的核心要求。族规的制定靠的是族中乡绅，可以说是乡绅通过族规，将儒家文化贯彻到了社会的最基层。

(4) 祭祖传承儒家文化

关于祭祖，前述第五章曾以《(安仁坊) 李大祠神主册》的祭祖的记载为例，说明农村宗族的祭祖就是用儒家文化塑造族人。前面第五章还曾谈到，祭祖是由乡绅控制，也就是说祭祖就是乡绅在用儒家文化塑造族人。这种一代代的塑造，实际上就是一代一代地传承儒家文化，即在塑造中传承，在传承中塑造，中国的社会就这样稳定地传续着。元末明初江西抚州人吴伯宗（明代第一位状元）在其所著《荣进集》卷四中的《周氏会拜记》谈到，其家乡金溪有许多大族，“其盛者往往历数百年、合数千指，以诗书相讲习，以礼义相敦睦，久而不替。猗欤，盛哉！”之所以有如此状况，其中的一个重要原因就是在祠中祭祖。如庄上周氏宗族，便是其中之一：“其族有会拜之礼。正月一日，族之长幼毕集于先世所立之祠，曰隆兴寺。始至，罗拜于祠下。已乃列坐于堂上，序少长而先后以礼拜焉。”这种宗族族例，自宋咸淳年间直至明代初年仍如此。从而，“周氏之盛，彬彬然为士大夫家矣，诗书礼义之习至于今不替，岂非有由然哉！在昔三代盛时，诸侯有国，大夫有家，则各有庙焉，以妥祖宗之神灵，以一子孙之心志；而又立大宗之法，为燕享之礼，以联属其宗，以通洽其情，所以尊祖敬尊之义备矣！后世封建废而宗法坏，燕享之礼寝，与古异。则虽公侯世家，庙无所于立，而欲追古道，不亦难乎？若今周氏，立祠以奉先，会拜以睦族，庶几乎于礼为能以义趋矣！”① 即吴伯宗认为，祭祖凝聚了族人，祭祖传承了儒家文化，祭祖保持了诗书传家。

实际上，祭祖是保持着儒家文化传承，践行着儒家文化观念的一种形式。尤其是明清时期的祭祖，仪式复杂而完备，充分表达与强化了人们尊祖敬宗、族人一家、长幼有序、团结和睦等儒家观念，是基层社会传承儒家文化的一种重要方式。

(5) 家风传承儒家文化

家族或宗族，代代相传，会形成一种家风，即世代相传的理念，这种理念便是一种荣辱观、价值观、处世原则等。中国古代的家族或宗族，特别是明清时期的家族或宗族，所传承的这种理念都是儒家的思想文化教育下形成的，因为族中的士绅、乡绅或文化人都是在儒家文化教育下成长的，而家族或宗族中的家风的形成与传承，都以族中的包括士绅与乡绅在内的文化人为表率、为典范。以奉新县清潭观下王氏为例：

奉新清潭观下王氏，开基于康熙辛卯（1711）。开基过程是：赣州府瑞金县有王氏四兄弟（世远、世亨、世亮、世英），“由赣州瑞金游于新吴（奉新）之清潭观下，见其山水明秀，心甚爱之，爰于康熙辛卯岁相其阴阳，观其流泉，卜于清潭之下保居焉”。这四兄弟开基之后，世代传承着其父临终前所教导的“忍、积善、勤耕读”的处世原则、人格追求、社会价值追求。

表 11　　清代奉新县王氏族人性格比较表

族中称号	居奉新代数	名　字	人格个性特点
世亨公	第一代	王志万	生平抱负不凡。博通古今，心下常以榜甲自期，以光先世。奈艰于不遇，乃怡情山水，诗酒自娱，不以利禄营其心。事父母极愉顺，处昆弟相友爱。排难解纷，广积阴德，一乡竞赖之。凡支下子侄，概不许入公门，冀以清白传家。至今子姓云礽，不罹刑宪者，又皆公之德也

① ［明］吴伯宗：《荣进集》卷四《周氏会拜记》，《景印文渊阁四库全书》第 1233 册，第 268—269 页。

续表 11

族中称号	居奉新代数	名　字	人格个性特点
世英公	第一代	王雄万	素有胆略，立志不居人下。事父母以孝，待邻族以和。内外整洁，里无间言。闻善言即服膺勿失，遇善事则勇往先行。出作入息，毋使一毫有过，而后即安迄
元选公	第二代	王元选	以掀天揭地之才，而为敦本务农之举……统率子侄延师受学，愈加督责。未几而长侄曰聘，补弟子员，则后起之丕振家声，大焕人文，以慰公之期望者，非指顾可俟哉！重交游，谦冲自抑，然诺不欺。遇贫乏之人，慷慨性成，施予不吝。以故桂馥盈庭，兰馨绕砌。年臻耄耋，家处赢余。忠厚之报，讵有爽乎？
元通公	第二代	王元通	生平以礼自爱。少即嗜学，攻苦倍人，锐志力求上进，以光先人之业。奈连不得志，遂安命自处，经理家务，惜子母，里无间言。尚勤俭，人皆钦仰。教子择姻，无不以古训是式。讷言端行，其行事不可枚举，大都不违道者
孟芳公	第二代	王元连	正直豪爽，心与理通，非礼之言勿出，非义之事勿为。念父初开基址，日夜辛勤，兄弟尚幼，伯叔父又分居观下，家务纷纭，恐父一人难以经理，遂独力支持，无暇举业，只延师以课弟是望。服劳奉养，颇得两大人心。由少而壮，壮而老，而此志不懈，乡党群爱慕之。以后买田筑室，日盛月新，无一而非勤俭所得。迄今子孙繁衍，孝友一堂，虽兄弟仲芳、季芳，不得志以慰公望，而公之长嗣早补弟子员，后登进士。伫看人文蔚起，甲第蝉联，公亦可以无憾矣

续表 11

族中称号	居奉新代数	名　字	人格个性特点
武芳公	第二代	王武芳	为人尽孝弟，问寝视膳，温恭克敬，大有古人风。自治以严，待人以宽，至今犹啧啧于人口。见子侄中有才者养之，间有不才者教之，务必使归于正道。生平不取非义之财，不为非礼之事，淑慎其身，有如范文正公。事事可以告天，司马温公"事事可以告人者"。至于治家勤俭，不尚奢华，乡里通融，慷慨不吝，又公之素志也
文芳公	第三代	王斐然	品端学醇，士人无不奉为师长。性爱清静，悉绝嚣尘，吟咏优游，只寻孔颜乐处。或栽花或种竹，问晴课雨，日有余欢，固野客之闲情，实雅人之深致也。倘公不以澹泊为怀，将道德发为文章，博取功名富与贵，直易易事耳
	第二代	王尹岩	公少力学，聪敏异常，学富五车，胸罗二酉。早年入泮，屡试不售，抱屈于衷，有不能旦夕安者。爰于乾隆戊戌岁，强就明经，人俱以"盛世不博一第以光祖父，愧孰甚焉?"人佥曰否，功名乃身外之物，何必介怀？且公之积德累仁，士人钦仰，安知后日之子孙不又有继三槐之盛者乎？公乃唯唯，于是朝夕家庭，椿萱奉养，手足友恭，课子弄孙，一堂和顺，序天伦之乐，无过于此。至于桥路修补，周济贫乏，慷慨乐施，又其余事
步伍公	第二代	王步伍	好读诗书，杜门不出。椿萱奉养，手足友恭。宗族称其孝弟，乡党目为完人，良有以也
钦霖公			为人浑厚，处世真诚。乡邻雀角，排难解纷。六艺通彻，三指详明。心切切于寿世，乃仆仆于风尘
伯友公			英姿卓荦，履道循规。事椿萱惟孝敬，处昆玉以怡怡。淡名利，薄炎趋，敦尚古，处措咸宜。立刚常于不朽，昭史册又奚疑

续表 11

族中称号	居奉新代数	名　字	人格个性特点
恒吉公			不须祖业，自创成家。谦恭处世，勤俭堪夸。萦情于泉石，安知不大享其荣华
轶群公			扶躬耿介，品行端方。秉性本于淑慎，处事寓乎精详。赞襄谱事，日就月将，承先启后，百世永昌
慎之公			早岁失怙，笃课农桑。哀母苦节，愧未显扬。昆弟有四，和气一堂。同修谱牒，无怠无荒。群称令子，何用不臧
学渊公			秉至大至刚之气，全如圭如璧之形。浩浩乎一尘不染，堂堂乎万物咸宁，蕙士民中之典型
克成公			孝友其性，梗直其衷。待人处世，霁月光风。义方训子，济济融融。重修谱牒，校正有功。允为一族之望，堪作后嗣之宗

（资料来源：嘉庆《王氏族谱》，江西省图书馆藏本）

以上资料均出自嘉庆四年《（奉新）王氏宗谱》[①] 中的《传》《墓志铭》《赞》，无论是《传》还是《墓志铭》和《赞》，其中有些是溢美夸大之词，但即使有溢美夸大之词，仍然反映了一种宗族群体的社会价值之认同与追求，社会所公认、所赞美的做人原则、人格追求，同时反映了一代代人相传承的国民性，一种儒家文化培养下的国民性：孝悌、仁义、修身齐家、勤奋、吃苦耐劳、好学上进、与人为善、和、积极从事公益等。

关于家风在传承儒家文化中的作用，明清时期的文化精英们，有许多深刻的认识与论述。这些文化精英们所谈最多者在于：一个家族的人才辈出、一个家族名望不衰，就在于这个家族形成了好的家风。这种家风的特点就是诗书传家、忠厚传家、礼教传家等。如明代著名文人杨士奇，在为许多家谱作序时都深有感慨地谈到这种家风的重要：

① ［清］王斐文纂修：《（奉新）王氏宗谱》，嘉庆四年三槐堂刊本，江西省图书馆藏，存二册。

在《严氏家谱序》论述泰和严氏“在宋元时宗族之盛，赀产之阜，居第台榭之宏壮，奕奕焉，赫赫焉，而服诗礼、敦忠厚，率有君子长者之风。今未百年，向之奕奕赫赫者不复见，而诗书忠厚之习犹有存者，盖世所恃以亢其宗者，在此不在彼也”①。杨士奇认为，严氏今虽不显赫，但其“诗书忠厚”的家风尤为可贵，能使其宗族绵延不绝、终致强大起来者，仍然在此。

杨士奇在《乐志堂记》一文中谈到他自己的宗族自吉水徙至泰和(当时称为西昌)，“盖四百年，世以赀甲闾右，然所恃者诗书行义相传袭，未尝恃赀也。更世多故，其连甍飞栋、池苑亭榭之盛无复存者，其田跨数县皆膏腴，亦皆为势而巧者所夺，独诗书行义之传犹有存而未泯者，此非先世之遗泽者欤！”杨士奇认为其宗族虽然往昔的富有不在，但其可骄傲的是其“诗书行义”的家风犹存，“为之记，亦将以示其子若孙云”②。

在《凰冈萧氏族谱序》中，谈到其家乡泰和的萧氏，“自宋南渡始居于此，至今十有一世。率业诗书、履忠厚，虽世未尝有显者，而素与往还及相为婚媾皆时之显人。吾先世与之有连，吾犹及闻诸父兄言，元末兵乱之际，举室出避依萧氏。其家，尊卑内外；其行，慈孝恭俭；其所务，诗书礼法；其敬爱宾客，如子弟之于父兄；而宾客之寓于萧氏者，安之如家焉。夫世之所谓显者，率视其外焉耳；德行，本诸内者也。苟无诸内而徒烜赫乎其外，君子不贵也。萧氏其可谓有诸内者欤！”③ 杨士奇认为，这种传承不变的内在家风犹为可贵！

宋明时期的赣中地区，即今吉安市所辖地域，唐代中后期以来由于北方移民的迁入，逐渐形成了许多大宗族。这些移民及其后裔，传承着中原文化的传统，以科举仕进为价值追求，形成了许多科举世家。所以，明代赣中的文人在文章中往往喜欢讨论所谓“故家”，其共同的观点是：所谓

① ［明］杨士奇：《东里文集》续集卷一三《序·严氏家谱序》，《景印文渊阁四库全书》第1238册，第531页。

② ［明］杨士奇：《东里文集》续集卷五《记·乐志堂记》，《景印文渊阁四库全书》第1238册，第507页。

③ ［明］杨士奇：《东里文集》续集卷一三《序·凰冈萧氏族谱序》，《景印文渊阁四库全书》第1238册，第536页。

“故家”，不是显赫之家，也许曾经是富贵或官宦之家，但更主要的是以德传家之家，世代传承着优良的“德”，即儒家的伦理道德要求和社会价值追求等。

杨士奇在《虞氏家范序》中说：“故家者，谓世有德善，其一家之间，父子、兄弟、夫妇、长幼、戚疏各敦其道，雍雍乎和也，肃肃乎敬也，秩秩乎无相逾也，上历高曾、下暨曾玄，暨十数世传续不已，此可为故家，而岂徒富贵之谓哉！若是者，世虽有之，然亦鲜矣。盖祖父之贤者，固愿其子若孙皆惇夫孝友睦姻之行；子孙之贤者，固思勉于孝友睦姻以光其宗。然知之而未能行，或行之而未能久者，盖人品不齐，且躬行感化之道有未至，训励防范之具有未备也。”杨士奇认为世传之“德善”之家，才可称为“故家”。而乐平虞氏，正是这样可称为“故家”之家[①]。

明代文人显宦金幼孜，在《赠周子宣还吉水序》中说：“吉水多故家，文献惟泥田周氏，绵历数百年，愈久而益盛，愈远而不替者，盖由其世笃诗书，累德积庆，而子孙之贤有以继承之耳！先大夫谕德尝言：‘今之故家，饶于财赋者不足贵；惟能敦礼教以绍续先世之绪者，乃为可贵。若泥田诸周，其财赋之盛他族或可等，独文献忠厚之传至今不泯者，则非他族所可及闻者。’莫不以为确论。予自弱冠以来，与周君岐凤交莫逆，其时有若仲源甫，则君之曾大父行也。雍容儒雅，不事表暴。虚己下人，㙕焉如不足；礼贤待士，汲汲如不及。教族人子弟，恳恳焉以忠信孝弟为主；本居乡里，以周穷恤匮为先。佳时暇日，则深衣大带，与宾客故人放情于烟霞山水之间，或弦琴而共酌，或雅歌而投壶，或登高而眺，或临溪而渔，或枕石而卧，或引树而吟。盖深有得夫光风霁月之趣。今仲源墓已宿草矣，独其流风遗韵犹可想见，而其仁义忠厚之泽蔼如也。”[②] 金幼孜通过论述吉水县泥田周氏之族的特性，而阐明了他的故家观念，即“世笃诗书”“累德积庆”“敦礼教”、文献传家、忠厚传家等，由此而可称“故家”。

明代文人王直在《胡氏族谱序》中则认为：“所谓世家大族者，其先

---

① ［明］杨士奇：《东里文集》续集卷一五《序·虞氏家范序》，《景印文渊阁四库全书》第1238册，第854页。

② ［明］金幼孜：《金文靖集》卷七《序·赠周子宣还吉水序》，《景印文渊阁四库全书》第1240册，第415页。

必有德业以启之，后之人复勉于善以续闻趾美，斯能光显盛大而不穷。”王直认为庐陵胡氏便是这样的家族：“若胡氏是矣，今相传十六七世，而当天下和平之时，老者以恭厚廉让训于上，子孙以孝弟忠信承于下。内睦宗族，外睦乡里，斗争凌犯之风无有也，则其庆泽之长可以世计哉!”

以上论述可知，家风对传承儒家文化有着重要作用，而乡绅们在家风的形成与传承方面有着重要作用。

三 塑造中国基层的国民性

致仕乡绅也罢，基层社会中拥有低层功名与学衔的乡绅也罢，有文化学养而无科举功名的广义乡绅也罢，他们或延师课子，或亲自传授文化，或设法让子弟入府州县学，成为“邑庠生”，都是竭力让子弟与族人受教育。尽管主要以科举为目的，但毕竟传承了儒家文化。在让子弟与族人传承儒家文化的同时，也塑造了受教育者的国民性；乡绅们还以个人的言行和人格典范引导着子弟，这种引导同样对子弟与族人进行着国民性的塑造；乡绅们还通过宗族为媒介，如族谱、祠堂、族规、祭祖等，在引导、规范族人行为的同时，塑造了族人们的国民性。

乡绅们对基层国民性的塑造，表现在下列方面。

1. 孝悌

孝悌，这是儒家文化，同样也是中国传统文化的核心思想，源出于《论语·学而》：“弟子入则孝，出则弟，谨而信，泛爱众而亲仁，行有余力，则以学文。”

孝，就是孝顺父母；弟，即悌，就是敬爱兄长。即南宋理学家朱熹所说：“善事父母为孝，善事兄长为悌。”①

孝悌，之所以会成为儒家文化或者说中国传统文化的核心思想，是因为它适应了中国农耕社会稳定传续的需要，也即“孝悌”思想或观念在中国社会有产生、扩展与传承的社会土壤和社会需要，因为“孝悌”是家庭稳定、和谐的必需。而家庭的稳定与和谐是社会稳定与和谐的必需，

① ［宋］朱熹：《四书章句集注》，中华书局 2008 年版，第 48 页。

这就是孔子的弟子有子所说："其为人也孝弟而好犯上者，鲜矣；不好犯上而好作乱者，未之有也。君子务本，本立而道生。孝弟也者，其为仁之本与！"[①] 儒家说：早在尧舜（即在中华文明的开端）时期就已经有了"孝悌"的思想和社会规则，这就是孟子所说："尧舜之道，孝悌而已矣！"[②] 即孟子认为，在尧舜时期那样一个太平、清明的社会里，其社会运行规则无非就是"孝悌"而已。

正因为"孝悌"这一思想或观念或规则，在中国社会是如此重要，自孔子明确提出"孝悌"这一理念之后，受到了历代儒家文人的推重和历代中国统治者的重视。儒家文人们对"孝悌"思想大加阐述，统治者以法规和政令的方式来推行"孝悌"的观念和规则。

被称为"亚圣"的孟子对"孝悌"思想进行了深度的阐述。成书于战国至秦汉间的《礼记》对"孝悌"思想进行了深入的诠释。成书于秦汉间的《孝经》同样有深入而精辟的论述，如《孝经・士章》中论道："以孝事君则忠，以敬事长则顺。忠顺不失，以事其上，然后能保其禄位，而守其祭祀，盖士之孝也。"即在秦汉间已经移孝作忠，这非常迎合统治者的需要。汉代御用儒家董仲舒向汉武帝提出了"罢黜百家，独尊儒术"之后，为了给统治者提供强有力的思想统治，将"孝悌"思想神秘化、迷信化，提出了"三纲五常"说，即"君为臣纲，父为子纲，夫为妻纲也，五常：仁义礼智信也"[③]。即提出了臣对君、子对父、妻对夫的绝对服从。中国人从此步入了臣对君、子对父、妻对夫的绝对服从，已没有了独立人格的阶段。宋代理学家则赋予"孝悌"更高的哲学说明，把"孝悌"与天地的最高本原和精神实体"天理"联系起来，认为"孝悌"是"天理"的外在表现，从而把"三纲五常"之说变成了"君叫臣死，臣不敢不死；父叫子亡，子不敢不亡"的理论，即"孝悌"成了愚忠愚孝，中国人更加丧失了独立的人格。中国文人对"孝悌"的推重和利用已达到登峰造极的地步。"孝悌"成了儒家伦理的最高道德要求，成了中国人做人的基本准则。

---

① 《四书今译・论语・学而》，江西人民出版社 1990 年版，第 1 页。

② 《四书今译・孟子・告子下》，江西人民出版社 1990 年版，第 273 页。

③ ［宋］朱熹：《四书或问》卷七《论语》，《景印文渊阁四库全书》第 197 册，第 347 页。

从孔子提出“孝悌”思想之后，在文人的推波助澜之下，历代统治者都看到了提倡“孝悌”、推广“孝悌”、弘扬“孝悌”思想对社会稳定和社会有序发展的重要作用。于是，有了《秦律》规定不孝为重罪，《云梦睡虎地秦简》记载：若父母告儿子不孝，官府就将“亟执勿失”，立即将其治罪。有了汉代皇帝的“以孝治天下”、大力表彰“孝悌力田”，以及除开国皇帝刘邦、刘秀之外，所有的皇帝都加上“孝”的谥号；有了《唐律疏议》和《宋刑统》中关于子孙不得与“父母异财别居”的规定，否则，“徒三年”；有了明代皇帝朱元璋《圣喻六言》中的教化要求：“孝顺父母、尊敬长上、和睦乡里、教训子孙、各安生理、毋作非为。”有了清代康熙皇帝的《上喻十六条》，其中首条就是“敦孝悌以重人伦”。此外，还有了从唐至清，历代帝王对乡民们“孝”的旌表。

在中国自孔子以来的两千多年的历程中，孝悌成了中国文化的核心，中国人所推重的最高道德要求和做人的人格基本准则。

明清时期的乡绅们是怎样塑造族人或乡人的“孝悌”之本性？首先是教育。

乡绅们无论是亲自授学还是办家塾延师课子，或者让子弟成为“邑庠生”，即到县儒学学习，或者让子弟到书院学习，无论是从孩童时期在乡校或义塾、私塾、家塾接受启蒙教育，还是到县儒学或书院接受较高层次的教育，那都不仅仅是读书识字学文化，而是接受人格的塑造。因为中国的文化是以“孝”、以伦理为核心的文化，形成了中国的教育以人格塑造和品德培养为核心。无论启蒙教育还是县儒学或书院的教育，所学习的文化都是以儒家文化为主的文化，而儒家文化就是教人如何修身、立德的文化，“孝悌”是儒家教人修身、立德之根本，所以，无论是孩童时期还是成年时代，中国的学子们都是围绕着“孝悌”展开其学习，从读研经史（孔孟程朱至诸子百家）到习礼和“明人伦”，学习的经典书籍主要有《大学》《中庸》《论语》《孟子》《诗》《书》《礼》《易》《春秋》，即所谓“四书五经”乃主要学习内容，即乡绅们通过让子弟或族人受教育而塑造其“孝悌”的本性。

接受儒家教育是一种塑造，在受教育之外，乡绅们的人格典范和宗族活动对族人和或乡人同样起着重要的塑造作用。

乡绅，无论是有功名和学衔，还是无功名无学衔，都受过良好的儒家文化教育，他们本身是儒家文化的践行者，他们在日常所表现出来“孝悌”品格往往给子弟、族人、乡人起着典范作用，使子弟、族人、乡人们受着潜移默化的作用。这样的人物往往受到儒家文人们和史家们的称赞，在明清时期的文人文集和府县志中及清代的族谱中都记载有大量这样的人物：

同治《饶州府志》卷二三《人物志·善行》载：

> 李朝宗，字廷选，浮梁邑庠。性孝友，早失怙恃，恨不及奉养，遇忌日必涕泣，数十年如一日。事伯、叔父母，不异所生；奉寡嫂，尤谨。姻戚穷乏者，多所周恤；没时，焚借券千余金，尤为人所难能。
>
> 刘冀时，字翊衢，万年岁贡生。性方正，言动必遵礼法，居乡敦尚约二十年。家政以一身独任，奉养母太安人甚笃。岁辛未，偕侄文镒捐租谷八十石，为邑中文武乡试卷赀，善行种种，不可殚述。①

史家将这样两个人物记入“府志”中，就是为了表彰和宏扬这种孝的行为，将之作为人格典范，载入府志中。明清时期的府县志中有大量这类人物记载，表明“孝悌”是明清时期的乡绅们普遍具有的国民性，并代代影响与传承这种国民性。

家族或宗族活动是乡绅们凝聚、规范、塑造族人的重要媒介，修谱、祭祖是为了慎终追远、尊祖敬宗，这二者本是“孝悌”的表现，即宗族本是通过“孝悌”来凝聚族人，又反过来通过“孝悌”塑造族人。宗族还通过族规、家训、祠规等来明确规定族人们必须孝悌。

在明清时期的族谱中，族规、家训、祠规等，摆在首要位置的是“孝悌”，并且往往会对这一条作出具体的行为要求。《（宜春）古氏族谱·家训》：“正伦纪。百行孝弟为先，鞠育之恩与天罔极，徐行后长弟道宜然，况爱亲敬长原于天性，犯上作乱岂是故家？尔辈各宜协力自尽。至于族属尊卑原有定分，齿序难容，潜越毋论，五服之内即服尽情疏，名

① 同治《饶州府治》卷二三《人物志·善行》，《中国方志丛书·华中地方·第255号》，台北：成文出版社1975版，第2473、2474页。

分犹存，交接之际须循理度，勿因小忿辄加凌犯，勿倚财力辄生亵慢，违者家法扑责，齐民穷究必严，读书明理者加等。”① 又《（萍乡小库村）王氏家乘》② 中《家范二十四则》对于该如何孝悌作了详细规定：

——族内子弟自年十五以上者，每岁新正必诣祖屋焚香，凡遇时祭及先人诞忌当敬谨奉祀，违者公斥不贷。

——子事父母以得亲顺为重，服劳奉养当竭其力，遇事禀命而行，疾病谨视汤药，即父母怒，我亦惟顺受而已。其事祖父母尤宜加谨焉，违者亲属须早教诫，倘教诫不悛，即应告知户族，重则禀官究治，轻则家规惩责。

——子事继母固宜孝敬如事所生，倘有不敬，即以家规惩责。其事庶母亦当一体奉养，恕可上慰亲心，免蹈不孝之罪，而为其母者不得故意刻薄，惟尊压逼或并不自珍重，如遇此等情节，亲属长者当秉公理处，以全天伦之爱，否则公同处罚。

——处兄弟宜好无犹，兄固当友爱弟，弟更宜恭敬于兄弟，怡怡一堂，天伦至乐，不然者偏听闺闱之言，致起阋墙之衅，一经鸣论即以家规惩责。

——事长上宜谦卑逊顺，隅坐徐行，毋冒僭越。其事先生亦然，或有事故相触，必须既定让，不得肆行无忌，违者有犯亲属，族属长者先责不敬之咎，后论其事之曲直。

对于如何敬祖、如何事长上、如何事父母、如何处兄弟等这些“孝悌”的内在要求，《家乘》中用具体的条例进行了规定，毫无疑问，族规、家范、家训等对塑造基层国民性有着重要作用。

从族谱中我们还可知，孝悌不仅表现在孝顺父母、尊敬长辈、兄弟姐妹友爱，还表现在尊祖敬宗，报本慎始。在族谱中往往对“祭礼”有详细的规定，在族规中往往会规定“春秋祭祀合宜举行”，并还会规定祭田的收入是用于祭祀之费。

① ［清］宜春古诚意修：《古氏族谱》，清光绪二十三刊本，江西省图书馆藏，存七册。

② ［清］《宜春小库村王氏家乘》，光绪二年三槐堂木活字本，江西省图书馆藏，存一册。

2. 仁义、友善、和睦

仁义，这是儒家思想中的核心思想。孝悌虽也是儒家理论之核心，但“孝悌”仅仅是“仁”的一部分，即《论语·学而》载有子所说：“孝弟也者，其为仁之本与!”① 即“孝悌”是“仁”之根本，但“仁”是一个内涵更广的概念。“仁”源出《尚书·仲虺之诰》，称赞商汤宽厚仁爱：“克宽克仁，彰信兆民。”实际上，“仁”与氏族血缘关系相关，如《国语·晋语》所说：“爱亲之谓仁。”在原始的氏族社会人们讲究亲人相爱，所谓亲亲、爱亲。从《尚书》的记载可知，早在唐尧、虞舜、夏禹、商汤、周文王、周武王、周公等时期，统治者们就极力倡导亲亲、爱亲、爱人、仁民、敬德保民、忠厚仁爱等。到孔子时把“仁”定为人生的最高道德境界，认为志士仁人应当“无求生以害仁，有杀身以成仁”②。而“仁”之核心仍然是“爱亲”“爱人”，如孔子所说：“君子笃于亲，则民兴于仁。”“樊迟问仁。子曰：‘爱人。’”③ 被称为“亚圣”的孟子，扩展与深化了孔子“仁”的思想，提出了“仁义礼智”这四端：

> 无恻隐之心，非人也；无羞恶之心，非人也；无辞让之心，非人也；无是非之心，非人也。恻隐之心，仁之端也；羞恶之心，义之端也；辞让之心，礼之端也；是非之心，智之端也。人之有是四端也，犹其有四体也。……凡有四端于我者，知皆扩而充之矣，若火之始然，泉之始达。苟能充之，足以保四海；苟不充之，不足以事父母。（《孟子·公孙丑下》）
>
> 恻隐之心，人皆有之；羞恶之心，人皆有之；恭敬之心，人皆有之；是非之心，人皆有之。恻隐之心，仁也；羞恶之心，义也；恭敬之心，礼也；是非之心，智也。仁义礼智，非由外铄我也，我固有之也，弗思耳矣。（《孟子·告子上》）

---

① 《四书今译》，江西人民出版社 1990 年版，第 1 页。

② 《四书今译》，江西人民出版社 1990 年版，第 160 页。

③ 《四书今译》，江西人民出版社 1990 年版，第 73 页。

在孟子的“仁”的含义中，“仁”是爱人、爱物、爱己、同情心、愉快①。

孟子之后的历代儒家思想们都对“仁义礼智”作出阐述。汉代董仲舒认为“仁”是“天心”。唐代韩愈在《原道》中认为：“博爱之谓仁，行而宜之之谓义。”北宋理学家周敦颐认为，“仁”即是“生”：“天以阳生万物，以阴成万物。生，仁也；成，义也。故圣人在上，以仁育万物，以义正万民。天道行而万物顺，圣德修而万民化；大顺大化，不见其迹，莫知其然之谓神。”（《通书·顺化》）王安石则说：“德以仁为主，故君子在仁义之间，所当依者仁而已。”（《答韩求仁书》）北宋理学家程颢则认为“仁”德是“天理”，是儒家道德之本源，要求人们“去人欲，存天理”，通过“格物致知”以保证“仁”德的实施。南宋理学家朱熹在二程理论基础上，又论述了“仁义礼智”与“天理”关系：“且所谓天理，复是何物？仁义礼智，岂不是天理！君臣、父子、兄弟、朋友，岂不是天理！”

仁，在历代儒家思想家的论述中包含了这么一些含义：爱人、爱他人、同情他人、友爱他人、将心比心、心中有他人、和谐处世、和谐待人、和谐接物。

义，是实现“仁”的路径，如孔子所说“舍生取义”“杀身成仁”，是一种封建社会的道德规范、价值取向。孟子对“仁”和“义”作了比较清楚而深入阐述。孟子在《孟子·尽心上》中说：“亲亲，仁也；敬长，义也。”在《孟子·告子上》中说：“仁，人心也；义，人路也。舍其路而弗由，放其心而不知求，哀哉！”在《孟子·离娄上》中说：“仁，人之安宅也；义，人之正路也，旷安宅而弗居，舍正路而不由，哀哉！”即孔子虽然“仁”“义”并举，但到孟子才将“仁”与“义”有机统一起来，仁义的主要含义指宽厚、爱人、正义。

仁义，作为儒家理论的核心，中国历代儒家文人、思想家和中国历代统治者都非常推重，因而也就成为中国传统文化的核心，多少中国古代的经史与史书，其核心要义就是“仁义”二字。顺理成章，仁义也就成了

---

① 参见燕国材《论孟子“仁义礼智”四因素人格结构》，载《心理与行为研究》2008年第6期。

中国古代的教育的核心，作为品德与人格培养的核心内容。中国古代的学人，从其受启蒙教育始，就一直在接受孝悌、仁义、礼等儒家核心思想的洗礼和人格塑造。

乡绅们无论亲自授学还是办家塾与延师课子，或让子弟成为“邑庠生”，或到书院学习，他们都是在让子弟接受孝悌、仁义、礼等的塑造。同样，乡绅们由于其本身是儒家文化塑造出来的文化人，他们同样以自己的孝悌、仁义等人格作典范，去潜移默化子弟、族人、乡人。以地方志记载的一些人物为例：

郑一恺（九江府人），字惠人，岁贡。与兄同选司训，俱不就。怡怡一堂，未析箸者三世。叔德甫无子，事之如父，视膳三十年无倦，殡葬皆力任之。亲族以缓急告者，周恤恒多。两举乡饮大宾。著有《毛诗指掌》。子枝桂，庠生，雍正年饥，捐米二十石助赈。

蔡俊（九江府人），字元友。性孝，七岁待母疾，寝食俱废。长，舌耕所获，必分给弟侄。雍正年间联族修《家乘》、置宗祠，而族益睦；年饥，邻有思鬻子者，倾囊以济。由恩贡候选教谕，举乡饮大宾。以寿终。

曾拱章（彭泽县人），字其义，邑庠生。少有志操，动履不苟。尝为乡里平讼，指示之曰：此陷井也，人以为名言。族有祭田，所入一秉拱章，岁贷之，秋计息敛焉；歉，则停息。十有五年，所贮粟约千余石。会岁大饥馑，饿殍载道，拱章出所贮粟以赈乡人。

高士前（彭泽县人），字在瞻，国学生。慷慨好义，乾隆癸亥冬，民艰衣食，士前捐米以济饥者，制棉衣百余领以济寒者，时多赖之。

高世俊（彭泽县人），字又干，号谦堂。援例授州司马。性孝友，幼失怙恃，事祖母，奉养诚敬。祖母年九十四，俊温清不怠。兄嫂早亡，俊惧没大宗之产，俾承祧有基，爱弟如玉，同友恭，七十载生子八，教以义方，俱胶庠。乾隆丙午，邻邑大饥，俊赈粥周济。农人某佃俊田，屡佃未输，俊给食并与牛、种，使薪如故。亲友凡有忿争，俊赔赀劝释，力解其纷。俊管理春衣书院，隆师敬士，雅重斯文，三十余年弗解。邑中大务，每推俊首，俊不辞劳瘁，不避群嚣，克底于成。历任邑令敬信之。①

在上述这些乡绅的事迹中，都表现出对长辈的“孝”，对兄弟或族人的“悌”，对贫困或灾难发生时慨然捐助所表现出的“义”，劝解纷争时所表现出的“和”。

上述乡绅事迹还表明，乡绅们的典范所表现出来的人格魅力是多方面的，以孝悌、仁义为中心，还有友善、和睦等。如乡绅们都往往很热衷于劝解乡间的争讼或纠纷，维持乡人或族人间的和睦，因为孔子所说“和为贵”如同其所论“孝悌”“仁”“义”“礼”等一样，是儒家理论的重要组成部分，即是中国古代人人格与道德的重要追求。

乡绅们不仅以个人人格为典范，还特别重视用族规来塑造族人们的仁义、友善、和睦之品格。

在有些宗族的族规中会对忠义、仁义作出明确的规定。如万载县清道光年间的《李氏族谱》卷一《李氏宗祠家规十条》中“崇忠义”条规定：“忠臣义士世所罕希，赤胆忠心毫发莫欺，光争日月，气贯虹霓，凛烈万古，为世表仪。”②

在宗族的族规中，往往将友善、和睦具体化为“睦乡党”。《（宜春）古氏族谱·家训》：“睦乡党。古者五族为党，五列为邻，睦姻任恤之教由来尚矣。顾乡党生齿日繁，比间相接，睚眦小失，狎昵微嫌，一或不诫，凌竞以起，自必构成大怨。故乡党之中，必贵于和睦，古云：‘非宅是卜，惟邻是卜，缓急可恃者，莫如乡邻，务使一乡之中，父老子弟联为一体，安乐忧患视同一家，农商相资，工贾相让，则里仁为美，比户可封，讼息人安。愿吾族凛遵勿失。’”③ 道光年间的《（万载）李氏族谱》卷一《宗祠十条》中的“和”条规定：“阴阳和而雨泽降，夫妇和而家道成，兄弟和而争论少，邻里和而是非平。”道光间《（万载）袁氏族谱》卷首《家规十八则》中的“和睦乡党”条规定：“乡邻与吾族接壤者，凡非吾姻娅即吾朋友，往来交际，固当喜相庆、患相恤、善相劝、过相规，

① 同治《九江府志》卷三八《孝友》，《中国方志丛书·华中地方·第267号》，第559、577页。

② 道光《（万载）李氏族谱》，江西省图书馆藏本。

③ 道光《（宜青）古氏族谱》，江西省图书馆藏本。

即遇口角微嫌争斗，宜极力劝解，化大为小，为无使之忿怒两恶，亲逊和睦，方知仁里。"①

在宗族的族规中，还往往将友善、和睦具体化为"息争讼"。江西是一个自宋代以来讼风就很盛的区域，直至清后期仍然如此，所以在一些宗族的族规中往往都对族人提出了不争讼的要求。《（宜春）古氏族谱·家训》中规定："息争讼。争讼者，因不平而起也，今人往往逞一时之小忿，操戈于大廷，不惟废时失业，亦且荡产破家。此大《易》有'终离'之戒。对人以无讼为贵也。愿吾族凡遇口角细故，或田互讼等类，须平心息气，投族房长理论，听其秉公处断。无伤宗族之雅，勿兴争讼，得饶且饶，若非深冤极仇，切勿哓哓公庭，戒之。"② 道光年间的《（万载）李氏族谱》卷一《合族十议》中的"息是非"条规定："凡族间有不平之事，当投户族理论，自能决伤其低昂，分其是非。切不可大小男妇撒泼放赖，辄兴讼端，勿以些小致商同族之谊。"③

这些宗族的规定，给族人与乡人们灌输了"仁义""友善""和睦"等理念，族人与乡人们若不遵守，将受到谴责乃至宗族的惩处。这对塑造基层国民性有着重要作用。而这些族规、家训等，实由族中有文化的乡绅们制定，实际上还是乡绅们在用儒家文化塑造基层民众的国民性，因为明清时期的族规、家训等，都是儒家的伦理道德要求的具体化。

3. 勤劳、守法、端正

勤劳、守法、品行端正、节俭等，是儒家的道德要求和人格要求的重要组成部分，跟孝悌、仁义、友善、和睦等道德要求是一脉相承的，是中华民族传承不衰的优秀品德。在明清时期府县志的人物传记中，勤劳、守法、品行端正、节俭等往往作为优秀品格载入传记中。如同治《九江府志》卷三九《善士》载清代人物。

李道合，监生，字露香。端品行，和族邻，于里有贫乏者给钱

① 道光《（万载）袁氏族谱》，江西省图书馆藏本。
② 道光《（万载）李氏族谱》，江西省图书馆藏本。
③ 道光《（万载）李氏族谱》，江西省图书馆藏本。

米，疾病施药饵，孤苦不能娶者每助资玉成。遇荒岁，倡义掩骼。并集费重修洗心堤闸。粤逆窜浔，捐谷团练，为地方保卫。母病，割股救痊，以子法良，赠奉直大夫。①

欧阳晟，字长寅……年二十举己卯乡试。甲辰捷南宫。闻母病，归。未抵家而母故，晟以缘不逭养，遂绝仕途，岁时祭奠，哀毁如初丧，诚动左右。与伯兄光仲、兄燧，友爱一堂，怡如也。性严毅，刚正不假谢。邑公事多倚赖之，人每服其公平。他如解囊全节、出粟赈饥、续人宗嗣，其美举更难屈指。临没，诫子勿事浮屠。今人皆仰其风徽云。②

这两则人物传记主要是讲个人的优秀品行人格。而明清时期的族谱中的族规，都会明确写有勤劳、守法、节俭和品行端正的基本要求，作为一种规定，要求族人遵守。如关于勤奋——

《(宜春)古氏族谱·家训》："勤职业。士农工商虽各别，皆有本职。勤则业修，懒则无成。古诗云：'少年经岁月，不解早谋身；晚岁无成就，低头避故人。'盖言蹉跎岁月，不勤生业，以致贫穷无藉也。传曰：'民生在勤，勤则不匮。'惟士而勤，则博学多闻，义理充足，学不匮也；为农而勤，则禾黍丰熟，仓箱满余，家不匮也；居官勤。"

道光《(万载)袁氏族谱·家规十八则》："人生在世，莫过于勤。诚使男勤于耕，女勤于织，一生衣食自然丰足。然勤而不俭，所入不胜所出，一日之费，耗散终岁财。语云：'常将有日思无日，莫把无时作有时。'又云：'量其所入，度其所出。'能记此古语，则一生吃着不尽，各宜猛省。"

这些族规对于为何要勤奋、要节俭，都作了很有说服力的说明。

关于守法。首先要"完国课"，光绪三十二年《(宜春)古氏族谱》中的《家规》："我族子孙，凡于朝廷正供，每届征科，先期急公奉课，勿至吏扰追呼"，"此吾家规训首之以完国课，终之以息争讼。愿我族人

① 同治《九江府志》卷三九《善士》，《中国方志丛书·华中地方·第267号》，第584页。

② 同治《九江府志》卷三九《善士》，《中国方志丛书·华中地方·第267号》，第596页。

拳膺弗失，共勉为纯良之民，而相安于保合大和之世矣”。在《家训》中又规定：“吾族管有钱粮者，当早完国课，不可拖欠。谚云：‘若要安，先予官。’斯外无追呼之扰，内无挂欠之忧，即啜粥饮水，亦悠然自得矣！倘有意抗违，以致胥役剥啄叩门，多方需索，无名之费或反浮于应纳之数；试思供胥役之侵渔，曷若输朝廷之正供；为抗粮之顽户，曷若为守法之良民？愿吾子侄，交相劝勉。”在清代的族规、家训中大都有此相类似的规定，但此宜春古氏家规、家训中，对完国课的重要性，从正、反两方面分析，所作的阐述当是较有深度的。

其次是“不赌博”，清代的族规、家训中，对赌博之害也往往都会作说明，并申明严禁赌博。《(宜春）古氏族谱·家训》中说：“严赌博。丧身辱先之事非一，其要莫甚于赌博！游惰之民，不务生业，往往呼朋引类，斗牌掷骰。小则倾囊，继则穿穴逾墙，渐沦盗贼；或借开场撮头，以补输钱，卜画卜夜，无外无内，遂尔贻羞中诟。是奸盗诈伪，未有不赴祠内兜处，违者送官枷责。”

关于品行端正。孝悌、仁义、勤劳、守法，这些本都是品行端正之要义。在清代的族谱中一般还会对妇女要守妇道作出明确的规定，即对于妇女的品行还会有特别的要求。如《（宜春）古氏族谱》中的《家规》之一云：“明四德三从，故纺绩井臼，事姑哺儿，妇人常道。”对于“悍妒妇女，咆哮翁姑，不顺夫男，离间骨肉，厚颜长舌，放泼尤赖，纵肆无忌，以致出乖露丑，深可痛恨。轻者家法昭然，重者七尺具在，夫男不阻者坐罪”①。道光《（万载）袁氏族谱·家规十八则》载：“闺门乃万化之原，内外贵乎有别。妇人之职，惟在主中，助夫益子而已。若厚颜长舌，波及妯娌，罪在夫主，甚至骄悍成性，不敬翁姑，不敬丈夫，七出难逃。”②

族谱中以族规的形式作出明确的规定，对族人的思想塑造和行为的规范起着一定作用，即乡绅们通过族规来塑造中国国民性。

① ［清］古诚意修、古学杰纂：《（宜春）古氏族谱》中的《家规》，光绪三十二年刊本，江西省图书馆藏，存七册。

② ［清］袁秀芝等纂修：《（万载）袁氏族谱》，道光二十一年汝南堂木活字本，江西图书馆藏，存五册。

4. 敦厚

“温柔敦厚”，原本是汉儒提出来的一种文学风格，这就是《礼记·经解》中所说“孔子曰：‘入其国，其教可知也。其为人也，温柔敦厚，《诗》教也；疏通知远，《书》教也；广博易良，《乐》教也；洁静精微，《易》教也；恭俭庄敬，《礼》教也；属辞比事，《春秋》教也。故《诗》之失，愚；《书》之失，诬；乐之失，奢；《易》之失，贼；《礼》之失，烦；《春秋》之失，乱。’”实际上，孔子并未说“温柔敦厚”，而只是说了：“《诗》三百，一言以蔽之，曰：‘思无邪。’”[①]“温柔敦厚”与“诗无邪”这两个概念是有很大区别的。孙明君先生在《“思无邪”与“温柔敦厚”辨异》中说：“‘温柔敦厚’的诗教不仅歪曲了许多《诗三百》中的作品，同时在创作领域排挤了大批怨恨之作；相比之下，‘思无邪’理论因包容了诸多具有怨刺性质的作品，而显得宽容而大度，更富有活力和强大的生命力。”[②] 孔子本来要构建的是君子人格，在其人格理论中，包含了许多的人格范畴：仁、义、礼、智、信、敬、勇、恭、敬、宽、敏、惠等。而汉儒提出的温柔敦厚所要构成的是臣子型人格，这自然是为了迎合封建专制的需要。在中国这样一个封建专制的社会里，“温柔敦厚”成了文学创作的指导思想，文学家以含蓄、锋芒内敛、隐而不露、合于“中和”“中庸”之美为创作、鉴赏的标准取向。同时，自汉儒提出“温柔敦厚”之后，“敦厚”二字成了一种受推崇和受赞美的性格、个性，因为此种性格和个性特点正合于汉代及其以后儒家的理想人格要求，因而，在人物传记或人物事迹的记载中，“敦厚”的性格往往作为优点而被称道，如同治《九江府志》卷三九《善士》中，记载有这样几个人物。

> 余怡训，醇厚，孝友，不趋浮薄，以读书立品为先务。好善乐施，族邻有告急者，必曲为周恤。[③]
>
> 傅善瑶，监生。素行敦厚，好施与。嘉庆甲戌被旱，捐谷一百二

① 《四书今译》，江西人民出版社1990年版，第8页。

② 见《人文杂志》2000年第2期。

③ 同治《九江府志》卷三九《善士》，《中国方志丛书·华中地方·第267号》，第582页。

十余石，散给乡里。其他修河、壁路、修孔垄街及文昌宫、万年桥，所捐不下数百余金。①

饶有任，邑庠生。举大宾，性质直，以古道自处。而待人温厚，虽对僮仆雍雍如也。至教子弟，务以礼法，见坐立跛倚，必面责之曰："人家子弟多以纵而败，以严而成，吾宁为其严者。"临终犹以谨饬自好谆谆训诫后人。②

这几位乡绅，都具有敦厚即温和与宽厚的人格特点，影响着族人与乡人。明清时期的乡绅，对基层国民敦厚的性格特点的培养与形成，起着一定作用。

以上所述，仅是基层国民性塑造的几个主要方面。此外，儒家文化教育养成的乡绅们，对基层国民性的影响还有许多方面，如为人低调、心态恬淡等。

中国基层国民性的这些特点，对于促使中国封建社会稳定维持两千多年，起了重要作用。

① 同治《九江府志》卷三九《善士》，《中国方志丛书·华中地方·第267号》，第586页。

② 同治《九江府志》卷三九《善士》，《中国方志丛书·华中地方·第267号》，第596页。

第七章　乡绅与晚清江西社会变动

晚清时期的中国不仅仅是多事之秋，而且还遭受侵略、遭受屈辱之时。1849 年第一次鸦片战争之后，帝国主义侵入了中国，强迫清王朝签订了多个不平等条约，随后是帝国主义列强的联合入侵，即八国联军对中国烧杀抢掠，并强迫清王朝签订了一个个不平等条约；1894 年中日甲午海战失败，清王朝又被迫割地赔款，外国的侵略已让软弱无能的清王朝应对不暇，国内又烽烟四起，从太平天国起义到捻军起义到义和团运动等，国内人民的反抗同样令清王朝焦头烂额，所以，近代的中国国家政权根本就无暇顾及基层社会的治理和建设，清朝前期康雍乾三帝那种对基层社会强有力的教化、治理与掌控已不复存在，即使如守成型的嘉庆、道光二帝那样对基层社会的治理与建设，都已不可能重现了。因为，从咸丰皇帝到同治皇帝，再到慈禧太后、光绪皇帝，外国侵略与国内的危局已让他们捉襟见肘、疲于应对，对基层社会的治理就只有更加注重依靠地方政权和广大基层社会传统乡绅的义务自觉和道德自觉了。

晚清时期的江西社会和全国其他地区一样，经历了剧烈的社会变动。太平天国起义之后江西成为主战场，清军及清朝廷的地方武装力量与太平军在江西十年拉锯战，战争给江西社会经济文化造成了巨大破坏；1861 年九江设立租界，1862 年 12 月 21 日九江关正式开征关税，标志着所谓“九江开埠”，此后外国的农产品和工业产品大量销入江西，江西的农业经济和手工业急剧衰落；九江设立租界后，外国教会势力侵入江西，传教士们在江西的不良行径引起了江西人民一拨又一拨的反洋教斗争，整个近代，江西发生教案三千余起；从 1860 年至 1890 年间的数十年间，中国开展了“师夷长技以制夷”的“洋务运动”，但由于江西地方官员们死抱保守观念，抗拒洋务，江西在走向近代化的过程中，一开始就落后于他省一大截；1898 年的百日“维新变革”之后，江西开启了近代教育即兴办学堂的历程；1901 年至 1911 年的“清末新政”中，江西的地方官员、士绅们积极响应之，在农工商矿等行业兴起了办实业的热潮。

在整个晚清时期江西社会的剧烈变动中，乡绅作为一支重要的力量、一个重要的阶层，起了重要作用。乡绅们响应朝廷和地方政府的号召，积极参加团练、乡勇，或参与组织团练、乡勇，或踊跃捐款支持清军、团练抵抗太平天国起义军，甚至不少乡绅为抵抗太平天国起义军而死于战场。在此起彼伏的反洋教过程中，总是少不了乡绅们的身影。在清末兴办农工商矿实业的热潮中，乡绅们积极响应地方政权各级官员的号召，兴办了不少农工商矿实业。

整个晚清时期，江西的乡绅是清朝廷与江西地方政权各级官员所依赖的一个重要阶层。但不管社会如何剧烈变动，在江西这样一个传统儒家文化底蕴深厚的区域，大多数的乡绅还是固守儒学，从而使得江西在向近代工商业的转进中落后于他省。

一　乡绅参与抵抗太平天国起义军的活动

为抵抗太平天国起义军，清朝廷和江西地方政权都不能不依赖与利用乡绅这个阶层的力量，表现在：一是依赖乡绅组建团练与乡勇；二是依赖乡绅与富民的捐输以解决军费。

1. 依赖乡绅组建团练与乡勇抵抗太平军

1851 年洪秀全在广西桂平县金田村宣布起义，建国号“太平天国”，史称“太平天国”起义，然后一路向北，占领了以南京为中心的长江中下游地区。1852 年太平军放弃武汉，沿长江东下，占领了九江、湖口、彭泽。1855 年 11 月下旬开始，太平军自北向南、向东等挺进江西腹地，至 1856 年 4 月，在不到半年的时间里，攻占了江西 13 府 76 州县中的 8 府 50 州县。早在 1852 年时，咸丰皇帝面对太平军的快速发展和迅猛攻势，而清军却兵力不足，国家财政枯竭，曾诏令大江南北各省的在籍官绅督办团练。光绪二十五年《江西通志》卷首之四《训典》记载有咸丰等皇帝的谕旨[1]：

> （咸丰二年十月丙戌）上谕军机大臣等：张芾密陈，江西界连楚粤，地方办理防堵及团练乡勇，均不能不借资民力；又兵差过境地方，尤难计数，若止降旨加恩江西一省，则他省不免向隅……朕再四筹思，绪多窒碍，民可使由，不可使知。凡事慎之于始，庶免流弊端所有。江西界连楚粤，办理防堵团练等处，地方仍著该署抚详细查明。如有实在苦累之区，即由该署抚分别轻重，酌理奏请恩施。正不必奉到谕旨始行查办也。
>
> （咸丰二年十一月丁丑）上谕内阁：朕先后降旨，令罗绕典、陈孚恩、曾国藩等，于本籍湖南、江西帮办防剿事宜；其余各省在籍绅士，值此贼匪肆扰之时，谅必志切同仇，为民捍患。著该督抚传旨，令该绅士等：各就该地方情形，帮同团练，保卫乡间；或用坚壁清野之法，使贼不能掳掠、逼胁；一切布置经费，应由公正绅士等办，不得官为抑勒，致滋流弊。该督抚等惟当遴选贤能之员，与各绅民同心协力，严缉土匪，密拿奸细，以杜勾串；被贼裹胁穷民，皆吾赤子，尤当分别良莠，予以自新；有能杀贼立功、自拔来归，或歼贼首者，立即奏明，优加恩赏；朕宵旰焦思，誓必殄此群儿，绥我黎庶。封疆文武大吏，仰体联心，毋负委任。将此通谕知之。

1852 年太平军进入江西之后，江西省级政权不得不依赖基层社会中的乡绅与富民，特别是豪绅的力量，江西巡抚张芾在太平军攻入赣北之初就曾檄饬下属各级政权与豪绅，办团局、练乡勇，即组织地方武装力量。于是江西各地兴起了一批官督绅办的团练地方武装，同时还兴起了一些乡绅“自卫身家”而自发组织的团练地方武装。1856 年太平军席卷江西之后，江西各地的乡绅、士绅、富民更加积极主动办团练，江西地方政权依赖乡绅的力量组建了各色大小不一的团练组织，从而突显了清廷在抵抗太平军的过程中那股不可小觑的乡绅的力量。

---

① 光绪七年刊本《江西通志》卷首之四《训典》，《中国地方志集成·省志辑·江西》，凤凰出版社 2006 年版，第 59—60 页。

以新余县为例：

> 咸丰三年癸丑，发逆蔓延各郡，瑞、袁、吉、临皆被蹂躏，余邑四面受敌，奉宪团练，立五大团：城内团总，生员周家桢；东乡团总，举人钱赋；山南乡团总，监生胡睿；西乡团总，增生习洪学；北乡团总，贡生桂大春。圩市与人烟稠密之处，又分设二十一小团，举立团总。东乡：生员方训、武生胡斌才、廪生何恒豫、生员彭垂统、生员胡延珍、生员胡赞襄、生员陈淑世。西乡：职员胡启琯、生员张延森、生员陈体元、生员萧炳章。南乡：生员李夔龙、附贡袁凤翔、生员盛滋林、附贡罗享玉。北乡：拔贡邓嘉谟、增贡华晧、监生张汝杰、廪生黎玉堂，生员钱汪岁、岁贡张郁章等。除十六岁以下、六十岁以上及残废者置之，此外概行入册，作为团丁；而口粮、军装则归县局。教职刘韵、胡鹗荐、简荣、袁凤诰，恩贡万隆起，廪生胡杰、习逢武，生员胡继韩等经理，朝夕操练，以备防堵。①

上述这段记载表明，乡绅（以生员为主）是团练的主要组织者和领导者，县级官员们充分利用了乡绅在基层社会的影响力。

以安义县的记载为例：

> 咸丰五年（1855）……石（达开）据瑞州府，值广东增城盗魁周春啸聚数万众，附石。石使为前锋，陷奉新、靖安两城，攻安义西南三面，受敌官绅团练防堵，相持数月，互有夷伤，贼不敢逼。十一月……石败官军后，气益豪，署周春以下三十余人为伪指挥、将军等官，使各率数千众，会罗大纲夹攻安义。知县周祖诰敛兵登陴，绅士督团守隘，共相策应。贼知有备，伏不动。②

上述记载表明，在抵抗太平军的过程中，官督绅办的团练、乡勇与官

---

① 同治《新余县志》卷六《武事》，转引自杜德凤编：《太平军在江西史料》，江西人民出版社1987年版，第98—99页。

② 同治《安义县志》卷五《武备》，转引自杜德凤编：《太平军在江西史料》，江西人民出版社1987年版，第290页。

军配合，起了重要作用。

据学者们的研究[①]，江西地方在抵抗太平军的过程中，乡绅兴办的团练和招募的乡勇是钳制太平军的一股重要力量。如曾国藩颇为赞许的义宁团练，在乡绅、士绅的率领下，“前后接战，大小胜负约数百仗”，颇为勇猛，“一闻寇警，凡年十六以上、五十以内者，踊跃效命，名‘扫地勇’”[②]。

2. 依赖乡绅和富民捐款以解决军需

大量的军费饷需等开支，由于江西地方财政无法解决，只得靠乡绅们捐输，在奖以功名，赏以封赠的刺激下，江西各地的乡绅很踊跃地捐款助战，以赣南的赣县为例，这样一个小县就有众多的乡绅捐款办团练，仅举数例[③]：

> 陈璘，字兰偕，邑增生。孝友，性成。父逝，事母张氏尤谨，与弟映奎、乔秀，一门之内，怡怡如也。道光壬寅，议建阳明书院，独造传习堂一所，费三千余金。咸丰壬子，城设乡勇局，助军需五千余串。粤逆由吉上鼠经火涝桥，（陈璘）即散谷五百余石，倡团练，以侄邑廪生锡周董理局五务，次侄锡畴督带，觇贼所至，即派勇分剿，各村获安。兄弟好施，推衣食周邻，捐产公祠，施茶道路，子若孙多游庠饩。
>
> 刘德贵，爱敬乡人，登仕郎。尝修赣、雩二邑桥梁道路，费千两有奇。咸丰间团练招勇防堵，费二百余。全族邻德之，赠“尚义”二字额。卒，年七十七。
>
> 蓝田玉，派大观，太学生，州同衔。幼明敏好学，年十八，失

① 可参见蔡晓明、张英明：《江西士绅与太平天国运动》，《江西师范大学学报（哲学社会科学版）》2001 年第 8 期；杜德凤：《太平军在江西的胜利与失败》，《江西社会科学》1993 年第 6 期；朱谐汉：《太平天国时期的江西团练》，《江西师范大学学报（哲学社会科学版）》1988 年第 4 期。

② 同治《义宁州志》卷一四《武事》，转引自杜德凤编《太平军在江西史料》，江西人民出版社 1987 年版，第 55 页。

③ 同治十一年刊本（民国二十年重印本）《赣县志》卷三九《善士》，《中国方志丛书·华中地方·第 282 号》，台北：成文出版有限公司 1975 年版，第 1235、1241 页。

怙，以母老家贫，弃儒业贾。偶有积，即奉甘旨，期得母欢。平素俭约，惟延师特丰。咸丰丙辰，逆匪滋扰。团练，捐谷千余石，并捐城团局钱数百缗。子：炳奎，邑庠生，团练保举训练衔；炳文，邑廪生；炳章，监生，加捐县丞职衔。

罗享焯，邑增生，候选州同。咸丰三年，邻省贼警，巡道周谕团练、乡勇总，首捐钱六百缗。贼至，城内居民避徙者众，享焯随同督勇守城，昼夜罔间，围解年余，不自以功也。五年，拨勇随周贞恪公援吉安，尤为劳瘁。正局七年，始终其事。

钟运鑫，字体庄，附贡生，候选州同。幼孤，率母教，因家务弃举业，雅善居积。生平勇于为义。尝捐救溺女数十人。岁歉，平粜以赡族。所修桥、路、祠庙，累费数百金。自癸丑迄今甲子，办团练，助军饷。以功加五品衔。

以上五位乡绅，都是积极响应朝廷和地方政权的号召捐资办团练的典型人物。在咸丰年间，江西有众多这样的乡绅和富民，据1865年至1874年任江西巡抚的刘坤一的《刘忠诚公遗集》卷四，所载曾国藩奏折《开造各属捐输数目送部查考折（同治七年闰四月二十八日）》统计，从咸丰二年至同治三年，进贤、清江等16县绅民，共捐团费银3769675两[①]：

进贤县册报：咸丰三年五月起至同治三年六月止，绅民捐用团费银280524两；

清江县册报：咸丰六年十二月起至同治三年六月止，绅民捐用团费银298252两；

峡江县册报：咸丰七年起至同治三年二月止，绅民捐用团费银150000两；

万安县册报：咸丰六年七月起至同治七年闰五月止，绅民捐用团费银149542两；

龙南县册报：咸丰三年八月起至咸丰十年十月止，绅民捐用团费

① 沈云龙编：《近代中国史料丛刊》第二十六辑，台北：文海出版社1966年版，第669—671页。

银 199766 两；

上犹县册报：咸丰二年七月起至同治元年止，绅民捐用团费银 299170 两；

万载县册报：咸丰六、七、十一等年，绅民捐用团练费银 199691 两；

安福县册报：咸丰三年五月起至十一年十二月止，绅民捐用团费银 274135 两；

临川县册报：咸丰五年十月起至同治三年五月止，绅民捐用团费银 337955 两；

东乡县册报：咸丰五年二月起至同治三年五月止，绅民捐用团费银 199015 两；

南丰县册报：咸丰二年七月起至九年九月止，绅民捐用团费银 358330 两；

新城县册报：咸丰六年三月起至同治三年闰六月止，绅民捐用团费银 197996 两；

铅山县册报：咸丰三年五月起至同治三年五月止，绅民捐用团费银 149904 两；

贵溪县册报：咸丰七年三月起至同治元年正月止，绅民捐用团费银 256733 两；

安远县册报：咸丰七年三月起至同治元年正月止，绅民捐用团费银 190287 两；

永新县册报：绅民捐用团费银 228357 两。

上述数字表明，江西的乡绅、富民和百姓的捐输，对解决地方武装的军费开支问题起了重要作用，再一次表明了在抵抗太平军的过程中朝廷与地方政权对乡绅是何等的依赖。据学者研究[①]，在抵抗太平天国起义军时期，江西绅民共捐银 13000.4 两，其中有按户科派之银，但大部分为乡绅与富民们所捐献。

乡绅和富民之所以会很积极地捐款办团练、练乡勇，原因有多个方

① 参见毛晓阳：《太平天国时期江西乡绅的捐输广额》，《福州师专学报》2002 年第 2 期。

面，归纳起来主要有下列三个方面。

一是道德自觉。乡绅都是儒家文化培养出来的基层社会中的文化精英。大多数的富民即使没有科举功名和学衔，也多有儒家文化素养。儒家文化培养出来的士绅、乡绅与富民们，大多都有一种维护儒家正统的道德自觉，而太平天国所信奉的天主教，与传统的儒释道都迥然不同，太平军每到一地就被人们认为是“邪教”，这是乡绅和富民们自发地自觉抵抗太平天国起义军的一个重要思想因素。

二是为了维护自身利益。乡绅和富民们都拥有一定家资和财富。尽管太平军进入江西的初期，纪律严明，曾得到一些地方乡民的欢迎，这就是时人邹树荣在其纪事诗《蔼青诗草》中所说：“传闻贼首称翼王（名石达开，被封为翼王），仁慈义勇头发长。所到之处迎壶浆，耕市不惊民如常。”[①] 但太平军提出的“薄赋税，均贫富”“斩富填贫”“搜括富户”并“以攫得之物散给贫者”等口号，让乡绅和富民感到害怕。而太平军在江西后期（1856 年秋以后）的军纪就与前大不相同了，烧杀抢掠无所不为，同治《高安县志》卷九《兵事》记载了太平军的变化：“初，癸丑贼住七日，所扰惟典铺、大家为甚。乙卯再至，盘距虽久，惟以仇视官绅，苛勒殷富，以售其黠。至此，愈放手淫掠，妇女死者无算，丁壮老弱被掳去者数以万计”，“甚至有一村余丁一二十人者”[②]。太平军的烧杀抢掠行为无疑激起乡绅、富户乃至贫民的仇视，从而导致咸丰六年即 1856 年后“民团”丛起，乡绅、富民表现了办团练、乡勇的惊人积极性，形成了遍及城乡的完整周密的团练网络，乃至于乡村也团练化了。这是太平军在江西遭遇劲敌而终致失败的一个重要原因，陷入团练的包围之中。

三是朝廷封赏的刺激。对积极抵抗太平军的乡绅、富户们，朝廷和地方各级官府给予银钱或官职的奖励：咸丰三年六月十三日江西巡抚张芾等在《布告》中鼓励乡民：“第恐该逆被剿四窜，尔等乡民务须放大胆量，齐心协力，互相团卫，无生畏葸。果能聚集村民，杀一长发者，赏银一百两；杀一短发者，减半；能歼除百名以上者，即将该团本年钱粮奏请蠲

① ［清］邹树荣：《蔼青诗草》中的《纪平江勇事》，转引自杜德凤编：《太平军在江西史料》，江西人民出版社 1988 版，第 479 页。

② 同治《高安县志》卷九《兵事》，转引自杜德凤编：《太平军在江西史料》，江西人民出版社 1988 版，第 58 页。

免，首事者仍给官职。本部堂、本部院、本使司但愿尽灭此逆，早安闾阎，何惜厚赏？决不食言！”① 仍以赣县为例，一些积极办团练的乡绅得到了朝廷给予的官职：

罗家镀，庠生。幼失怙，事母孝。戚族党有忿争事，力为排解，无不立平。尝置祠产，为祭费，代乏者立继。咸丰六年，贼犯境，查保甲门，釐有劳绩，保举六品，以训导选用。

钟运鑫，字体庄，附贡生，候选州同。幼孤，率母教。因家务，弃举业，雅善居积。生平勇于为义，尝捐救溺女数十人。岁歉，平粜以赡族。所修桥路祠庙，累费数百金。自癸丑迄今甲子，办团练，助军饷，以功加五品衔。

钟凌云，号紫枢，长洛人，诸生。咸丰丙辰，集同事倡团练勇，捐赀筹费。与贼接仗，每获胜，毁其巢；历奉道府檄，剿大埠、王母渡、韩坊等处股匪；随同官兵，两解信丰围攻；复雩城，最为出力。保举，选用教谕。

赖汝舟，一名明海。豪迈，知大义。仲兄明洪早逝，以次子继之；仲嫂守节，待旌。季父殁，代理其丧，抚其幼孤四人成立。堂弟大妇守志，亦为立嗣。独建家祠。族中贫不能读书者，捐亩为束修之费。凡善举，踊跃从事。管理书院，襄办团练，一切公事，著有成劳。保举六品，加盐提举衔。长子有庆，郡廪生。次子葆华，同知衔加一级，请封二代。

康安泰，别字含川。性恬澹。家贫，废读书。尝理赣关榷务，善交。遇戚友吉凶事，必竭力经营焉。咸丰初年兵兴，帮同募义勇，添造炮台，办理团练，防查保甲，善后。筹捐饷，复义仓，广额诸事，几二十年。屡膺奖叙。②

① 太平天国历史博物馆编：《太平天国史料丛编简辑》第二册，中华书局1962年版，第82页。

② 同治十一年刊本（民国二十年重印本）《赣县志》卷三九《善士》，《中国方志丛书·华中地方·第282号》，台北：成文出版有限公司1975年版，第1240、1241、1243、1244、1244页。

在咸丰年间，因办团练而得到如上奖赏的江西乡绅，为数众多。这种奖赏或封赏，对鼓励乡绅、富民捐输和办团练，毫无疑问起了一定的促进作用。

为鼓励乡绅、富民们捐输，清朝廷还针对捐输多的省份，以增加其乡试举人录取名额和府县儒学生生员录取名额为办法，对刺激和吸引乡绅与富民们捐输炮船经费、军饷、办团练经费等的积极性，起了一定作用。据学者研究，在抵抗太平天国军的过程中，江西通过乡绅与富民的捐输，得到四次加广乡试文武永远定额共10名；还得到由捐输增广一次性乡试录取名额共计43名。一些县还得到名额不等的加广学额，如：南昌县（永额3名），丰城县（永额6名），万载（永额2名），清江（永额1名），临川县（一次额4名），金溪（永额5名、一次额2名），庐陵（永额3名、一次额19名），安福（永额3名），泰和（永额10名），高安（永额12名），玉山（永额2名、一次额3名），安义（永额1名），武宁（一次额10名）。①

对于阵亡的绅、民，则通过旌恤以达到安慰家属，如：

>（同治七年）三月己酉。予江西各属阵亡殉难库大使沈恒龄等绅民、妇女一千九百六十员名口，分别旌恤如例。
>
>（同治七年）三月丁卯。予江西各属阵亡殉难教谕敖德等绅民、妇女三千七百三十七员名口，分别旌恤如例。②

清朝廷和江西地方政权通调动乡绅和富民抵抗太平军的积极性，使团练和清军配合，达到了镇压太平天国起义的目的。

二　乡绅主动配合地方政权治理基层社会

晚清时期的江西社会，饱受战争摧残的同时，外国经济、教会势力也

---

① 参见毛晓阳：《太平天国时期江西乡绅的捐输广额》，《福州师专学报》2000年第1期。

② 转引自《〈清实录〉中的江西资料汇编》下册，江西人民出版社2005年版，第983—984页。

趁机侵入江西，区域内的基层社会矛盾重重，讼案累累，地权争夺激烈，宗族械斗不断，盗贼与土匪横行，会党活跃，人民社会生活日益艰难。所以，对于基层社会的治理，江西的地方官员除了利用政权的强制力量外，同时也只有依赖分布于广大基层社会的众多乡绅，去调节繁杂头痛的众多社会矛盾。

1. 乡绅主动调节社会矛盾

晚清时期江西的基层社会的尖锐矛盾，主要表现在：

一是地权等争夺激烈、讼案累累。

早在明代中期，闽粤人口就已在大量向赣南、赣东北和赣西北及赣中的山区移民，到清代乾隆年间江西已是人满为患，因而，土地耕作权的争夺就非常激烈。

土地耕作权的激烈争夺主要表现在：土地租佃时往往一田二主、抗租欠租风炽、土地所有权（田骨）和耕作权（田皮）的买卖中“找价”和“取赎”事件多，由此引发的讼案也就多。

清代江西土地租佃中的“一田二主”，指的是土地所有权（俗称“田骨”）和土地耕作权（俗称“田皮”）分别由不同的业主掌管，并且分别可租、可卖。造成这种状况的原因是人多地少，地权争夺激烈：租佃人在交给土地所有人一笔租佃保证金之后，就拥有了土地耕作权，就可以转租或转卖土地耕作权①。而由于人多地少，耕作权的转租、转卖现象在清代的江西就很频繁，形成了普遍状态的一田二主和二地主多。乾隆年间江西布政司刊行的《西江政要》载：“乃江省积习，向有分卖田皮田骨、大业小业、大买小买、大顶小顶、大根小根，以及批耕、顶耕、脱肩、顶头、小顶等项名目，均系一田二主。”② 所谓“批耕、顶耕、脱肩、顶头、小顶”便是佃农与佃农之间转移土地耕作权。在一田二主的情况下“业主只管收租，赁转顶权自佃户，业主不得过问”。真正的耕田人“大概以三分之二作皮骨租，皮多骨少，递使一般农民趋重田皮”。这种土地状况

① 参见施由明：《清代江西的土地租佃与买卖初探》，《农业考古》1995年第5期。

② ［清］凌燽：《西江视臬纪事》卷二，《续修四库全书》第882册，上海古籍出版社2002年版，第66页。

下，就造成真正耕田的佃农负担太重，导致佃农抗租、欠租的现象在江西各地是很普遍地经常地发生，在有些地区甚至是很尖锐的。在赣南的宁都州，地方政权为了对付佃农的经常性欠租和抗租，采取了驱逐佃户的办法："刁佃欺诈抗租，查粮从租办……如敢刁抗，许田主禀究现年之租，即将佃户责惩，勒限清还；欠至二年、三年者，枷号一月，重责三十板，仍追租给主；欠至三年以上者，将佃户枷号四十日，重责四十板，俟追租完日，驱逐出境。"[①] 这种欠租抗租，正是引起讼案繁多的一个原因。

由于土地租佃过程中"皮多骨少"，即交给拥有耕作权者之租的数量，比交给拥有土地所有权者之租还要多，从而形成田皮（土地耕作权）的转卖和转租频繁。同治《新城县志·风俗》记载："农、田皆有主者，谓之大买；农与农私相授受，谓之小买；无小买者，谓之借佃。"所谓"小买"即是田皮买卖，同样地，前述《西江政要》中所说的"小顶""小根"也是田皮买卖。而在宁都直隶州，则是"佃人持有皮租之说，往往以皮田租私售予人，其曰顶、曰退"[②]。这种田皮买卖的频繁，同样引起讼案累累。由于人多地少，无论是田骨还是田皮的买卖，"取赎"和"找价"的事件多，即卖田皮或田骨者，待有钱之后，仍然想赎回自耕或租与再卖与他人。因为，无论是田皮或田骨，总是在年年涨价，且幅度往往较大，从而卖地多年后仍然想赎回或找买主加钱购回，于是争竞吵口、打架斗殴的事件在农村时而发生。

除了土地耕作权的争夺激烈之外，晚清时期跟清前、中期一样，宗族间由于争山、争水、争地等也引起过很多讼案，如光绪七年刻本《江西通志》卷首之四《训典·乾隆二十九年四月庚子》载：

> 上谕：内阁辅德奏，"江西讼案繁多，率由府省地方敛金买产、合族建祠，不肖之徒妄起事端，所至停宿，讼徒开销祠费，甚至牵引远年君王将相为始祖，荒唐悖谬，不可究诘。现在通饬查办"一摺，所见甚为正当。民间惇宗睦族，岁时立祠修祀，果其地在本处乡城，

---

① 前南京国民政府司法行政部：《民商事习惯调查报告录》第一册第423页，江西省图书馆藏本。

② ［清］魏礼：《与李邑侯书》，载道光《宁都直隶州志》卷三〇之一《艺文》，《中国方志丛书·华中地方·第882号》，台北：成文出版有限公司1975年版，第2557—2565页。

> 人皆同宗嫡属，非惟例所不禁，抑且俗有可封；若牵引一府一省、辽远不可知之人，妄联姓氏，创立公祠，其始不过借以醵资渔利，其后驯至聚匪奸，流弊无所底止，恐不独江西一省为然。地方大吏，自应体察制防，以惩敝习。况《礼经》所载，大夫不得祖诸侯，即谱系实有可稽，而地望既殊，尚当远嫌守分；若以本非支派，攀援窜附，冒为遥遥华胄，则是靦颜僭越，罔知忌惮，名教尚可贷耶！各督抚等，其饬属留心稽察，实力整顿所辖之地，如有藉端建立府省公祠、纠合匪类、健讼扰民如江西恶俗者，一体严行禁治！以维风纪而正人心，毋得仅以文告奉行故事。①

这虽然是乾隆皇帝的上谕，但这种令帝王担心的状况直到晚清时期仍有过之而无不及，晚清时期更多的大宗族形成了，以宗族的实力斗讼更为激烈。

二是宗族械斗不断。

自唐代中后期以来，北方人口不断迁入江西，繁衍成宗族②。即使如明代中后期迁入江西的闽粤人口，到清代康乾年间也已繁衍成宗族；因而，到清代康乾年间江西的宗族势力就很强大，如上述乾隆二十九年的上谕所说。宗族间为争山、争水、争坟地，不仅仅斗讼，还械斗不断，到晚清时期更激烈。光绪七年《江西通志》卷首之四《训典·光绪三年二月初三日》载：

> 上谕：御史嵩林奏“敬陈管见”一摺，所陈“垦荒田、禁械斗、慎兴劾、整营规”各条，均经迭谕内外臣工实力奉行，扫除积弊。无如日久生懈，往往视为具文，东南各省招垦荒田，大半有名无实。该省督抚务宜督率各该地方官，随时查察，出示招垦，酌给牛具籽种，照例定年分升科。如查有勒索苛派等情，即著严行惩办。闽粤江西等省，民情多悍，械斗成风。该督抚尤宜随时化导，遇有此等案

---

① 《中国地方志集成·省志辑·江西》，凤凰出版社 2006 年版，第 33 页。

② 参见施由明：《论河洛移民与中国南方宗族——以江西为中心的历史考察》，载第十届河洛文化国际学术研讨会论文集《河洛文化与台湾文化》，河南人民出版社 2011 年版。

> 件，饬令该地方官密速查办，秉公讯结，以息争端。州县为亲民之官，得人则治，各省大吏当随事详加考察，秉公兴劾，用示劝惩，不得仅以虚辞具奏，以昭核实。营规亟宜整顿，现在各省留防勇营，尚多难保无缺额糜饷情事。各省督抚，力除浮员，认真训练，以期营伍整肃，绥靖地方。①

这则《上谕》说明了晚清时期的江西，械斗成风。从有关的记载来看，清代江西，有几个地方械斗特别严重，这就是赣北饶州府的乐平县和鄱阳县、赣州府的信丰县。

关于乐平县的械斗，在清道光年间就有大械斗记载："李仁元，字资斋，河南济源人，道光二十七年进士，由内阁中书改知县补乐平县。乐平为江西严邑，民俗好勇，一械斗死者以百数十计。仁元慨然曰：民不畏死，然后可以致死，今天下多事之秋，正此辈效顺时也。募骁健，得六百人，用捕土贼，颇获胜。"② 直到清末，这种械斗依然如故："（光绪三十一年）八月戊午，江西巡抚胡廷于奏：乐平县连出械斗重案，已派员带兵前往拿办。得旨：'着即严拿首要，并讯究办，以儆刁顽。'"③

关于鄱阳县的械斗，从一则《宦绩录》即可知："沈衍庆，字槐卿，安徽石埭人。道光十五年进士，以知县分江西，历署兴国、泰和诸县，所至循声，以治最，调鄱阳。鄱阳剧邑，号难治，衍庆兴革因时，民大洽。滨湖多盗，衍庆编渔户名册，仿保甲法行之，屡获巨盗，置诸法。不半年而盗绝。邑俗强悍好斗，或聚党至千百人，相仇杀，衍庆闻其端萌，轻骑往，为剖是非、析利害，其事遂平。终衍庆任，无械斗。"④ 这种无械斗

---

① 《中国地方志集成·省志辑·江西》，凤凰出版社2006年版，第78页。此则《上谕》又见《清德宗景皇帝实录》卷47，"光绪三年二月己丑"，《清实录》第52册，中华书局1986年版，第655页。

② 光绪七年刻本《江西通志》卷一三二《宦绩录·饶州府》；《中国地方志集成·省志辑·江西》，凤凰出版社2006年版，第501页。

③ 《清德宗景皇帝实录》卷548，光绪三十一年八月戊午，中华书局1986年版《清实录》第59册，第280页。又见《〈清实录〉中的江西资料汇编》下册，江西人民出版社2005年版，第1181页。

④ 光绪七年刻本《江西通志》卷一三二《宦绩录·饶州府》，《中国地方志集成·省志辑·江西》，凤凰出版社2006年版，第500页。

的状态只是暂时的，从清代到近现代，鄱阳县的械斗都是时有发生。

关于信丰县的械斗，《宦绩录》中仍然可反映出来：“王友沂，字春泉，江苏溧阳人。廪贡生，道光七年任赣州府通判，布衣蔬食，萧然如寒素。十年摄信丰县事。俗好械斗，相仇杀，至累十余年不休。友沂至，悉断决之，惩劝互用，迄今王李袁赖诸族，修好如初。”① 能让这样一个好械斗的县不械斗，确属了不起的政绩，而被记录下来了。

对于基层社会及其重重矛盾，需要县级政权的有效排解。如讼案，需要县官善于听断，宗族械斗需要县官去劝解乃至劝惩。在清代，善于断讼和化解宗族械斗，往往会作为可记录的优秀政绩载入地方史志，如光绪七年刻本《江西通志》转引《建昌府志》载：

> 隋藏珠，字龙困，山东乐安人。道光十五年进士，咸丰十年由户部郎中出知建昌府。性廉介，尤刻厉，布衣蔬食，从者不过数人。事上官，无私馈；接吏民，无私请谒。风俗奢靡，必力禁之。勤听讼，有白事者，即呼入面诘，亲书词判，不假胥吏。无不曲当其情，民无羁留縻费之苦。在郡一年，以檄司大营粮台，去官。士民遮道哭泣，舆不得前，乃解所服布袍以赠，曰：“留此以志去思。”遂名其地为留衣桥云。②

明清时期方志中的“宦绩”，记载了一些这样善断讼的县官，表明史官对这类县官化解基层社会矛盾的政绩予以充分肯定。

对于基层社会的重重矛盾，不管县级政权是否会作努力排解，晚清时期的江西基层的很多乡绅，跟明代及清代中前期的诸多乡绅一样，积极主动且乐于和善于化解基层矛盾与纠纷。仍以晚清赣县的乡绅为例：

> 冯永焕，世居城内南坊。父慕瞻，邑庠生，家贫，课读至饔飧不继。焕有至性竭力，奉养服卖于南康潭口墟。家稍裕，即好施与。道

① 光绪七年刻本《江西通志》卷一三二《宦绩录·饶州府》，《中国地方志集成·省志辑·江西》，凤凰出版社2006年版，第549页。

② 光绪七年刻本《江西通志》卷一三一《宦绩录·建昌府》，《中国地方志集成·省志辑·江西》，凤凰出版社2006年版，第466页。

光七年饥，捐谷四十石平粜。卫友逋赋，将鬻子，遽止之，而为代偿。排解争讼，乡邻咸服之。子二，次子素，同知衔。

江班照，下丹人。好行方便于近处下萧地方修桥平路施茶。乡里争讼，出排解，立平。道光乙巳，举乡饮耆宾。

曾向阳，为人朴实。咸丰间倡首团练，保全桑梓，得六品顶戴。里有争斗，得其片言，即释。施药施茶，时行方便。石笼桥圮，有志重修，遽卒；子锡鸿，费百余金修之。又输报德堂数十金，亦其素志也。

钟承燮，字莱亭，州同，桃溪人。寄居兴国凌源邨。性浑厚，家裕于财，喜行利济事。年愈四十，未得子，抚侄为嗣。行善事不怠。捐资重修祖祠及家乘，造桥梁、茶亭，平道路、施棺、救荒平粜，诸义举皆乐成之。有纷争者，力为排解。晚得子，人谓善行之报。卒年七十七。次子葆元，都司衔。三子鸣飞，武生，守备衔。①

上述四人，或为有功名的乡绅，或仅为有地方声望的广义的乡绅，他们对化解特定乡村地域的矛盾，还是起了一定作用的。

对于宗族械斗，作为乡绅，往往会尽力去化解。同治《赣州府志》卷四九《人物志·善士》：“袁太杰，龙南人。县丞职。倡建合邑节孝坊。屡助城垣军需费，合数千金。乡人有械斗，解囊为解。居恒倡义仓、提携亲友、拯救困穷，诸善事不胜枚举。”②

社会矛盾重重，社会变动剧烈的晚清江西社会，大多数的乡绅仍然保有传统乡绅的特点，在基层社会传承与践行儒家的思想与理论。但对于宗族械斗，往往是乡绅一己之力难以化解的。

2. 乡绅参与维持基层社会秩序

晚清时期，江西的基层社会不仅矛盾复杂，还面临着盗多、匪多与会党活跃的严峻社会问题。实际上，从清朝前期（康雍乾时期）以来，在

① 同治十一年刊本（民国二十年重印本）《赣县志》卷三九《善士》，《中国方志丛书·华中地方·第282号》，台北：成文出版有限公司1975年版，第1235、1236、1236、1239页。

② 赣州行署地方志办公室1986年整理本，第1685页。

江南、江西、湖广等湖多、山多的南方地区，盗、匪问题就一直是令统治者头痛的问题。

以江西为例，早在雍正二年（1724）六月庚子，雍正皇帝就曾对江西巡抚裴率度下谕旨，要求江西地方官员对不同于寻常僧道的邪教“绝其根株”、不致其蔓延：“闻尔江西地方颇有邪教，大抵妄立名号，诳其愚民，或巧作幻术，夜聚晓散。此等之人，党类繁多，踪迹诡秘。”①

乾隆元年（1735）五月丁巳，乾隆皇帝对总理事务的王大臣谈道：“朕闻江南、江西、湖广地方，襟江带湖，广袤数千百里，设立塘汛，所以卫商民、防盗贼也。近访得不肖兵丁，疏懒废弛，养盗贻患，受其规礼，分其赃物，为之声援向导。及细求其故，多因兵丁携家带口，安土重迁，与地方奸匪往来熟识，以致事前无忌，事后无踪，放胆游行，竟成盗贼之渊薮。”② 兵匪一家，可见匪徒之横行。

道光六年（1826）七月丙午，道光皇帝对军机大臣等谈道：“据称江西赣南一带，近有匪徒烧香结盟，每人带刀一把，名添刀会，又名千刀会，聚然党至数百人，出没无常，沿途劫掠。……并闻会匪与盐枭勾结，如泰和之马家洲、万安之白渡市，私枭充斥，每借刀会为声援，放炮闯关，蔽江而下。又有匪徒创立花会，制为三十字，号三十六天罡，令人射取，打中者数倍偿之。此风兴国、雩都、吉水、泰和、永丰等处尤甚，每日开厂，啸聚至数百人，其中多有流入刀会者。”这则谈话反映出清道光年间江西的社会治安已很乱，土匪活动猖獗。

道光年间，道光帝一而再地对大臣们提到江西各地土匪横行，要地方官员们严拿首犯。如道光九年谈到，在泰和、万安等县贩私盐的私枭和土匪合而为一，成立所谓添第会（或名添刀会，又称千刀会），滋害地方。道光十年二月，御史程焕采奏称在江西南安府属之上犹县山区，“会匪丛集”“妄布邪言”“肆行抢劫往来行旅及本处铺户”。道光十年闰四月，给事中牛鉴奏称，江西赣州、南安二府会匪凶横狡黠，强迫小民们入会，否则将“非劫夺牛马，即蹂躏田禾，甚至抢掠子女，勒银取赎”，不入会则

① 光绪七年刊本《江西通志》卷首《训典·雍正二年六月庚子》，《中国地方志集成·省志辑·江西》，凤凰出版社2006年版，第20页。

② 光绪七年刊本《江西通志》卷首《训典·乾隆元年五月丁巳》，《中国地方志集成·省志辑·江西》，凤凰出版社2006年版，第29页。

“无以保身家”，入会则“不过敛给银钱”。道光十二年五月江西巡抚陶澍奏称，由于上年水灾，今南安、赣州两府棍徒竟然借粮荒而聚众拥入两府治大堂闹事。道光十二年闰九月，黄爵滋又奏称，“江西盗匪繁多”“猖獗”“贻害善良”。道光十六年二月，道光皇帝对军机大臣等说，在赣闽浙三省毗连之区，“封禁山内，近有一种丐匪盘踞，号称花子会，俱系各处无赖之徒，成群结党，扰害居民，受其索诈，否则寻衅栽害，勒措不休。”道光十七年五月，道光皇帝又对军机大臣等人说，据有人奏，“该省（福建）毗连之浙江、江西、广东各省地方，匪徒众多，肆无忌惮。地方官欲行查拿，奈各营兵役中多有匪党，先与通信，以致头目闻风远循”等语。匪徒聚众结会，煽惑愚民，最为风俗人心之害”①。

咸丰年间和同治初年，朝廷和地方政权都忙于应付太平天国义军，根本没有精力去对付那些小股的土匪、盗贼等，在镇压了太平天国起义之后，在闽、粤、赣、湘等省就不仅仅是土匪、盗贼了，而是会党很活跃了。原来，湘军中的那些兵将，无以为生，就加入了会党，活跃于南方这些省的是哥老会等诸多会党组织，如姚教门、夭水教、盘山会等。光绪元年十二月，“上谕军机大臣等：前据刘坤一奏，哥老会匪蔓延湘、鄂、浙、闽、云、贵、川、陕、安徽、江西各省，而江苏尤多。该匪半系前在军营将弁，其中迫于饥寒者不少。请饬宽为收标，即予半俸，以示体恤”②。光绪三十二年十一月，“上谕军机大臣等：有人奏，江西会党甚多，伏莽遍地”③。由此可知，清末的江西社会秩序已到了非常混乱的状态。

无论清中前期还是清后期、清末，对于盗贼、土匪、会党等，朝廷所能做的，就是下谕旨，要求地方官员调兵围剿。雍正皇帝曾谕江西巡抚裴

---

① 光绪七年刊本《江西通志》卷首之四《训典》之《道光六年七月丙午》《道光九年七月戊午》《道光十年二月丁丑》《道光十年闰四月壬子》《道光十二年五月庚申》《道光十二年闰九月戊戌》《道光十六年二月庚申》，《中国地方志集成·省志辑·江西》，凤凰出版社2006年版，第50、50、51、52、55、55页；及《清宣宗成皇帝实录》卷二九六，道光十七年五月丙戌，《清实录》第37册，中华书局1986年版，第608页。

② 《清德宗景皇帝实录》卷二三，“光绪元年十二月癸未”，中华书局1986年版《清实录》第52册，第359—360页。

③ 《清德宗景皇帝实录》卷五五八，“光绪三十二年四月己未”，中华书局1986年版《清实录》第59册，第397页。

率度，“尔等督抚亟当严饬各属，密访为首之人，严抓治罪，能去邪归正者则予以从宽。如有出首者即量加奖赏，务令萌糵尽除，阴翳全消，风俗人心咸归醇正”。而乾隆皇帝则要求江南、江西、湖广的湖区地带，也要按雍正五年的定例，依陆地行保甲法，“取具船户，邻佑保结，编列号次，刊刻姓名，给以印照，不时稽查”。道光皇帝曾要求江西地方官员对“会匪”“盐枭”等，要“严密查缉”，“明正典型”，“毋稍轻发”。同治皇帝也曾谕旨江西巡抚刘坤一，对于“邪教”、哥老会等“会匪”，“必须严拿惩办，以绝根株，着刘坤一严饬该地方官上紧缉捕，毋任远飏，并将伙党各犯，一律访拿究治”。光绪皇帝也曾谕旨江西官员对于会党等要“严密查拿，毋令养痈贻患”①。

江西的地方官员也曾努力去执行皇上的要求，调派军队去严拿缉捕，但从清代前期至清末，盗贼、土匪、会党等越来越多，基层社会秩序越来越乱，无法控制。

面对越来越走向无序的基层社会和日益混乱的社会治安，乡绅们所能做的，就是配合地方官府在基层推行保甲制。

关于保甲制，前面曾谈到，创于宋代王安石；明后期王阳明在赣南镇压流民起义后，推行保甲制。尽管王阳明的保甲制在赣南推行时间不长，但王阳明毕竟创立了治理基层社会的范式，因而，清代雍乾年间，朝廷在全国继续推行保甲制，江西的地方官员如提刑按察使凌燽，巡抚陈弘谋、辅德等，也在江西基层社会强有力地推行了保甲制。实际上，早在清初的康熙年间，即在朝廷尚未要求普遍推行保甲制之前，有些地方官员就已经以王阳明的保甲制治理地方社会，以江西为例：

> 朱必达，字其在，湖北黄冈人。顺治十八年进士，康熙八年任宁都知县。清泰、怀德二乡久罹寇，民多流移。必达请尽蠲逋赋以徕之，得渐次开垦。（康熙）十三年滇贼韩大任犯吉安县，民震恐，必达仿王守仁保甲法，简义勇，束以部伍；经岁，得胜兵千余人。汀州贼奄至县境，必达挥师，义勇横击之，贼大败，解围去。

① 《中国地方志集成·省志辑·江西》，凤凰出版社2006年版，第20、29、50页；《清实录》第36册，中华书局1986年版，第88—89、第484—485页。

> 白启明，字见宸，汉军镶白旗人，举人。康熙十六年任南安知府。三藩变后，田地荒芜，百姓乏食者众。启明设义仓、给牛种以赈、以耕，流民多复业。乃捐资赎还男妇之被掠者，使完聚；立义学，延师，使贫士皆得肄业；饬保甲，弭盗贼，教养兼举，政化大行。①

清代中后期，保甲制仍然是官府维持基层社会治安的办法。道光十二年（1832）闰九月戊戌："上谕军机大臣等：御史黄爵滋奏：江西盗匪繁多……兹据该御史奏称：每邑中有无习教为匪、窝藏盗贼？全恃甲长之查报。若甲长不端，必相隐瞒。宜择端正有业之户，方准保举承充。设有盗匪不报，将该甲长从严治罪。"② 由此可见，保甲长在维持地方社会治安有着重要的作用。此则资料也反映出：清代中后期江西地方仍在推行着保甲制。

咸丰年间，为抵抗太平天国军，在大规模地兴办团练的过程中，保甲被强化了，保甲纳入了团练的组织结构中，即保甲成了团练的一部分，乡村也就军事化了。凡民户，都按照"户十为牌，牌十为甲，甲十为乡"进行编排；保甲处在团练的控制下，即保甲也军事化了。直到把太平天国起义镇压下云之后，这种团练与保甲的结合持续到光绪末年，《清德宗景皇帝实录》卷四二七记载："九月戊辰。护理江西巡抚翁曾桂奏：遵旨整顿保甲，实行团练。得旨：'即着饬属认真办理，毋得徒托空言。'"《清德宗景皇帝实录》卷四三一载："光绪二十四年十月丁酉。护理江西巡抚张绍华奏：办理积谷、保甲、团练及各处教堂妥，筹保护。得旨：'所奏甚是，即着力奉行，不可徒托空言。'"③ 这二则记载说明清末的江西地方官员们，仍然想回复到咸丰年间那种将团练和保甲结合起来的模式，但此时的基层社会已严重失控，哥老会等会党组织遍布基层社会，县级政权已

---

① 光绪七年刊本《江西通志》卷首一三三《宦绩录》，《中国地方志集成·省志辑·江西》，凤凰出版社2006年版，第533、529页。

② 光绪七年刊本《江西通志》卷首之四《训典·道光十二年闰九月戊戌》，《中国地方志集成·省志辑·江西》，凤凰出版社2006年版，第55页。

③ 《清德宗景皇帝实录》卷430、卷432，光绪二十四年九月戊辰、十月丁酉，《清实录》第57册，中华书局1986年版，第642、670页。

难以掌控基层社会。

在晚清时期办团练与保甲的过程中，许多基层乡绅给予了支持。应朝廷与江西地方官府的要求积极办团练，同治、光绪年间乡绅们仍然努力编查保甲，以维持地方治安。

三 乡绅参与反洋教斗争

1840 年鸦片战争之后，中国的大门被资本主义列强攻开，伴随着被强迫赔款、领土被占、经济被掠夺，文化侵略随之而来，清朝廷被迫允许西方传教士进入中国传教，西方传教士大量涌入中国，从要求归还旧址，到在各省“自便”建造教堂，而且传教士的传教享有“被保护”的特权。

西方宗教在江西的传播，源自于 1595 年意大利天主教耶稣会传教士利玛窦、罗明坚在江西传教。但在 1840 年前，中国历代皇帝禁教，西方宗教没有在中国传播开来，西方宗教对中国没有产生多大影响。对江西而言亦然。1860 年 10 月，清朝廷分别与英、法互换了《天津条约》批准书，规定了长江流域的汉口、九江为通商口岸。在不平等条约的保护下，法国天主教传教士在 1861 年 11 月（咸丰十一年十月）来到了江西，从九江到南昌，索还了南昌府吴城镇梅家巷、汤家园两处旧教堂（实际上教堂早已不存，允许其重建、扩建而已）。法国天主教在江西首先取得自由传教权之后，英、法、美、意、德等国传教士争相来到江西建教堂，致使江西教堂日益增多。据清末江西人汪钟霖在《赣中村牍》[①] 中说：一县之中，教堂多者百数十所，少者也有数十所，且还在不断添设。据 1908 年的《东方杂志》第 2 期记载，当时（1908 年）江西全省城乡教堂（天主教与耶稣教）共有三百数十处，包括华式和洋式[②]。

随着西方传教士在江西传教活动的铺开及传教士在江西不良行为乃至丑恶行径的增多，江西持续不断地爆发了反洋教活动，即引发所谓的“教案”，也即传教士与传教地内的非教民之间的冲突不断增多。据学者

① 转引自中国社会科学院近代史研究所近代史资料编辑室编：《近代史资料》1957 年第 6 期。

② 转引自钟起煌主编，赵树贵、陈晓明著：《江西通史 · 晚清卷》，江西人民出版社 2007 年版，第 125 页。

研究[1]，中国近代史上江西士民反洋教活动有三次高潮。第一次高潮是以1862年南昌士民反洋教为序幕，拆毁教堂，驱逐传教士；此后，江西省内地区如九江、赣州、上饶等地，反洋教活动持续不断，每年总要烧毁几处教堂及驱逐传教士，至1899年，教案已达一百多起[2]。第二次反洋教高潮是1900年在北方义和团反洋教爱国主义运动刺激下，江西全省掀起了大规模的反洋教，士民们烧毁教堂、哄抢教民财产、驱赶传教士等，据光绪二十七年（1901）五月二十五日江西巡抚李兴锐奏文中说，1900年有案可查或教士指报的教案就达1691起。第三次反洋教高潮是1906年南昌知县江召棠被传教士王安之刺杀，新建、棠浦、上高、新昌等地民众会聚南昌，与南昌士民等聚会，在省城南昌掀起了反洋教活动，烧毁了四所教堂，击毙了法国传教士王安之等七人，击毙英国传教士夫妇二人，南昌郊区数十村镇相继也发生反洋教，殴伤教士多人，全省许多区县罢工、罢课、罢市等，声援南昌，这是中国近代史上一次规模比较大的反洋教活动，也是近代江西最大规模的反洋教活动。据《近代江西教案年表》统计，从1862年至1908年，江西全省的反洋教案件不下三千余起，即每年平均有七起。江西成为中国近代史上反洋教较为猛烈的地区。

对于教案发生的原因，许多学者都作过多方面的研究，归纳起来，主要有下列几种观点：

一是文化冲突论。即认为中西文化的冲突是教案发生的重要原因。如：西方一神信仰与中国多神信仰的冲突，西方的平等思想与中国的等级观念的冲突，西方追求来世与中国关怀现实的冲突，西方宗教仪式与中国伦理风俗的冲突，西方宗教慈善与中国传统秩序的冲突，外来宗教与中国土著宗教的冲突等[3]。

二是侵略、强权论。有的学者认为，教案的发生更主要的原因并不是

① 参见赵树贵：《近代江西教案研究》，载《江西社会科学》1989年专辑。

② 汪叔子、王咨臣、赵树贵、许欣整理：《近代江西教案年表》，载《近代史资料》总66号，中国社会科学出版社1987年版。

③ 参见胡维革、郑权：《文化冲突与反洋教斗争——中国近代“教案”的文化透视》，《东北师大学报（社会科学版）》1996年第1期。

所谓“中西方文化冲突”，而是西方教会的侵略和强权所引起[①]。西方教会势力是依仗不平等条约的保护而闯入中国的；进入中国后，公然凌驾于地方政权之上，干涉地方政务，招收地痞、流氓入教，充当爪牙，欺压民众，抢人财产，占人田土，断人生路，干预诉讼，甚至“淫人妻女，霸占田土，破人婚姻”[②]，坏事做绝，因而，才有了中国近代史上持续不断的反洋教斗争。

三是仇教论。1840 年以来，中国饱受西方列强的侵略，使中华民族蒙受奇耻大辱，使中国民众陷入灾难之中，中国民众对西方列强有着仇恨心理。所以，对于西传教士，一开始就有着一种仇恨心理，而西方传教士进入中国后不检点、胡作非为，双方必然发生冲突[③]。

四是卫道论。西方传教士来到中国后，企图以基督教取代中国的孔孟思想体系、价值观、伦理观等，他们抨击孔孟，贬低孔孟，从而引起中国的官绅士子强烈愤慨。最具代表性的是曾国藩在《讨粤匪檄》中说：“粤匪窃外夷之绪，崇天主之教”，使中国人“不能诵孔子之经，而别有所谓耶稣之说、《新约》之书，举中国数千年礼仪人伦诗书典则，一旦扫地荡尽，此岂独我大清之变？乃开天辟地以来名教之奇变！我孔子、孟子之所以痛哭于九泉，凡读书识字者又乌可袖手安坐，不思一为之所也！……抱道君子……赫然奋怒以卫吾道。”[④] 正是出于卫道的重要原因，引发了大量的教案[⑤]。

从江西教案的发生情况来看，以上因素皆有。既有文化的冲突，也有由于西方传教士的非法行径，既有仇教心理，也有卫道心理。如 1862 年的南昌教案和 1891 年的长江教案、1900 年的全省教案，主要的原因就是官绅士民对西方传教士的仇恨和保护中国传统的思想文化及对传教士经常性的非法行径的痛恨，而 1906 年的南昌教案，则是直接因传教士刺杀南

① 参见赵润生、赵树好：《晚清教案起因的量化分析》，《人杂志》1996 年第 2 期。

② 台北：“中研院”近代史所编：《教务教案档》第二辑，1974 年，第 1609 页。

③ 参见赵燕玲、罗韬：《浅析中国近代教案的民众心理》，《韶关大学学报（社会科学版）》2000 年第 2 期。

④ ［清］曾国藩：《曾文正公文集》卷三，《续修四库全书》第 1537 册，上海古籍出版社，第 601 页。

⑤ 参见毛圣泰：《正统与外来的冲突——近代儒教对洋教的抵制》，《船山学刊》2008 年第 2 期。

昌知县江召棠而引起①。

在整个近代江西的反洋教斗争中，总是少不了乡绅们的身影，乡绅们在其中往往起重要的鼓动、组织作用或推波助澜的作用。

1862 年的南昌教案，是中国近代史上江西首场较大的反洋教斗争，其起因是法国传教士罗安当等进入江西后强横霸道，既以“索还旧堂”的名义，在南昌府吴城镇梅家巷、汤家园旧址上重建和扩建了教堂，又建了南昌进贤门外庙巷天主教堂，还把筷子巷民房占为教会财产，改作育婴所，收容了 5 岁至 12 岁的女孩 13 口，庙巷天主堂收有女孩 10 多人，这些教堂惯常紧闭大门，仅从屋后小门进出，显得神秘而恐怖，因而有传言，说教士们“拐骗男女幼孩，取其精髓，造作药丸”；又传言说，传教士进入南昌后数月间“致死童男不下数百人”②，从而埋下了南昌民众反洋教的民怨基础。1862 年 3 月湖南反洋教的《湖南合省公檄》③ 传来南昌，该檄文虽然是痛骂湖南的教会和教士不敬祖宗、不分男女、对男孩采生折割等种种奸恶行径，但檄文中所说也恰与江西官绅士民对江西教会和传教士的神秘行径所猜测的一致，此时正在省城赶考的秀才们利用了这则“檄文”，展开江西的反洋教斗争。秀才们在乡绅夏廷榘（前翰林院检讨）、刘于浔（在籍甘肃臬司）的支持下，连夜翻印檄文，据清末夏燮在《中西纪事》卷二一《江楚黜教》中记载，当时“一日夜刷印数百万张，遍揭省城内外通衢”。南昌民众受揭贴鼓动，加之早已听说的关于天主教的种种不法行径的传闻，于是群情激愤，未等到揭贴所约于 4 月 16 日聚集教堂，与外国人理论，4 月 15 日夜即有数万民众聚拥至南昌筷子巷天主教堂，拆毁了此教堂及袁家井教堂及育婴所，并捣毁了为教士服务的义和酒炭店、合太盐店及数十间教民房屋，传教士仓皇逃走了，传教士的头头法国传教士罗安当逃往了上海，王安之逃往瑞州藏匿……待南昌知府王

① 关于这几次教案的概况，可参见越树贵：《近代江西教案研究》，《江西社会科学》1989 年专辑；钟起煌主编、赵树贵、陈晓鸣著：《江西通史·晚清卷》，江西人民出版社 2007 年版；黎静安：《震惊朝野的“南昌教案”》，《纵横》1999 年第 5 期；杨雄威：《杯酒之间：1906 南昌教案的叙事、考证与诠释》，博士论文，上海大学，2010 年，等。

② 《江西合省士民公檄（同治元年）》，王明伦选编：《义和团资料丛编·反洋教书文揭贴》，齐鲁书社 1984 年版，第 115 页。

③ 见王明伦选编：《义和团资料丛编·反洋教书文揭贴》，齐鲁书社 1984 年版，第 1 页。

必达带领兵丁前往弹压，打教群众已散去。第二天晚上，南昌民众又拆毁了南昌进贤门外的庙巷天主堂。

此教案发生后，江西巡抚沈葆桢保护了江西的地方官员和“闹教”民众，并未按总理衙门的要求，对“闹教”民众“迅速严拿，从重办理”及对有关地方官“分别撤参”①。后罗安当两次欲返昌，都被民众阻止。最后以官方赔款银1.7万两，准其重建教堂为结局②。

在教案的整个过程中，那些乡绅们（秀才们在乡里就是乡绅）起了关键的鼓动作用，是这些乡绅们用揭贴鼓起了南昌民众去打教、闹教等。

1862年南昌民众在乡绅们鼓动下暴发的声势浩大的反洋教斗争，对天主教势力在江西的蔓延起了很大抑制作用，大大震慑了不法传教士。1865年至1874年的十年内，江西巡抚刘坤一十多次拒绝天主教进入南昌建堂传教，正是借助了1862年南昌官绅士民反洋教的威慑作用。刘坤一在回复总理衙门的一封信函中说：

> 惟江省士民，自同治二年（1862）拆毁教堂以后，风气益涨，无论何国洋人，见则怒目而视。地方官既不能以刑罚加之于众，转恐激成事端，是以委曲周旋，始终意在保护，免致变起仓卒，为祸不可胜言。洋人也不肯与百姓为难，一味归咎于吏。③

对于江西拒洋教的结果，卸任后的刘坤一还颇有成就感地在信中说道：“先在江西，于洋人来省起教堂一事，借士民之力，多方维持，麾之使去，洋人屡业屡去，至今章门尚无教堂。”④

1862年之后，在南昌之外的江西一些县份，反洋教活动仍在持续；1891年5月至9月的长江中下游的安徽、江苏、湖北、江西等省沿江城

① 夏燮：《中西纪事》卷之二一《江楚黜教》，沈云龙主编：《中国近代史料丛刊》第十一辑，文海出版社1979年版，第182—184页。

② 参见钟起煌主编、赵树贵、陈晓鸣著：《江西通史·晚清卷》，江西人民出版2007年版，第133—135页。

③ 中国科学院历史研究所第三所工具书校点：《刘坤一遗集》第五册，中华书局1959年版，第2324页。

④ 中国科学院历史研究所第三所工具书校点：《刘坤一遗集》第五册，中华书局1959年版，第2520页。

市爆发了大规模的反洋教斗争，此年的大规模反洋教斗争，主要是由会党（哥老会）的组织发动。此后，清朝廷一而再，再而三地要求各地方官员保护教堂和传教士，如光绪二十四年（1898）十月丁未光绪帝谕内阁：

> 钦奉慈禧端佑康颐昭豫庄诚寿恭钦献崇熙皇太后懿旨："近来各省民教起衅之案，屡见迭出，总由畛域之见未化，致嫌隙之端易开。不知泰西诸国传教，章程载在条约；中朝邦交是笃，无不一视同仁。虽传授各有源流，而大旨无非劝善。一切恃符武断，作奸犯科之事，非惟中法所不宥，实亦西教所不容。即如此次江西杨恭宸谋逆一事，举发者即出自教堂，可见秉正嫉邪，人同此心，心同此理。朝廷即将教士刘在铎破格加恩，以示大公无私。此后惟愿中外一家，诈虞悉泯，用特详加申谕。嗣后各直省地方官吏，务当仰体此意，随时劝导，预杜争端。凡事总宜持平办理，不得因教民而有歧视之心。为教民者，亦不可自为立异，尤当尊敬官长，和睦乡邻，常心力行善事为务，庶不负国家教养之泽与各教士劝人为善之本心。"深宫胞与为怀，不惜开诚宣示，该督抚等即恭录此旨，通饬所属遍行晓谕，务使绅耆士庶咸明斯意。教民无倚势作威之心，平民亦无此疆彼界之见。庶几民、教可以永远相安，海内共享安全之乐，当亦尔士民等所深愿也。将此由四百里，各谕令知之。①

虽然清朝廷再三要求各地方官保护教堂，但1900年在义和团爱国主义运动的激发下，江西和全国许多地区一样，全省各地又爆发了大规模的反洋教斗争，各地民众拆毁教堂、驱逐传教士，仅这一年江西大约发生教案1633起，为全国各省之最。这些教案，既有会党组织发动的，亦有乡绅们组织发动的，还有官员的默许。在列强的压力下，清廷处理了江西一批官员，光绪二十七年（1901）二月乙丑，光绪帝上谕：

> 电寄李兴锐：据奕劻等奏到惩办教案各员单，开之：江西南丰县

① 《清德宗景皇帝实录》卷四三二，光绪二十四年十月丁未，《清实录》第57册，中华书局1986年版，第681—682页。

> 邓定猷，不收教民呈词，怂恿民人戕害；南城县翁宝仁，饬拆教堂；吉赣宁道徐，不肯张贴保护教民告示，滋闹又未弹压；吉安府许道培，允听绅士攻击教堂教民；浮梁县任玉琛，不肯保护景德镇等处教堂，致被焚毁；赣州府武官何明亮，地方官请派兵保护教堂，伊不允行；南城县进士黄熙祖、文举谢甘棠、廪生鄢缙、监生梅素清，南昌县武举单炳耀，武生李太和、单寅、萧廷杰、单步鳌，泸溪县廪生林湘巨、林茂修、卢假汝、卢明生，临江府石守，上高县文令，绅士梁飞鹏、张文澜，均有拆毁教堂及怂恿拳匪抢扰情事，是否属实，着李兴锐确切查明，并将无姓名各员查明，先行电奏。①

从这份上谕中可知，不少乡绅组织或参与了1900年的反洋教斗争，有进士、文举、武举、廪生、绅士等，与地方官员一起受到清廷惩处。

1906年南昌又发生了一场对全国影响重大的反洋教斗争，后人称之为“第二次南昌教案”，共击毙法国传教士7人，英国传教士2人。这次反洋教斗争，仍然少不了乡绅的鼓动与号召。

此次教案，源于法国传教士王安之等对1904年南昌知县江召棠奉命处理“棠浦教案”的不满，1905年王安之调任南昌管理教务②，向南昌知县江召棠要求：重新审理棠浦教案，开释1901年新昌教案被判监禁的传教士。被江召棠严词拒绝后，王安之怀恨在心。1906年2月，王安之一而再，再而三地强邀江召棠赴宴，江召棠赴宴后被“软禁”，被强迫要求重新审结棠浦教案。江召棠拒绝签字，被王安之命人用餐刀、利剪刺伤咽喉。江召棠被抬回家，消息传开，南昌乡绅托报馆速印传单数千张，并派人贴遍大街小巷，相约二月初三即公历2月25日各界到百花洲集会，商讨如何讨回公道。据《南昌教案续志》载：

> 本月初一日江令抬回县署后，外间即谣言欲焚杀教堂教士，与江令报仇，并有大绅家在大中学堂肄业子弟十余人，在江报馆用铅字印

① 《清德宗景皇帝实录》卷四七九，光绪二十七年二月乙酉，《清实录》第58册，中华书局1986年版，第341页。

② 关于“新昌教案”和“棠浦教案”的过程，可参见钟起煌主编、赵树贵、陈晓鸣著：《江西通志·晚清卷》第139—141页，江西人民出版社2007年版。

> 传单万余张，自行乘轿或骑马，在街散布，虽僻巷小户及五大宪，亦无不送到，各衙门均受而不辞，并不禁阻，尚谓其热忱爱国。[①]

文中所说的“大绅”即南昌县乡绅梅子肇。正是梅子肇等乡绅用传单作鼓动与召集，2 月 25 日数万人拥至百花洲，从而发生毁教堂和殴毙教士的事件，反映了南昌各界民众对西方传教士为非作歹的极度痛恨。

此教案发生后，清廷最后被迫赔款 25 万两，并出教士恤银 5 万两，修建医院银 10 万两，共 40 万两；还承认江召棠为自刎；并将一批地方官员撤职查办。英法代表特别强调，要惩办鼓动集会及在集会上演说的乡绅——“聚众演说之绅士，须量予惩革”[②]。

1906 年的南昌教案，虽然以清廷的退让为结局，但江西人民反洋教斗争仍持续不断，特别是在会党的组织领导下的毁教堂、殴杀教士等行动，时有发生。

由上述可知，近代江西人民的反洋教斗争，乡绅不仅参与了，而且起了十分重要的发起与组织作用。

四　乡绅在清末新政中的近代转型

从 1901 到 1911 年的十年间，清廷迫于国内积贫积弱的状况，迫于国内有识之士的强烈呼吁，对政治、经济、军事、文化、教育等进行了全方位改革，史称“清末新政”。关于这次新政的得与失、成与败，已有许多学者进行了较详细的研究，取得了很多的学术成果[③]。这次改革是失败的，是为强化清朝廷的统治，无法挽救清朝廷走向终结的命运，这是大多数学者的共识。但许多学者同样认为，这次改革，启动了中国的早期现代化，在中国现代化运动史上具有里程碑意义。

江西的地方官员和全国其他省区的地方官员一样，按照清朝廷的要

---

① 《汇报》第九年十三号，转见杨雄威博士论文《杯酒之间：1906 年南昌教案的叙事、考证与诠释》，博士论文，上海大学，2010 年，载中国知网。

② 南昌市人民委员会办公厅 1957 年编：《一九〇六年南昌教案资料专辑》，内部资料，第 49 页。

③ 可参见陈向阳：《90 年代清末新政研究述评》，《中国近代史研究》1998 年第 1 期，等。

求，积极开展了推行“新政”工作，从设立振兴实业的专门机构，到大量兴办农工商矿实业及兴办近代实业学堂和派人留学；从设立政治权力机构，如设立现代警政与改良刑狱，清理财政与设立近代财政机构，设立近代业务行政管理机构，设立立法议政机构（江西咨议局）、州县城镇地方自治等，到革新军队和文教改革等①。清末江西的新政，对江西社会的变迁起了重要作用，开启了江西向近代的转型，积累了振兴江西的一些经验。虽然新政也以失败而告终，但近代企业、近代教育等，传播了民主、共和思想，对近代江西的改造起着一定作用。

在新政过程中，官府官员总是要依赖绅商与乡绅来开展工作，同时，绅商与乡绅们也积极响应官府要求，积极参与新政的工作。正是在参与新政的工作过程中，部分传统的绅商与乡绅们实现了近代转型，成为实业家、官员、近现代文化人等各种近代社会的角色，在近代社会中取得了他们应当占有的一席之地。

1. 向兴办实业的官员与实业家转型

清末新政之始，江西的地方政权按清廷的要求，有声有色地开展了兴办实业。首先是设立了振兴实业的专门机构，这就是从农工商务总局（1902）到农工商矿总局（1904）的设立，及县级相应机构；在农业方面，制定了改良农业的政策，一些县兴办了农业试验场和农垦牧殖公司，设立了省级农会，一些县成立了农会；一些州县设立了农学堂，传播农学知识。在工商矿业方面：江西农工商矿总局制定了工商矿业发展的政策与措施，兴办了一些官办实业，如铅山县鼎兴织布公司，景德镇瓷业公司等；创办了一些近代实业学堂，如江西大学堂（后改名江西工业学堂）、江西铁路学堂、中国陶业学堂、商徒启智学校等；还派人到日本留学，以学习实业；成立了江西商务总会，一些府州县也成立了商会组织；在矿业方面：绅商们集资开办了一些矿业企业，共有20家，其中煤矿10家、铁

① 关于江西清政新政的情况，有一些详细的研究，见庞振宇：《清末新政与江西社会变迁》，硕士论文，江西师大，2007年，载中国知网；李平亮：《卷入“大变局”——清末民初南昌的士绅与地方政治》，博士论文，厦门大学，2004年，载中国知网；温锐：《世纪初振兴江西的“兴赣潮”论略》，《江西社会科学》2000年第12期；钟起煌主编，赵树贵、陈晓鸣著：《江西通史·晚清卷》，江西人民出版社2007年版，等。

矿 4 家、锰矿 3 家、铜矿 2 家、滑石矿 1 家。

正是在兴办实业的过程中，部分传统的乡绅人物转型成为了兴办实业的官员或实业家。

(1) 向办实业的官员转型

光绪二十七年（1901），为推行“实业政策”，江西省政权机构在省城设立了商务局，并制定了章程 14 条，并要求各业成立同业公所。1902 年在省城设立农工商务总局，制定章程若干条，并要求各府州县设立分局，派绅士经理。1904 年在省城重新设立农工商矿总局，并要求各府州县设立分局。

在设立振兴实业的机构过程中，部分传统乡绅实现了转型，从传统的乡绅转型成了兴办实业的官员或实业家。在省城，1902 年主持农工商务总局的是督粮道刘心源，他是官府官员；1904 年，主持农工商矿总局的是翰林院编修黄大壎，也是官府官员，即省级的振兴实业机构是由官府官员主持。然而，府州县的振兴实业的行政机构，虽然大多数都是由地方县令设立，但其工作的开展，其经营管理，却需要依赖地方乡绅。而部分县域乡绅，正是由于适应了县级政权开展兴办实业的需要，而从传统乡绅转型成了兴办实业的官员或是实业家。且以清末主持江西农工商矿总局的傅春官所著《江西农工商矿纪略》[①] 记载的各府县工务、农务为例。

光绪二十八年（1902），由宜黄县县令夏翊宸设立农工商务局，依赖乡绅李文蔚等“会同筹办地方一切兴利之事”。

光绪二十八年十二月，东乡县县令周绘藻设立农务总局及垦种分局，“劝修水利，兴办垦种”。光绪二十九年十二月，“派绅士在西路将军岭、赛阳关两处，各设水利垦种分局”。文中所谓“绅士”，在县域社会就是乡绅。

光绪二十九年正月，莲花厅县令暂借育婴堂房屋设立农工商务局后，“举定绅士，先行试办种植”。如上所述，文中所谓“绅士”，在县域社会就是乡绅。

光绪二十九年六月，兴国县县令孙启瑞在奉裁都司署内设立农工商务局，依赖乡绅陈濬书、李文涛等“筹办垦荒事宜”。

---

① ［清］傅春官：《江西农工商矿纪略》，清光绪三十四年石印本，江西省图书馆藏本。

光绪三十年正月，金溪县县令郭立朝在城内三陆祠设立，农工商务局，后在八月间，“生员郑培等劝捐稻谷二百石，拟定条规，设立保甲农务分局”。这是乡绅们主动转型搞实业。

光绪三十年正月十九日，信丰县于县署内设立农工商务局，并制定了简明章程八条，委派典吏杜观为会办，“谕绅士邱世濬、曾杰、陈荣镇为绅董，举办开垦种植等事。三十一年，加派张赓篁、生员林文荣为局绅”。即设立了农工商务局之后，主要依赖乡绅们来开展工作。

光绪三十年六月，玉山县设立农务局后，委派县丞黄海涛协助乡绅们劝办，募集资金，购买种子，推广种植，“在城业户乐认股本洋320余元；又经员绅赴乡，劝得农民股本洋350余元，共洋约700元之谱。由在局员绅租定城内宝星桥民荒园地、小东门外河边地两处，试种棉花、豆、芋，收获后售钱24600文，除工本之外，尚余钱5000文，拨充局费”。即玉山县的实业，全靠乡绅们去操办。

光绪三十年七月，峡江县县令周景祁在武庙内设立农工商务局，作为乡绅们商办实业的会议之所。光绪三十一年二月，峡江县东、西两乡均设分局，由“绅首”（即乡绅中有号召力之人物）劝导种植、畜牧。即峡江县的实业是由乡绅们在实际操作。

光绪三十年九月二十九日，奉新县县令沈善谦在县城登瀛集内设立农工商务局，委派“在籍候选知府徐钟祐讲求实业”，“照会该绅为总经理”，“另于每乡选派一二人，考察土宜水利，责令详细具报；并派绅经理，一切维护市面，保护商民之事，容随时会商办理”。

光绪三十年九月，吉水县县令张肇基在城东节孝祠内设立农工商矿局，并设立试验场，“谕饬举人刘应恺等，经理垦荒种植制造等事”。即吉水县的振兴实业，是依赖乡绅们去经营。

靖安县农工商局，光绪三十年九月，由县令汪鸿设立，“以举人舒宽慧、廪贡项书谚、附贡张家昭为坐办。每团设分办二人，调查实业情形”。

光绪三十二年六月，万年“在县署设立县因利局，先就附近荒地办起。凡赤贫无力者，酌借资本开垦。其余各乡，谕绅一律照办。为垦荒而设，先以东乡为起点，各乡则由绅集资仿办，责成图长据实查报”。即万年县垦荒的开展，全靠乡绅们集资倡办。

铅山县农工商矿分局，光绪三十一年五月二十九日，“（县令）邀集各绅至署，再三劝谕，各绅公举岁贡蒋梦奎、刘嗣向，副贡刘子泰，廪生韩道禹等作为局董，在城内文昌阁设立，以为集议办公之所，仍由该县督饬将应办各事，次第举办”。即铅山县的振兴实业，全靠乡绅们来开展。

乐安县农工商矿局，光绪三十一年十月，县令汪都良在县城关帝庙内设立，“谕饬邑绅游步程等充光首士，议章开办”。

新昌县农工商矿公所，光绪三十一年，“派绅分任其事，曰总理，曰务长，开具章程”。

龙南县农务局，光绪三十二年，“生员吴鑫等禀设，招股开垦。先在白沙坝试种靛棉，并种有柏树200余株”。

新城县农工商矿局，“（光绪）二十九年在十九都中田孔理公祠内，设一农工局，兼司保甲，派监生陈善熙等为首士，栽种苎麻、烟叶、靛青等”。

安仁县农工商务局，“派绅四人经理”。

南丰县农工商务局，“在县署侧设，绅董刘裕谦往局经理”。

石城县农工商局，“设在北门外，贡生黄有文等经理”①。

上述文献表明，清末县域社会兴办实业，全靠一些乡绅来展开工作，这些乡绅在兴办实业的过程中实现了近代转型，转型成为了带有官员性质的主持实业的官员和实业家。

（2）向农业实业家转型

在中国人的观念中，农业是根本，农业特别重要，所以在清末新政的过程中，切实进行了发展现代农业的试验。以江西为例：一是在1906年成立了省级专门振兴农业的机构，这就是江西省农务总局。设督办一人，由官吏充任；会办一人，由公正巨绅充任。总局的职责是通饬各县清查荒田，勘查水利，划定经界，清理赋税，并要求各县设立分局。二是制定了改良农业的政策。三是创办了各级农业专门学堂。四是兴办了农业试验场。五是设立了农会，办了农报。

农业专门学堂的创办，对开阔传统乡绅的眼界，让传统乡绅接受现代

① 以上引文见傅春官：《江西农工商矿纪略》中所记各县农务、商务，光绪三十四年石印本。

农学知识起了一定作用。1906年，江西省立农艺专科学校成立，同时各县普遍设立三余学堂、半日学堂等，以传播近代农业知识。乡绅们作为基层的文化人，积极学习农学知识。如光绪三十年（1904），龙泉（今遂川）县县令谕各乡设立三余学堂，将农学报和农学丛书发给各学堂抄阅，据傅春官《江西省农工商矿纪略·龙泉县·农务》记载："各乡绅来署抄录者，络绎不绝。"

真正使一些乡绅向农业实业家转型的，是农业试验场和农会的设立。

农业试验场创办后，全靠乡绅来经营，这些乡绅也就成了农业实业家，以傅春官《江西农工商矿纪略》所载各县农务的一些材料为例：

南城县农业试验场：光绪三十年廪生吴可衡呈请设立，"吴可衡于北门外租屋一所作农学馆，租地四片，设立实业试验场，讲求种籽、肥料等项，以期开通风气"。

东乡县农业试验场：光绪三十年设立，"择绅经理，试验栽种桑桐禾麦蔗豆生姜薯芋等类"。

信丰县农业试验场：光绪三十年设立，"局绅王志远等购回木棉、龙眼、荔枝各种子，散给各乡试种"。

万年县农业试验场：光绪三十年九月设立，由在籍安徽县丞高震、候选训导刘夔帮办劝办。

鄱阳县农业试验场：光绪三十一年二月，"（县令）邀集绅董在县署旧址设立试验场，试种草木桐子"。

乐安县农业试验场：光绪三十一年十一月，县令汪都良将南郊一空地约数十亩，"商诸绅耆，辟为试验场"，交绅经营，"购已邑所鲜见者各种播植"。

泰和县农业试验场：光绪三十三年三月，"生员郑冠群集资，在郑姓村开办农学试验场，距城二十里，栽种树木杂粮"。

瑞州府南城县：光绪三十三年，"南城县邑绅谢佩贤报垦北关外万年桥一带荒地，开作试验场，种植桐柏柳树"。

龙南县农业试验场：县令梅兆璜"在白沙坝官荒开办试验场，以邑绅廖光瑢、刘嘉祥二人为经理"①。

---

① 以上均引自［清］傅春官：《江西农工商矿纪略》所记各县农务，江西省图书馆藏石印本。

上述文献表明，清末新政中的农业试验场主要依赖乡绅们去经营，一些传统的乡绅在经营农业试验场的过程中，转型成了农业实业家。

在一些县设立农业试验场的同时，一些县通过设立农会，来试验新型农业。而农会，同样是由乡绅来经营：

东乡县：光绪二十八年三月，拔贡饶正音等集股创立农会，“在该县南乡及西门外风塘冈等处，开荒种植。山种桐茶，田种甘蔗，以兴榨油之利。入股者以四元一股；其同族无力者，劝其种植，开具章程。十月，饶正音所创办农会已开山二十余亩，栽种桐子，成活二千余株，并开挖塘港五六亩，秋旱甚获其益。各乡闻风兴起，成效可观。南路江上设立有新乐农会。护抚宪柯批准，奖给饶正音五品顶戴功牌一张”。

万载县：光绪三十年二月初一日开办农会，原定会长永新县举人龙钟泖，因会试北上，由该县廪生辛观涛暂代为会长；后为会长。

泰和县：光绪三十年九月，“五都五图均都坝官荒洲一片，经生员陈录等设立农会，筹资开垦，试种瓜果桑柏等类”。

泸溪县：光绪三十一年十月中旬，（县令）邀集乡绅40余人，“筹议开办农会及学堂诸要件，择定数人，先办清查荒山、劝导垦种之事，并分赴各乡考察劝办”。

万安县：光绪三十二年七月，乡绅张杰等联合农民设立农务公所，“垦辟门上岭等处荒山六嶂，种活桐秧万余株”。

万年县：“（县令）谕饬各乡各举正绅一二人，派充绅董，劝令纠股设立社会。凡有荒山隙地，各项土宜物性，购种试办，以开风气”。

上述文献表明，一些传统乡绅在设立农会和开展农业试验过程中，转型成了近代农业实业家。

据傅春官《江西农工商矿纪略》记载，新政期间江西各县兴办了100家较大的农牧垦殖公司。这些公司大多为商办，但也有些是官绅合办。经营范围涉及农、林、牧、富、渔等。其中有不少为乡绅所办或乡绅参股所办。如：

光绪三十年（1904）七月，南城县在籍绅士、翰林院编修饶芝样，邀同廪生林芬等，集股百份，每股洋二十元，共成洋二千元，创厚生公司，开垦西北关外一带荒地，试种苎麻乌桕等。八月，东乡三都增生张帆等，集股五十份，每份洋四元，共集二百元，开设广生堂，开垦附近荒地，种植苎麻、杂粮、柏桐等[①]。

光绪三十年（1904），清江县廪生邹钦爵，创办农业公司，从事畜牧业、垦殖、种树等[②]。

光绪三十一年（1905），余干县举人李思沆，招股在余干中乡设立垦荒牧殖公司，种植蔗、桐、棉等。贡生吴有机，集股4000元，雇工买牛，官商合办，开垦荒地200亩，种植蓝靛、萝卜等。[③]

上述这些创办者，都是拥有低层功名的乡绅，在兴办农业公司和从事农业实业中转型成了农业实业家。

（3）向商绅转型

光绪三十年（1904）清廷商部谕令各省督抚晓谕商人，速设商会。实际上，早在光绪二十七年（1901）江西省已成立商务局。光绪三十二年（1906）江西商务总会在南昌正式成立，公举曾秉钰任会董，江西矿务议员、礼部主事刘景熙任总理，候选道朱葆成任协理。其中刘景熙是士绅出身，由进士得授礼部主事，后外放广西等地知府未就任，回到赣州搞教育，同时在赣州城郊垄下集资开采铜矿。他由一名官员，先是转型成了绅商，即既是绅士（也是乡绅）又是商人；任江西商务总会总经理后，更成了真正的绅商，集绅士、乡绅与商人于一身。候选道朱葆成，本是一名乡绅，任江西商务总会协理后，转型成了绅商。

江西商务总会成立后，一些县相应成立了商会，如宜春、南城、九江、余干、临川、庐陵、清江、高安、丰城等，从光绪二十八年（1902）至民国元年（1912）间，江西全省成立了大小商会65个。这些商会仿照省商务总会，设总理、协理，负责经营。总理一般是选择公正明干的富商大贾担任；但也有些总理、协理是由乡绅来担任，如光绪三十二年（1906）九江14帮航业商队联合组成“商船公会”，以孙茂德为总理，江庆楷为协理。孙茂德是候补道员，即是一乡绅，转型成了绅商。江庆楷身份不详。再如临川县的粮食商会（后改各业商务分会），公举聂希璜为总理。聂希璜为员外郎衔，实乃一闲职，也就是一乡绅，转型成了

① ［清］傅春官：《江西农工商矿纪略·南城县·农务》。

② ［清］傅春官：《江西农工商矿纪略·清江县·农务》。

③ ［清］傅春官：《江西农工商矿纪略·余干县·农务》。

绅商。

总的来说，传统乡绅转型成近代商人实业家或者说绅商者不多，因为既为乡绅同时又具备了较好的商业业绩者比较少。

（4）向工矿业实业家转型

新政期间，江西各地府州县政权，积极创办工业实业。首先是设立工艺院或工艺局，其目的是为了收留那些无业的游荡之民与改造那些曾犯轻罪者，以及为了提倡工艺和发展工业。在官府办实业的同时，一些乡绅也积极投身于兴办工业实业，从而实现了身份转型，如：

光绪二十六年（1900），南昌乡绅曾秉钰，独出万金，“于城外设工艺局，专织各种洋布，广收艺徒”，并“创开风气，成效可观”①。曾秉钰由乡绅转型，成了工业实业家。

光绪三十年（1904）七月，泰和县乡绅萧绍渠“独力捐建工艺院”，“收养游民四十名，雇佣工师四人，常年用款约一千五百串”②。萧绍渠由乡绅转型，成了工业实业家。

光绪三十年（1904），临川县乡绅黄维翰，集股创办织教所，试织毛巾、洋布。黄维翰由乡绅转型，成了工业实业家③。

光绪三十一年（1905），吉水县乡绅徐元训出资洋百元、钱八百串，从事织布、结网、舂米、搓麻绳、编草履、做棕荐、编蓑衣、织棉布、织腰带等。徐元绅由乡绅转型，成了工业实业家④。

光绪三十二年（1906），龙泉（今遂川）县增贡生郭振声等，“在沪聘来脑师，试熬樟脑……所出之货，竟有广客、赣客来厂采买”⑤。郭振声由乡绅转型，成了工业实业家。

光绪三十三年（1907），乐安县生员元乐勋、监生游雁高，在水南谢家、冯家等村，买樟熬脑⑥。元乐勋、游雁高由乡绅转型，成了工业实业者。

① ［清］傅春官：《江西农工商矿纪略·南昌府·工务》。

② ［清］傅春官：《江西农工商矿纪略·泰和县·工务》。

③ ［清］傅春官：《江西农工商矿纪略·临川县·工务》。

④ ［清］傅春官：《江西农工商矿纪略·吉水县·工务》。

⑤ ［清］傅春官：《江西农工商矿纪略·龙泉县·工务》。

⑥ ［清］傅春官：《江西农工商矿纪略·乐安县·工务》。

清末新政的工业实业，大多是由各县官府出资兴办，但也有如上所述是由乡绅投资兴办，在工艺院、工艺所、樟脑业、瓷器业、纺织业等都有乡绅们活跃的身影。这些传统乡绅也就转型成了近代工业实业家或实业者。

在矿业实业中，也少不了乡绅的身影。清末新政期间，江西共出现新式矿业实业20家，大多为官府所办，但也有由乡绅出资所办，或乡绅们集股所办。如光绪三十二年（1906）永新县邑绅贺赞元等，设立保富铁矿有限公司①。

由上所述可知，一部分传统乡绅在清末新政中兴办农工商矿实业，实现了转型，转型成了近代农工商矿实业家。

2. 向政府官员转型

清末的新政，不仅仅是兴办农工商矿实业，对政治权力机构的设置也进行了改革，主要模仿资本主义的政治制度，这是中国早期的政治现代化的尝试。就江西而言，设立了现代警政和改良了刑狱，清理了财政和设立了近代财政机构（即财政公所或布政公所），设立了近代业务管理机构，如江西邮政总局、江西官书局、江西翻译局、江西洋务局、江西禁烟公所、江西捐赈局、江西铁路总局、江西督垦总局、江西官铁局、江西矿务总局等；设立了立法议政机构——江西咨议局，并实现了州县城乡地方自治；创制了司法独立，即设置了江西各级审判厅，成立了法政学堂以培养司法人才，并配合法律馆修订了新律。

在上述政权机构改革的过程中，在咨议局的设立与州县城镇乡地方自治的过程中，部分传统乡绅成了地方官员，实现了由传统乡绅向近代官员的转型。

宣统元年（1909）五月和六月，经过初选和复选，江西咨议局成立，共选出112名议员。其中，64人已无法核查其背景，其余48人中有一人是新式学堂出身，其他都是有科举功名的传统士绅和乡绅：进士（含翰林）11名，举人（含副贡）25名，生员（含廪、增、副、贡、

① ［清］傅春官：《江西农工商矿纪略·永新县·矿务》。

监）11名[1]。少数的乡绅也就由此进入了省级议政机构，成功实现了转型，成了省级官员。

更多的传统乡绅向官员的转型，是在府州县城镇乡地方自治，因为实现地方自治，首先必须成立地方自治机构。正是在选举成立地方自治机构的过程中，一些乡绅当选为地方机构的议员，即成了地方权力的拥有者。在光绪三十四年前（1908），部分地区就已经在试行地方自治，如：

光绪二十九年，余干县黄县令即在城中创设总议局，"凡地方兴利除弊排难解纷诸事，皆交议局公议施行。俞省三亲往瑞洪，邀集各村绅耆，设立各乡议局，饬各村公举正绅，择其乡望素孚者五六人，充议董，长驻局中。每月房租、饭食、薪水、局用约需钱四十千。如何就地设法，亦由众绅议定酌筹。该绅等情谊既联，则凡一切地方事情，皆可协议调停，庶足息争弭祸"[2]。所谓"正绅"，即有科举功名的乡绅。这些充任议董的乡绅，就获得了地方事务的话语权，其本身实现了向地方权力者的转型。

光绪三十二年（1906），清江县（今樟树市）成立议事公会，知县胡惟贤主持，每乡选正绅代表三人参加。主要讨论地方钱谷、地方兵刑、地方学务、地方农工商矿、地方道路桥梁、地方水利堤防、地方命盗各案、地方风化等。正绅们公议作决定后，由县署实施[3]。这些正绅即乡绅，在地方自治时实现了转型。

宣统元年（1909），在清廷的统筹规划下，江西各州、县、乡镇自治全面推开，各县设议事会、各乡镇设乡镇董事会，选派地方绅耆担任议员，商议地方事务的处理。宣统二年（1910），召开了江西省第三届筹备宪政会议，议定了城、镇、乡三级地方议事章程和时间安排；同年五月，江西各府县开设公讲所，由地方绅耆担任主讲。所谓"地方绅耆"，即乡绅也！部分乡绅在地方自治的过程中实现了转型，成了地方

---

① 吕芳上：《清末的江西省咨议局，1901—1911》，"中研院"《近代研究所集刊》第17期下，第105页。

② 《余干县俞省三条陈地方利病恳求破格准予四事禀批》，载《江西官报》甲辰年（1904）第十九期。

③ 转见庞振宇：《清末江西新政与社会变迁》，硕士论文，江西师范大学，2007年。载中国知网。

掌权者。

3. 向近现代新型知识分子转型

相比较而言，传统乡绅大量获得的转型，是进入近代学堂，通过学习现代知识，转型成了新型的近现代知识分子，并对近现代社会施加影响而受肯定受敬重，获得了他们的社会地位，在近现代社会的风云变幻中发挥了他们的作用。

江西近代的学堂可追溯到 1898 年的百日维新时期。光绪帝颁布了“兴学堂”的诏令，江西地方政权为应付皇上，也推出了南昌中学堂、南昌实务学堂、江西算学堂等。但这些学堂只是虚名，没有实绩，戊戌变法失败后，也就化为乌有了。

1901 年清廷宣布“新政”，并在同年发布上谕：“着各省所有书院，于省城均改设大学堂，各府厅直隶州均设中学堂，各州县均设小学堂，并多设蒙学堂。着各该督抚学政切实通筹认真举办。”① 江西地方各级政权按清廷的要求行事。江西巡抚李兴锐在 1902 年冬创办了江西大学堂；1904 年江西巡抚柯逢时创办了江西武备学堂；1905 年正式设立了主管全省教育的行政机构——全省学务处；1907 年裁撤提督江西学政及省学务处，设立江西提学使司，主管全省的教育行政。江西各府州县设立劝学所；1909 年在南昌成立了江西教育总会，各府州县成立了分会。整个清末新政期间：全省陆续设立高等学堂 10 所（其中 6 所官办、3 所民办、1 所教会办），开办法政学堂 3 所（1 所公办、2 所民办），医学类学堂 2 所（1 所公办、1 所民办），方言类学堂 1 所（即官办江西方言学堂）。中等教育方面：根据清廷的要求，全省书院次第改成学堂，全省 13 府 1 直隶州，次第由书院改创为中学堂 14 所，教授史地、算学、英文等②。另，自光绪三十一年（1905）以来，还陆续建成中等学堂 12 所。初等教育方面：至光绪三十三年（1907），江西官立、私立、公立小学堂 409 所，此外还创办了一些蒙养院③。专门的职业教育：主要有师范教育和实业教育

① 朱寿朋编：《光绪朝东华录》卷一六九，中华书局 1984 年版，第 1 页。

② 中华民国教育部：《第一次中国教育统计年表》，第 200 页。

③ 转见庞振宇《清末新政与江西社会变迁》，硕士论文，江西师范大学，2007 年，第 61 页。载中国知网。

两部分，至光绪三十三年（1907），江西有师范学堂 19 所，初级师范学堂 3 所，简易师范 11 所，师范讲习所等 4 所①。

在上述这些学堂中，高等学堂如江西大学堂、江西武备学堂等，主要招收的对象就是那些传统的文化人“举贡生童”，即传统的乡绅。据黄炎培在《清季各省兴学史》中记载：江西大学堂开办时，江西巡抚李兴锐规定：“酌以二百名为限，实缘中小学堂未能一时并设，无所取材，姑从各属保送之举贡生童选其年岁及格、资质开敏者，当堂考试，分科录取，并附取官幕子弟十二名，传令一体入堂肄业”；“招收学生均是举人、贡生、优、拔、廪生、秀才”②。即招收的这些学生都是传统有科举功名的乡绅。由此可知，新式教育的创办，使大量的传统乡绅转型成了近现代新型知识分子，甚至使许多传统乡绅转型成了新式学堂与学务机构的教职员。

除了本省的新式教育使许多传统乡绅转型成了新型知识分子外，近代的留学又使一部分传统乡绅得到转型。留学的形式有官派和自费，江西留学生的主要留学地是日本，从 1902 年 10 月至 1903 年 3 月间，江西自费留日学生有 13 人；1904 到 1908 年江西共派出留日学生 300 人③。这些留学生中有多少人是传统的乡绅？已难统计，但可以肯定的是，其中少不了有一些是传统的乡绅。这些留学生归国后，或谋得一官半职，或进入教育机构，或从事专业研究等，总之转型成了近现代新型知识分子。

实际上，在众多的传统乡绅中，在近代的兴办实业、新式教育、地方自治等清末新政的过程中，真正实现了向近现代实业家、官员、新型知识分子等转型的，还仅仅只是一小部分；众多乡绅仍在乡间固守土地和儒学，特别是江西这样一个儒学根基深厚之区，更是如此。

---

① 转见庞振宇《清末新政与江西社会变迁》，硕士论文，江西师范大学，2007 年，第 61 页。载中国知网。

② 黄炎培：《清季各省兴学史》，文海出版社印行沈云龙主编《近代中国史料丛刊续编》第六十六辑，第 173 页。

③ 转见庞振宇：《清末新政与江西社会变迁》，硕士论文，江西师范大学，2007 年，第 64—65 页。载中国知网。

五　乡绅在晚清学制变动中的兴学育才

晚清学制变动的呼吁始于维新变法。1901 年清廷要求：各省城书院改设为大学堂，府厅直隶州设中学堂，各州县设小学堂，多设蒙学堂。1904 年清廷又颁布《奏定学堂章程》，明确中学堂读 5 年，文实不分科，高等小学堂和中学堂都属于中等教育。

江西地方官员本“素不以兴学为然”。理学的暮气遏制着向西方学习。守旧人多，开化难于他省。追求科举功名，探求儒家义理，是江西文人、乡绅和官员的传统追求。在朝廷下令之后，江西官员才不得不开始了设立学堂的变革。光绪二十八年（1902）四月，江西巡抚柯逢时将省城豫章书院改为江西大学堂，1904 年又改为江西高等学堂，1911 年改名为江西工业学堂；光绪二十八年十一月，江西巡抚柯逢时奉朝廷令，在南昌行台开办江西武备学堂。这两所学堂的办学效果都不好，主要是学生们对新学没有兴趣，还是不忘科举功名，教师的教学效果也不好。

光绪三十一年（1905）为强力推行新学，江西巡抚正式设立了管理教育机构——江西省学务处，对省城及各府州县中小学堂暨民间私立学堂进行稽核和奖惩。1906 年，根据清廷要求，各厅州县设劝学所。每座劝学所设县视学一人，管理各厅州县学堂。实际上，直到光绪三十二年（1906），尽管科举已废除，江西各界对办新学堂仍然没有表现出很高的兴趣，据 1906 年 8 月 10 日的《申报》所载《奖励私立小学堂》一文，论及江西新办学堂状况：即使在省城这样全省最繁华之地，官、私立小学也是寥若晨星。

江西新式学堂兴起的蓬勃趋势是自 1907 年始，那时科举已废，读书人的出路只有通过新式学堂了，于是才有了江西新式学堂发展较快、创办较多的局面。据光绪三十三年（1907）清廷学部总务司编制的《第一次教育统计图表》统计，1907 年江西官立、公立、私立学堂总数为 456 所，学生数 14748 人。据清学部总务司编《第二次教育统计图表》，1908 年江西学堂数为 716 所，学生数 22674 人；据《第三次教育统计表》，1909 年学堂数达1005所，学生达30348人[①]。这三年间，无论是学堂数还是学生数，都是快速发展、增加，有官办、公立、私立的。按类别分，有师范学堂、实业学堂、法政学堂、女子学堂、慈善学堂及其他。

江西新式学堂的创办，奠定了江西近代教育的基础，为培养各类现代人才作出了贡献，还引导了女性走出家庭，改变了歧视女性的旧观念。这对促进江西由传统社会向近代社会的转型，起了重要作用。

在晚清学制变动与新式学堂创办及培养新式人才的过程中，乡绅作为基层社会的文化精英，肯定是要起一定作用的，有些还起了重要作用。主要表现在私人办学与培养新式人才及捐助办学。

1. 晚清乡绅办学的贡献

晚清学堂有官办、公立和私学。乡绅办学属于私人办学。本书前面几章曾谈到，江西的文人与乡绅，科举仕进心理情结很牢固。1901年清廷要求地方办新式学堂时，江西办新式堂却落后于江苏、浙江、福建、湖北、湖南、安徽等周边省，一个重要的原因就是江西的文人与乡绅习于千年耕读乡风固守儒学，固守科举之路，不乏抵触新学之情绪。1905年废科举之后，江西的乡绅与文化精英们绝望了，意识到只有进新式学堂学习才有出路了，无奈之下，乡绅和士绅、商绅们才开始更多地把精力和资金投向了新式学堂。

尽管晚清学制变动与乡绅办学育人的过程中，有较大贡献或突出贡献的乡绅少，但是还是有些乡绅作出了一定贡献，个别乡绅有突出贡献。如熊育钖，就是晚清江西乡绅办学育才中有突出贡献者。

熊育钖（1869—1942），南昌冈上乡月池熊村人。南昌月池熊氏，是南昌大族、望族。清光绪年间，少年熊育钖参加科举乡试，考中了生员（秀才），并拔为增生，在身份上进入了传统乡绅之列，但他后来没有再参加科举考试。大约在清光绪十四年（1888），熊育钖20岁的时候，他结识了萍乡的名儒贺国昌，拜其为师并随其游学。贺国昌先生虽然也是传统文人，对宋明理学研读精深，但他对八股式的科举制度却深恶痛绝，曾

① 转见袁轶峰：《清末江西新式学堂与社会变迁》，硕士论文，南昌大学，2005年，第9页。载中国知网。

经加入同盟会，参加过辛亥革命，对熊育钖影响极深。熊育钖在贺国昌的指点下，阅读了大量理学著作，如张载、王阳明、陆九渊、朱熹及王夫之等人的著作，打下了深厚的国学根底；又读了一些西译新书，深受西学的影响。所以，他也如其师，对传统的科举考试和为科举考试的教育感到厌恶，于是他在清光绪二十五年（1899）与长其5岁之兄熊元锷，以熊氏宗族的学塾款项充经费，创办了乐群学堂，自任监督；1903年改为南昌熊氏私立心远英文学塾；1907年改名为心远中学堂，熊育钖主持校务，教授新学，在教学内容上，重外语和自然科学，开设西文、国文、历史、书计、测绘、体操、算学、方言等课程，聘请了几位有名望的教习，一时入学者多。著名思想家、教育家严复还为心远中学堂作校歌："中华何所有，四千年教化。舟车未大通，指此为诸夏。五千年未交五洲，西通安息非美欧。天心欲起大同世，国以民德方优劣，我曹爱国起求学，德体智育须交修，守勤朴厉肃毅，涵养性情奋志气，此时共惜好时光，他日为人增乐康，庐山九叠云锦张，彭蠡章贡源流长，世传心远校风浪。"①

在新中国成立前的40余年间，培育了大量人才，中国近现代史上著名的历史人物如程孝刚、邹韬奋、曾天宇、袁玉冰、方志敏、张国焘、饶漱石、程天放、彭学沛、欧阳恪、桂永清等，都曾在这所学校就读；在清末民国初，心远中学成了当时与天津南开中学、长沙明德中学齐名的中国著名三大私立学校之一。新中国成立后，心远中学改名为南昌二中，至今仍是江西名校，每年培养数百学生毕业。

熊育钖在清末曾参加维新运动。辛亥革命后，任江西省军政府教育局副局长，江西都督府教育科科长等职。1927年后，历任国民政府江西省建设厅代理厅长、国民党江西省党部组织部部长等。1942年11月19日在宁都病逝。

除南昌月池熊氏兄弟等人办学之外，晚清江西学制变动中著名的乡绅办学还有：

燕善达，南昌举人，属于有科举功名的传统乡绅。1905年从日本考察归来，创办了私立两等小学堂，取得良好称赞，成为新学的典范。1908

① 转见肖华忠：《江西近代中等教育发展概观》，《江西师范大学学报（社会科学版）》1992年第10期。

年又与人一起筹措经费，在南昌豆豉厂创办了南昌私立章江中学堂。燕善达属江西最早办新学的乡绅之一，对推动江西新式学堂的创办有一定贡献；他本人后来成为1913年4月—1914年1月的“辛亥革命志士第一届国会参议院议员”。

卢元弼，宜春人，优贡生，传统有科举功名的乡绅出身。据民国《宜春县志·人物》载：“卢元弼，字赍丞，北石外乡吴村人。性磊落，读书观大要，书法劲健，为文浑灏流转，有大家笔意。清光绪丙午考取优贡，签分福建补用知县。”卢元弼家境寒贫，但却致力于公益事业，设立劝学所，在宜春率先创办金瑞学堂，对培养新学人才起了示范效用。民国初年，卢元弼当选为国会议员，以敢言闻名。某年，在院商讨北洋政府对日本借款案，卢不同意，愤怒之余将铜砚掷击议长吴大头；后袁世凯解散国会称帝，他参加非常国会共谋讨袁。

除上述几个典型乡绅办学外，实际上晚清学制变动中，特别是1905年科举废除后，在从1906年至1909年新式学校快速创办过程中，很多学校都由乡绅经手创办，或由乡绅配合县级官员创办。如据民国三十年《宜春县志》统计，从光绪二十九至宣统元年（1903—1909）宜春县创办中小学堂29所，大多由乡绅创办。再如光绪三十一年（1905）泰和县萧和卿捐银三千余两，创设医学堂，等①。

2. 晚清乡绅捐助办新学

在晚清新式学堂创办的过程中，最令人头痛的是缺经费和缺教员。清末江西由于教案频发，每次教案的最终解决，朝廷总是少不了要赔款，以致朝廷财政陷入很困难的境地。而江西缺少富商大贾，所以经费的筹措只好采用开征捐税的办法，达到几乎无物不捐的地步，搞得民怨沸腾，在宜春以致激起民变；另一个少不了的办法就是鼓励士绅、乡绅捐款。实际上，在清廷诏令全国办新学堂之初，就已经明白必须依赖乡绅、士绅、绅商的力量来办学，所以清廷曾多次申明要奖励捐助办学的乡绅、士绅、绅商等人。如早在1898年光绪帝曾下诏：“各地绅民如能捐建学堂，或广为

---

① 参见袁铁峰：《清末江西新式学堂与社会变迁》，硕士论文，南昌大学，2005年，第7页。载中国知网。

劝募，准各省督抚按照筹捐数目，酌量奏请给奖。有其独力筹捐巨款者，朕必予以破格之赏。”[①] 1902 年颁布的《钦定中学堂章程》中规定：“地方绅富捐集款项，得依《中学堂章》而设立中学堂，谓之民立中学堂，卒业出身应与官立者一律办理。”[②] 1904 年《奏定初等小学章程》规定：“绅商能捐设或劝设公立小学堂及私立小学堂者，地方官奖之：或花红，或匾额；其学堂规模较大者，禀请督抚奖给匾额一个；捐资较巨者，奏明督抚，给奖。”[③] 乡绅、士绅与绅商成了办新学之始政府的依赖者。

在晚清学制变动与新式学校创办过程中，除了县级基层政权的加征捐税外，许多经费确是源自于乡绅捐助，县级政权也总是要邀集乡绅们捐助。如光绪三十二年（1906），九江绅士刘家瀛、赵文澜等六人，捐款创立一高等小学堂；南昌、丰城、进贤、新建四县绅商，在省垣设立“维新学堂”等。

六 乡绅固守儒学传统与向工商业转进的落后

江西在近代向工商业转进的过程中，落后于全国许多省份，特别是东南沿海各省。

首先是官办、官督商办以及官商合办形式的企业，落后于全国许多省区。20 世纪以前，江西的官办企业只有两家。从 1900 年到 1911 年间，江西以官办、官督商办或官商合办形式创办了一些近代企业，如：江西子弹厂（1898）、萍乡煤矿局（1898）、南昌商轮公局（1902）、景德镇瓷器公司（1903）、江西全省铁路总公司（1904，后改为南浔铁路总公司）、江西机器造纸厂（1905）、章华樟脑有限公司（1905）、江西瓷业公司（1907）、江西樟脑官局（1907）、赣州铜矿（1907）、余干煤矿（1908）、江西邮务总局、江西电报局、九江轮船招商分局、江西省城工艺局。而同时期的邻近省区，特别是东南沿海，这类企业的数量和企业的资本远多于江西。

① 江西省志编辑室编：《江西近代人物传稿》，海南人民出版社 1989 年版。

② 清末学部编：《钦定中学堂章程》，江西省图书馆藏石印本。

③ 清末学部编：《奏定初等小学章程》，江西省图书馆藏石印本。

其次是江西的民族资本主义企业，落后于全国许多省区。若与资本万元以上同行业首创新式企业相比较，江西每项企业开办的时间都要晚，例如：航运业晚35年，制茶业晚26年，纺织业晚11年，面粉业晚29年，碾米业晚10年，造纸业晚23年，采炼业晚22年，矿冶业晚26年，银行业晚16年，仅仅有1903年的制瓷业一项在全国居先①。

从19世纪70年代至1894年前，中国民族资本共创办了136家大小不等的企业，创办资本500多万两，雇工3万人左右，但其中江西没占一家，江西的官员、士绅、乡绅、商人、地主等仍然固守传统的农业经济中，江西的近代化进程得不到启动。

在1895年至1911年间，江西的资本主义经济逐渐产生，启动了近代化的进程，全省兴起资本万元以上的企业有27家，数十、数百和数千元的企业共1678家。虽然办了这么多企业，但都是些小企业，无一家使用机器动力，仍然是手工业，对推进江西的近代化虽然起了一定作用，但作用不大。

江西之所以在近代由农业向工商业转进的过程中落后于全国许多省区，原因之一是江西的地方官员保守、落后，固守儒学传统；原因之二是江西的士绅、乡绅们没有向工商业转进的兴趣。

早在1865年7月，清廷在平定太平天国起义之后，湘军将领刘坤一被任命为江西巡抚，这是一个有着较深儒学功底的文人士大夫，他的思维和行动完全是儒家的道德规范和价值取向，对西方的科技等新鲜事物毫无兴趣，所以，在他治赣十年（1865—1874）中，缺乏求新求变的精神和作为。如1869年英国人要求在江西乐平开采煤矿及1874年李鸿章以津沪轮舟需要煤炭，要求在乐平设矿开采，刘坤一都予以了拒绝与抵制。刘坤一治赣十年，江西在传统社会状态中徘徊，在中国早期现代化刚刚起步的过程中就落后了。继刘坤一之后的江西巡抚毓科、德寿、李兴锐、胡延干等，也都是些守成之人②，没有什么求新求变的追求；而此时江西周边的省份，特别是湖南、湖北两省的地方官府正大办洋务，因而，在清廷兴办

① 参见施由明：《明清江西社会经济》，江西人民出版社2005年版，第203—205页。

② 参见刘义程：《江西地方政府与近代江西的工业化进程》，《中国社会经济史研究》2008年第1期。

洋务的运动中，江西区域由于地方官员的保守，由于在朝廷核心没有江西的权臣，江西区域没有得到朝廷的资金投入，最初的19家较大的军事工业中，竟没有一家在江西创办，甚至后来的一些中小型军工厂也没有一个在江西兴办。这些军事工业尽管最终没有达到“自强”的效果，实际上是失败的，但为中国此后的机器工业生产培养了一批熟练工人和技术力量。同样，继官办近代军事工业之后，由国家投资的“官商合办”和“官督商办”的一系列民用企业中，也没有一家在江西兴办，因而，在中国走向近代化的第一阶段，即官办工业阶段，江西就落后了。

在近代的风云变幻中，江西的士绅、乡绅之所以固守儒学，对西方科技和工商业迟钝和不敏感、不感兴趣，这是因为江西人长期以来就以苦读儒家经典和科举入仕为价值追求。唐宋元明直至清后期，中国长期是文官治国的时期，封建朝廷通过科举考试选拔官员。而科举考试是以考儒家学说为核心的考试，江西士子很适应这种考试，因而，从唐后期至清后期，江西人通过科举考试而入仕为官者众；特别是明代，江西人通过科举产生了一批权重位高的官员，江西成为重读书的科举名区。因而，进入近代，江西人适应不了社会的变化，江西的乡绅仍然固守儒学传传统，从而表现出对工商业转进的落后。

此外，因为江西是个产粮大省，只要勤于耕作没天灾，即可“不忧冻馁”。因而长期以来，形成了江西人满足于通过农耕至少可以解决温饱，通过培养子弟读书、科举来光耀门庭的耕读风气，从而，长期以来，江西人缺乏冒险、开拓精神，即使在清后期，在社会急剧变革时，江西人仍热衷于科举，而不是去开拓、冒险，去建立军功或深入工商业大潮中寻觅立足之地，而满足于小富即安的状态，这是江西人（同样是江西的乡绅们）的特点，与近代转型时代的要求不相符合。

第八章　结　语

明清时期的乡绅，在县域社会的治理中起了重要作用，并且以积极正面的作用为主；但也有些劣绅、豪绅在县域社会的治理中起了消极负面的作用。本书认为：通过对明清时期江西乡绅在县域社会治理中的作用分析，对当代的乡村社会建设有着历史的启示和借鉴作用。

一　明清江西乡绅在县域社会治理中以积极正面为主

明清两代近六百年，江西的乡绅们在县域社会建设中，积极协助朝廷和州县官府教化村民，积极协助州县政权进行基层社会建设，积极从事社会公益事业和发展县域社会文化，在县域社会的治理中以积极正面为主。

1. 乡绅协助朝廷和州县政府教化村民，有利于社会稳定发展

本书在第三章论述明清江西乡绅的特点时，曾论述明清江西乡绅的一大特点是：热衷于地方教化和协助地方政权治理地方社会。无论是明代中前期还是清代，江西的乡绅们积极配合朝廷与地方政权的教化政策与举措：在明代中前期，积极配合朝廷和地方政权的兴学、祭祀、建申明亭和旌善亭并设立里老人制、行乡饮酒礼等，这些乡绅在乡里督促农民发展农业生产，平息乡里争讼、行乡饮酒礼、旌表道德楷模与劝民为善，从而将儒家的道德规范要求贯彻到基层社会，对基层社会的稳定、发展起了积极作用。在清代，江西的乡绅们积极配合朝廷与地方政权行乡约加保甲，积极将康熙皇帝的《上谕十六条》和雍正皇帝的《圣谕广训》的内容，具体化为族规条款，以约束和训导族人，对社会的稳定、有序发展产生了积

极作用；而在明代中后期，由于朝廷对基层社会的失控，明前期的申明亭、旌善亭与里老制、乡饮酒礼制等都已不行，此时一批江西的乡绅们积极主动地承担起基层社会建设的职责，即积极主动地在乡村行乡约。毫无疑问，明清时期的乡绅们对乡村社会的稳定和建设起了积极作用。

2. 乡绅协助县级政权进行基层社会建设，对县域社会治理起了重要作用

在明清统治近600年的时间里，乡绅在县域社会建设和县域社会治理中起了重要作用，在前述第四章曾论述“县级政权紧密联系乡绅治理县域农村社会”，及第五章曾论述“乡绅与宗族主动积极参与维护地方公益事业建设”“县级政权依赖乡绅与宗族来完成许多地方公共事务”“县级政权依赖乡绅与宗族来完成许多地方政务”。这些论述已表明明清时期的乡绅在协助县级政权进行基层社会建设及在县域社会治理中已起了重要作用。乡绅们在基层社会建桥、设渡、修路、赈灾、兴学、助学、恤贫、建立社会救助机构、建仓储粮备灾、调解基层社会矛盾、捐助县域内文教建设、用族规等将儒家思想理念贯彻到基层、协助官府完成征收赋税与维护地方治安等，毫无疑问，明清时期江西的乡绅们对县域社会治理起了重要作用。

3. 乡绅对明清县域社会文化发展有积极贡献

明清时期的江西乡绅们对县域社会的儒家文化的传承与发展有着积极而重要的贡献。在前述第七章曾论述道：江西的乡绅们或亲自授学，或延师课子与办家塾、办书院，或捐建书院，或独力修建书院，或捐建县儒学及社学、义学等，或捐钱，或捐钱并出力，培养了大量有科举功名的人才和有低层科举功名与学衔的人才，或没有科举功名但有着良好儒学素养的文化人，形成了江西浓厚的读书风气。他们以个人的言行和人格为典范和榜样，践行与传承儒家文化，及通过宗族为媒介传承儒家文化，塑造了孝悌、仁义、友善、和睦、勤劳、守法、端正、敦厚等基层国民性，毫无疑问，江西的乡绅们对县域社会文化的发展有着积极而重要的贡献。

毫无疑问，明清时期江西的乡绅在县域社会治理中以积极正面为主。

二　明清江西乡绅在县域社会治理中的消极负面作用

明清时期，虽然大部分乡绅在县域社会建设与治理中起着积极正面的作用，但也总有一些乡绅因为有钱有势，在基层社会中兼并土地、转移赋税和徭役，或横行乡里，或欺压百姓、扰乱社会治安等，在县域社会的治理中起着消极负面作用。

1. 兼并土地

自上古以来，中国人对土地就有着特别的情感。对于国家而言，拥有更多的土地就意味着拥有更强实力。对个人而言，拥有土地就意味着拥有重要的财富，就能过上更好的生活。所以，自上古以来，国与国之间就为土地而血战，所谓“攻城掠地”，在兼并中，中国走向了统一。人与人之间也常常为土地而奋斗，毕竟拥有了更多的土地就是拥有更多的财富。

明清时期，有些拥有权势或经济实力强的豪绅们，常常兼并小民百姓的土地，特别是在明代，这方面有颇多的记载。如成书于明代成弘年间的《皇明条法事类纂》就有一些这样的记载：

> 江西地方小民，多被势要土豪、大户占种田地、侵占坟山、谋骗产业、殴伤人命；状投里老，畏惧富豪，受私偏判，反告到县。平日富豪人情稔熟，反将小民监禁，少则半年，多则一二年以上。贿属官吏，止凭里老地邻保结，妄行偏断……①
>
> 南、赣二府地方，地广山深，居民颇少，有等富豪大户不守本分，吞并小民田地，四散置为庄所。邻境小民，畏避差徭，揭家逃来，投为佃户，或收充家人。（百姓）种伊田土，则不论荒熟，一概逼取租谷；（百姓）借伊钱债，则不论有无，一概累算利息。少拂其意，或横（加）种（捶）楚，或准孽蓄，或逼卖子女。其中又有大户坐地分赃者，亦有子弟家人通同坐盗者。……此事不独南、赣二府

① 《皇明条法事类纂》卷四八，《断罪不当》；转见傅衣凌：《明成弘间江西社会经济史料摘抄——读〈皇明条法事类纂〉札记之一》，载《江西社会科学》1983 年第 3 期。

为然，甚至宦族不亦或有之，不独大户为然。①

文中势要、土豪、大户、富豪也许不完全是有功名的乡绅，但其中肯定少不了有些是乡绅，有的是有权势的官宦之家，有的是经济实力强的富豪。这些人兼并土地、欺压小民，造成社会的不稳定。特别是在明代的吉安府，显得尤其突出。

明代的吉安府辖地广阔，共辖庐陵、泰和、吉水、永丰、安福、龙泉、万安、永新、永宁7县。这一地域在宋代就成了中国的文化名区，不仅产生了大量的进士②，而且产生了许多在中国文化史上享有盛名的文化人物，如欧阳修、杨邦乂、杨万里、文天祥、胡铨等。明代的吉安府仍然是中国的文化名区、科举盛区，仍然产生了大量的进士③，产生了许多的文化名人，如解缙、杨士奇、梁潜、罗钦顺、罗洪先、邹守益等。明代前期著名的官员与文人杨士奇在《东里文集续集》卷一〇中的《送徐崇威佥宪致仕还乡序》中说："四方出仕者之众，莫盛江西，江西为县六十有九，莫盛吉水。"实际上，何止吉水？庐陵、安福、泰和也一样！所以杨士奇在《东里文集续集》卷七中的《送张日孜还泰和序》中又说："士亦以出于学校者为重，然天下之大士出于学校者，莫盛于江西、两浙。吉安，又江西之盛者；而吉安之盛者，泰和其一也。"④ 明代中期曾为户部尚书兼大学士的陈循，在景泰七年（1456）七月曾对代宗皇帝说道："臣原籍江西及浙江、福建等处，自昔四民之中，其为士者有人。而臣

① 《皇明条法事类纂补遗·禁约江西大户逼迫故纵佃仆为盗其窝盗三名以上充军例》；转引自傅衣凌：《明成弘间江西社会经济史料摘抄——读〈皇明条法事类纂〉札记之一》，载《江西社会科学》1983年第3期。

② 郑建明先生据康熙《西江志·科目》统计，两宋三百多年，江西共产生进士5238人，吉州959人，占全省进士总数的18.3%，列全省第一；见郑建明：《试论江西进士的地理分布》，《中国历地理论丛》1999年第4期。

③ 郑建明先生在《试论江西进士的地理分布》统计，明代江西产生进士3008人，其中出自吉安府者963人，占全省进士总数的32%；谢宏维先生在《论明清时期江西进士的数量变化与地区分布》（载《江西师范大学学报（社会科学版）》2000年11期）统计，明代江西产生进士2728人，其中出自吉安府837人，占全省进士总数的30.68%。尽管数字有出入，但位列全省第一是没有有争议的。另据刘宗彬：《吉安历代进士录》所列统计，明代吉安进士为1227人。

④ ［明］杨士奇：《东里文集续集》卷七《送张日孜还泰和序》，《景印文渊阁四库全书》第1238册，第493、459页。

江西颇多，江西各府而臣吉安又独盛。”①

正因为科举仕宦多，产生的豪绅就多。成化四年七月（1468），宪宗皇帝告诉即将赴江西吉安府任知府的许聪：“吉安地方虽广而耕作之田甚少，生齿虽繁而财谷之利未殷，文人贤士固多而强宗豪右亦不少，或互相争斗，或彼此侵渔，嚣讼大兴，刁风益肆。”②

宪宗皇帝所说的“豪右”也就是豪绅，有权势和经济强势，武断乡曲、兼并土地、转嫁赋税与徭役等，从而扰乱地域社会的正常秩序。

2. 转移赋税

按照明清时期朝廷的规定，乡绅享有经济上的一些特权，如明朝廷规定：乡绅享有免役权，但要输纳丁粮。清朝廷规定：乡绅可免丁银，但要输纳田赋。如清代的官学学宫前的卧碑上，都会镌刻朝廷的规定：“朝廷建立学校，选取生员，免其丁粮，厚其廪膳，设学院学道学官以教之。”③嘉庆皇帝在嘉庆十六年的上谕中也论道：文武生员们乃“齐民之秀。国家培养人才，身列胶庠者，各宜修洁自爱，岂可承充官役，自取侮辱”。

徭役及杂役虽然免了，但税粮还是要交的。于是那些有权势的乡绅，如所谓“豪绅”“豪右”等，又想尽办法转移赋税。曾为南赣都御史的弘治、正德、嘉靖年间的吴江人唐龙，在《请均田役疏》一文中详细述说了那些豪绅们转移赋税的情况：

> 国初计亩成赋，县有定额，岁有常征，故粮均而民不病。今江西巨室置产者，遇造册时，行贿里书。有飞洒见在人户者，名为活洒；有暗藏逃绝户内者，名为死寄；有花分子户，不落户限者，名为畸零带管；有留在卖户，全不过割者；有过割一二，名为包纳；有全过割者，不归本户；有推无收，有总无撒，名为悬挂掏回者；有暗袭京官，方面进士、举人角色，捏作寄庄者。在册不过纸上之捏，在户尤

① 《明英宗实录》卷二六八，“景泰七年七月丙申”条，台北：“中研院”史语所1962年校勘本，第5690页。

② 《明宪宗实录》卷五六，“成化四年七月癸未”条，台北：“中研院”史语所1962年校勘本，第1152页。

③ 《清文献通考》卷六九《学校考七》，《景印文渊阁四库全书》第632册，第645页。

皆空中之影。以致图之虚以数百万计，都之虚以数百计，县之虚以数千万计。递年派粮编差，无所归者，俱令小户赔偿；小户逃绝，令里长；里长逃绝，令粮长；粮长负累之久，亦皆归于逃且绝而已。由是流移载道，死亡相枕，户口日耗也矣。由是鼠狗窃发，劫掠公行，盗贼兴矣。由是争斗不息，告讦日滋，狱讼繁矣。大抵此弊，惟江西为甚。江西惟吉安为甚，临江次之。故凡人遇佥当粮长，大小对泣，亲戚相吊，民间有“宁充军，毋充粮长”之谣。①

唐龙在文中所说的“飞洒”即乡绅、地主将自己应纳的赋税分成细数，洒派到在籍农民身上；“死寄”也称“诡寄”，即地主假称自己的土地属于逃户、绝户的名下，借此免去赋税；“包纳”就是地主虽然买下了农民土地，但不肯接受应承担的赋税，仍由出卖田地的农民交纳。这种转移赋税的结果，是造成社会秩序不稳定，如上文所说“盗贼兴矣”“狱讼繁矣”“争斗不息”等。

又据万历《新修南昌府志》卷八《差役·严禁诡冒》载：“查得诡寄庄田，多因势豪借名，希图幸免，以致小民赔累，节经让允，凡王府宗室并各乡宦及军民寄庄田粮，本一体与本县居民照例科派，四差丝毫不免；其士夫丁粮止许于原籍照例扣免；其余郡县乡主、仪宾及题奉实授引礼舍人与武举，系左处民人，各优免壹石。宗婿、庶婿、教读、散纳、荣身等官，不准优免。封官，比子减半。阴阳、医学、僧纲、道纪等官与本处民人被授典膳，俱比照杂职，缺者不准。武职见任系本处民人，照其品级，比文官减半。凡各寄庄，俱不准免。如有州县官员徇情，听其以寄庄冒免及不职免者，□□□□。”②

这段记载说明，在明万历年间，“诡寄庄田”是乡绅们一种很普遍、很通用的逃避赋税的手段，其结果是“小民赔累”，影响社会的稳定。

早在明初朱元璋统治时期，大明才子解缙在他的著名奏疏《大庖西封事》中谈到包括其家乡吉安府在内的当时社会状况：贫下之家“或卖

① 《御选明臣奏议》卷一六，《景印文渊阁四库全书》第445册，第267页。

② 《日本藏中国罕见中国地方志丛刊》，万历《新修南昌府志》卷八，书目文献出版社1990年版，第156—157页。

产以供税，产去而税存；或赔办以当役，役重而民困。又土田之高下不均，而起科之轻重无别；或膏腴而税反轻，瘠卤而税反重，此丈量之际，里胥之弊也”[①]。其结果是贫民们不得不逃亡，弃失土地。

明前期曾官翰林修撰的永丰人罗伦，在《与府县言上中户书》中满含悲愤地谈到，其家乡的富室、豪绅们，转嫁税粮及对贫下之户的残酷剥削：“民田亩数升，官田亩数斗。下甲人户原佃官田，寒暑之衣食不给，横豪之剥削无已，官府之征求无艺，乃以官（田）作民（田），鬻于他主，田居富屋，粮坐下户。况里书作弊，飞派诡寄：一区虚粮，有至数百石者；一里有至数十石者，一家有至数石者。欲报粮以定征，可乎？吾见多矣。凡有科差，吏胥舞文，里老受托，以上而为下，以下而为上。田连阡陌者，诸科不与；室如悬罄者，无差不至。可痛也，可悲也！今所征人户，卖屋者有矣，卖田者有矣，卖牛者有矣，卖子女者有矣，脱妇人之簪珥者有矣。敲扑之下，何求不足？冤号之声，上彻于天。人事既乖，天道不顺。苦雨连月，米珠薪桂。官吏里胥，旁午乡曲，鸡犬不宁。为民父母，行政何忍至于此也！”从而，平民百姓只好逃亡，产生“人户逃绝者有之”[②]。

清代统治者鉴于明代统治灭亡的教训，不仅削弱了给予乡绅的特权，从顺治到雍正皇帝都对乡绅的不法行为进行了打击，所以清代的乡绅不是通过赋税上的特权去兼并土地谋利，而是“通过不等价的买卖关系来兼并土地，加强了对佃户的地租剥削来聚敛财富”[③]。

3. 劣绅包漕、侵渔百姓

明清时期，绅衿包漕是一种很常见的现象。所谓“包漕”，就包揽漕粮的征收，州县官府依赖乡绅去完成征收漕粮，县官、包漕之绅、胥吏都从盘剥小民百姓中谋利；或者是乡绅个人强迫小民百姓把漕粮交给包漕之绅，包漕之绅将漕粮上交，从中盘剥小民百姓。不管是明朝廷还是清朝

① ［明］解缙：《文毅集》卷一《奏疏·大庖西封事》，《景印文渊阁四库全书》第1236册，第602页。

② ［明］罗伦：《一峰文集》卷九《书·与府县言上中户书》，《景印文渊阁四库全书》第1251册，第746页。

③ 岑大利：《中国历代乡绅史话》，沈阳出版社2007年版，第178页。

廷，都一而再、再而三地明令禁止乡绅包漕。但是，徒具虚文，屡禁不止。直到清后期仍然存在这种情况：

> 咸丰元年（1851）辛亥，六月庚辰，谕军机大臣等："步军统领衙门奏，江西南丰县耆民联名控案，已明降谕旨，交王植驰驿前往惩办矣。此案南丰县耆民谢恒周等，联名五十余人，遣抱告呈控：绅棍邹希孟等，包漕需索，纠众逼官，并生员鲁宗显等缴还衣顶，意图挟制。前曾赴都察院控诉，咨回本省，将抱告夏富希，押县一年有余，不为究办，及巡抚臬司偏袒各款。案关纠众包漕，牵涉大吏，虚实亟应彻底根究。是否该知县办理不善，抚臬大吏有无袒护实据，绅棍如何侵渔，控词有无捏饰，着王植秉公查办，悉心研究，以期水落石出，毋稍含混。原摺呈均抄给阅看。将此谕令知之。"①

这种劣绅包漕的结果，是小民百姓被敲诈和被盘剥，造成民怨沸腾，引发社会的不稳定。

4. 横行乡里、欺压百姓、扰乱社会治安

明清两代，特别是明代，江西由于科举甚盛，出仕者众，形成许多"官户"，即官宦之家。一些官宦之家不守法度，凭借权势，为非作歹，欺压百姓，扰乱社会治安。最具代表性的是泰和杨士奇之子和新喻严嵩家人。

杨士奇是著名学者、文人和宰辅，曾历事建文、永乐、仁宗、宣宗、英宗五朝，为内阁辅臣四十余年，为首辅二十一年，见证了明朝由盛转衰。这样一个著名的文人和德高望重的官员，其子却在家乡借父之势，谋财害命，谋害了数十人性命，而杨士奇却懵然无知，待其知时为时已晚，这是所谓豪绅的典型代表。明代文人李贤在《古穰集》卷三〇《杂录》中是这样记载的：

---

① 《清文宗宪皇帝实录》卷三六，《清实录》第40册，中华书局1986年版，第503—504页。

> 士奇晚年泥爱其子，莫知其恶，最为败德事。若藩、臬、郡、邑或出巡者，见其暴横，以实来告，士奇反疑之，必与子书曰："某人说汝如此，果然，即改之。"子稷得书，反毁其人曰："某人在此，如此行事。男以乡里故，挠其所行，以此诬之。"士奇自后不信言子之恶者。有阿附誉子之善者，即以为实然而喜之。由是，子之恶不复闻矣。及被害者连奏其不善之状，朝廷犹不忍加之罪，付其状于士奇，乃曰"左右之人非良，助之为不善也"。已而有奏其人命数十，恶不可言！朝廷不得已，付之法司。时士奇老病，不能起，朝廷犹慰安之，恐致忧。后岁余，士奇终，始论其子于法，斩之。乡人预为祭文，数其恶流，天下传诵。①

所谓"豪右""豪横""豪猾"等，多是此类人。更具代表性的，是新喻（今新余）严氏族人的为非作歹。新喻严嵩，科举出仕，累进吏部尚书，谨身殿大学士、少傅兼太子太师，少师、华盖殿大学士，为嘉靖年间的重要权臣，《明史》将之列为明朝的六大奸臣之一。严嵩和其子严世蕃及其家人在家乡袁州府为非作歹，从兼并土地到夺人妻女，从害人性命到夺人居房，无恶不作。当时查办严氏一案的官员林润在《申逆罪正典刑以彰天讨疏：论刻严氏》一文中，称严嵩之子严世蕃"罪恶滔天，积非一日"，"其无赖家人与招纳亡叛之辈尚有数千余人"，"袁州一府四县之田，七在严而三在民；在严者皆膏腴，在民者悉瘠薄；在严则概户优免，在民则独累不胜"。以致当林润去新喻办案时，百姓莫不称赞："臣感激就道，驰赴九江，凡所经过府州县及江西境内之民，闻风聚观，欢呼鼓舞，若出于汤火之中而跻于春台之上，又莫不举手加额，祝曰：'圣天子为民除害造福，诚愿万寿无疆！'"②

上述乃两个典型的个案。实际上，在明代，特别是吉安府，出仕者众，官宦之家多，乡绅多，所以豪绅也多。史志中记录的敢于与豪绅作斗争的地方官员自然也多。对这种敢于并善于与豪绅作斗争的官员事迹载入

---

① ［明］李贤：《古穰集》卷三〇《杂录》，《景印文渊阁四库全书》第1244册，第789页。

② ［明］陈子龙编：《明经世文编》卷三二九，中华书局1962年版，第3526页。

史志，加以称赞，申张了正义。万历《吉安府志》专列《贤侯传》记载了一些官员与豪绅作斗争的事迹：

> 张公本，钱塘人。弘治间知吉安府。时吉民多豪横，不知重法，武断乡曲，凌轹佃户，习为故。常公至，察其尤者，系锄之。先是，乡民有隙，辄聚众相挺，至千人，杀伤无所惮；至是，聚众十人以上者，俱发远戍，民始詟慑，无敢犯者。尤表著节义，以风乡人。为政务大体，举要芟繁，然百务皆咄嗟而办。其自奉甚俭约，尤不喜修边幅，以临吏民，吏民卒敬畏之。
>
> 危公岳，嘉靖间为吉安推官。刚毅有大节，直道行志，虽贵势不扰。署安福，力行丈田，豪猾不敢逞志。尝匹马入山谷间，履亩抽丈，不惮险阻。简淡无异儒生，竟卒于官。
>
> 袁衮，吴县人。嘉靖间知庐陵县。才识通敏，自持廉洁。首劝农桑，惩惰民，抑豪猾，洗冤、蠲逋……故邑人至今追慕。
>
> 胡伟，字邦奇，京山人。嘉靖元年知永新县事。才力强敏，任政坚持靡惑。兴学劝农，储粟赈饥，百废咸举。邑岁赋，苦虚赔，民以难输，多流亡。伟疏奏，量田更籍，均其赋役。命下，豪右咸称不便，上官多沮其议，伟力争之。遂定计分都制籍，因赋著役，不浃岁告成。转徙者复业，民至今颂思，有肖其像私祀之家者。①

百姓对这种善于整治豪绅的官员是如此感激，“肖其像私祀”，说明小民百姓受豪绅之害是多么深多么苦！

成书于明代成、弘年间的民事案例书《皇明条法事类纂》记载了吉安一件豪绅兼并土地的实例：

> 吉安府庐陵县民王集典言一件：方今天下为小民之害者，莫甚于豪强之徒挟其富盛之势，又有伴当为爪牙以取其威。贫民佃其田者，虽凶灾水旱亦不免被其勒取全租；贫钱者则皆被其违禁酷取。有自永

① 万历《吉安府志》卷一七《贤侯传》，书目文献出版社 1991 年版，第 223、224、227、237 页。

乐、宣德、正统、景泰、天顺年间至今，钱债已还，而文约被势留，重行勒取，或挟要其子女以为驱使，或勒写其田宅以为己有。[①]

这便是豪绅、劣绅对百姓的欺压！直到清末，在那些山区县乡村，豪强仍然横行霸道：

（乾隆元年五月丙午）上谕总理事务王大臣：朕闻江西土瘠民贫，率多勤俭谋生、安分自守。惟山县乡村常有凶蛮争角，动辄统众毒殴，将人活毙命者，如南昌属之靖安，临江府属之新淦，赣州府属之信丰等县尤甚。且信丰地方，山村乡镇有等豪蛮，私立禁约规条碑记，贫人有犯，并不鸣官，或裹以竹篓沉置水中，或开掘土坑活埋致死，勒逼亲属写立服状，不许声张。似此种种惨恶，骇人听闻，皆从前地方官失于化导、禁约，以致村野凶暴、不法横行。若果系奸宄不法之徒，自当呈送官长，治以应得之罪；岂有乡曲小人狂逞胸臆，草菅人命之理？著该省文武大员通行晓谕，严加禁止！倘有不遵谕禁，仍蹈前辙者，即行严拿，从重定拟，不少宽贷。[②]

除上述种种之外，劣绅为害社会的行为还有多种，如《清宣宗实录》记载的乡绅勒派讼费，扰乱社会治安，便是其一：

道光二十一年辛丑（1841）三月己丑。（上）谕内阁："此案江西生员刘荦等流布传单，煽惑乡愚，勒派讼费，实属不安本分。着该抚饬属查拿，严究确情，按例定拟具奏。"寻巡抚吴文镕奏："刘荦因闻有钦差来江西查办闽广烟匪案，经过新喻县地方，遂妄称查办新喻一案，写立传单，按村散布，各花户凑钱交收，以作讼费。职员袁玠，知系哄骗。刘荦复商同万广荛等，纠抢袁玠店内钱物泄愤。种种不法，实为棍徒之尤，应请发极边充军；余分别问拟杖徒。"下部

① 《皇明条法事类纂补遗》卷二〇，转引自傅衣凌：《明成弘间江西社会经济史料摘抄》，载《江西社会科学》1983 年第 3 期。

② 光绪《江西通志》卷首之二《训典·乾隆元年五月丙午》，《中国地方志集成·省志辑·江西》，凤凰出版社 2006 年版，第 28 页。

议，从之。[①]

乡绅在县域社会治理的消极负面作用还有很多，难以尽述。

三 明清乡绅与县域社会治理的理论总结

通过上述诸多的探索和分析，对于明清时期乡绅与县域社会治理，我们可以从理论上得出这样三点结论：

明清时期，中国的乡绅不仅仅是中国科举制度的产物，还是中国特色乡村社会的产物。即中国的乡村社会是乡绅产生的土壤，是乡绅的根。所谓中国特色的乡村社会，就是以农业耕作和耕读传家为生存方式，以宗族聚居为生活方式，以儒家的伦理道德观念为宗族维系的媒介，以科举仕进、光宗耀祖为乡村中人的价值追求。正是在这样一种乡村社会土壤中，有了乡绅产生于科举功名，乡绅产生于个人的文化学养与优良品行，乡绅产生于有善举而使众服，乡绅产生于有经济实力的大族。

中国的县域社会需要中国的这种乡绅。如前所述，中国的基层政权只设置到县级。县级政权无法直接掌控县域社会内的广大乡村社会，这就需有县级政权与乡村社会之间有中介加以系联，这些中间人物既能将县级政权的要求贯彻到乡村，同时，又能将乡村的诉求反馈给县级政权，乡绅正是符合县级政权的需要而产生的。不仅如此，乡绅还是适应县域社会内广大乡村社会建设的需要而产生的。县域社会内广大乡村社会的建设如桥、渡、路、仓、乡学等的修建都需要人来组织完成，而县级政权是不可能去完成县域内广阔的乡村如此众多的建设，也不可能派人去维持广阔乡村的社会秩序，所以乡绅的产生恰好适应了乡村社会的需要。

乡绅对于中国封建社会的长久延续起了重要作用。早在20世纪三四十年代至七八十年代，中国的史学界对“中国封建社会为什么能长久延续”这一问题，曾进行过大量的讨论，有许多的研究成果。通过对明清时期江西这一特定地域乡绅的历史考察之后，我们可以再一次对这一史学

① 《清宣宗成皇帝实录》卷三四八，《清实录》第38册，中华书局1986年版，第295—296页。

问题作出解答，这就是隋唐以来的科举选官制度引导了中国儒学教育的普及，中国的儒学教育培育出来的文化精英们，或成为各级官府官员，或成为乡绅，他们共同维持着封建社会稳定运转，对封建社会的长久延续起了重要作用：乡绅维持了农村社会的稳定传续，积极参与县域内公益事业建设；县级政权依赖乡绅与宗族，来完成许多县域内的公共事务和县域内的政务；县级政权还依赖乡绅来展开县域内的文化建设等。

所以，明清时期县域社会治理有着乡绅阶层所发挥的重要作用。

四　历史的启示与当代乡村社会治理

由前述江西乡绅的产生、乡绅的特点、乡绅与州县政权的关系、乡绅在县域社会治理中的作用、乡绅与县域文化建设、乡绅与近代社会变迁等，毫无疑问，我们可以得出这样一个结论：在明清时期，乡绅是中国社会中的一个重要阶层，这个阶层在基层社会控制、基层社会秩序稳定、基层社会建设等过程中，起着重要作用。中国封建社会能稳定传续两千多年，这个阶层起了重要作用，因为正是乡绅们积极协助州县政权展开了各项政务和基层社会的各项建设，特别是乡绅在基层社会践行与传承儒家文化，对塑造基层国民性起了重要作用，而中国的基层国民性在封建社会稳定传续过程中起了重要作用。因为正是中国基层国民的孝悌、仁义、敦厚、守礼、守法、勤劳、和睦、友善等国民性，决定了中国封建社会能稳定传续两千多年。

与乡绅相联的是宗族。乡绅产生于宗族，宗族是乡绅势力的靠山，反过来，乡绅又往往是宗族的领导者，这就是清廷为什么要设立族正制的原因。因为要控制基层社会，就必须控制住基层社会的领导者，这就是各宗族的族长和宗族中的权威人士，而宗族的族长和宗族中的权威人士往往就是乡绅。

由前述明清时期乡绅与县域社会治理的关系，我们可以得出这样的结论：在中国两千多年的封建社会过程中，朝廷和州县政权要治理好基层社会，就必须引导、培育、利用好乡绅和宗族。乡绅和宗族可以在基层社会建设中起积极的正面的作用。少数不良乡绅乃至劣绅也可能在基层社会建设中起扰乱社会秩序的负面作用。

历史的经验对当代乡村社会建设有什么启示？当代的中国农村社会是否还存在乡绅阶层及宗族是否在基层社会起了重要作用？

柯可先生在《建设社会主义新农村之红乡绅论》一文中认为，在当今社会主义的农村，存在着一个“红乡绅”阶层，这个阶层由这样几部分人组成：“一、乡镇党政部门与村委会里有政治资本的党政干部及其亲属；有功勋荣誉、海外关系、上层社会关系等社会资本的乡村退休官员、复退军人、知名人士、乡镇村民及其家属等一批有社会影响的人物；受过专业训练立志回乡发展，有文化资本、独到眼光和较高技能的知识分子和专业人才；执行改革开放政策后，乡村首先富裕起来的有经济资本的乡镇民营企业家，外出经商、创业、务工致富的返乡农民等。其共同的特征是：有中等或高等文化程度和较丰富的社会经验；有较高的接受新事物的能力和较宽广的文化视野；有一定的基层组织的权力或支配这些权力的社会影响力；有较强的经济实力，较多的致富门道与社会资源；有代表民意肯定或批评地方决策的乡间舆论话语权；有与社会主义主流意识形态保持较为一致的官方或准官方的立场。”①

柯可先生的分析是比较透彻的，在当今农村，有影响力、有话语权、能影响地方社会的人物基本上就是这些人物。但把乡镇党政部门的干部归入“红乡绅”之列，似乎不很恰当的，因为他们是党的干部，是政权组成的一部分，是代表政府和执行党的政策，是经过国家政权机关任命的，且他们流动性大，非长期稳定在一个地方，所以，他们不是“乡绅”，是政府官员。

行政村党组织干部也是党的干部，村级组织如村民委员会同样是国家政权的组成部分，但村干部是村民自治选举出来的，非国家政权机关直接任命，所以，村干部和村级组织不同于乡镇干部与乡镇组织，且村干部往往都是村里有影响力的人物才能当选为村干部，所以，村级干部可以列入社会主义的“红乡绅”之列。

柯可先生还认为，要建设和谐小康社会，以实现中华民族振兴，且使我们国家在21世纪中叶达到中等发达国家水平，就必须解决好三农问题，

① 柯可：《建设社会主义新农村之红乡绅论》，载南方网。

建设好社会主义新农村，这就必须培育好主导农村的新兴力量——红乡绅阶层："首先需要发挥他们文化程度较高，社会经验较丰富，接受新事物能力较强和文化视野较宽广的优势，借助现代大众传媒的强势手段，引导他们学习中国社会发展的历史、国情和优秀的传统道德文化，理解和认同党和政府的正确决策，将以人为本，科学执政的科学发展观作为自己的出发点和归宿点。其次要发挥他们掌握了乡间话语权的优势，消除其内部对党和国家深化改革，改变农村基层腐败现象与落后观念的疑虑，坚定不移地与社会主义主流意识形态保持一致。最后要发挥他们拥有基层组织的权力与左右这些权力的社会影响力、较强的经济实力、较多的致富门道与社会资源的优势，引导并支持他们由发家致富转向共同富裕，成为建设社会主义新农村和谐社会的骨干力量和中坚阶层。"①

柯可先生的观点无疑是正确的。但笔者认为，要培育好社会主义的"红乡绅"，还必须采取一些切实可行的措施，如通过培训以提高他们掌握国家政策的能力，通过组织他们到发达地区参观考察，以提高他们带领村民致富的能力等。

在培育"红乡绅"的同时，还要引导好农村宗族的走向。江西曾是一个宗族势力强盛之区，特别是到了清代，形成了以宗族为单位的基本社会结构，很多村庄是一姓一村，或一村以一大姓为主兼及其他几个人数不多的姓氏。在清代，宗族间有时因为争田、争水、争坟山等而导致械斗。此外，在清代，宗族还用公产支持族人争讼，成为清代江西讼风很盛的重要原因。新中国成立后，在党的领导下，宗族势力被弱化，特别是"文化大革命"期间对封建宗族势力的压制乃至打击，宗族在农村社会的影响力被淡化。在改革开放之后，20 世纪的八九十年代，兴起了宗族复兴之势，各地的宗族普遍兴起了修谱、建祠之风，乃至又出现了很多宗族械斗的事件。进入 21 世纪之后，由于中国的工业化和城市化速度加快，农村青壮劳力大量进入城市务工乃至定居，农村的宗族势力大大弱化了，但是应当承认，宗族观念仍然牢固，每当春节，各地务工人员回乡后，宗族仍然会举行各种活动，以凝聚宗族。所以，引导好宗族的走向，是农村社

① 柯可：《建设社会主义新农村之红乡绅论》，载南方网。

会治理的重要问题，而宗族往往由其族内有影响力的人物在左右，而这些所谓有影响力的人物往往属于“红乡绅”之列，所以培育、引导好农村社会中的“红乡绅”，才能引导好宗族的走向，将宗族限定在乡镇政权可控的范围之内。

参考文献

一　史料类

［汉］班固：《前汉书》，《景印文渊阁四库全书》。

［南朝宋］范晔：《后汉书》，《景印文渊阁四库全书》。

［西晋］陈寿：《三国志》，《景印文渊阁四库全书》。

［后晋］刘昫：《旧唐书》，《景印文渊阁四库全书》。

［宋］欧阳修：《新唐书》，《景印文渊阁四库全书》。

［宋］司马光：《资治通鉴》，《景印文渊阁四库全书》。

［唐］姚思勉：《陈书》，《景印文渊阁四库全书》。

［唐］房乔：《晋书》，《景印文渊阁四库全书》。

［南朝梁］沈约：《宋书》，《景印文渊阁四库全书》。

［元］脱脱等：《宋史》，《景印文渊阁四库全书》。

［明］宋濂、王祎：《元史》，《景印文渊阁四库全书》。

［清］张廷玉：《明史》，上海古籍出版社、上海书店 1986 年版。

［民国］赵尔巽：《清史稿》，中华书局 1977 年版。

［汉］高诱注：《淮南鸿烈解》，《景印文渊阁四库全书》。

［汉］郑玄注、［唐］孔颖达疏：《礼记注疏》，《景印文渊阁四库全书》。

［宋］乐史：《太平寰宇记》，《景印文渊阁四库全书》。

［宋］邓名世：《古今姓氏书辨证》，《景印文渊阁四库全书》。

《圣祖仁皇帝圣训》，《景印文渊阁四库全书》。

《世宗宪皇帝圣训》，《景印文渊阁四库全书》。

《世宗宪皇帝朱批谕旨》，《景印文渊阁四库全书》。

《钦定平定台湾纪略》，《景印文渊阁四库全书》。

［清］康熙帝纂《万寿盛典初集》,《景印文渊阁四库全书》。

［清］于敏中等：《钦定剿捕临清逆匪纪略》，《景印文渊阁四库全书》。

［清］凌燽:《西江视臬纪事》,《续修四库全书》。

《清文献通考》,《景印文渊阁四库全书》。

雍正《圣谕广训》,《景印文渊阁四库全书》。

《清圣祖实录》，中华书局 1985 年版。

《清世宗实录》，中华书局 1985 年版。

《清高宗实录》，中华书局 1986 年版。

《清宣宗实》，中华书局 1986 年版。

《清德宗实录》，中华书局 1986 年版。

正德《明会典》,《景印文渊阁四库全书》。

《明太祖实录》，台北:“中研院”史语所校本。

《明宪宗实录》，台北:“中研院”史语所校本。

《明武宗实录》，台北:“中研院”史语所校本。

《明世宗实录》，台北:“中研院”史语所校本。

《明神宗实录》，台北:“中研院”史语所校本。

《明英宗实录》，台北:“中研院”史语所校本。

［民国］赵尔巽:《清史稿》，中华书局 1977 年版。

［清］素尔讷等纂修:《钦定学政全书》，武汉大学出版社 2009 年版。

《大清律例》,《景印文渊阁四库全书》。

［明］俞汝楫编:《礼部志稿》,《景印文渊阁四库全书》。

［明］张卤:《皇明制书》,《续修四库全书》。

张德信、毛佩奇主编:《洪武御制全书》，黄山出版社 1995 年版。

《钦定大清会典事例》,《续修四库全书》。

《圣祖仁皇帝圣训》,《景印文渊阁四库全书》。

《世宗宪皇帝圣训》,《景印文渊阁四库全书》。

《世宗宪皇帝硃批谕旨》,《景印文渊阁四库全书》。

《钦定大清会典事例》,《续修四库全书》。

《钦定大清会则例》,《景印文渊阁四库全书》。

［道光］《西江政要》，江西省图书馆藏抄本。

［明］申时行等：《大明万历会典》，《续修四库全书》。

［元］何犿注：《韩非子》，《景印文渊阁四库全书》。

《皇清开国方略》，《景印文渊阁四库全书》。

［明］赵日崇撰，［清］杨希闵重校：《江西新城保甲图册》（补险要十图一卷），清咸丰三年刊本，江西省图书馆藏本。

［明］陈子龙：《明经世文编》，中华书局 1962 年版。

［明］贺复征编：《文章辨体汇选》，《景印文渊阁四库全书》。

［清］贺长龄辑：《皇朝经世文编》，《中国近代史料丛刊》本。

［清］傅恒等编：《御选历代通鉴辑览》，《景印文渊阁四库全书》。

［汉］许慎：《说文解字》，中华书局 1963 年影印本。

［清］吴玉搢：《别雅》，《景印文渊阁四库全书》。

前南京国民政府司法行政部：《民商事习惯调查报告录》，中国政法大学出版社 2005 年版。

南昌市人民委员会办公厅 1957 年编：《一九〇六年南昌教案资料专辑》，内部资料。

［清］傅春官：《江西农工商矿纪略》，光绪三十四年石印本，江西图书馆藏本。

［民国］朱寿朋编：《光绪朝东华录》，中华书局 1984 年版

正德《南康府志》，《天一阁藏明代方志选刊》。

正德《袁州府志》，《天一阁藏明代方志选刊》。

嘉靖《东乡县志》，《天一阁藏明代方志选刊》。

嘉靖《九江府志》，《天一阁藏明代方志选刊》。

隆庆《临江府志》，《天一阁藏明代方志选刊》。

嘉靖《赣州府志》，《天一阁藏明代方志选刊》。

隆庆《瑞昌县志》，《天一阁藏明代方志选刊》。

正德《建昌府志》，《天一阁藏明代方志选刊》。

嘉靖《永丰县志》，《天一阁藏明代方志选刊》。

嘉靖《南康县志》卷四，《礼制》，《天一阁藏明代方志选刊》。

嘉靖《宁州志》，《天一阁藏明代方志选刊续编》。

嘉靖《南康府志》，《天一阁藏明代方志选刊续编》。

嘉靖《袁州府志》，《天一阁藏明代方志选刊续编》。

正德《瑞州府志》,《天一阁藏明代方志选刊续编》。
正德《新城县志》,《天一阁藏明代方志选刊续编》。
嘉靖《铅山县志》,《天一阁藏明代方志选刊续编》。
万历《新修南昌府志》,《日本藏中国罕见地方志丛刊》。
万历《吉安府志》,《日本藏中国罕见地方志丛刊》。
乾隆《江南通志》,《景印文渊阁四库全书》。
乾隆《福建通志》,《景印文渊阁四库全书》。
嘉靖《江西通志》,《四库存目丛书》。
嘉靖《江西省大志》,台北:成文出版有限公司《中国方志丛书》。
雍正《江西通志》,《景印文渊阁四库全书》。
光绪《江西通志》,凤凰出版社版《中国地方志集成》。
[民国]吴宗慈:《江西通志稿》,江西省博物馆1982年整理本。
《安义县志》,南海出版公司1995年版。
《安义县地名志》,1985年编印。
康熙《乐安县志》,台北:成文出版有限公司《中国方志丛书》。
雍正《万载县志》,台北:成文出版有限公司《中国方志丛书》。
乾隆《袁州府志》,台北:成文出版有限公司《中国方志丛书》。
道光《泰和县志》,台北:成文出版有限公司《中国方志丛书》。
道光《兴国县志》,台北:成文出版有限公司《中国方志丛书》。
道光《宜春县志》,江西图书馆藏道光三年石印本。
道光《宁都直隶州志》,台北:成文出版有限公司《中国方志丛书》,
同治《南康府志》,台北:成文出版有限公司《中国方志丛书》。
同治《广信府志》,台北:成文出版有限公司《中国方志丛书》。
同治《饶州府志》,台北:成文出版有限公司《中国方志丛书》。
同治《南安府志》,台北:成文出版有限公司《中国方志丛书》。
同治《万载县志》,台北:成文出版有限公司《中国方志丛书》。
同治《奉新县志》,台北:成文出版有限公司《中国方志丛书》。
同治《九江府志》,台北:成文出版有限公司《中国方志丛书》。
同治《饶州府志》,台北:成文出版有限公司《中国方志丛书》。
同治《建昌府志》,台北:成文出版有限公司《中国方志丛书》。
同治《安义县志》,台北:成文出版有限公司《中国方志丛书》。

同治《赣州府志》，赣州地区志编纂委员会办公室1986年整理本。

同治《新建县志》，台北：成文出版有限公司《中国方志丛书》。

同治《南城县志》，台北：成文出版有限公司《中国方志丛书》。

同治《都昌县志》，台北：成文出版有限公司《中国方志丛书》。

同治《袁州府志》，台北：成文出版有限公司《中国方志丛书》。

同治《万安县志》，台北：成文出版有限公司《中国方志丛书》。

同治《会昌县志》，台北：成文出版有限公司《中国方志丛书》。

同治《瑞州府志》，台北：成文出版有限公司《中国方志丛书》。

同治《铅山县志》，台北：成文出版有限公司《中国方志丛书》。

同治《宜黄县志》，台北：成文出版有限公司《中国方志丛书》。

同治（民国二十年重印本）《赣县志》，台北：成文出版有限公司《中国方志丛书》。

光绪《吉安府志》，台北：成文出版有限公司《中国方志丛书》。

光绪《长宁县志》，台北：成文出版有限公司《中国方志丛书》。

光绪《抚州府志》，台北：成文出版有限公司《中国方志丛书》。

《安义黄氏宗谱》，清刻本，安义黄氏藏本。

《京台刘氏合修族谱》，1990年安义县京台村刘氏编撰，自藏本。

《万载辛氏族谱》，清乾隆四十五年刻本，江西省图书馆藏本。

《（万载）辛幼房祭先事件册》，清嘉庆二十年刊本，江西省图书馆藏本。

《（万载）李氏族谱》，清道光二十三年以后陇西堂木活字本，江西省图书馆藏本。

《万载辛氏顺房谱》，清乾隆四十五年年木活字本，江西省图书馆藏本。

《万载辛氏族谱》，1995年辛发庚主修，江西省图书馆藏本。

《万载南田王氏族谱》，民国七年三槐堂木活字本，江西省图书馆藏本。

《清江杨式五修族谱》，清光绪二十三年木活字本，江西省图书馆藏本。

《宜春北关五甲杨氏支谱》，光绪三十二年道南堂木活字本，江西省图书馆藏本。

《萍北朱氏族谱》，光绪二十年沛堂木活字本，江西图书馆藏本。

《重桂堂易氏宗谱》，清光绪元年重桂堂木活字本，江西省图书馆藏本。

《辛氏大祠产业册》，清刻本，万载县图书馆藏本。

《万载辛氏覲房谱》，咸丰十年木活字本，江西省图书馆藏本。

《万载辛氏顺房谱》，咸丰十一年木活字本，江西省图书馆藏本。

《辛幼房祭先事件册》，嘉庆二十年木活字本，江西省图书馆藏本。

《万载辛氏幼房谱》，道光十六年木活字本，江西省图书馆藏本。

《万载辛氏幼房谱》，光绪元年木活字本，江西省图书馆藏本。

《万载辛氏幼房谱》，民国三年木活字本，江西省图书馆藏本。

《万载辛氏六房谱》，光绪三十年木活字本，江西省图书馆藏本。

《万载张氏族谱》，清道光二十九年侯堂木活字本，江西省图书馆藏本。

《（宜春赤溪塘）易氏宗谱》，清光元年重桂堂木活字本，江西图书馆藏本。

《（宜春霖田）易氏宗谱》，民国九年亲睦堂木活字本，江西省图书馆藏本。

《（丰城）袁氏重修宗谱》，咸丰十年木活字本，江西省图书馆藏本。

《（万载安仁坊）李大祠神主册》，清同治十年以后陇西堂木活字本，江西图书馆藏本。

《（万载安仁坊）李大祠章程田册》卷首《享册序》，民国十一年陇西堂木活字本，江西图书馆藏本。

［清］《（万载东隅）袁氏族谱》，咸丰十年汝南堂木活字本，江西图书馆藏本。

《万载袁氏族谱》，道光二十一年木活字本，江西省图书馆藏本。

《古氏族谱》，清光绪三十三年丁未秋月谷旦万邑温元连堂梓镌；江西省图书馆藏本。

《（宜春东隅）张氏族谱》，清道光十八年百忍堂木活字本，江西图书馆藏本。

《（新建）大塘程氏族谱》，咸丰七年木活字本，江西省图书馆藏本。

《丰城骊塘甘氏族谱》，清乾隆四十四年木活字本，江西省图书馆藏本。

《（奉新）王氏宗谱》，嘉庆四年三槐堂刊本，江西省图书馆藏本。

《（萍乡小库村）王氏家乘》，光绪二年三槐堂木活字本，江西省图书馆藏本。

[唐] 柳宗元:《柳河东集》,《景印文渊阁四库全书》。

[宋] 欧阳修:《文忠集》,《景印文渊阁四库全书》。

[宋] 李觏:《盱江集》,《景印文渊阁四库全书》。

[宋] 张方平:《乐全集》,《景印文渊阁四库全书》。

[宋] 王庭珪:《庐溪文集》,《景印文渊阁四库全书》。

[宋] 杨万里:《诚斋集》,《景印文渊阁四库全书》。

[宋] 胡铨:《澹庵文集》,《景印文渊阁四库全书》。

[宋] 杨简:《慈湖遗书》,《景印文渊阁四库全书》。

[宋] 曾巩:《元丰类稿》,《景印文渊阁四库全书》。

[宋] 吕南公:《灌园集》,《景印文渊阁四库全书》。

[宋] 姚勉:《雪坡集》,《景印文渊阁四库全书》。

[宋] 张载:《张子全书》,《景印文渊阁四库全书》。

[宋] 程颐:《伊川易传》,《景印文渊阁四库全书》。

[宋] 朱熹:《二程遗书》,《景印文渊阁四库全书》。

[宋] 刘辰翁:《须溪集》,《景印文渊阁四库全书》。

[宋] 文天祥:《文山集》,《景印文渊阁四库全书》。

[宋] 朱熹:《家礼》,《景印文渊阁四库全书》。

[宋] 洪迈:《容斋随笔》,《景印文渊阁四库全书》。

[清] 康熙帝纂，[宋] 朱熹著:《御纂朱子全书》,《景印文渊阁四库全书》。

[宋] 朱熹:《四书或问》,《景印文渊阁四库全书》。

[元] 陈基:《夷百斋稿》,《景印文渊阁四库全书》。

[元] 胡炳元:《纯正蒙求》,《景印文渊阁四库全书》。

[元] 王义山:《稼村类稿》,《景印文渊阁四库全书》。

[元] 刘壎:《水云村稿》,《景印文渊阁四库全书》。

[元] 吴澄:《吴文正集》,《景印文渊阁四库全书》。

[元] 徐明善:《芳谷集》,《景印文渊阁四库全书》。

[元] 刘岳申:《申斋集》,《景印文渊阁四库全书》。

[元] 刘诜:《桂隐文集》,《景印文渊阁四库全书》。

[元] 揭傒斯:《文安集》,《景印文渊阁四库全书》。

[明] 姚士观、沈铁仝编校:《明太祖文集》,《景印文渊阁四库全书》。

[明] 解缙:《文毅集》,《景印文渊阁四库全书》。

[明] 高拱:《本语》,《景印文渊阁四库全书》。

[明] 逯中立:《两垣奏议》,《景印文渊阁四库全书》。

[明] 黄宗羲:《明儒学案》,《景印文渊阁四库全书》。

[清] 乾隆帝选:《御选明臣奏议》,《文渊阁四库全书》。

[明] 陈鼎:《东林列传》,《景印文渊阁四库全书》。

[明] 周起元:《周忠愍奏疏》,《景印文渊阁四库全书》。

[明] 范景文:《文忠集》,《景印文渊阁四库全书》。

[明] 孙传庭:《白谷集》,《景印文渊阁四库全书》。

[明] 李之藻:《类宫礼乐疏》,《景印文渊阁四库全书》。

[明] 杨士奇:《东里集》,《景印文渊阁四库全书》。

[明] 王直:《抑庵文集》,《景印文渊阁四库全书》。

[明] 金幼孜:《金文靖集》,《景印文渊阁四库全书》。

[明] 刘球:《两溪文集》,《景印文渊阁四库全书》。

[明] 李时勉:《古廉文集》,《景印文渊阁四库全书》。

[明] 罗钦顺:《整庵存稿》,《景印文渊阁四库全书》。

[明] 梁潜:《泊庵集》,《景印景印文渊阁四库全书》。

[明] 顾炎武:《日知录》,《四部丛刊》电子检索版。

[明] 夏良胜:《中庸衍义》,《景印文渊阁四库全书》。

[明] 叶盛:《水东日记》,中华书局1980年版。

[明] 周叙:《石溪文集》,《四库存目丛书》。

[明] 萧镃:《尚约文钞》,《四库存目丛书》。

[明] 郭子章:《玭衣生粤草》,《四库存目从书》。

[明] 邹守益:《东郭邹先生文集》,《四库存目丛书》。

[明] 丘濬:《大学衍义补》,《景印文渊阁四库全书》。

[明] 罗伦:《一峰文集》,《景印文渊阁四库全书》。

［明］吴伯宗：《荣进集》，《景印文渊阁四库全书》。

［明］李贤：《古穰集》，《景印文渊阁四库全书》。

［清］孙承泽：《春明梦余录》，《景印文渊阁四库全书》。

［清］姚之骃：《元明事类钞》，《景印文渊阁四库全书》。

［清］黄六鸿：《福惠全书》，《续修四库全书》。

［元］马端临：《文献通考》，《景印文渊阁四库全书》。

［清］刘坤一：《刘忠诚公遗集》，《中国近代史丛刊》。

［清］曾国藩：《曾文正公文集》，《续修四库全书》。

［清］夏燮：《中西纪事》，《续修四库全书》。

《全唐诗》，三秦出版社 2002 年版。

［宋］朱熹：《四书章句集注》，中华书局 2008 年版。

中国社会科学院历史研究所清史研究室编：《清史资料》第三辑，中华书局 1982 年版。

杜德风编：《太平军在江西史料》，江西人民出版社 1987 年版。

太平天国历史博物馆编：《太平天国史料丛编简辑》第二册，中华书局 1962 年版。

邵鸿主编：《〈清实录〉中的江西资料汇编》，江西人民出版社 2005 年版。

中国社会科学院近代史研究所近代史资料编辑室编：《近代史资料》1957 年第 6 期。

台北："中研院"近代史所编：《教务教案档》第二辑 1974 年。

王明伦选编：《义和团资料丛编》，齐鲁书社 1984 年版。

《江西官报》甲辰年（1904）第十九期，江西省图书馆藏本。

江西省社会科学院历史所主编：《江西近代贸易史资料》，江西人民出版社 1985 年版。

江西省社会科学院历史所主编：《江西近代工矿史资料选编》，江西人民出版社 1985 年版。

二 论著类

［美］艾尔曼著，赵刚译：《经学、政治和宗族——中华帝国晚期常州今文学派研究》，江苏人民出版社 1998 年版。

常建华:《清代的国家与社会研究》,人民出版社 2006 年版。

陈月海主编:《义门陈文史考》,江西人民出版社 2006 年版。

岑大利:《中国历代乡绅史话》,沈阳出版社 2007 版。

杜赞奇:《文化、权力与国家——1900—1942 的华北农村》,江苏人民出版社 2006 年版。

费孝通:《皇权与绅权》,天津人民出版社 1988 年版。

费正清:《美国与中国》,商务印书馆 1978 年版。

傅衣凌:《明清封建土地所有制论纲》,中华书局 2007 年版。

贺跃夫:《晚清士绅与近代社会变迁——兼与日本士族比较》,广东人民出版社 1994 年版。

黄炎培:《清季各省兴学史》,文海出版社印行。

瞿同祖:《清代地方政府》,法律出版社 2002 年版。

鞠明库:《灾害与明代政治》,博士论文,华中师大,2008 年,载中国知网。

李才栋:《江西古代书院研究》,江西教育出版社 1993 年版。

李平亮:《卷入“大变局”——清末民初南昌的士绅与地方政治》,博士论文,厦门大学,2004 年,载中国知网。

马敏:《官商之间——社会剧变中的近代绅商》,天津人民出版社 1994 年版。

庞振宇:《清末新政与江西社会变迁》,硕士论文,江西师大,2007 年,载中国知网。

施由明:《明清江西社会经济》,江西人民出版社 2005 年版。

沈大朋:《〈大清律例〉与清代社会控制》,上海人民出版社 2007 年版。

王先明:《中国近代社会文化史论》,人民出版社 2000 年版。

王先明:《近代绅士——一个封建阶层的历史命运》,天津人民出版社 1997 年版。

王先明主编:《乡村社会文化、权力结构的历史演变》,人民出版社 2002 年版。

王善军:《宋代宗族和宗族制度研究》,河北教育出版社 1999 年版。

王日根:《明清民间社会的秩序》,岳麓书社 2003 年版。

徐茂明：《江南士绅与江南社会（1368—1991)》，商务印书馆 2006 年版。

肖唐镖主编：《当代中国农村宗族与乡村社会治理》，西北大学出版社 2002 年版。

肖辉主编：《江西考试史（上卷)》，高等教育出版社 2008 年版。

杨雄威：《杯酒之间：1906 南昌教案的叙事、考证与诠释》，博士论文，上海大学，2010 年，载中国知网。

杨念群：《中层理论——东西方思想会通下的中国史研究》，江西教育出版社 2001 年版。

赵清主编：《社会问题的历史考察》，成都出版社 1992 年版。

张仲礼：《中国绅士的收入》，上海社会科学院出版社 2001 年版。

张仲礼：《中国绅士——关于其在 19 世纪中国社会中作用的研究》，上海科学院出版社 1991 年版。

钟起煌主编：《江西通史》，江西人民出版社 2008 年版。

郑学檬主编：《中国赋制度史》，上海人民出版社 2000 年版。

宗韵：《明代家族上行流动研究》，华东师大学出版社 2009 年版。

周銮书主编：《千古一村》，江西人民出版社 2003 年版。

朱凤瀚：《商周家族形态研究》，天津古籍出版社 2004 年版。

三　期刊类

《明清史国际学术讨论会论文集》，天津人民出版社 1981 年版。

《第二届国际汉学会议论文集：明清与近代史组》，“中研院”1989 年版。

《明史论丛》第五辑，江苏古籍出版社 1991 年版。

《日本学者研究中国史论著选译》，中华书局 1993 年版。

巴根：《明清绅士研究综述》，《清史研究》1996 年第 3 期。

蔡晓明、张英明：《江西士绅与太平天国运动》，《江西师范大学学报（哲学社会科学版)》2001 年第 8 期。

常建华：《日本八十年代以来的明清地域社会研究述评》，《中国社会经济史研究》1998 年第 2 期。

常建华：《元人文集族谱序跋数量及反映的谱名》，《史学集刊》2008

年第 11 期。

常建华:《清代宗族“保甲乡约化”的开端——雍正朝族正制出现过程新考》,《河北学刊》2008 年第 11 期。

常建华:《乡约·保甲·族正与清代乡村治理——以凌燽〈西江视臬纪事〉为中心》,《华中师范大学学报(社会科学版)》2006 年第 1 期。

曹国庆:《明代江西科第世家的崛起及其在地方上的作用——以铅山费氏为例》,《中国文化》1999 年冬之卷。

陈向阳:《90 年代清末新政研究述评》,《中国近代史研究》1998 年第 1 期。

陈志云:《科举制度与两宋文化》,《上饶师专学报》2001 年第 2 期。

杜德凤:《太平军在江西的胜利与失败》,《江西社会科学》1993 年第 6 期。

邓智华:《明代广东士绅的地方教化运动》,《青海社会科学》2007 年第 1 期。

方志远:《地域文化与江西传统商业盛衰论》,《江西师范大学学报(社会科学版)》2007 年第 1 期。

方潜龙、吴屾:《东晋南朝时期江西田庄经济探析》,《九江学院学报》2006 年第 2 期。

傅衣凌:《中国传统社会:多元的结构》,《中国社会经济史研究》1988 年第 3 期。

傅衣凌:《明成弘间江西社会经济史料摘抄》,载《江西社会科学》1983 年第 3 期。

郝秉键:《日本史学界的明清“绅士”论》,《清史研究》2004 年第 4 期。

黄晓伟:《从“搢绅”和“缙绅”看形符类化动力》,《牡丹江大学学报》2009 年第 11 期。

黄万波、计宏祥:《江西乐平“大熊猫——剑齿象”化石及其洞穴堆积》,《古脊椎动物与古人类》第 7 卷第 2 期(1963 年)。

黄志繁:《乡约与保甲:以明代赣南为中心的分析》,《中国社会经济史研究》2002 年第 2 期。

胡维革、郑权:《文化冲突与反洋教斗争——中国近代“教案”的文化透视》,《东北师大学报（社会科学版）》1996 年第 1 期。

姜传松:《清代江西举人的地理分布及特点——明清比较视角》,《教育与考试》2010 年第 6 期。

柯可:《建设社会主义新农村之红乡绅论》, 载南方网。

李超荣、徐长青:《江西安义潦河发现的旧石器及其意义》,《人类学学报》第 10 卷第 1 期。

黎静安:《震惊朝野的“南昌教案”》,《纵横》1999 年第 5 期。

吕芳上:《清末的江西省咨议局 1901—1911》,《“中研院”近代研究所集刊》第 17 期下。

吕云涛:《中国乡村治理结构的历史变迁与未来走向》,《山东农业干部管理学院学报》2010 年第 2 期。

刘亚中、李康月:《“乡饮酒礼”在明清的变化》,《孔子研究》2009 年第 9 期。

梁洪生:《江右王门学者的乡族建设——以流坑村为例》,《新史学》第 8 卷 1997 年第 1 期。

刘海峰:《科举制的起源与进士科的起始》,《历史研究》2000 年第 5 期。

刘义程:《江西地方政府与近代江西的工业化进程》,《中国社会经济史研究》2008 年第 1 期。

刘亚中、李康月:《“乡饮酒礼”在明清的变化》,《孔子研究》2009 年第 5 期。

毛圣泰:《正统与外来的冲突——近代儒教对洋教的抵制》,《船山学刊》2008 年第 2 期。

毛晓阳:《太平天国时期江西乡绅的捐输广额》,《福州师专学报》2002 年第 2 期。

严文明、彭适凡:《仙人洞与吊桶环——华南史前考古的重大突破》,《中国文物报》2000 年 7 月 15 日。

倪玉平:《试论清代的荒政》,《东方论坛》2002 年第 4 期。

任昉:《明代的乡绅》,《文史知识》1993 年第 2 期。

秦文:《传统视角下士绅群体的法律人角色与民间自治——以浙江绅士为例》,《湖北社会科学》2010 年第 8 期。

秦富平：《明清乡约研究述评》，《山西大学学报（社会科学版）》2006年第5期。

［美］郝康迪：《十六世纪江西吉安府的乡约》，余新忠译，载《赣文化研究》总第六期，南昌大学1999年12月编印，内部资料。

秦海滢：《论明代乡村教化的发展历程》，《北方论丛》2004年第2期。

施由明：《论乡绅与地域社会秩序——以明代吉安府为中心的考察》，《农业考古》2012年第2期。

施由明：《明代江西农民的赋税与徭役负担》，《农业考古》2013年第6期。

施由明：《天灾与政府、社会应对——以明代江西为例》，《农业考古》2011年第4期。

施由明：《论中原文化在赣鄱区域的早期传播与影响》，《黄河科技大学学报》年第4期。

施由明：《论杜审言与赣中文化的开启》，《江西社会科学》2011年第5期。

施由明：《清代江西的土地租佃与买卖初探》，《农业考古》1995年第5期。

魏光奇：《清代州县财政探析》，《首都师范大学学报（社会科学版）》2000年6期及2001年第1期。

王先明：《乡绅权势消退的历史轨迹》，《南开大学》2009年第1期。

王先明：《近代绅士阶层的社会流动》，《历史研究》1993年第2期

王先明：《近代绅士阶层的分化与基层政权的蜕化》，《浙江社会科学》1998年第4期。

文伟：《明初里老人在基层社会中的职责》，载《哈尔滨学院学报（社会科学版）》2007年第10期。

汪叔子、王咨臣、赵树贵、许欣整理：《近代江西教案年表》，载《近代史资料》总66号，中国社会科学出版社1987年版。

温锐：《世纪初振兴江西的“兴赣潮”论略》，《江西社会科学》2000年第12期。

吴佳佳：《绅士的内涵》，《安徽文学》2006年第8期。

魏佐国:《明代书院浅论》,《江西社会科学》1996 年第 3 期。

王善飞:《明代江南乡绅与政治运动》,《辽宁师范大学学报(社会科学版)》2000 年第 6 期。

王广义:《乡绅与近代东北乡村社会控制——以东北地区旧志为研究视角》,《中国方志》2008 年第 1 期。

燕国材:《论孟子“仁义礼智”四因素人格结构》,载《心理与行为研究》2008 年第 6 期。

徐茂明:《明清以来的士绅、乡绅、绅士诸概念辨析》,《苏州大学学报(社会科学版)》2003 年第 1 期。

许华安:《试析清代江西宗族的结构与功能特点》,《中国社会经济史研究》1993 年第 1 期。

许燕婵:《试论明代教化》,《广州广播电视大学学报》2004 年第 3 期。

许顺富:《论近代湖南的军功绅士——以长沙、湘乡绅士为例》,《云梦学刊》2004 年第 6 期。

谢宏维:《论明清时期江西进士的数量变化与地区分布》,《江西师范大学学报(社会科学版)》2000 年第 11 期。

赵润生、赵树好:《晚清教案起因的量化分析》,《人文杂志》1996 年第 2 期。

赵燕玲、罗韬:《浅析中国近代教案的民众心理》,《韶关大学学报(社会科学版)》2000 年第 2 期。

赵树贵:《近代江西教案研究》,载《江西社会科学》1989 年专辑。

张鹤泉:《东汉宗族组织试探》,《中国史研究》1993 年第 1 期。

张佳:《彰善瘅恶 树之风声——明代前期基层教化系统中的申明亭和旌善亭》,《中华文史论丛》2010 年第 4 期。

衷海燕:《士绅、乡绅与地方精英——关于精英群体研究的回顾》,《华南农业大学学报(社会科学版)》2005 年第 2 期。

衷海燕:《明代中叶乡约与社区治理——吉安府乡约的个案研究》,《华南农业大学学报(社会科学版)》2004 年第 3 期。

郑建明:《试论江西进士的地理分布》,《中国历地理论丛》1999 年第 4 期。

周红兵：《客家源流考》，《赣南师范学院学报（社会科学版）》1992年增刊。

朱谐汉：《太平天国时期的江西团练》，《江西师范大学学报（哲学社会科学版）》1988年第4期。

后　记

本专著为2008年国家社科基金资助项目（编号08BZS014），经过从2008年至2014年6年左右的时间才完成。之所以花费了这么多时间去完成这样一个国家社科基金一般项目，一是因为作为地方社科院的研究员都是单兵作战，没有助手，也没有学生，所有的资料都得亲自去梳理出来；二是从2010年底本人由研究岗位（历史研究所副所长）调任到编辑岗位，并任《农业考古》杂志副主编，再到主编，大量的编辑事务使得专心研究的时间少了许多，所以，拖了多年才完成这一课题。在课题结项过程中，5位评审专家和国家社科规划办的专家都提出了很好的修改意见，在此深表谢意！在本书出版过程中，中国社会科学出版社的冯春凤主任作了细心编校，江西人民出版社的姚继舜先生为本专著作了细心审读和校改，使本书减少了许多错讹，在此一并致谢！由于本人学术积累不够深厚，研究过程又时断时续，本书肯定存在一些需完善的问题，祈望方家指正。

施由明

2018年2月于南昌青山湖畔